대양을 건넌 근대 동아시아 사절단

출사일기를 통해 본 해양 문명

지은이

조세현 曺世鉉, Cho Se-hyun

현재 부경대학교 사학과 교수로, 서강대학교 사학과에서 학·석사과정을 마치고 북경사범대학 역사과에서 박사학위를 받았다. 저서로『淸末民初無政府派的文化思想』(社會科學文獻出版社, 2003), 『동아시아 아나키스트의 국제교류와 연대』(창비, 2010), 『부산화교의 역사』(산지니, 2013), 『천하의 바다에서 국가의 바다로』(일조각, 2016), 『해양대만과 대륙중국』(부경대 출판부, 2017) 등이 있다. 최근에는 이 책의 자매편 성격을 띤『근대 중국인의 해국탐색』(소명출판, 2022)을 출간하였다. 동아시아 근대사상문화에 관심을 가졌으며, 요즘은 주로 동아시아 근대해양사를 공부하고 있다. 부경대학교 박물관장, 도서관장, 기록관장, 해양인문학연구소 소장 등을 역임했고 현재 부경대학교 인문한국플러스(HK+)사업단에 참여하고 있다.

대양을 건넌 근대 동아시아 사절단 출사일기를 통해 본 해양 문명

초판인쇄 2024년 7월 10일 **초판발행** 2024년 7월 20일
지은이 조세현
펴낸이 박성모 **펴낸곳** 소명출판 **출판등록** 제1998-000017호
주소 서울시 서초구 사임당로14길 15 서광빌딩 2층
전화 02-585-7840 **팩스** 02-585-7848
전자우편 somyungbooks@daum.net **홈페이지** www.somyong.co.kr
값 33,000원
ⓒ 조세현, 2024
ISBN 979-11-5905-931-5 93910

이 책은 2017년 대한민국 교육부와 한국연구재단의 지원을 받아 수행된 연구임(NRF-2017S1A6A3A01079869).

부경대학교 인문사회과학연구소
해역인문학 연구총서 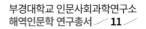 11

대양을 건넌 근대
동아시아 사절단

출사일기를 통해 본 해양 문명

조세현 지음

Modern East Asian delegation crossing the ocean

발간사

    부경대학교 인문사회과학연구소와 해양인문학연구소는 해양수산 인재 양성과 연구 중심인 대학의 오랜 전통을 기반으로 연구 역량을 키워 왔습니다. 대학이 위치한 부산이 가진 해양도시 인프라를 바탕으로 바다에 삶의 근거를 둔 해역민들의 삶과 그들이 엮어내는 사회의 역동성에 대한 연구를 꾸준히 해 왔습니다.

    오랫동안 인간은 육지를 근거지로 살아온 탓에 바다의 중요성에 대해 간과한 부분이 없지 않습니다. 육지를 중심으로 연근해에서의 어업 활동과 교역이 이루어지다가 원양을 가로질러 항해하게 되면서 바다는 비로소 연구의 대상이 되었습니다. 그래서 현재까지 바다에 대한 연구는 주로 조선, 해운, 항만과 같은 과학기술이나 해양산업 분야의 몫이었습니다. 하지만 수 세기 전부터 인간이 육지만큼이나 빈번히 바다를 건너 이동하게 되면서 바다는 육상의 실크로드처럼 지구적 규모의 '바닷길 네트워크'를 형성하게 되었습니다. 이 바닷길 네트워크인 해상실크로드를 따라 사람, 물자뿐만 아니라 사상, 종교, 정보, 동식물, 심지어 바이러스까지 교환되게 되었습니다.

    바다와 인간의 관계를 인문학적으로 접근하여 성과를 내는 학문은 아직 완성 단계는 아니지만, 근대 이후 바다의 강력한 적이 바로 우리 인간인 지금, '바다 인문학'을 수립해야 할 시점이라고 생각합니다. 바다 인문학은 '해양문화'를 탐구하는 차원을 포함하면서도 현실적인 인문학적 문제에서 출발해야 합니다.

    한반도 주변의 바다를 둘러싼 동북아 국제 관계에서부터 국가, 사회,

개인 일상의 각 층위에서 심화되고 있는 갈등과 모순들이 우후죽순처럼 생겨나고 있습니다. 근대 이후 본격화된 바닷길 네트워크는 이질적 성격의 인간 집단과 문화의 접촉, 갈등, 교섭의 길이 되었고, 동양과 서양, 내셔널과 트랜스내셔널, 중앙과 지방의 대립 등이 해역海域 세계를 중심으로 발생하는 장이 되었기 때문입니다. 해역 내에서 각 집단이 자국의 이익을 위해 교류하면서 생성하는 사회문화의 양상과 변용을 해역의 역사라 할 수 있으며, 그 과정의 축적이 현재의 모습으로 축적되어 가고 있습니다.

따라서 해역의 관점에서 동북아를 고찰한다는 것은 동북아 현상의 역사적 과정을 규명하고, 접촉과 교섭의 경험을 발굴, 분석하여 갈등의 해결 방식을 모색하여, 향후 우리가 나아가야 할 방향을 제시해주는 방법이 우선 될 것입니다. 물론 이것은 해양 문화의 특징을 '개방성, 외향성, 교류성, 공존성 등'으로 보고 이를 인문학적 자산으로 확장하고자 하는 근본적인 과제를 수행하는 일이기도 합니다.

부경대 인문한국플러스사업단은 바다로 둘러싸인 육역陸域들의 느슨한 이음을 해역으로 상정하고, 황해와 동해, 동중국해가 모여 태평양과 이어지는 지점을 중심으로 동북아해역의 역사적 형성 과정과 그 의의를 모색하는 '동북아해역과 인문 네트워크의 역동성 연구'를 수행하고 있습니다. 이를 통해 우리는 첫째, 육역의 개별 국가 단위로 논의되어 온 세계를 해역이라는 관점에서 다르게 사유하고 구상할 수 있는 학문적 방법과 둘째, 동북아 현상의 역사적 맥락과 그 과정에서 축적된 경험을 발판으로 현재의 문제를 해결하고 향후의 방향성을 제시하는 실천적 논의를 도출하고자 합니다. 이를 바탕으로 본 사업단은 해역과 육역의 결절 지점이며 동시에 동북아지역 갈등의 현장이기도 한 바다를 연구의 대상으로 삼아 현재의 갈등과 대립을 해소하는 방안을 강구하고, 한 걸음 더 나아가 바다와 인간의 관계를 새롭게 규정하는 '해역인문학'을 정립하기 위해 노력하고 있습니다.

부경대학교 인문한국플러스사업단이 추구하는 '해역인문학'은 새로운 학문을 창안하는 일이기 때문에 보이지 않는 길을 더듬어 가며 새로운 길을 만들어 가고 있습니다. 2018년부터 간행된 '해역인문학' 총서 시리즈는 이와 관련된 연구 성과를 집약해서 보여주고 있으며, 또 이 총서의 권수가 늘어가면서 '해역인문학'의 모습을 조금씩 드러내고 있습니다. 향후 지속적으로 출판할 '해역인문학총서'가 인문학의 발전에 기여할 수 있는 노둣돌이 되기를 희망하면서 독자들의 많은 격려와 질정을 기대합니다.

부경대 인문한국플러스사업단 단장 김창경

한자, 유교, 불교, 율령제 등으로 구성된 동아시아 전통 문명에 과학 기술을 핵심으로 삼은 서구의 근대 문명이 충격을 주어 거대한 사회 변화를 초래했다는 역사 사실은 부정하기 어렵다. 당시 과학기술의 총화인 '견선리포堅船利炮'는 한·중·일의 지배층들을 두려움에 떨게 만들었으며, 그들이 파견한 출사대신이 남긴 출사일기出使日記에는 대양을 건너는 과정에서 "동양의 동쪽이 서양의 서쪽"이라는 사실과 "태양의 반대 방향으로 여행하면 하루가 더 길어진다"라는 놀라운 사실을 담았다. 근대과학의 지구설과 지리관을 수용할 경우, 세계 어느 지역도 중심이 될 수 없다는 탈중심화로 연결되면서 중국 중심의 세계관은 균열을 일으킬 수밖에 없었다. 더 이상 중국은 천하가 아니었다. 게다가 그들이 구미 사회를 방문해 해양 문명을 자각하는 과정은 곧 전통 중국적 세계질서가 해체되는 상황을 보여주는 동시에 근대 국민국가의 건설을 암시하기에 의미심장하다.

이 책은 두 해 전 출판한 『근대 중국인의 해국 탐색』소명출판, 2022의 자매편이다. 이전 책이 청 말 출사대신의 일기를 통해 본 유럽과 일본의 해양 문명을 다루었다면, 이번 책은 중국인뿐만 아니라 일본인과 조선인을 포괄한 동아시아 사절단의 출사일기 속에 나타난 해양 문명을 탐구하였다. 좀 더 범주를 확장한 셈이다. 본문의 제1부가 청국의 벌링게임 사절단과 일본의 이와쿠라 사절단의 세계 일주를 비교 분석하는 내용이라면, 제2부는 근대 조선대한제국 포함의 해외 사절단 여행기를 다루었다. 따라서 제1부와 제2부 간에, 혹은 이전 책과 이번 책 간에는 일부 내용이 중복된다. 특히 배를 타고 대양을 건너 다른 문명권으로 이동하는 과정에서 그러하다.

책의 전반부는 벌링게임 사절단, 이와쿠라 사절단, 수신사조사시찰단 포함라는 한·중·일 3국의 해외 사절단을 비교 분석한 한국연구재단 프로젝트의 산물이다. 청 말 출사대신의 일기를 다루던 과정 중 조선과 일본 사례가 궁금해지면서 출발한 아이디어였다. 그런데 조선 사례는 사절단의 규모나 기간 면에서 청국, 일본과는 적절한 비교가 어렵다고 판단해, 책 후반부에서는 근대 시기 조선의 대표적인 사절단을 고루 다루어 세 나라 간 공통점과 차이점을 비교하고자 했다. 이 책은 근대 한·중·일 지식인들이 대항 항로를 통해 세계 일주한 사실에 주목했으며, 비록 희귀한 자료는 아니지만 사진, 그림, 지도 등을 첨부해 독자의 이해를 돕고자 하였다. 이전 책과 다른 점이라면 좀 더 대중적인 연구서를 만들고자 한 것이다.

해양의 관점에서 동아시아중국의 근대사를 새롭게 보겠다는 원래 의욕과는 달리 지금까지도 그 궁극적인 의미는 잘 모르겠다. 어쩌면 바닷물이 짜다는 과학적인 기초 사실부터 충분히 인지한 후, 사람의 역사에 접근해야 진정한 해양사가 가능하지 않을까?라는 평범한 생각을 다시금 해본다. 이 책은 근대사에 대한 새로운 관점을 제시했다기보다는 육로가 아닌 해로라는 장벽을 증기기관이라는 혁신적인 동력을 통해 건넌 동아시아 3국의 사절단이 경험한 역사 사실들을 비교 정리하였다. 여러 해 동안 공부해도 남들에게 말해줄 수 있는 신선한 이야기는 그리 많지 않다. 그래도 개울에 던져진 돌덩이처럼 혹시라도 해양사를 연구하려는 누군가에게 도움이 되는 징검다리가 되었으면 하는 바람은 있다.

이번 연구는 지난 번 책과 마찬가지로 부경대학교 인문한국플러스HK+ 사업단단장 김창경의 '동북아해역과 인문네트워크의 역동성 연구'라는 연구프로젝트의 한 권으로 출판하게 되었다. 그 과정에서 한국연구재단, 부경대학교 등 학술기관의 연구비 지원도 받았다. 사학과 동료 교수님들과 HK사업단 서광덕 교수님, 북경대학 유학생 손자영, 사학과 조교 문혜련 등 주변 사람들의 도움에 고마움을 전하며, 소명출판의 전온유 편집자에게도 감사드린다. 이제 십수 년간 관심을 가졌던 동아시아중국 해양사 연구를 일단락하고, 다시 원래 전공이던 근대중국의 사상사 주제로 돌아가고자 결심하였다. 막상 옛 자료를 찾아 먼지를 털고 다시 읽기 시작하니 마음이 조금은 설렌다.

광안리 바닷가에서 연구실을 바라보며
조세현

15세기 중반부터 시작한 대항해시대는 광대한 바다 세계를 발견하면서 유럽인들 사이에 유라시아대륙은 세계의 중심이 아니라 넓은 바다에 떠 있는 하나의 섬으로 인식되었으며, 이러한 인식은 이른바 공간혁명을 일으키며 19세기 후반까지 이어졌다. 이제는 바다가 사람의 이동을 방해하는 장애물이 아니라 대륙을 연결하는 시대가 출현한 것이다. 세계사적 시각에서 보면 신항로의 개척과 산업혁명의 영향으로 교통수단이 발전하면서 증기선과 기차 등 새로운 발명품이 출현하자 세계 일주와 같은 장거리 여행이 가능해졌다. 1872년을 전후해 만들어진 쥘 베른 Jules Gabriel Verne의 소설 『80일간의 세계 일주』가 탄생한 배경이기도 하다. 세계 일주가 왜 중요한 사건인지는 다소 철학적인 질문일 수도 있지만, 적어도 시간과 공간에 대해 놀라운 경험을 한 것은 분명하다. 태양은 지구를 돌지 않았으며, 지구를 돈 것은 용감한 사람들이었다.[1]

중국의 탐험가인 정화鄭和는 1405년영락 3년 명나라를 떠나 인도양을 거쳐 중동과 아프리카 남단까지 갔다고 전하며 1433년에 마지막 항해를 마치고 귀항하였다. 세계사에 유례없던 남해南海 원정 이후 놀랍게도 중국인들은 그들이 성취한 교역에 만족하고 바다에서 철수하였다. 보통 이 사건을 세계 근대사에서 가장 중요한 역사 전환점 중 하나라고 평가한다. 여러 학자들은 기본적으로 황하문명으로 불리는 중국 문명은 바다와 관련이 적었고, 조공무역을 통해 외부 세계와 교류하는 제한적 방식을

---

1   조이스 채플린, 이경남 역, 『세계 일주의 역사』, RSG, 2013, 152쪽.

택했으며, 중국이 바다로부터 멀어지고 스스로 대륙에 갇히게 만든 원인으로 대운하라는 내륙 수로 시스템을 지적한다.[2] 우리는 이런 역사 배경으로 말미암아 중국을 비롯한 동아시아 전근대사를 대륙 중심으로 보고 해양에 대한 관심이 부족했다고 말한다. 하지만 서양의 충격에 따른 개항으로 청 말 중국인과 메이지 시기 일본인에게 대양에 대한 지식이 알려지면서 변화가 찾아왔다. 청국과 일본은 해외 사절단을 미국과 영국 등 구미 사회로 파견하는 대양 항해에서, 특히 세계 일주 여행을 통해서 직접적으로 서양의 근대를 체험할 수 있었다. 여기서는 우선 진정한 의미에서 세계 일주를 한 대표적인 양국 사절단인 청국의 벌링게임 Burlingame 사절단과 일본의 이와쿠라岩倉 사절단에 주목하고자 한다.

1. 청국과 일본 사절단의 세계 일주

청국에서는 1860년대에 양무운동洋務運動이 일어나 서양 열강의 선진적인 물질문명을 수입해 부국강병을 이루려는 움직임이 일부 관료를 중심으로 나타났다. 양무파는 청조 내 보수파와 경쟁하면서 서양의 '견선리포堅船利炮'를 중심으로 한 군사 무기의 수입 필요성을 느꼈다. 이에 청국은 공식적으로 구미 국가에 사절단을 파견하는 계획을 세우고 이를 실행하였다.

1866년 빈춘斌椿 사절단이 처음 유럽을 방문하자 "중국에서 서양으로

---

2   주경철, 『바다 인류』, 휴머니스트, 2022, 190~194쪽.

온 첫 번째 사람"이라는 평가를 받았다. 하지만 이 사절단은 비공식 사절로 유람 성격이 농후해서 실질적인 외교활동을 벌이지 않았다. 얼마 후 청조는 청국 주재 미국 공사를 역임하고 귀국 준비 중이던 앤슨 벌링게임Anson Burlingame, 중국명 蒲安臣에게 해외 사절단 단장을 맡아줄 것을 요청해 동의를 얻은 후, 1868년 미국을 비롯해 유럽 각국을 순회하는 외교사절을 파견하였다. 벌링게임 사절단1868~1870은 서구 열강과 불평등조약의 개정을 위한 임무를 가지고 출사出使했는데, 빈춘 사절단과 달리 능동적인 성격을 띠고 있었다. 그뿐만 아니라 그들은 해양을 통해 세계 일주를 한 최초의 중국 사절단이었다.

벌링게임 사절단은 공식적인 외교사절단이자 해외 체류 기간이 무려 3년에 가까운 최장기 사절단이다. 일행은 1868년 2월 25일 상하이를 출발해 요코하마를 경유한 후 미국증기선 코스타리카Costa Rica호를 타고 태평양을 건너 샌프란시스코에 도착하였다. 사절단장 벌링게임은 워싱턴에서 공화당 정부와의 개인적인 관계를 이용해 「청미속증조약」清美續增條約, 혹은 「벌링게임조약」을 성공적으로 체결한 후, 다시 대서양을 건너 영국과 유럽대륙 등 여러 국가들을 방문해 외교협상과 문화 탐방에 주력하였다. 비록 벌링게임은 1870년 2월 23일 러시아 페테르부르크에서 갑작스럽게 병으로 사망했으나, 나머지 일행은 거의 3년에 가까운 기간 동안 11개 국가를 방문하는 힘든 일정을 무사히 마무리하고 1870년 10월 18일 상하이로 귀환하였다.

벌링게임 일행 가운데 지강志剛은 『초사태서기初使泰西記』를, 장덕이張德彝는 『구미환유기歐美環游記』일명 『재술기(再述奇)』라는 출사일기出使日記를 남겨 그들의 여행 행적을 알 수 있다. '초사태서'라는 서명에서도 나타나듯 첫 번

THE HON. ANSON BURLINGAME, AMBASSADOR OF THE CHINESE EMPIRE, WITH THE MEMBERS OF HIS LEGATION.

〈그림 1〉 벌링게임 사절단

째로 구미 국가로 출사한다는 뚜렷한 의식이 있었다.[3]

　빈춘 일행이 유럽을 유람했다면, 두 번째로 파견한 벌링게임 일행은 미국, 영국 및 유럽대륙을 방문하는 장거리 여행으로 지구를 한 바퀴 돌았다. 그런데 빈춘의 항로는 영국이 건설한 '제국 항로'혹은 유럽 항로[4]로 동남아와 인도양을 경유해 유럽으로 향하는 서쪽 방향이었으며, 벌링게임의 항로는 일본을 경유해 태평양을 건너 미국으로 향하는 동쪽 방향이

3　벌링게임(Burlingame) 사절단의 여행기로는 지강(志剛)과 장덕이(張德彛)의 출사일기 말고도 일행 중 한 사람인 손가곡(孫家穀)의『사서서략(使西書略)』이 남아있다. 불과 천자에도 미치지 못하는 짧은 글로 여행 일정을 간단하게 요약한 수준이다.
4　제국 항로(혹은 유럽 항로)는 영국 본국에서 지중해를 지나 인도에 이르는 해양 루트이다. 19세기에 서인도제도 대신 인도의 중요성이 커지면서 영국 본국-지브롤터해협-지중해-수에즈-인도양으로 연결하는 루트가 중시되면서 제국 항로라고 불리게 되었다(최덕규 편,『제국주의 열강의 해군과 동아시아』, 동북아역사재단, 2018, 19쪽). 이 항로는 청국과 일본으로 이어졌는데, 거꾸로 동아시아인들에게는 유럽으로 가는 유럽 항로이기도 하다.

었다. 벌링게임 사절단이 귀국할 무렵 제국 항로를 이용해 프랑스로 출발하던 숭후崇厚 사절단1870도 있었지만, 그 목적이나 규모 면에서 서로 비교할 수준은 아니었다.[5]

벌링게임 사절단이 청국으로 돌아온 지 얼마 지나지 않은 때, 일본 역시 도쿠가와 막부德川幕府를 붕괴시키고 새롭게 등장한 메이지 신정부가 조약개정 예비교섭과 서양 문명 견학을 위해 권력 실세인 이와쿠라 도모미岩倉具視를 중심으로 한 대규모 고위급 사절단을 조직하였다. 이와쿠라 사절단1871~1873이라고 불린 이 일행은 벌링게임 사절단처럼 조약개정이나 현지 시찰이라는 유사한 외교 임무를 띠고 있어 양국 간 적절한 비교 대상으로 주목할 만하다. 1871년 12월 23일 일본 사절단은 미국 증기선 아메리카호SS America에 올라 요코하마를 떠나 태평양을 건너는 오랜 항해 끝에 다음 해 1월 15일 샌프란시스코에 첫발을 내딛었다. 외교협상에 난항을 겪으며 미국에서 장기간 체류한 이와쿠라 일행은 다시 대서양을 건너 영국 리버풀을 거쳐 런던에 도착하였다.

사절단은 영국을 방문한 후 다시 도버해협을 건너 프랑스 파리에 도착하였다. 일본 요코하마를 출발한 지 1년이 지나는 시점이었다. 그리고 일본인 일행은 유럽대륙의 대국과 소국을 고루 관찰한 후 귀국길에 올라 1873년 9월 13일 일본으로 돌아왔다. 원래 계획한 일정보다 두 배 가까이 늘어난 약 1년 10개월의 여정이었으나, 벌링게임 사절단보다는 짧았다. 대체로 두 사절단의 방문 국가나 여행 경로는 유사했지만, 벌링게임 일행은 스페인을 포함한 11개국을, 이와쿠라 일행은 오스트

---

5 청국의 초기 세 차례 사절단에 대해서는 조세현, 『근대 중국인의 해국 탐색』, 소명출판, 2022, 제1장을 참고할 것.

리아와 스위스를 포함한 12개국을 방문한 점에서 약간 달랐다.[6] 이와 관련해 세계 일주 항로에 대해서는 최근 일본학계에서 나온 몇 권의 연구서가 도움이 된다.[7] 이런 책들은 세계와 아시아에서 일본의 위치를 모색한 작업으로 대체로 제국 항로의 여행 기록을 분석하였다. 근대 대양 항로에 관한 유용한 연구이지만 항로의 문학적 서술을 강조해 정치적 함의를 깊게 다루지는 않았다.

일본학계에서는 막부 말기 메이지 초기의 해외 사절단과 관련해서 방대한 자료집을 오래전에 간행하였다. 그 가운데 이번 연구 주제인 이와쿠라 사절단 사료집으로는 구메 구니타케久米邦武가 편집한 『특명전권대사 미구회람실기特命全權大使 美歐回覽實記』전 5편, 총 100권[8]라는 공식 기록물이 있다. 1878년 10월에 간행한 이 보고서는 보통 『미구회람실기』로 약칭하며, 일본 사절단을 수행했던 역사가 구메 구니타케가 열정을 다해 편집

---

6 벌링게임 사절단과 이와쿠라 사절단은 구미 국가 11개국과 12개국을 각각 방문하였다. 두 사절단이 방문한 국가로는 미국, 영국, 프랑스, 벨기에, 네덜란드, 프로이센, 러시아, 덴마크, 스웨덴, 이탈리아, 스페인(벌링게임), 오스트리아(이와쿠라), 스위스(이와쿠라) 등이다.

7 和田博文의 『海の上の世界地圖 - 歐州航路紀行史』(岩波書店, 2016)에서는 항로 설명과 취항한 선박에 대한 자세한 정보를 제공하며 다수의 기행문도 소개해 자료정보에 도움을 준다. 橋本順光・鈴木禎宏이 편집한 『歐州航路の文化誌 - 寄港地を讀み解く』, 青弓社, 2000는 주로 1920~1930년대의 대양 항로에 있던 기항지를 중심으로 도시를 묘사하면서 여행자의 문화 체험을 분석하였다. 木畑洋一의 『帝國航路を往く - イギリス植民地と近代日本』, 岩波書店, 2018는 19세기 영국이 해가 지지 않는 제국을 만들기 위해 건설한 제국 항로가 영국의 식민지지배와 근대일본에 어떤 관련성을 가지는가를 탐구한 책이다. 그밖에도 西原大輔의 『日本人のシンガポール體驗 - 幕末明治から日本占領下・戰後まで』, 人文書院, 2017에서는 시인인 저자가 일본인 문학가를 중심으로 싱가포르에 대한 풍부한 체험을 소개하였다(木畑洋一, 『帝國航路を往く - イギリス植民地と近代日本』, 岩波書店, 2018, 9~10쪽).

8 『특명전권대사 미구회람실기(特命全權大使 美歐回覽實記)』는 이와쿠라 사절단의 공식 보고서로 사절단 일원이던 구메 구니타케(久米邦武)가 편수하였다. 각국 제도와 법률 및 정보 등에 대한 평가를 담아 백과사전식으로 모두 100권(총 5편) 분량으로 편찬하였다. 제1편 미국(20권), 제2편 영국(20권), 제3~5편 유럽(독일 10권, 프랑스 9권, 이탈리아 6권, 러시아 5권 등)으로 구성되었다. 1975년에는 실기 원본이 복각되었고, 1977~1982년에 걸쳐 다나카 아키라(田中彰)가 교정한 판본이 이와나미문고에 의해, 근래에는 2005~2008년에 걸쳐 현대 일본어로 번역한 보급판이 게이오기주쿠대학출판회(慶應義塾大學出版會)에 의해 각각 발간되었다.

〈그림 2〉 이와쿠라 사절단 대표 인물

한 것으로 청국 사절단의 일기 형식의 보고서보다 분량 면에서나 내용
면에서 뛰어나다. 특히 본문에는 300점이 넘는 동판화를 실어 시각적
효과를 극대화했는데, 청국 사절단의 기록물과 두드러진 차이점이다.
이 보고서는 세계 일주 여행기의 중요성이 알려지면서 일본 내에서 여
러 차례 재판되었다.[9] 그밖에도 사절단에 참여한 인물들의 개인기록이
남아있다. 일본학계의 경우 이와쿠라 사절단 관련 연구 성과가 적지 않
다. 왜냐하면 이와쿠라 사절단의 세계 일주는 메이지 정부가 추진하던
근대국가 건설사업에 큰 영향을 끼친 사건으로 그 역사의의를 높이 평

---

9 한국학계에서도 한국연구재단 학술명저번역 지원사업으로 한국어판 『특명전권대사 미구회람
실기』를 출판하였다. 구메 구니타케, 박삼헌 외역, 『특명전권대사 미구회람실기』 전5권, 소명출
판, 2011이 그것이다.

가하기 때문이다.

여기서 기억할 사실은, 메이지 정부가 출범하면서 파견한 이와쿠라 사절단말고도 도쿠가와 막부 말기 개항에 따른 통상조약 비준이나 구미국가 시찰 등을 위해 이미 여러 차례 해외 사절단을 미국과 유럽에 파견한 점이다. 1860년의 신미新見 견미 사절단, 1862년의 다케우치竹內 견구 사절단, 1863년의 이케다池田 견불 사절단, 1865년의 시바타柴田 견불 · 영 사절단, 1866년의 코이데小出 견로 사절단, 1867년의 도쿠가와德川 견불 사절단 등이 그것이다. 이들 해외 사절단은 청국보다 시기상 빠르고 훨씬 풍부한 여행기들을 남겼다. 이와쿠라 사절단은 이런 해외 체험 정보를 바탕으로 메이지 정부 출범 직후 파견한 첫 번째 사절단인 것이다. 따라서 당시 일본은 청국에 비해 서양 문명에 대한 상당한 이해가 있었다고 말할 수 있다.

막부가 최초로 미국으로 파견한 신미 견미 사절단혹은 만엔(萬延) 견미 사절단이라고도 부름은 이와쿠라 사절단과 유사한 항로를 이용해 태평양을 건너 미국으로 갔다. 일행의 방미 목적은 「미일수호통상조약」 비준서를 교환하기 위해서였으며, 미국의 문물과 제도를 시찰하는 임무도 부과되었다. 이 사절단은 1860년 1월 22일 요코하마를 출발해 미국을 방문한 후 그해 9월 27일에 귀국하였다. 그리고 유럽으로 파견된 다케우치 견구 사절단혹은 분큐(文久) 견구 사절단이라고 부름은 막부 말 유럽의 여러 도시들을 방문해 이와쿠라 사절단의 유럽 시찰과 비교되곤 한다. 다케우치 사절단의 파견목적은 유럽 각국과의 외교교섭을 통해 에도와 오사카의 개시, 효고와 니가타의 개항을 연기하는 것이었다. 이 사절단은 1862년 1월 21일 유럽으로 파견되어 영국 등 여러 나라를 방문하고 1863년 1월

30일에 귀국하였다. 이와쿠라 사절단의 세계 일주를 이해하기 위해서는 이런 막부 말 해외 사절단의 사례를 참고할 필요가 있다.

앞서 언급했듯이, 양무운동 초기 벌링게임 사절단과 메이지 초기 이와쿠라 사절단은 비슷한 시기에 국가적 사명을 띠고 전 세계를 일주한 대표적인 사절단이라 양국 근대사에서 중요한 위치를 차지한다. 청국과 일본의 두 해외 사절단 경험을 비교 분석하면 양국의 근대화 과정의 일단을 이해할 수 있다. 특히 청국과 일본의 엘리트들이 서양의 해양 문명을 어떻게 이해했는가?라는 구체적인 주제를 가지고 접근하면 양무운동과 메이지유신의 역사 경험을 새롭게 해석할 가능성이 높다.[10]

예를 들어, 이와쿠라 사절단 연구와 관련해서 주목할 만한 연구로는 다나카 아키라田中彰의 성과가 있다. 기존 연구에서는 보통 나카에 조민中江兆民 등 자유민권파가 일본의 학습 대상으로 벨기에, 네덜란드, 덴마크, 스웨덴, 스위스 등 소국을 모델로 한 '소국주의'를 주장한 데 반해, 메이지 정부 지도자들은 프러시아 등을 모델로 한 '대국주의'를 추구해 대외 팽창적인 근대국가를 건설했다고 본다. 그런데 다나카 아키라는 『미구회람실기』에 보이는 소국 관련 기록에 주목해, 메이지 정부가 지향할 방향으로 소국주의의 길이 존재했다고 주장한다. 본문에서는 이런 해석이 적절한지 여부를 살펴보고자 한다.

근대라는 용어는 뚜렷한 개념 규정이 어려운 상대적인 것이어서 벌링게임 사절단과 이와쿠라 사절단이 경험한 근대의 역사적 의미가 같지

---

10 여기서 해양 문명이란 넓게는 농업 문명과 유목 문명과 더불어 인류 문명의 세 가지 기본 유형 가운데 하나를 가리키며, 좁게는 서양 자본주의 문명이자 공업 문명의 역사적 기호이기도 하다. 그렇다고 서구만의 독자적인 문화현상을 의미한다는 것은 아니다(양귀전, 김창경 외역, 『해양 문명론과 해양중국』, 소명출판, 2019, 7~8쪽).

않을 수도 있다.[11] 비록 비슷한 시기에 두 사절단이 세계 일주를 했지만, 서양 문명에 대한 인식 차이는 제법 있었던 것으로 보인다. 일본은 이미 근대국가의 길로 나아가고 있어 구미지식을 구해 부국강병을 이루려는 강렬한 욕망이 있었으나, 청국은 전통 체제를 유지하기 위해 근대 기술을 필요로 했을 뿐, 여전히 체제를 근본적으로 개조하려는 의욕은 약하였다.[12] 그런 까닭에 양국 사절단은 겉으로 보아 불평등조약의 수정이라는 1차 목적은 유사해 보이나 실제로는 서양을 이해하는 폭과 깊이에서 수준 차이를 보였다. 그 까닭은 근대화에 대한 절박성의 부재라는 관점에서 읽을 여지가 있다.

1870년을 전후해 세계를 일주한 벌링게임 사절단과 이와쿠라 사절단 사이에는 서양 열강의 해양 문명에 대한 이해 수준도 일정한 차이를

---

11 王大宝,『蒲安臣使節團の研究 - 淸朝最初の遣外使節團』, 廣島大學大學院, 文學硏究科 博士學位論文, 2017, 155쪽.

12 한 일본인 연구자는 구메 구니타케의『미구회람실기(美歐回覽實記)』와 장덕이의『항해술기(航海述奇)』비교 이유를 다음과 같이 설명한다. 첫째, 이들 기록은 일본 메이지 정부와 청조가 처음 구미로 파견한 대규모 사절단의 기록이었다. 일본에서는 메이지유신에 앞서 도쿠가와 막부가 여러 번에 걸쳐 사절단을 구미지역에 파견한 적이 있었다. 그중에서도 1860년도에 미국으로 파견한 사절단(만엔(萬延) 사절단)은 제일 큰 규모로 이와쿠라 사절단에 필적할 만한 것이었지만, 미국만 방문한 것이었던 데다 기간도 짧았다. 다른 사절단은 그 후 도쿠가와 막부가 곧 붕괴했기 때문에 그다지 큰 역사적 의의를 가질 수가 없었다. 둘째, 이들 기록은 미국과 영국 및 유럽 각국을 장기간에 걸쳐, 그것도 비슷한 시기에 방문했다는 사실에서 유사할 뿐만 아니라 무척 상세한 여행 기록을 남긴 것도 공통점이다. 셋째, 저자인 구메와 장덕이는 모두 지배층의 일부라는 출신배경을 가졌으며 동아시아의 전통 지식에 대한 소양을 가지고서 서구 문명과 만났다는 의미에서, 양국의 전통 지식인이 구미 문명과 만났을 때 어떤 반응을 보였는지를 분석할 때 좋은 사례라고 생각한다. 그러나 실기는 정부 기관에 의해 출판된 것에 비해, 벌링게임 사절단에 관한 기록인『항해술기』는 생전에 간행되지 못했다. 이와쿠라 사절단은 메이지 정부의 핵심적인 사람들이 대거 참가했는 데 비해, 벌링게임 사절단은 외국인을 책임자로 둔 실권자가 참여하지 않은 구성이었다(미야지마 히로시,「'화혼양재'와 '중체서용' 재고 - 일본·중국과 구미와의 만남」, 백영서 외,『동아시아 근대이행의 세 갈래 길』, 창비, 2009, 157~159쪽). 이와 달리 한 한국인 연구자에 따르면 벌링게임 사절단과 이와쿠라 사절단을 비교하는 것이나 장덕이의『항해술기』와 구메의『미구회람실기』를 비교하는 것은 나름대로 의미가 있지만 그 구성, 방문대상, 기록 등의 측면에서 많은 차이가 있다고 본다(성희엽,「이와쿠라(岩倉) 사절단의 國家構想 연구 -『米歐回覽實記』에 나타난 國家構想을 중심으로」,『국제지역학논총』, 제4권 제1호, 2011, 25~26쪽).

보였다. 하지만 양국 사절단은 모두 출사 과정에서 해양 문명에 대한 근본적인 인식 전환이 요구되면서 바다에 대한 새로운 자각이 일어났다.[13] 이들이야말로 "동양의 동쪽이 서양의 서쪽"이라는 사실과 "태양의 반대 방향으로 여행하면 하루가 더 길어진다"라는 사실을 확인한 사람들이었다. 이보다 한참 늦은 1870년대 후반과 1880년대 전반에 걸쳐 메이지 일본 사회를 방문한 조선 사절단의 해양 문명 관련 인식은 일본은 물론 청국과 비교해서 현저한 차이가 있었다.

2. 조선 사절단의 대양 항해

조선시대에 공식적으로 인정한 해외 여행은 중국과 일본으로의 사행이 유일한 통로였다. 개인 차원의 여행은 표류와 같은 특수한 상황에서나 이루어졌다. 하지만 1876년 개항은 해금시대의 종말이자 천하 질서의 해체가 시작되는 역사적인 사건이었다. 개항 이후 조선인의 국외 체험은 서양으로 확장되었다. 이 시기 구미 여행도 대부분 외교사절단에 의한 공적인 성격을 띠고 있었다.

조선시대에 통신사通信使가 있었다면 개항 시기에는 그런 전통을 잇는 수신사修信使가 있었다. 조선 정부에서는 옛 외교를 다시 닦는다는 의미에서 사신 명칭을 통신사에서 수신사로 바꾸었다. 수신사는 1876년 「조일수호조규朝日修好條規」 체결부터 1884년 갑신정변 사후 처리까지 포

13　고정휴, 「태평양의 발견 – 그 바다 이름의 생성·전파와 조선에의 정착」, 『한국근현대사연구』 83, 한국문화역사지리학회, 2017, 72쪽.

함해 모두 5회에 걸쳐 일본으로 파견한 조선 사절단이다. 제2차 수신사 귀국 후 메이지 일본을 탐구하기 위해 1881년 별도로 보낸 좀 더 규모가 큰 조사시찰단朝士視察團을 합하면 횟수가 더 증가한다. 조사시찰단은 과거에는 신사유람단紳士遊覽團으로 불렸으나 유람이라는 용어가 조사들의 임무를 폄하할 우려가 있다는 지적이 있어서 최근에는 보통 조사시찰단이라고 한다.[14] 수신사는 전통적 사대교린 체제에서 벗어나 근대적 만국공법萬國公法 체제로 이행하는 과도기에 나타난 사절단이라고 평가받는다. 비록 벌링게임 사절단이나 이와쿠라 사절단과 같이 세계 일주한 대규모 해외 사절단은 아니었지만, 바다를 건너 해국일본海國日本을 경험했다는 점에서 간접적이나마 서양의 해양 문명을 가장 먼저 실감한 조선 사절단이다. 여기서 해국일본이란 서양 열강의 동아시아 진출 과정에서 일본 지식인들이 자국의 해양성을 자각하는 과정에서 세계 인식의 변화가 나타났던 상황과 관련한 용어이다.

수신사와 조사시찰단 관련 초기 자료집으로는 민족문화추진회가 번역한 『국역 해행총재國譯 海行摠載』1977와 국사편찬위원회가 편찬한 『수신사기록修信使記錄』1971 및 허동현이 영인 출판한 『조사시찰단 관계자료집朝士視察團關係資料集』2000 등이 있다. 과거에는 『국역 해행총재』에 실린 번역물을 주요 텍스트로 사용했으나 최근 연세대학교 연구팀에서 수신사와 조사시찰단의 자료를 수집해 디지털화하는 사업을 진행하면서 연구에 큰 전환

---

14 허동현, 『근대한일관계사연구』, 국학자료원, 2000, 13~14쪽. 허동현은 조사시찰단이 일본의 근대 국민국가 형성에 중요한 계기를 마련했던 1871년의 이와쿠라 사절단에 비견하는 역사의의를 지녔다고 높이 평가하면서도, 조사시찰단이 남긴 보고서들이 일반인들에게 알려지지 않아 구메 구니타케의 『미구회람실기』와 같은 큰 영향력을 발휘하지는 못했다고 평가한다(허동현, 「朝士視察團(1881)의 일본 경험에 보이는 근대의 특성」, 『한국사상사학』 19, 한국사상사학회, 2002, 508쪽).

〈그림 3〉 제1차 수신사인 김기수 사절단 그림(1876년)

기를 맞이하였다. 그 중 대표적인 기록물들은 번역 출판하고 있다. 수신사와 조사시찰단 관련 주요 자료들을 간단히 열거하면 아래와 같다.

1876년 제1차 수신사 자료집은 김기수金綺秀의 『수신사일기修信使日記』와 『일동기유日東記游』가 있으며, 안광묵安光默의 『창사기행滄槎紀行』도 현존하는 제1차 수신사의 또 다른 기록물이다. 1880년 제2차 수신사 자료집은 김홍집金弘集이 일본으로 갔을 때 수행했던 박상식朴祥植이 남긴 『동도일사東渡日史』가 대표적이며, 1881년 제3차 수신사의 경우 사행록이 전해지지 않아 현재로서는 구체적인 활동을 알 수 없다. 1882년 제4차 수신사 자료집은 박영효朴泳孝의 유명한 외교 기록 『사화기략使和記略』이 남아 있고, 1884년 제5차 수신사는 종사관 박대양朴戴陽이 남긴 『동사만록東槎漫錄』이 있다. 그리고 1881년 조사시찰단의 자료는 다양한 편인데 강진형姜晉馨의 『일동록日東錄』, 송헌빈宋憲斌의 『동경일기東京日記』, 민건호閔建鎬의 『동행일록東行日錄』 등이 유명하다.

수신사가 일본을 통해 서구의 근대를 간접적으로 경험했다면, 최초의 직접적이며 능동적인 서양 경험은 열강 가운데 처음 수교한 미국으로 파견한 1883년의 보빙사報聘使일 것이다. 1882년 「조미통상조약朝美通商條約」이 체결된 후 대응 조치라 할 수 있는 보빙사 파견은 일본과 청국을 통해 서양의 근대를 학습하던 방식에서 벗어나 구미 국가와 직접 교류하는 방식으로 바뀌었음을 의미한다.

1883년 5월 초대 미국 공사인 푸트Lucius H. Foot가 서울에 오자, 조선 정부는 이에 대한 답례로 보빙사라는 친선 사절단을 미국으로 파견하기로 결정했다. 전권공사 민영익閔泳翊, 전권부공사 홍영식洪英植, 종사관 서광범徐光範, 수행원 유길준兪吉濬, 변수邊燧, 현흥택玄興澤, 최경석崔景錫, 고영철高永喆을 임명하였다. 그리고 외교 참찬관 로웰Percival Lowell, 중국어 통역 오례당吳禮堂, 일본어 통역 미야오카宮岡恒次郎 등을 포함해 모두 11명으로 사절단을 구성하였다. 보빙사의 책임자인 민영익은 민비의 친인척으로 당시만 하더라도 보수파와 개화파 양쪽에게 지지를 받는 불과 23세 젊은 청년이었으며, 임오군란 후 차관 문제를 협의하기 위해 청국에 다녀온 경험이 있었다. 조선에서 보빙사를 파견한 목적은 대략 두 가지였다. 하나는 조선의 독립국 지위를 세계에 알리는 것이고, 다른 하나는 미국의 산업시설을 시찰해 선진적인 과학기술 문물을 수용하는 것이었다.

그런데 보빙사가 조선 최초의 구미 사절단인데도 불구하고 무척 아쉬운 사실은 제대로 된 출사일기 하나 남아있지 않다는 점이다. 더구나 민영익을 비롯한 일행 중 일부는 귀국할 때 미국 정부가 제공한 트렌튼Trenton호를 타고 6개월간 세계 일주 항행을 했음에도 불구하고 일기 한 장 전해지지 않는다. 왜 그런지는 알 수 없지만, 과거 연행사나 통신사가

〈그림 4〉 미국 출발 전 보빙사 단체 사진

풍부한 사행록을 남긴 전통과 달라 의아스럽다. 그들이 기록을 남기지 않았을 수도 있지만, 그보다는 홍영식과 서광범 등이 갑신정변에 연루되어 관련 기록이 사라졌을 가능성이 높다. 『승정원일기承政院日記』에 겨우 민영익의 매우 짧은 복명기만 남아있을 뿐이다. 한 연구자에 의해 뒤늦게 홍영식의 「복명문답기」가 발견되어 사료 빈곤에서 약간이나마 벗어날 수 있지만, 그것 역시 문답기에 불과하였다.[15] 현재로서는 미국인의 기록이나 현지 신문의 기사 등과 같은 자료들에 의존해야만 보빙사 활

---

15 한미조약이 체결된 지 1백 년 만에 「홍영식 복명문답기」가 김원모에 의해 발굴됨으로써 보빙사 연구에 도움을 주었다(김원모, 『상투쟁이 견미사절 한글 국서 제정 – 朝鮮開港과 韓美修交史』 上, 단국대 출판부, 2019, 445쪽 참고).

동에 접근할 수 있다.

그래서인지 세계 일주한 최초의 조선 사절단이 미국을 방문한 민영익 사절단인가? 아니면 러시아를 방문한 민영환 사절단인가?라는 논쟁조차 있다. 게다가 민영익 일행이나 민영환 일행 모두 외교 목적지를 오고 가기 위해 우연히 세계 일주한 것이어서, 청국의 벌링게임 사절단이나 일본의 이와쿠라 사절단과 같이 구미 10여 개 국가들을 공식 방문하는 진정한 의미의 세계 일주한 것은 아니었다. 항로와 철로를 따라 항구도시와 대도시를 통과했을 뿐이었다. 한편 보빙사 일원이던 유길준은 한동안 미국에 남아 공부하다가 뉴욕을 떠나 대서양을 횡단 항행해 유럽의 일부 국가를 여행하고 수에즈운하Suez Canal를 거쳐 인도양을 건너 약 1년 만에 귀국하였다. 이는 민영익 일행에 이어 개인 자격이지만 조선인으로는 두 번째 세계 일주일 것이다. 그가 남긴 최초의 서양 견문록으로 알려진『서유견문西遊見聞』은 제목과는 달리 여행기가 아니라 서양 문화 입문서의 성격이 짙다.[16] 그래서 민영환 사절단이 남긴『해천추범海天秋帆』이야말로 조선 최초의 공식적인 세계 일주 보고서라고 평가하는 경우가 많다.[17]

보빙사가 귀국하고 얼마 지나지 않아 갑신정변이 발발하고 실패하자

---

16 유길준, 허경진 역,『西遊見聞 - 조선 지식인 유길준, 서양을 번역하다』, 서해문집, 2004. 유길준의『서유견문』(1887~1889)은 후쿠자와 유키치(福澤諭吉)의『서양사정(西洋事情)』(1866)의 영향을 받은 책으로, 비록 러시아 관련 내용은 없으나 민영환의『해천추범(海天秋帆)』(1896)에 나타난 세계정보와 비교할 가치가 있다.

17 『서유견문』을 쓴 시기는『해천추범』보다 한참 앞섰지만, 여행기라기보다는 후쿠자와 유키치의『서양사정』과 같은 책 가운데 적지 않은 부분을 번역 편집한 서양 문물 개설서 성격이 짙다. 이에 반해『해천추범』은 1896년 4월 1일부터 10월 21일까지 모두 6개월 20일간 외국 실정을 매일 기록한 여행기로 사실상 최초의 세계 일주 여행기로 불린다(김진영, 「조선 왕조 사절단의 1896년 러시아 여행과 옥시덴탈리즘-서울-페테르부르그 여행기 연구 I」, 『동방학지』131, 2005, 324쪽).

개화파들이 몰락하는 정치변동이 있었다. 그 후 10년 가까이 청국이 조선 내정을 간섭하자, 조선 정부는 러시아와 미국을 끌어들여 청국을 견제하는 정책을 폈다. 이런 상황에서 1887년 조선 정부는 일본에 처음으로 상주 사절단을 파견해 공사관을 설치하였다. 이에 대해 청국이 별다른 이의를 제기하지 않자, "먼저 공사를 파견한 뒤 나중에 의견을 구한다"라는 선례로 삼아 1887년 8월 18일 박정양朴定陽과 심상학沈相學을 각각 미국 주재 전권공사와 유럽 5개국 주재 전권공사로 임명하였다. 특히 박정양은 조사시찰단의 조사 신분으로 일본의 제도와 문물을 시찰하고 귀국한 뒤 통리기무아문統理機務衙門 당상이 된 인물로, 국왕의 신임이 두터운 온건한 개혁파였다. 초대 주미 상주 사절단은 전권공사 박정양, 참찬관 이완용李完用, 서기관 이하영李夏榮과 이상재李商在, 번역관 이채연李采淵 및 외무비서관으로 미국인 의사 알렌H. N. Allen 등 총 11명으로 구성되었다. 이번 사절단은 1883년의 보빙사 이래 미국을 두 번째로 방문한 외교관들로 워싱턴에 공사관을 열었다.

박정양은 초대 주미 전권공사로 활동한 견문을 기록한 『미행일기美行日記』1887를 남겼다. 『미행일기』는 청국으로부터 주미 공사 파견을 허락받은 1887년 11월 10일부터 귀국해 고종에게 복명했던 1889년 8월 20일까지 일들을 기록한 출사일기인데, 이 일기는 고종에게 보고할 목적으로 집필되었던 것으로 보인다. 그 밖에도 『해상일기초海上日記草』, 『박정양서한朴定陽書翰』, 『종환일기從宦日記』, 『미속습유美俗拾遺』 등을 남겼다. 이런 기록들은 유일하게 현존하는 주미공사의 보고서로 그의 행적을 파악하는 데 귀중한 자료로 평가받고 있다. 특히 제국 항로와 대응하는 '태평양 항로'와 관련해 『해상일기초』는 태평양을 횡단한 1887년 12월 9일부터

〈그림 5〉 조선 최초의 미국 공사 박정양

12월 29일까지 21일간의 기록이다. 이 일기는 미국에 도착하기 전 태평양을 횡단하는 모든 과정의 경험과 감상이 담겨 있어 무척 유용하다.[18]

유길준의 『서유견문』이 조선의 근대화 방안을 제시할 목적으로 썼다면, 박정양의 『미행일기』는 미국의 제도와 문물을 시찰하면서 보고 들은 내용을 서술한 것이다. 이 일기가 미국 사회를 44개 항목에 걸쳐 역사, 문물, 제도 등을 소개하고 논평한 『미속습유』1888의 내용과 상당 부분 일치하는 것으로 보아, 박정양은 『미행일기』에 근거해 『미속습유』를 집필했음을 알 수 있다. 『미속습유』는 외교 임무를 충실히 수행하기 위해 만든 것인데, 『서유견문』의 출판일보다 1년 앞서 탈고해 최초의 미국견문기로 평가받고 있다.[19]

---

18 『해상일기초(海上日記草)』는 박정양과 이완용이 공동으로 작성해 고종에게 올린 일기체의 공식 보고서이다. 일기가 시작되는 1887년 12월 9일은 박정양이 홍콩에서 민영익을 만나고 요코하마로 돌아와 미국으로 떠날 배를 기다리고 있었던 때이고, 일기가 끝나는 12월 29일은 샌프란시스코에 도착해 천연두에 걸린 청국인 때문에 하선하지 못한 채 배 안에 머무르고 있던 때이다. 그 밖에도 『박정양서한(朴定陽書翰)』은 국왕에게 일기체로 올린 보고서로 『해상일기초』와 같은 형식을 취했으며, 『종환일기(從宦日記)』는 자신의 관직 생활을 정리한 일기로 앞의 내용과 중복되지만, 『미행일기(美行日記)』와 『해상일기초』에 기록되지 않은 내용도 일부 있다(박정양, 한철호 역, 『미행일기(美行日記)』, 푸른역사, 2015, 23~24쪽).

19 『미속습유(美俗拾遺)』는 박정양이 주미 전권공사로 재직하는 동안, 조선 정부로부터 소환 명령을 받고 귀국을 준비하던 1888년 11월 전후에 쓴 것으로 보인다. 따라서 지금까지 우리나라 최초의 서양 견문기로 알려진 유길준의 『서유견문』이 1889년에 탈고되고 1895년에야 발간된 사실을 기억한다면, 『미속습유』는 『서유견문』보다 1년 앞서 만들어진 최초의 미국견문기라고 말할 수 있다(위의 책, 27쪽).

〈그림 6〉 러시아를 방문한 민영환 일행과 러시아 관료들

　민영환閔泳煥 사절단1896은 보빙사 이래, 갑신정변 후 '잃어버린 10년'
을 보낸 후 서양으로 파견한 두 번째 해외 사절단이자 유럽으로 파견한
첫 번째 사절단이다. 특명전권공사 민영환을 비롯해 수행원 윤치호尹致昊,
2등 참서관 김득련金得鍊, 3등 참서관 김도일金道一, 민영환의 비서 손희영
孫熙永, 그리고 통역 겸 안내자인 러시아인 시테인Stein 등 특사 일행은
1896년 4월 1일 서울을 출발해 청국과 일본을 거쳐 태평양을 건너 캐
나다와 미국을 경유하였다. 곧이어 대서양을 건너 유럽의 아일랜드·영
국·네덜란드·독일·폴란드를 지나 러시아 경내로 들어갔다. 출발 후
56일 만이자 대관식 6일 전인 5월 20일 최종 목적지인 모스크바에 도
착하였다. 현지에서 사절단 임무인 대관식행사에 참여하고 외교활동을
마무리한 후, 페테르부르크로 가서 다양한 근대시설들을 참관하였다.
그 후 모스크바에서 출발해 광대한 시베리아를 횡단한 지 약 두 달 만인
10월 21일 블라디보스토크에 도착해 배를 타고 한반도를 돌아 인천으

로 귀국하였다.[20]

민영환 일행의 사행은 배편을 놓치는 우연한 사건으로 말미암아 본래 계획과는 달리 세계 일주 여행을 하게 되었다. 연구자들은 공식기록을 남긴 이들의 경로에 주목해 조선인 최초의 세계 여행이라고 높이 평가하지만, 엄밀하게 말하면 이들의 여정은 모스크바로 가기 위해 세계 여러 도시를 통과하는 단기 체류에 불과했다는 한계를 기억할 필요가 있다.[21] 그럼에도 불구하고 당시 조선의 국력을 고려한다면 민영환 사절단은 부족하나마 이미 20여 년 전 세계를 일주한 청국의 벌링게임 사절단이나 일본의 이와쿠라 사절단과 비교할 만한 세계 여행이었다. 물론 구미 각국의 공식 방문 여부는 물론 사절단의 규모나 여행 기간 면에서 적지 않은 차이를 보이는 것은 부정할 수 없다. 민영환 일행의 경우 미국을 방문한 보빙사와 달리 러시아를 공식 방문했다는 차이에 주목할 만한데, 유럽을 목적지로 설정하고 여행에 나선 것은 이들이 처음이다.

조선 사절단은 여행과 관련해 몇 가지 기록을 남겼다. 민영환의『해천추범海天秋帆』, 김득련의『환구일기環璆日記』와『환구음초環璆唫艸』, 윤치호의『윤치호일기尹致昊日記』등이 그것이다.

민영환이 러시아 황제 니콜라이 2세의 대관식에 참석하고 돌아온 과정을 한문으로 기술한 공식 보고서가『해천추범』이다.[22] 서명의 뜻은 확

---

20 『해천추범(海天秋帆)』에서는 청, 일본, 미국, 영국, 네덜란드, 독일, 러시아, 몽골 등 8개국을 거쳤다고 하지만 지금의 관점에서 보면 당시 영국 속국인 캐나다와 아일랜드, 러시아 속국인 폴란드를 포함해 모두 11개국으로 늘어난다(홍학희, 「1896년 러시아 황제 대관식 축하사절단의 서구체험기,『해천추범(海天秋帆)』과『환구음초(環璆唫艸)』」,『한국고전연구』17, 2008, 62쪽).
21 김지연,『해천추범(海天秋帆)』의 여정과 견문 기록 방식의 특징과 의미」,『한민족문화연구』60, 2017, 17쪽.
22 『해천추범』이 최초로 출판된 것은 1958년 국사편찬위원회에서 영인한『민충정공유고(閔忠正公遺稿)』(전5권)이다.『민충정공유고』에 포함된『해천추범』(3권)과『사구속초(使歐續草)』(4권)

실하지 않으나, '해천海天'은 태평양과 대서양을 항행한 데서, '추범秋帆'
은 귀국하던 때가 가을이어서 붙여진 것으로 추측한다. 그런데 이 책은
민영환의 이름으로 나왔지만, 사실은 수행원 김득련이 만든 것으로, 공
적인 외교교섭 문제는 거의 언급하지 않고 여행 견문이 중심을 이룬
다.[23] 이 여행기는 서구 사회 개설서처럼 서술한 『서유견문』과 달리 유
럽 경험을 기사본말체 형식을 빌려 일기1896.4.1~10.20, 6개월 20일처럼 기술
한 책이다.

중국어 통역관 자격으로 사절단에 참가한 김득련이 여정과 사건을 매
일 간결하게 기술했는데, 여기에 민영환 공사가 표현상 어색한 부분에
약간 가필한 것이 『해천추범』으로 알려져 있다. 이런 사실은 김득련이
저술한 『환구일기』의 내용을 일인칭 시점으로 고치고 김득련의 개인사
를 삭제한 후 거의 동일하게 기술한 점에서 확인할 수 있다.[24] 민영환이
불과 몇 글자 수정하거나 가필한 수준이어서 김득련의 역할을 높이 평가
할 만하지만, 그럼에도 불구하고 민영환의 대표성을 인정해 보통 김득련
과 공동 저작으로 본다.[25] 현재의 관점에서 보면 표절이지만, 사행록의
전통에서 보면 그리 이상한 일도 아니었다. 『해천추범』과 『환구일기』는

는 김희진이 필사한 책을 활자화한 것으로 보인다. 1959년 을유문화사에서 번역한 『해천추
범』은 『민충정공유고』 영인본과 달리 『해천추범』과 『사구속초』만이 담겨있다. 근래에 조재곤은
『해천추범』(책과 함께, 2007)을 다시 번역하였는데, 여기서는 『해천추범』의 내용에 맞추어 『윤치
호일기(尹致昊日記)』와 김득련의 『환구음초』 내용 일부를 함께 배치해 놓았다.

23 조재곤, 「민영환, 『해천추범』」, 『한국사 시민강좌』 42, 2008, 125쪽.
24 김득련의 『환구일기(環璆日記)』와 민영환의 『해천추범』을 비교하면 거의 모든 내용이 서로 일
    치한다. 다만 민영환은 김득련 관련 개인기록 등을 일부 삭제하였다. 그 내용은 1896년 4월 1일,
    4월 22일, 10월 14일, 10월 21일 등 모두 네 가지였다(김영수, 『100년 전의 세계 일주』, EBS
    BOOKS, 2020, 307쪽).
25 민영환의 『해천추범』이 김득련의 『환구일기』와 거의 같은 내용이란 점에서 표절로 볼 수 있지만,
    김득련의 집필 방향이 민영환의 의식 반영이라고 본다면 두 사람의 의식이 공존하는 텍스트로
    볼 수 있다(류충희, 『민영환의 세계 여행과 의식의 점이』, 성균관대 석사논문, 2007, 25~27쪽).

사절단의 세계 일주에 대한 최초의 기록물이긴 하지만, 세계 풍물을 충분하게 기술했다고 보기는 어렵다. 김득련의 개인적 감상이 잘 드러난 것은 『환구음초』라는 한시집이다.[26] 그 밖에 『부아기정赴俄記程』이란 여행기도 남아있는데, 이 책은 『환구일기』의 축약본이다.

사절단 일행의 여행은 새로운 관점으로도 기록되었다. 수행원인 윤치호는 조선이 개항하고 얼마 지나지 않은 1880년대에 이미 일본, 청국, 미국에서 공부한 조선 최초의 유학생 출신이었다. 그는 거의 평생 동안 일기를 썼는데, 이번 여행 또한 영문 일기로 남겨 놓았다. 1896년의 『윤치호일기』[27]는 공적인 여행기와 달리 사적인 생각과 감정을 놀랍도록 자세히 기록해서 『해천추범』과는 서로 다른 세계관을 보여준다.[28] 그의 일기는 서구 중심주의 흔적이 여기저기 드러나는데, 이 점은 『해천추범』의 서양 문명 예찬이 동양에 대한 열등의식으로 이어지지 않은 사실과 비교하면 대조적이다.[29]

현재까지 대한제국 시기인 1900년을 전후해 남아있는 대표적인 출

---

26 김득련은 여행 중에 보고 느낀 외국의 풍습과 자신의 감정을 죽지사(竹枝詞)의 전통을 빌어 한시로 읊었다. 이런 작품들 가운데 138수를 모아서 만든 시집 『환구음초』를 일본에서 간행하였다. 사행록의 전통에 따르면 여행기와 시집을 함께 만드는 경우가 보통인데, 근대 초기 청국과 일본의 해외 사절단 경우도 비슷하였다.
27 영문으로 기록된 『윤치호 일기』는 조선-러시아 간 외교교섭 과정의 숨은 이야기와 수석 수행원 윤치호가 보고 들은 바를 주관적 입장에서 기록한 것으로 민영환, 김득련의 기록물과 대비된다. 그는 여행과 협상 과정에서 숨겨진 많은 사실을 소개하는 한편 사행들과 다른 견해를 피력하기도 해, 당시 상황을 객관적으로 검토하는 데 좋은 참고 자료가 된다(민영환, 조재곤 편역, 『海天秋帆 -1896년 민영환의 세계 일주』, 책과함께, 2007, 14쪽). 여기서는 국사편찬위원회에서 번역한 『국역 윤치호 영문 일기』 3(2015)을 주로 이용하였다.
28 윤치호는 1883년부터 한문과 국문으로 일기를 썼으며, 1889년 이후에는 영문으로 써나갔다. 일기체 영어로의 전환은 날짜의 전환도 가져왔다. 이때부터 날짜는 그레고리력 서기로 쓰고, 다음에 조선 왕조 ○○○년이라고 덧붙였다. 이것은 우연이 아니다. 국문에서 영문으로 바꾸면서, 기독교적 시간과 조선 왕조의 시간을 본인의 시간과 나라의 시간으로 각각 정한 것이다(임홍수·이춘입, 「윤치호의 여행기, 부르주아의 도래」, 『문화과학』 94, 2018, 267~268쪽).
29 김진영, 앞의 글, 344쪽.

사일기는 3종 정도 있다. 한국의 출사대신들은 영국과 프랑스로 가기 위해 제국 항로를 이용했는데, 이를 간단히 소개하면 다음과 같다.

첫째, 민영환 일행의 빅토리아 여왕 즉위 60년 축하식 방문을 담은 『사구속초使歐續草』1897이다.[30] 민영환은 러시아에서 돌아온 지 얼마 지나지 않아 다시 특사로 영국에 파견되었는데, 이번에는 제국 항로를 따라 흑해를 지나 러시아로 향하였다. 러시아에서 유럽대륙을 지나, 1897년 6월 5일 영국 런던에 도착한 한국 사절단은 6월 21일 빅토리아 여왕을 만나 국서와 국왕의 친서를 전달했고, 다음 날 여왕 즉위 60주년 기념식에 참석하였다. 민영환은 런던에서 40여 일간 체류하면서 영국인의 일상생활과 선진 문물을 견학했는데, 이를 기록한 여행기가 『사구속초』이다. 이 여행기는 1896년 3월부터 7월까지의 기록이다. 앞서 언급했듯이, 러시아 사행을 기록한 『해천추범』이 민영환의 저작으로 알려졌지만, 실은 수행원인 김득련의 저술이었다. 이번 『사구속초』도 수행원인 김조현金祚鉉에 의해 기록되었을 가능성이 적지 않다. 하지만 서두에 자서自序를 싣거나 사적인 문체를 사용하거나 혹은 이전과 다른 기록 스타일 등을 미루어 보면, 본인이 직접 저술했을 가능성도 없지 않다. 아무튼 러시아와 영국 두 차례 출사에 모두 책임자로 참여했던 인물이 민영환이고 저자도 민영환으로 공인되어 있으므로 두 기록에 나타난 유럽관이나 세계 인식을 그의 생각으로 보아도 큰 무리는 없다.[31]

둘째, 이재각李載覺 일행의 에드워드 7세 대관식 축하 방문을 담은 『서

---

30 이민수 역, 민홍기 편, 『閔忠正公 遺稿(全)』(『使歐續草』 포함), 일조각, 2000(이하 편의상 閔泳煥, 『使歐續草』로 약칭함). 아울러 『사구속초』가 포함된 민영환, 『해천추범』, 을유문화사, 1959년 판본도 참고하였다.

31 김진영, 앞의 글, 349쪽.

〈그림 7〉 에드워드 7세 즉위식에 간 이재각 사절단

사록西槎錄』1902[32]이 있다. 『서사록』은 이재각의 수행원인 이종응李鍾應이
쓴 세계 견문록이다. 서명은 '서양에 배 타고 갔다 온 기록'이란 뜻으로
정부에 보고할 목적으로 귀국 직후에 쓴 등록謄錄으로 보인다. 사절단의
책임자인 이재각은 공식 사행 기록으로 총 분량 34장으로 한문으로 작
성된 『서사일기西槎日記』를 남겼다. 마치 민영환의 『해천추범』이 김득련
의 『환구일기』를 바탕으로 거의 그대로 작성된 것처럼, 이 일기도 이종
응의 『서사록』을 기초로 거의 그대로 작성되었다고 한다.[33] 한 연구자에
따르면, 이종응 본인은 『서사록』을 집안 청년들을 위해 작성한 글이라
고 했다. 1902년 4월 6일 인천에서 출발해서 같은 해 8월 20일 인천으
로 돌아올 때까지 4개월 15일총 136일간 세계 일주를 기록한 여행기란 점

---

32 김원모가 이종응이 지은 「서유견문록」과 『서사록(西槎錄)』을 해제하고 주석과 번역작업을 수행
    하였다(김원모, 「李鍾應의 『西槎錄』과 『서유견문록」 解題·資料」, 『동양학』 32, 단국대 동양학
    연구소, 2000, 127~183쪽). 이하 편의상 李鍾應, 『西槎錄』으로 약칭해 표기함.
33 고정휴, 앞의 글, 160~162쪽.

에서 사료적 가치가 높다. 이 책이 견문록의 일종으로 여행하면서 날짜와 여정에 따라 사건을 날마다 기록한 것이라면, 또 다른 기록물인 『셔유견문록』은 한글 기행가사로 『서사록』을 참고해서 한 달여 만에 만든 것이다. 이종응이 집안 부녀자들을 위해 썼다고 알려져 있다. 전자가 객관적이라면, 후자는 주관적이라고 말할 수 있다.[34]

셋째, 프랑스 공사 김만수金晚秀의 출사일기인 『일록日錄』과 『일기책日記冊』[35]이 있다. 근래 국내에 번역 소개된 『대한제국기 프랑스 공사 김만수의 세계 여행기』는 대한제국 시기인 1901년 파리에 머물면서 프랑스 공사로 활동했던 김만수의 10개월에 걸친 일기이다. 그의 일기는 모두 3권인데, 표지명이 『일록』1901.4~1901.8, 『일기책』1901.10~1902.2, 『주법공사관일기駐法公使館日記』로 이루어졌다. 앞의 두 권이 저자가 개인적으로 기록한 사행록이라면 뒤의 일기는 정부에 보고할 목적으로 작성한 등록으로 보인다. 『일록』과 『일기책』을 합쳐 보면 한 달가량의 기사가 빠져있다.[36] 대한제국 시기 유럽으로 파견한 세 차례 출사대신의 여행기를 살펴보면 대양 항로, 특히 제국 항로를 중심으로 세계 일주를 고찰할 수 있다.

---

34 『서사록』은 순 한문본이지만 「셔유견문록」은 순 한글 문서이다. 모두 56쪽에 행수는 총 422행의 장편 기행가사이다. 『서사록』의 탈고 일자가 '임인 7월 그믐날'(양 9월 1일)이라고 명기되어 있다. 「셔유견문록」은 '임인 팔월 이십팔일'(양 9월 29일)이라고 원고 탈고 일자를 밝혀 놓고 있다. 그렇다면 이종응이 8월 20일 귀국한 지 한 달여 만에 「셔유견문록」을 탈고한 것으로 볼 수 있다(김원모, 「李鍾應의 『西槎錄』과 『셔유견문록』 解題·資料」, 4~5쪽 해제).

35 김만수, 구사회 외역, 『대한제국기 프랑스 공사 김만수의 세계 여행기』, 보고사, 2018. 이 번역서에는 『日錄』과 『日記冊』이 번역되어 실려 있고, 『駐法公使館日記』가 부록으로 실려 있다(이하 편의상 金晚秀, 『日錄, 日記冊』으로 약칭함).

36 金晚秀, 『日錄, 日記冊』, 20쪽.

3. 출사일기 바다를 건넌 기록들

해외 여행기는 학계에서 어느 정도 연구가 이루어졌다. 서양인 탐험가나 선교사가 문명과 야만의 시각에서 19세기 동아시아 사회를 바라본 글이 적지 않고, 거꾸로 동아시아인이 서양 문명을 대외관계의 충돌, 중서문화의 교류, 여행 문학 등의 시각에서 다룬 글도 제법 있다. 그런데 근대 시기 한·중·일의 서양 인식에 관한 많은 연구에도 불구하고 해양 문명 관련 연구는 의외로 찾아보기 어렵다. 아마도 연구자들이 사절단이나 출사대신 개인의 여행경험이나 외교활동에만 주목해서인 듯싶다. 하지만 그들은 해양 문명을 가장 실감나게 경험한 사람들이다. 이런 사실에 착안해 이 책에서는 해양사의 각도에서 근대 시기 청국, 일본, 조선에서 여러 차례 파견한 해외 사절단의 출사일기를 분석해 그들의 해양 문명관을 탐색할 것이다. 본문에서 다룰 내용은 대체로 다음과 같다.

제1편에서는 청국의 벌링게임 사절단과 일본의 이와쿠라 사절단을 비교할 것이다. 제1장에서는 벌링게임 사절단과 이와쿠라 사절단의 세계 일주와 대양 항로에 주목하고자 한다. 특히 두 사절단의 세계 일주 여행기에 나타난 태평양, 대서양, 인도양 등의 대양 이미지와 세계 일주 항로를 분석할 것이다. 당시 중국인에게는 5대양 6대주의 개념이 아직 정착하지 않았고, 대서양의 상대어인 '대동양大東洋'이란 용어가 '태평양太平洋'으로 바뀌는 중이었다. 이와 상대적으로 일본인들의 대양 인식은 막부 말 해외 사절단의 정보를 통해 상당 정도 심화되어 있었다. 여기서 해양 관련 소재를 열거해보면, 증기기관과 선박구조, 대양 항해의 기억 들풍랑, 뱃멀미, 선상 질병과 사망, 지리관의 혁신과 시간관념의 변화, 등대와 암

초, 해저케이블과 해외 이민, 수에즈운하의 개통, 항구풍경 등을 들 수 있다. 이런 개별 경험을 정리하면서 두 나라 사절단의 대양 항해를 통한 세계관의 전환 과정을 알아보는 동시에 해항海港 도시를 매개로 한 해상 네트워크 세계에 대해서도 묘사할 것이다. 그 과정을 통해 해양사의 관점에서 전통적 중국 중심의 세계관이 해체되는 과정을 어느 정도 파악할 수 있으리라 기대한다.

제2장에서는 청국과 일본 사절단이 미국과 영국에서 경험한 해군체제인 군함, 조선소, 대포, 포대 등에 주목할 것이다. 아울러 미국과 영국에서 본 해양 문화 관련 키워드인 수·해양 정책, 해양법, 해양개발, 해양생물 등을 살펴볼 것이다. 그런데 이와쿠라 일행이 미국과 영국 각지를 돌아다닌 것과는 달리 상대적으로 벌링게임 일행은 수도 주변을 크게 벗어나지 않았다. 여기서 필요할 경우 또 다른 청국과 일본의 여행 기록을 인용할 것이다. 이를 통해 기존 연구에 대한 한두 가지 저자의 견해를 제시하고자 한다. 예를 들어, 양무운동의 한계로 해군 건설에 집착한 사실을 지적하면서 물질 문명의 수용에만 관심을 가졌다고 폄하하는 것은 문제의 소지가 있다는 점이다. 본문에서는 물질양무운동 → 제도변법운동 → 정신신문화운동 순의 도식적인 근대화모델에 대한 적절성 여부를 따져볼 것이다. 그리고 이와쿠라 사절단 연구의 권위자인 다나카 아키라는 소국주의라는 관점에서 일본 사절단은 군사 무기에 상대적으로 무관심했다고 주장하는데, 이런 해석에 대해서도 재검토를 할 것이다. 특히 근대 해군의 탄생 과정을 살펴보면 동아시아인의 해양 인식 전환 과정을 추적할 수 있다.

제3장은 대략 두 부분으로 구성되었다. 우선 전반부에서는 양국 사절

단이 시찰한 유럽대륙의 해양 문명을 검토할 것이다. 유럽은 하나의 정치적 통합체가 아니므로 개별 국가마다 근대화의 수준 차이가 선명하였다. 여기서는 그들이 방문한 유럽대륙의 국가들을 대국과 소국으로 나누어 해양 문명의 대강을 소개할 계획인데, 미국이나 영국에 비해 상대적으로 체류 기간이 짧고 대륙 성격이 강해서인지 해양 문명의 특색이 잘 드러나지는 않는다. 하지만 기록의 단편들을 종합해 보면 프랑스, 프로이센, 러시아 및 북유럽 국가들은 미국과 영국처럼 해양 강국을 끊임없이 추구한 것으로 보인다.

후반부에서는 양국 사절단이 귀국 항로에서 방문한 서남아시아와 동남아시아의 대표적인 해항도시들에 대한 해양 이미지에 주목할 것이다. 두 사절단의 귀국 항로는 지중해-홍해-아라비아해-실론섬-뱅골해-남중국해를 지나 홍콩과 상하이를 끝으로 대장정의 막이 내린다. 유럽을 벗어나 인도와 동남아지역을 비롯한 여러 식민도시를 경유하면서 아시아를 바라보는 그들의 시선은 정도 차이는 있지만, 이중적인 모습을 보인다. 다시 말해 동일 인종이라는 동정적인 태도와 구미 문명과 비교할 때 낙후한 동양이라는 비판적인 생각이 중첩되는 것이다.[37] 일행이 아시아를 바라보는 시선은 유럽 사회의 '시찰'과 달리 주로 해항도시의 '체험'에 속하였다. 사절단이 시찰 대상으로 삼은 것은 주로 유럽의 국민국가 체제였으므로, 아직까지 국민국가와 거리가 먼 아시아 지역은 관찰 대상에서 처음부터 소홀하였다.[38] 본문에서는 양국 사절단의 여행은 관념적인 것이 아니라 구체적인 체험이었다는 사실에 근거해 유럽 사회와

---

37 구메 구니타케, 정선태 역, 『특명전권대사 미구회람실기』 5, 소명출판, 2011, 35~36쪽.
38 박삼헌, 「이와쿠라 사절단의 역사적 의미 재고찰」, 『일본학보』 98, 2014, 485쪽.

아시아 지역을 비교하며 근대 오리엔탈리즘의 원형을 찾고자 한다.

제2편에서는 조선대한제국 포함에서 일본과 구미에 파견한 여러 사절단을 순서대로 소개할 것이다. 제4장에서는 수신사와 조사시찰단의 일본 방문을 다루는데, 당시 조선 사대부의 출양은 대부분 정부에서 파견하였다. 개인 여행기는 거의 남아있지 않으며 혹시 남아있더라도 해양 문명에 대한 체계적인 정보를 제공하지는 못한다. 출사대신이 세계를 여행하고 남긴 기록물들의 양식은 기행문, 한시, 기행가사였다. 기행문은 주로 한문으로 작성했고, 일기체 형식이었다. 수신사나 조사시찰단 일행의 경우 정치적 위상 때문인지 일본 측의 배려로 일본의 해양 문화를 좀더 자세히 관찰할 수 있었다. 조선 사절단의 여행기 중에서 윤선 내부의 구조와 항행방식, 대양 항해에 대한 기억, 풍랑을 만나거나 등대를 본 경험, 항구와 항만에 대한 감상, 해군과 조선업 시찰, 동북아 해방과 국제 정세의 현황 등 다양한 기록을 찾을 수 있다. 본문에서는 여행기나 일기의 원문을 정리 분석해 실감 나게 근대일본의 해양 문명을 그려볼 생각이다. 한마디로 조선인의 일본에 대한 '섬나라 오랑캐' 이미지에서 '해양 국가'로의 인식 전환을 추적하는 것이다. 여기서 해국이란 해양 국가의 약칭으로 당시 청국과 일본의 문헌에 종종 등장하는 역사 개념이다.

제5장에서는 보빙사 일행과 주미공사 박정양을 중심으로 개항 시기 미국으로 건너간 조선 사절단이 경험한 태평양 항로를 시작으로 세계 일주 코스를 복원하는 것을 목적으로 한다. 여기서 보빙사와 초대 주미 사절단을 함께 다룬 까닭은 사료의 절대 부족 문제를 보완하기 위해서이다. 보빙사 관련 단편적인 기록들과 유길준의 『서유견문』, 박정양이 남긴 『미행일기』와 『해상일기초』 등과 같은 보고서들을 활용해 태평양

항로를 복원할 것이다. 이 시기 서양을 여행하고, 체험한다는 것은 다른 시공간과 대면하는 경험일 뿐만 아니라, 중국을 대신해 문명의 표준으로 부상하고 있던 서양에 대한 지식을 축적하는 과정이기도 했다.[39] 특히 조선인 최초의 대양 항해 경험을 재현하면서 그들의 시공간 인식의 확장 과정을 살펴볼 것이다.

제6장에서는 해양사의 시각에서 민영환 사절단의 세계 여행 일정 중 주로 대양 항해시베리아 육로도 포함에 주목해 몇 가지 사건들을 다룰 것이다. 우선 조선 사절단이 러시아로 가는 대양 항로 중 태평양과 대서양을 건너는 과정에서 경험한 시공간 관념의 변화를 살펴볼 것이다. 다음으로 민영환 일행이 러시아 해군 시찰과 같은 현지 탐방과 시베리아 철로를 이용해 귀국하는 과정 혹은 윤치호가 제국 항로로 귀국하는 과정에서 느꼈던 오리엔탈리즘과 옥시덴탈리즘의 문제를 다룰 것이다. 끝으로 사절단 내 민영환과 윤치호의 인식 차이를 비교하면서 이들보다 먼저 세계 일주한 벌링게임 사절단과 이와쿠라 사절단과도 비교할 것이다.

제7장에서는 대한제국 시기 유럽으로 파견한 세 차례 출사대신의 여행기에 나타난 대양 항로, 특히 제국 항로를 중심으로 고찰하고자 한다. 여기서는 조선 사절단의 대양 항로 중 인천에서 런던으로 향하는 제국 항로를 여행기의 단편 기사들을 모아 재구성할 것이다. 이를 통해 '바다로부터 온 근대'의 충격에 대해 조선 지식인들이 어떻게 반응했는가를 살펴볼 수 있을 것이다. 하지만 아쉽게도 그들은 해양 국가로 나아가려는 생각이 모호하고 의지도 부족했는데, 이런 사실은 대한제국의 우울

---

39 박애경, 「대한제국기 가사에 나타난 이국 형상의 의미」, 『古典文學硏究』 31, 2007, 34쪽.

한 앞날을 암시한다.

　해양의 관점에서 보면 수신사부터 대한제국 해외 사절단에 이르기까지 출사대신들의 해양 문명 인식은 지식축적이 거의 이루어지지 않아 단순한 관광 수준에 머물렀다는 아쉬움이 남는다. 세계 일주를 했다는 조선 사절단들도 실제로는 특정 국가를 방문하기 위해 점도시과 점도시을 선교통로으로 잇는 식의 세계 여행을 했기 때문에 진정한 의미의 세계 일주라고 보기에는 한계가 있다. 그럼에도 불구하고 조선 지식인들에게 대양이라는 지리적 공간은 새로운 문명사적 발견이었다. 그뿐만 아니라 일본 혹은 미국을 비롯한 구미 국가에서 경험한 선정船政과 어정漁政 및 해군 문명은 서양의 '근대'를 실감케 하였다.

차례

제1부

벌링게임 사절단과
이와쿠라 사절단의 세계 일주

제1장

벌링게임 사절단과 이와쿠라 사절단의 대양 항로

1. 청국과 일본 사절단의 출사 과정

청국 최초의 공식 해외 사절단인 벌링게임 사절단은 중국 해관의 총세무사인 영국인 하트Robert Hart의 제안으로 실행되었다. 앤슨 벌링게임 Anson Burlingame은 전 미국 공사로 청국 판리중외교섭사무대신辦理中外交涉事務大臣의 자격으로 미국과 유럽으로 파견한 중국 명 포안신蒲安臣을 말한다. 그는 1820년 미국 뉴욕주에서 태어나 외교관이 되었고, 링컨이 미국 대통령에 취임한 지 오래 지나지 않아 주청국 미국 공사로 임명되었다. 벌링게임이 1862년 북경에 도착한 후 모두 6년간의 임기 중 레이-오스본 Lay-Osborn사건에서 영국과 청국 간 중개역할, 조선 문제에서 분쟁 조정 역할, 미국 선교사 마틴William A. P. Martin이 번역한 『만국공법萬國公法』을 총리아문에 전달하는 역할 등 다양한 외교 성과를 이루었다. 벌링게임은 청국에 대한 합작 정책을 미국 정부에 강력하게 요청했는데, 이런 친

중국정책으로 말미암아 그는 청조로부터 특별한 신임을 얻었다. 벌링게임은 주청공사 임기가 끝나가자 귀국을 준비했는데, 1867년 11월 27일 총리아문은 벌링게임을 위한 송별회 만찬에서 청국의 첫 번째 해외 사절단의 책임자를 맡아달라는 요청을 했고, 그는 이를 수락하였다.[1]

---

1 벌링게임 사절단에 관한 연구는 중국, 미국, 일본 등에서 중국 양무운동사, 중미관계사, 미국외교사 차원에서 이루어졌다. 중국학계의 경우 개혁개방 이전에는 양무운동의 역사평가가 높지 않아서 사절단 관련 전문 연구는 눈에 띄지 않으나, 개혁개방 이후 연구가 본격화되면서 연구 수량이 증가하였다. 閔銳武의 『蒲安臣使團研究』, 中國文史出版社, 2002가 단행본 연구서로는 대표적이다. 청 말 『주판이무시말(籌辦夷務始末)』과 같은 외교 사료나 중국사학회가 편찬한 『양무운동(洋務運動)』과 같은 자료집을 이용하고 영문 기록도 일부 활용해 연구서를 펴내었다. 여기서 저자는 벌링게임 일행을 외교적인 측면에서 개괄하는데, 사절단이 출현한 역사 배경과 출사 과정, 외교적 득실 평가, 전통 외교에서 근대 외교로의 전환, 출국 방문의 역사평가 등을 언급하였다. 이 책에서는 사절단의 활동을 긍정적으로 평가하지만, 여전히 저평가된 면이 없지 않다. 근래 중국에서는 장덕이(張德彝) 등의 전통사상을 적극적으로 평가하려는 尹德翔의 연구 『東海西海之間 – 晚淸使西日記中的文化觀察, 認證與選擇』, 北京大學出版社, 2009이 나왔다. 그밖에 일반논문과 학위논문들은 다소 긍정적인 평가를 하면서도 이 사절단이 이와쿠라 사절단과 비교해 전통과 근대 사이를 방황하다 실패한 모험이었다는 유사한 결론을 내린다.
일본학계의 경우 사카모토 히데키(阪本英樹)의 단행본 연구서 『달을 끄는 뱃사공 – 청 말 중국 지식인의 미구회람(月を曳く船方 – 淸末中國人の美歐回覽』, 成文堂, 2002이 대표적이다. 이 책은 민예무의 책과 같은 해에 출판되었는데, 장덕이의 여행기를 중심으로 하고 지강(志剛)의 여행기를 참고하는 방식으로 글을 구성하였다. 사카모토는 장덕이 일기를 역사적인 맥락보다는 문학적인 서술로 풀어내고 있다. 두 사람의 벌링게임 사절단 연구서는 이와쿠라 사절단과 비교하는 대목도 있는데, 주로 중국근대화와 관련한 일본의 위상 때문이었다. 민예무와 사카모토 히데키의 연구는 벌링게임 사절단의 출사 의미를 적극적으로 재평가하지만, 기본적으로 일본 사절단과 비교해서 청국 사절단의 한계를 지적하는 데 중점을 두고 있어서, 19세기 후반 동아시아 사회를 보는 통설적인 관점을 그대로 계승하고 있다(미야지마 히로시, 「'화혼양재'와 '중체서용' 재고 – 일본·중국과 구미와의 만남」, 백영서 외, 『동아시아 근대이행의 세 갈래』, 창비, 2009, 161쪽).
최근 일본에서 나온 王大寶의 박사논문 「포안신사절단의 연구 – 청조 최초의 해외파견사절단(蒲安臣使節團の硏究 – 淸朝最初の遣外使節團)」, 広島大 博士論文, 2017은 외교사의 시각에서 사절단의 파견 배경과 미국에서의 외교 활동을 분석하는데, 아쉽게도 유럽을 포함한 전체적인 여행 여정을 다루지는 않았다.
미국학계는 벌링게임이 미국의 거물 정치가여서인지 관련 연구가 일찍부터 있었다. 예를 들어, 윌리엄스(Frederick Williams)가 쓴 *Anson Burlingame and the first Chinese Mission to Foreign Powers*, New York : Charles Scribner's Sons, 1918에서는 벌링게임의 출신과 재중 활동 및 벌링게임 사절단의 여행 일정을 고찰하였다. 당시 벌링게임은 청국영토가 안정되고 주권 독립이 유지될 수 있다는 신념을 가졌고, 이것이 세계평화를 유지하고 기독교 국가 간의 잔혹한 전쟁을 피할 수 있게 할 것이라고 기대했다. 윌리엄스는 벌링게임을 추종한 인물로 중문 자료를 사용하지 않은 한계가 있으며, 벌링게임을 지나치게 미화했다는 평가를 받는다(閔銳武, 『蒲安臣使團硏究』, 中國文史出版社, 2002, 4쪽 재인용). 모스(Hosea Morse)가 쓴 명저 『중화제국대외관계

〈그림 1〉 앤슨 벌링게임(Anson Burlingame, 중국 명 포안신(蒲安臣))

〈그림 2〉 중국인 최초로 세계 일주한 청년 장덕이(張德彝)

1867년은 미국과 「천진조약天津條約」을 맺은 지 10년이 되는 해로 조약 기간 만료에 따른 개정이 필요한 때였다.

벌링게임 일행의 가장 큰 특징이라면 사절단 인솔자가 미국인이라는 사실인데, 중국인 해관도海關道 지강志剛과 예부낭중禮部郞中 손가곡孫家谷도 이 사절단의 공동책임자인 판리중외교섭사무대신이 되었다. 두 사람은 국가사절단을 대표하기에는 그리 높은 관직은 아니었고 구미 열강에 대한 이해도 별로 깊지 않았다. 사절단에 중국인 고위 관리가 포함되지 않은 까닭은 아마도 재능이 있는 외교관을 찾기 어려웠고, 청국과 외국 간

사』 제2권에서는 한 장을 할여해 「벌링게임의 출사」를 다루었다. 그는 사절단의 전 과정을 소개하면서, 벌링게임이 "고상하게 법을 바라본 인물이지만, 그의 사명은 실패했다"라고 평가했다 (馬士, 『中華帝國對外關係史』 第2冊, 商務印書館, 1958, 218쪽; 閔銳武, 『蒲安臣使團研究』, 4~5쪽 재인용). 대체로 미국학계의 연구는 벌링게임 개인을 중심으로 이루어졌으며 서구 중심주의적 시각이 강하였다. 그밖에도 미국의 몇몇 외교사 관련 학위논문 등에서 중미 관계의 관점에서 벌링게임 개인이나 그의 사절단을 언급하였다.

외교 갈등이 일어날 가능성을 우려한 듯하다. 이 사절단에는 주청국 영국공사관 중국어 통역인 영국인 브라운John McLeavy Brown, 伯卓安과 1866년 빈춘斌椿 사절단을 수행한 바 있고 청국 해관에서 근무 중인 프랑스인 샹Emile de Champs, 德善이 비서로 참여하였다. 브라운은 좌협리左協理, 샹은 우협리右協理를 담당했는데, 영국과 프랑스의 지지를 얻기 위해 두 사람을 보좌관으로 임명한 것으로 보인다. 이처럼 미국, 영국, 프랑스, 청국인으로 구성된 다섯 명의 지도부와 장덕이張德彝를 비롯한 통역과 수행원 등 모두 30여 명으로 사절단이 만들어졌다.[2] 그들은 무려 2년 8개월에 걸쳐 미국과 영국 등 모두 11개국을 방문하였다.

청국 사절단 가운데 여행기와 관련해 가장 주목할 만한 인물은 장덕이이다. 장덕이는 동문관同文館 제1기로 졸업한 제1세대 영어 통역이고, 그 후 제1세대 직업외교관이 된 인물이다. 1866년동치 5년 그는 빈춘 사절단을 따라 19세의 나이로 중국 최초로 유럽에 파견되어 유람했다. 이때 처음 본 증기선과 기차 등과 같은 새로운 기계 문명에 대해 상세한 기록을 남겼다. 1868년 장덕이는 다시 통역 신분으로 벌링게임 사절단에 참여해 미국과 유럽을 방문하던 중 프랑스 파리에서 우연한 사고로 말미암아 일행보다 먼저 귀국하면서 중국인 최초로 세계 일주한 인물이 되었다. 1870년에는 또다시 천진교안天津教案의 사죄 목적으로 파견한 숭후崇厚 사절단을 따라 프랑스로 가서 외교관의 역할을 담당하였다. 장덕이는 청국이 1876년 곽숭도郭嵩燾를 영국으로 정식공사로 파견하기 전에 이루어진 세 차례 해외 사절단에 모두 참여했을 뿐만 아니라, 심지어 곽

---

2   다나카 아키라(田中彰), 현명철 역, 『메이지 유신과 서양 문명 – 이와쿠라 사절단은 무엇을 보았는가』, 小花, 2006, 166~167쪽과 閔銳武, 『蒲安臣使團研究』, 48쪽 참고.

숭도 일행에도 참가해 당시로서는 세계를 가장 많이 구경한 중국인이 되었다.[3] 벌링게임 사절단에서 장덕이와 함께 세계 일주 여행기를 남긴 지강은 평범한 만주족 관리였으나 우연하게 해외 출사 대신이 되어 놀라운 경험을 하게 되었다. 그는 양무관료 출신으로 서양의 물질 문명을 파악하는 데 장덕이보다 뛰어났지만, 외교관으로서의 자질은 그리 높지 않았다.

〈그림 3〉 미국 도착 후 서양 복장을 한 이와쿠라 도모미(岩倉具視)

일본의 경우 청국과 달리 서학 전파가 네덜란드 지식을 중심으로 오래전부터 이루어져 왔다. 1868년 도쿠가와 막부德川幕府가 붕괴되고 메이지 정부가 들어서면서 국가 개조를 위한 일련의 개혁 조치가 이루어졌다. 그중에는 어떻게 서양 국가를 학습해 자본주의 근대화를 이룩하느냐의 문제가 핵심이었으며, 구미 열강에 대

---

3 장덕이는 초기 세 번의 청국 사절단에 모두 참여한 후 남긴 자신의 여행기에서 서양요리, 표점부호, 몇몇 기계와 악기 및 건축물, 피라미드, 피임 도구, 초코렛 등을 처음 청국에 소개했으며 전보, 자전거, 증기관, 엘리베이터, 재봉틀, 도시가스 등도 일기 중에 묘사하였다. 그는 숭후(崇厚) 사절단을 따라 프랑스를 방문했을 때, 현지에서 직접 파리코뮨을 목격한 중국인이기도 하다. 그 후에도 1876년 통역으로 영국에, 1887년 수행원으로 독일에, 1896년 참찬으로 영국에, 1901년 참찬으로 잠시 일본에, 1902년 공사 자격으로 영국에 파견되어 1906년 귀국하였다. 한때 광서제의 영어 교사도 역임하였다. 그는 일생 중 8번을 출사해 7권의 여행기(일본을 방문한 칠술기(七述記) 미완성 원고 제외)를 남겼는데, 모두 27년간을 해외에 있었다. 장덕이의 여행기에 대한 중국학계의 평가는 나누어져 있다. 鍾叔河는 장덕이의 글이 서양 사회를 세밀하게 관찰하고 생동감 있게 묘사하지만, 문장의 수준이 높지 않고 문체가 평범하다고 비평한다. 그 결과 보수적인 관념에서 탈피하지 못했다고 평가한다. 이에 반해 尹德翔은 장덕이의 일기는 어떤 주제를 논의하기보다는 객관적으로 서술하는데, 중점을 두었다고 본다. 즉 중국 사회에 대한 정치, 경제, 과학기술 분야의 변혁보다는 중서 문화교류의 관점에서 사실 묘사에 치중했다는 것이다(尹德翔, 『東海西海之間 - 晩淸使西日記中的文化觀察, 認證與選擇』, 160~165쪽).

한 현지 고찰을 추진할 필요성을 절실하게 느꼈다. 신정부는 폐번치현廢
藩置縣 후 조약개정 예비교섭과 서양 문명 시찰을 목적으로 이와쿠라 사
절단 파견을 결정하였다. 이와쿠라 일행은 메이지 정부가 파견한 첫 번
째 고위급 정치대표단으로 1년 9개월을 소요하며 미국과 유럽의 12개
조약체결국을 순방하였다.[4]

사절단 책임자인 이와쿠라 도모미岩倉具視는 부총리급에 해당하는 특명
전권대사였으며, 네 명의 특명전권부사가 있었는데 기도 다카요시木戸孝
允, 야마구치 마스카山口尚芳, 오쿠보 도시미치大久保利通, 이토 히로부미伊藤博文
등이었다. 그들은 오늘날 장관과 차관급에 해당하는 거물급 정치인들이
며, 그 가운데 '유신삼걸'로 불리는 기도 다카요시와 오쿠보 도시미치와
같은 정치 실세와 유능한 관리들이 다수 포함되었다. 사절단 46명, 수

---

4   이와쿠라(岩倉) 사절단 연구현황을 살펴보면 다음과 같다. 초기 대표연구로는 오오쿠보 토시노
    리(大久保利謙)의 『이와쿠라 사절단의 연구(岩倉使節團の研究)』(1976)와 다나카 아키라(田中
    彰)의 『이와쿠라 사절단(岩倉使節團)』(1977) 등이 있다. 이런 연구는 메이지 일본의 서양 문명
    견학이라는 관점에서 일본과 서양의 문화를 분석하는 비교문화사 연구였다. 이와쿠라 사절단을
    일본 근대정치사의 영역으로 끌어들여 연구하기 시작한 것은 근래의 일로, 사절단의 참여 인물
    과 도시연구 등이 다양하게 이루어졌다. 굳이 대표학자를 한 사람만 꼽자면 국내에도 저서가 번
    역된 메이지 유신사의 권위자 다나카 아키라를 들 수 있다. 다나카는 제국 일본의 대국지향적
    팽창정책에 대한 역사적 대안으로서 사절단의 소국주의(小國主義)를 제시하면서 그 근거로 벨
    기에, 네덜란드, 스웨덴 등의 사례를 제시하였다.
    서양학계의 이와쿠라 사절단 연구로는 서양 각국의 일본학 연구자들이 공동집필하고 이안 니시
    (Ian Nish)가 편집·출간한 The Iwakura Mission to America and Europe : A New Assessment(이와쿠
    라 사절단의 미국과 유럽방문 - 새로운 평가), New York : Routledge, 1998가 있다. 이 책은
    막부 말기의 사절단에 비해 이와쿠라 사절단에 정치적 비중이 높은 인물들이 참여한 사실에 주목
    한다. 사절단이 각국에서 학습한 것을 중심으로 서술했는데, 대중적인 입문서에 가깝다. 그리고
    비슬리(W. G. Beasley)의 저서 Japan Encounters the Barbarian : Japanese Travellers in America and
    Europe(일본 이방인과 조우하다 - 미국과 유럽을 방문한 일본 여행객들), New Haven : Yale
    University Press, 1995은 이와쿠라 사절단을 포함해 근대 시기 서양으로 여행한 일본인들이
    무엇을 학습했으며 그 결과는 어떤지를 서술한다. 이와쿠라 일행에 집중하고 있지는 않지만 일
    본 사절단의 발전 과정을 살피기에는 유용하다. 한편 한국학계의 이와쿠라 사절단 연구는 과거
    어학분야에 집중되었지만, 박삼헌을 비롯한 역사 연구자들이 한국연구재단의 지원을 받아 사절
    단의 서양 도시 체험을 주제로 공동 연구하면서 좀 더 다양한 관점의 연구 성과들이 나왔다(박삼
    헌, 「이와쿠라 사절단의 역사적 의미 재고찰」, 『일본학보』 98, 2014, 474쪽 참조)

행원 18명, 여기에 유학생 43명 여자 유학생 5명을 포함해 모두 107명인 대규모 사절단이었다. 일본은 막부 말기인 1863년부터 영국으로 16명의 유학생을 파견하는 등 메이지 정부 이전에도 무려 153명의 유학생을 해외로 파견해 구미 국가 관련 정보를 축적하고 있었다. 사절단에 포함된 이토 히로부미 역시 막부 말 유학생 출신이다.[5]

〈그림 4〉『특명전권대사 미구회람실기(特命全權大使 美歐回覽實記)』를 쓴 구메 구니타케(久米邦武)

기존 연구에 따르면 벌링게임 사절단의 출사 목적은 첫째, 대신을 출양시켜 구미 각국의 국정을 이해하고 인식을 심화시킨다. 둘째, 대신을 출사시켜 중외교섭사무를 처리하고 조약체결을 준비한다. 이와 비교해 이와쿠라 사절단의 출사 목적은 첫째, 조약을 체결한 각국을 방문해 천황 국서를 전달하고 신정부의 성립을 알린다. 둘째, 조약개정을 위한 예비교섭을 한다. 셋째, 근대국가의 제도문물을 조사 연구한다. 특히 막번체제인 도쿠가와 막부가 무너지고 근대적 통일국가인 천황제 국가를 만들기 위해 선진 구미 제국을 방문해 학습한다 등이다.[6] 이처럼 두 사절

---

5   벌링게임 사절단의 일람표는 阪本英樹의 책 『月を曳く船方 – 淸末中國人の美歐回覽』, 成文堂, 2002, 40~41쪽 참고. 이와쿠라 사절단의 일람표는 田中彰의 책 『岩倉使節團『美歐回覽實記』』, 岩波書店, 2002, 9~12쪽과 久米邦武 編, 水澤周 譯注, 『現代語譯 特命全權大使 美歐回覽實記』 5, 慶應義塾大學出版会, 2008, 383~397쪽 등을 참고.
6   田中彰, 『明治維新』, 岩波書店, 2000, 115쪽.

단의 목적은 외견상 유사해 보이지만 실제로 청국의 경우 능동적으로 서양을 배워 근대화를 추진하려는 의지는 빈약했으며, 이와 달리 일본의 경우는 서양을 학습해 근대화를 달성하는 것이 주요 임무였다. 청국에 비해 일본의 반응이 민첩하고 사절단 규모가 유학생을 포함해 백 명이 넘었다는 사실에서도 확인할 수 있다.

세계를 비행기로 여행하기 이전 동아시아에서 유럽으로 가는 방법은 크게 두 가지였다. 하나는 상하이혹은 요코하마에서 홍콩과 싱가포르를 거쳐 인도양을 경유해 수에즈를 지나 유럽으로 가는 제국 항로帝國航路, 혹은 유럽 항로, 다른 하나는 상하이혹은 요코하마에서 태평양을 건너 미국에 상륙한후 육로나 해로로 미 대륙을 가로지른 후 대서양 항로를 이용해 영국을 거쳐 유럽으로 가는 코스이다. 물론 대양을 건너는 세부적인 항로는 점차 다양해졌다. 20세기로 넘어와서는 1916년에 완성된 시베리아철도를 이용하는 방법이 추가되었다. 태평양을 건너는 방법보다는 영국이 개척한 제국 항로를 이용하는 사람이 많았는데, 유럽 항로를 이용할 경우 보통 프랑스 항구도시인 마르세유에서 내려 목적지로 이동하였다.[7] 그런데 벌링게임 사절단과 이와쿠라 사절단의 경우 미국과의 외교 현안 때문에 태평양을 가로지르는 코스를 이용하였다.

1870년대를 전후한 시기는 윤선이 널리 보급되면서 범선과 교체되는 원양항해의 혁명이 일어나던 때였다. 이 무렵 해외 사절단의 경우 돛과 증기 기관을 병용하는 선박을 타고 미국과 유럽을 왕복하였다. 윤선은 화륜선火輪船, 증기선蒸氣船, 기선汽船 등으로 표기되었는데, 전문적으로

---

7   橋本順光·鈴木禎宏 編著, 『歐洲航路の文化誌』, 靑弓社, 2000, 159쪽.

증기 기관을 담당하는 기사가 있었다. 초기에는 윤선이 반드시 범선보다 빠른 것은 아니었으며, 대부분 돛을 달고 다니며 순풍이 불 경우 석탄을 절약할 수 있었다. 증기선의 최대 강점은 방향과 속도가 조절 가능해 시간 예측이 가능하다는 사실이었다. 윤선은 멋은 없었지만, 더 빠르고 더 튼튼했다.

벌링게임 사절단이 처음 경험한 해항도시는 상하이라고 할 수 있다. 열강의 조계가 여럿 있던 상하이항에서 증기선을 제대로 구경할 수 있었다. 당시 청국에서 미국으로 가는 직항로가 없었기 때문에 우선 상하이에서 요코하마로 건너가 미국의 태평양우편기선회사The Pacific Mail Steamship Company를 이용하는 것이 빠른 방법이었다. 그래서 청국 사절단은 1868년 2월 25일 상하이를 출발해 일본 요코하마를 경유한 후 태평양을 건넜으며 3월 31일 미국 샌프란시스코에 도착하였다. 그 후 미국에서 4개월간 외교와 탐방을 마친 후 다시 배를 타고 대서양을 횡단해 9월 19일 영국 리버풀에 도착하였다. 이들은 구미 11개국미국, 영국, 프랑스, 스웨덴, 덴마크, 네덜란드, 프러시아, 러시아, 벨기에, 이탈리아, 스페인을 방문한 후 지중해, 인도양, 중국해를 거쳐 1870년 10월 18일 상하이로 돌아왔는데, 모두 2년 8개월의 일정이었다.

한편 벌링게임 사절단보다 먼저 유럽에 출사한 빈춘 사절단은 앞서 언급한 제국 항로를 이용했는데, 이는 벌링게임 일행의 귀국 항로와 역방향이기도 하다. 빈춘 일행은 1866년 3월 북경을 출발해 천진에서 배를 타고 상하이로 내려간 후 다시 홍콩에서 프랑스 선박으로 환승해서 사이공, 싱가포르, 스리랑카를 경유한 후 인도양을 건넜다. 홍해를 지나 수에즈 지역을 육로로 통과하고 이집트의 카이로를 거쳐 알렉산드리아

〈그림 5〉 청국 최초의 유럽 사절단 책임자 빈춘(斌椿)

항구에서 환승해서 지중해를 항행하였다. 그 후 이탈리아의 메시나를 지나 프랑스의 마르세유항에 상륙한 후 기차를 타고 파리에 도착하였다. 주요 항로는 남중국해, 인도양, 홍해, 지중해를 항행하는 코스였다.[8] 당시 프랑스 증기선은 프랑스 식민지 도시를, 영국 증기선은 영국 식민지 도시를 경유하는 것이 일반적이었다.

아편전쟁이 일어난 지 26년 후에야 청국이 처음으로 빈춘 사절단을 파견한 사실에서 알 수 있듯이 청조의 대외 반응은 상당히 늦었다. 이와 달리 일본은 서양 출사가 청국보다 신속하고 능동적이었다. 1853년 미국의 페리 함대가 강호 만에 들어와 쇄국의 문을 두드린 후, 1858년 도쿠가와 막부는 미국과 「미일수호통상조약」을 맺었으며, 1860년부터 구미에 빈번하게 대규모 사절단을 파견하였다. 막부 말 해외 사절단의 경우 빈춘 일행이나 벌링게임 일행과 유사한 동서 항로를 통해 구미 사회로 건너갔는데, 상당한 수량의 여행기, 일기, 보고서를 출간한 사실은 기억할 만하다.[9]

이와쿠라 사절단의 경우, 1871년 12월 23일에 미국 태평양우편기선

---

8   陳室如, 『近代域外游記硏究 1840~1945』, 臺北, 文津出版社, 2008, 139쪽.
9   郭麗, 『近代日本的對外認識－以幕末遣歐美使節爲中心』, 北京大學出版社, 2011, 35~40쪽 참조.

〈그림 6〉 빈춘(斌椿) 사절단의 외교 활동

회사의 증기선 아메리카SS America호를 타고 요코하마를 출발해 태평양을 건너 샌프란시스코로 향하였다. 그 후 대륙횡단열차를 타고 동서를 가로질러 워싱턴을 방문했고, 미국에서 약 8개월간 장기 체류하였다. 미국에서 외교 목적을 달성하지 못하자 서양 문물 탐방이라는 목표로 바꿔 대서양을 건너 유럽 각국을 순방하였다. 유럽에서 방문한 국가는 영국, 프랑스, 벨기에, 네덜란드, 독일, 러시아, 덴마크, 스웨덴, 이탈리아, 오스트리아, 스위스 등 11개국에 이른다. 돌아오는 귀국길 역시 벌링게임 일행과 유사하였다. 지중해에서 수에즈운하를 통과해 홍해를 거쳐 아시아 각지에 있는 유럽국가의 식민지실론, 싱가포르, 사이공, 홍콩 등를 경유했는데, 이런 해항도시에서의 체류 기간은 유럽 각국에 비해 무척 짧았다.

쥘 베른Jules Gabriel Verne의 『80일간의 세계 일주』는 1872년 신문에 연재되어 폭발적인 인기를 누린 소설로, 여기서 일본 관련 대목을 보면 서양으로 출발하는 일본 사절단 이야기가 나오는데 어쩌면 그들이 이와

<그림 7> 이와쿠라 사절단 송별식 광경

쿠라 사절단일 지도 모른다. 사절단 일행이던 역사가 구메 구니타케久米邦武는 『미구회람실기美歐回覽實記』의 일러두기에서 다음과 같이 자신들의 일정을 요약하였다. 그는 자신의 여행기가 세계를 일주하는 임무라는 점을 명확하게 인지하고 있었다.

이 책은 미구파견 특명전권대사가 도쿄에서 태평양을 건너 미국에 체류한 뒤 대서양을 거쳐 잉글랜드와 스코틀랜드를 돌아 유럽대륙의 프랑스, 벨기에, 네덜란드, 프로이센, 러시아, 덴마크, 스웨덴을 차례로 방문하고 길을 바꿔 독일의 각 지방과 이탈리아, 오스트리아, 스위스를 돌아 프랑스 남부를 거쳐 지중해에서 홍해, 아라비아해, 인도양, 중국해 등을 항해하며 도쿄로 돌아오기까지 매일매일 보고 들은 것을 기록하였다. 1871년 12월 20일메이지 4년 11월 10일에 붓을 들어 1873년 9월 13일메이지 6년 9월 13일에 끝마쳤다. 모두 1년 9개월 21일의 세월로 그 사이 미국과 유럽의 유명 도시 대부분을 방문하였다.[10]

요컨대, 벌링게임 사절단이 세계 일주하는 장거리 여행으로 미국을 먼저 방문한 후 영국과 유럽 각국을 방문했다는 점에서 비슷한 시기 이

---

10 구메 구니타케, 정애영 역, 『특명전권대사 미구회람실기』 1, 소명출판, 2011, 11쪽.

와쿠라 사절단과 서로 비교할 만한 내실을 갖추었다고 볼 수 있다. 두 나라 사절단이 방문한 국가 숫자는 비슷했으나 벌링게임 일행은 스페인을, 이와쿠라 일행은 오스트리아와 스위스를 각각 방문한 점이 약간 다르다. 전체 여행 기간은 청국 사절단이 1년 정도 더 길었다. 그 내용을 자세히 들여다보면 사절단 목적, 사절단 조직, 사절단 효과 등 여러 방면에서 차이가 났는데, 결국 양국의 근대화 과정에서 서로 다른 영향을 미쳤다.

2. 태평양

1) 대양 항해의 경험

빈춘 사절단의 통역으로 장덕이가 처음 출항할 때 대고구에서 배를 타면서 대양에 대한 첫인상을 『항해술기航海述奇』에 남겼다. "하늘은 어둡고 바다는 연기와 안개로 가득해 드넓은 해면이 모호하니 바다와 하늘색이 하나인데, 배가 하루를 항행하는데 모든 것이 평온하다"[11]라고 담담하게 적었다. 바다를 신비로움이 가득한 미지의 공간으로 표현한 것인데, 이런 낭만적인 공간으로서의 바다 이미지는 오래가지 않았다. 바다를 "거울과 같고 그림과 같다"라는 문학적 표현으로 묘사한 경우는 다른 여행기 속에도 종종 나타나지만 큰 풍랑으로 돌변하는 변덕스러운 바다 날씨에 대한 두려움이 더욱 자주 등장한다.

장덕이의 초기 여행기들은 항해 일기의 성격을 많이 띠는데, 일기 형

---

11 張德彝, 『航海述奇』(『走向世界叢書』第1輯 第1冊), 岳麓書社, 1985, 449쪽.

식을 빌려 매번 항해노선, 항행 과정, 해상견문과 같은 다양한 해양 체험
을 담았다. 여기에는 해상 변화, 해양 풍광, 과학기술, 선상생활 등이 실
려 있어 청 말 해양 문명과 문화를 연구하는 데 중요한 자료이다.[12] 수십
일 간의 장기 항해 중 증기선에서 경험한 해상 체험에는 대양 자체 말고
도 증기선에 대한 궁금증이나 선상생활에 관한 내용도 풍부하다. 그의
첫 번째 여행기에는 처음 증기선을 타서인지 증기 기관 구조를 자세히
묘사하였다. 본래 초기 증기선은 선박의 좌우에 바퀴가 달린 명륜선이
었는데, 풍랑이 일어 한쪽으로 기울면 반대쪽 바퀴가 물 위로 드러나 항
해 중에 문제를 일으켰다. 대양 항해를 하는 선박의 경우 점차 프로펠러
를 선박 후미에 장착해 물속에서 작동하는 암륜선으로 바뀌었다.

벌링게임 일행은 1868년 2월 24일 미국 증기선 코스타리카Costa Rica
호를 타고 상하이항을 떠나 일본 나가사키와 시모노세키를 거쳐 요코하
마로 향하였다.[13] 그 배는 명륜선으로 길이 27장丈, 폭 2장 정도였다. 내
부는 중국풍 객실을 갖추었는데, 미국 측의 배려 혹은 벌링게임의 지시
에 따른 것으로 보인다. 출발부터 풍랑으로 간담이 서늘했으며 오래지
않아 일본해역으로 접어들어 나가사키에 도착하였다. 얼마 후 요코하마
에서 미국 태평양우편기선회사 소속 차이나China호로 옮겨 탔는데 4천
톤급 대형증기선이었다. 장덕이는 이 선박을 묘사하면서 명륜선이고 대
략 길이가 45장이며, 폭이 10장인데, '재납齋納'이란 영어 이름의 뜻은
중화中華라고 했다. 이 배에는 서양인 24명과 중국인 남녀 1,234명이 탔

---

12 陳室如, 앞의 책, 135쪽.
13 청국은 상하이와 홍콩, 일본은 요코하마, 미국은 샌프란시스코와 뉴욕, 영국은 리버풀과 사우샘
    프턴, 프랑스는 마르세유 등이 대표적인 해항도시이다.

는데 모두 광동 사람이었다.[14] 아마도 중국인의 대부분은 미국으로 건너가는 쿠리들이었을 것이다.

지강은 양무 사업에 종사한 인물로 그가 쓴 『초사태서기初使泰西記』는 과학기술 관련 내용이 책의 4분의 1가량을 점하는 것이 특징이다. 여행기 앞부분에 증기선의 구조와 작동 원리를 자세히 기록하였다. 그는 철로 만들어진 증기선이 바람의 도움을 별로 받지 않고 대양을 건넌다는 사실에 호기심을 가졌다. 그래서 화로에 열을 가해 증기를 만들어서 이것으로 피스톤을 상하로 움직여 기계를 돌린다는 사실을 세심하게 관찰했다. 비록 기술적인 과정은 어느 정도 이해했지만, 그 이면에 작동하는 과학적인 원리는 파악하지 못했다.[15] 지강은 근대과학의 이론 부족으로 인해 전통적인 천인합일天人合一 사상으로 증기 기관의 원리를 설명할 수밖에 없었다. 엔진의 축이 상하로 왕복하면서 기계를 작동하는 원리를, "마치 사람의 생명과 같아서 심장의 불火이 내려가면 콩팥의 물水이 올라가니 물이 불의 성질을 품기 때문이다. 열은 곧 기계를 움직여 기운氣을 만들고, 만들어진 기운이 앞뒤로 오르내리니, 순환하는 것을 통제해 사지와 모든 근육으로 퍼지게 한다"[16]라고 흥미롭게 설명했다. 이질적인 문명을 접했을 때 자신이 지닌 전통적 사유 방식으로 새로운 사물을 이해하려는 경향을 전형적으로 보여준다.[17] 물론 중서과학관의 차이를 어느 정도 인지했지만 유가나 도가적 관점에서 서양의 기계 문명을 비판

---

14 張德彛, 『歐美環游記』(『走向世界叢書』第1輯 第1冊), 岳麓書社, 1985, 629쪽.
15 志剛, 『初使泰西記』(『走向世界叢書』第1輯 第1冊), 岳麓書社, 1985, 255~256쪽.
16 위의 책, 256~257쪽.
17 지강(志剛)은 미국의 한 정신병원을 참관할 때 중의학(中醫學) 관점에서 정신병을 설명했으며, 보스턴의 천문대에서 망원경으로 태양을 관찰하거나 달의 명암을 설명하는 데 음양오행설(陰陽五行說)이나 천인감응설(天人感應說)을 이용하기도 했다(위의 책, 288쪽).

적으로 바라보곤 했다. 이처럼 양무운동 시기 청국 지식인들은 전통적인 도기道器관으로 서양 기술을 나름대로 이해할 수 있었으나 과학 원리를 파악하는 일은 쉽지 않았다.[18]

벌링게임 사절단이 세계 최대의 해양인 대동양大東洋, 즉 태평양을 건넌 기록은 상세한 편인데, 지강과 장덕이 여행기에는 대동양과 태평양이란 용어를 함께 사용한다. 항해의 고달픈 여정은 대양을 항행한 거의 모든 여행기에 고루 나타나는데, 대표적인 고통은 폭풍우를 만났을 때의 뱃멀미였다. 뱃멀미는 괴혈병과 달리 마땅한 치료법이 없었다. 사절단 일행이 경험한 뱃멀미 가운데 가장 힘들었던 것은 아마도 태평양을 건너며 겪은 거대한 풍랑일 것이다. 요코하마에서 출발한 후 사흘째 되던 날 큰 바람을 만나 선박이 요동치고 큰 소리가 들려 혼비백산하였다. 이를 두고 "윤선이 흔들리자 사신과 수행 학생들은 이미 어지러워 크게 토하였다"거나 "배 안의 물건 중에 둥근 것은 구르고, 네모난 것은 부러지며, 서있는 것은 넘어지고, 매달린 것은 요동쳤다"[19]라고 그 광경을 기록했다. 중국 강호江湖나 내해內海에서 겪었던 파도와 달리 선박의 전후좌우를 거대한 파도가 충격하는 상황에 겁을 크게 집어먹었다.

장덕이는 "대동양은 태평양이라고도 부른다. 풍랑이 이와 같이 험악하니 이름과 실제가 서로 부합하지 않는다. '험조양險阻洋'이라고 부르거나 '구풍양颶風洋'이라고 부르는 것이 마땅하다. 그런데 사람들이 이 대양을 '태평'이라 부르는 까닭은 그 험악함 때문에 태평이라고 명명해 두려운 마음을 안정시키려 했기 때문일 것이다. 아니면 다른 대양이 태평양

18 尹德翔,『東海西海之間 – 晚淸使西日記中的文化觀察, 認證與選擇』, 北京大學出版社, 2009, 75쪽.
19 志剛, 앞의 책, 252·258쪽.

보다 더욱 험악하기 때문에 태평이라는 이름을 부여했을 터인데, 그 여부는 알 수 없다"[20]라고 썼다. 사실 태평양을 처음으로 횡단한 포르투갈 항해가 마젤란이 남미에서 아시아로 항해하던 중 폭풍우를 전혀 만나지 않고 잔잔한 대양에 이르렀다고 해서 이 바다를 'mar Pacifico Pacific Ocean'라고 명명하였다. 따라서 장덕이의 두 가지 추측 중 역사 사실은 후자에 가까운데, 벌링게임 사절단은 불운하게도 태평양에서 심한 풍랑을 만난 듯싶다.[21] 오늘날 사용하는 태평양이라는 해양 명칭은 중국 옛 문헌에는 '태평해太平海'로 표기되었으며, 혹은 '대동양'으로도 불렀다. 이것은 '해'와 '양'을 고루 사용하는 현상과 대서양의 상대어로 대동양이라고 부르던 사실에서 비롯되었다. 주지하듯 태평양은 지구의 육지 면적을 모두 합친 것보다 크고 지구의 3분의 1을 차지하는 가장 큰 바다이다.

일행이 탄 차이나호는 견고한 철골로 만들어져 수많은 사람과 짐을 실을 수 있으며 격랑 속에서도 별 탈 없는 것은 튼튼하기 때문이라고 보았다. 장덕이는 "해양의 광활함과 여행의 요원함 때문에 만약 배가 없다면 어떻게 건널 수 있겠느냐?" 혹은 "배를 타서 풍랑을 만나지 않았다면

---

20 張德彝, 앞의 책, 632쪽.

21 중국에서 예수회 선교사 마테오 리치(Matteo Ricci)가 1602년 제작한 최초의 한역 세계지도인 「곤여만국전도(坤輿萬國全圖)」에서 이 바다를 '태평양(太平洋)'으로 표기했으며, 이 의역이 일본으로 전해져 현재까지 사용된다. 그렇지만 태평양이라는 한자표기가 일반화되기 전까지 중국에서는 '태평해(太平海)'라는 용어와 함께 '대동양(大東洋)'이라는 용어를 함께 사용하였다(박성희, 『明治期 日本의 西洋地名 表記 硏究 – 『特命全權大使 美歐回覽實記』를 중심으로』, 고려대 박사논문, 2012, 116~117쪽). 덧붙이자면, 유럽의 대항해시대에 스페인인들은 태평양을 남해(南海, South Sea)라고 불렀는데, 해양 주도권이 네덜란드를 거쳐 영국으로 넘어가면서 태평양(Pacific Ocean)으로 바뀌었다. 중국은 마테오 리치의 영향으로 세계 지리 지식이 증대되었고, 대서양과 대칭되는 개념으로 대동양이나 여러 가지 용어로 불리다가 점차 태평양으로 바뀌었다(고정휴, 「태평양의 발견 – 그 바다 이름의 생성·전파와 조선에의 정착」, 『한국근현대사연구』 83, 2017, 106쪽).

〈그림 8〉 젊은 시절 장덕이(張德彝)

어찌 항해의 어려움을 알겠느냐?"라면서 거친 바람과 큰 파도를 만나 고생한 것은 불행이 아니라 당연하다고 자신을 위로하였다.[22] 지강 역시 이곳을 태평양이라고 부르지만 험난한 것이 이와 같으니 사실과 맞지 않는다면서 선박의 견고함에 새삼 감탄하였다. 이 무렵 대양 항해에서 가장 무서웠던 괴혈병은 이미 과학적으로 해결되어 별다른 위협이 되질 않았다.

『구미환유기歐美環游記』에는 미국에 도착할 무렵 태평양 항해를 회고하는 구절이 있다. 요코하마에서 증기선에 올라 지금까지 40여 일가량 지났는데 만 리가 요원하고 오직 하늘과 물만 보았을 뿐이다. 멀리 배가 한 척이라도 보이면 사람들은 반가운 모습으로 바라보니 항해의 외로움을 족히 알 수 있다. 식사를 마치면 사람들이 기립해서 축복의 노래를 부르는데 이 뜻은 대양을 안전하게 건너게 해달라는 기도라고 썼다.[23] 결국 고단한 항행 끝에 1868년 4월 1일 미국 캘리포니아주 샌프란시스코 항구에 도착하면서 태평양을 건너는 긴 여행을 마쳤다. 샌프란시스코 항구는 한자로 금문金門이라고 표기하는데, 남북으로 돌출한 구릉이 문처럼 생겼기 때문에 붙여진 이름으로

---

22 張德彝, 앞의 책, 632쪽.
23 周佳榮, 「第一個環游地球的中國外交人員 - 張德彝對近代海防和西方船炮的認識」, 『我武維揚 - 近代中國海軍史新論』, 香港海防博物館, 2004, 172쪽.

그사이에 수로가 있어 증기선들이 오고 갔다. 샌프란시스코는 1848년 무렵 금광이 발견되어 이른바 골드러시가 일어나 폭발적인 성장을 하면서 금산金山이란 이름으로 널리 알려졌다. 나중에 오스트레일리아의 멜버른 부근에서 금광이 발견되어 금산이란 동일한 지명이 생기자 양자를 구분하기 위해 구금산舊金山이라고 불렀다.

<그림 9> 장덕이가 쓴 세계 일주 여행기
『구미환유기(歐美環游記)』 표지

이와쿠라 사절단의 여행 기록을 담은 『미구회람실기』 중 제1권은 미국 편으로 사절단 일행이 1871년 12월 말 요코하마에서 태평양을 건너 1872년 1월 중순 샌프란시스코에 첫발을 내딛으며 시작된다. 이와쿠라 일행이 탄 우편선 아메리카호는 태평양우편선박회사의 선박 중 가장 아름다운 배로 증기 기관을 장착한 명륜선이었다. 여행기는 배를 소개한 후 구미에서 정기 항로의 규칙은 대체로 비슷하다며 12가지 규칙을 열거하였다.

여기서 흥미로운 사실은 청국 사절단과 달리 일본 사절단은 항구풍경, 선박구조, 대양에 대한 놀라움이 상대적으로 덜하다는 점이다. 그뿐만 아니라 태평양을 항행하는 과정에 대한 묘사는 의외로 단편적이며 무미건조하다. 대양 항해의 경우 하루 종일 경치변화는 전혀 없고 오직 엔진소리만으로 배가 움직이고 있음을 알 뿐이다. 혹은 대양을 건너면서 섬 하나 만나지 못한 항해였기 때문에 배 안의 일은 쓸 만한 게 없다.

종종 수면 밖으로 뛰어오르는 물고기 무리나 광활하고 푸르른 바다 풍경을 기록하는 정도였다. 대양을 여행할 때 흰 갈매기들이 보이면 배가 육지에서 멀지 않았음을 알 수 있다고도 썼다.[24] 구메는 보고서에서 번잡함과 반복을 피하겠다며 항해일지를 하나의 표로 만들어 처리하였다.

왜 그럴까? 그 까닭은 이와쿠라 사절단 이전 막부 말기에 여러 차례 해외 사절단이 구미 각국을 여행하며 남긴 기록들을 풍부하게 읽었기 때문에 큰 정신적 충격을 느끼지 못했기 때문일 것이다. 따라서 일본인의 대항 항해에 대한 초기경험을 알기 위해서는 이와쿠라 일행보다 먼저 구미 국가를 방문한 막부 말 사절단의 기록을 살펴볼 필요가 있다.[25]

일본 사절단 가운데 가장 먼저 태평양을 건넌 해외 사절단은 개국 후 1860년만연 원년 도쿠가와 막부가 「미일수호통상조약」을 비준하기 위해 미국으로 파견한 신미新見 견미 사절단이다. 이 사절단은 최초라는 의미도 있지만 막부 말 가장 규모가 큰 사절단이기도 했다. 미국 정부는 일본 사절단을 환영하기 위해 식비, 교통비, 숙박비를 비롯한 모든 비용을 부담했으며 왕복하는 데 필요한 군함을 제공하였다.[26] 1860년 2월 13일 77명의 사절단은 미국 해군 군함 포하탄Powhatan호를 타고 우라가浦賀항을 출발하였다. 이때 막부는 네덜란드로부터 구매한 군함 간린마루咸

---

24 구메 구니타케, 정애영 역, 앞의 책, 47~51쪽.
25 막부 말기 대표적인 해외 사절단으로는 신미(新見) 견미 사절단(1860, 미국), 다케우치(竹内) 견구 사절단(1862, 유럽 6개국), 이케다(池田筑後守) 견불 사절단(1864, 프랑스), 시바타(柴田) 견불·영사절단(1865, 프랑스 영국), 코이데(小出) 견로 사절단(1866, 러시아), 도쿠가와(德川) 견불 사절단(1867, 프랑스) 등이 있다. 아울러 1862년에 14명의 해군 유학생이 유럽으로, 1863년에 '조슈 파이브'로 알려진 이토 히로부미(伊藤博文) 등 5명이 영국으로, 1865년에 19명의 샤츠마 유학생이 영국으로, 1866년에 14명의 유학생이 영국 등으로 각각 파견되었다. 도쿠가와 막부시대의 구미 사절단 파견에 관해서는 宮永孝의 『幕末遣歐使節團』, 講談社學術文庫, 2006과 郭麗의 『近代日本的對外認識 - 以幕末遣歐美使節爲中心』, 北京大學出版社, 2011을 참고.
26 熊田忠雄, 『世界は球の如し』, 新潮社, 2013, 70쪽.

〈그림 10〉 간린마루(咸臨丸)호의 승선 인물들

臨丸도 함께 출발시켰다. 이 군함에는 장거리 항해 훈련을 위해 일본 해군사관생도들이 타고 있었는데, 태평양을 건너 샌프란시스코에 도착한 후 다시 돌아오는 모험적인 훈련이었다. 여기서 알 수 있듯이 일본인은 어느 정도 바다에 익숙했을 뿐만 아니라 청국보다 일찍 대양 항해를 할 수 있는 인력을 양성하고 있었다.[27]

신미 견미 사절단이 탄 배는 태평양을 횡단하던 중 석탄을 예상보다 많이 소비하고 선체가 일부 파손되어 하와이의 호놀룰루항에 잠시 기항하였다. 당시 대양 항해는 석탄 소비를 최대한 줄이기 위해 증기력과 풍력을 함께 사용하는 방식이었다. 항해에 지친 일행은 상하를 막론하고 육지에 내릴 수 있다는 사실에 기뻐했으며, 선상에서 서양 음식만 먹었

---

27 간린마루(咸臨丸)호의 태평양 횡단 과정에 대해서는 宗像善樹의 저서 『咸臨丸の絆』, 海文堂, 2014에 자세히 나와 있다.

던 일본인들은 육지에 내리자 쌀, 간장, 생선, 야채 등을 공급받아 일본식 요리를 먹었다.[28] 이때 하와이는 아직까지 하와이 왕국의 통치 아래 있었고, 19세기 후반 제당업이 번창하자 아시아계 이민이 증가하였다. 신미 견미 사절단이 다시 항해를 계속해 3월 30일 샌프란시스코에 도착했을 때, 하와이를 들리지 않은 군함 간린마루는 이미 12일 전인 3월 18일에 도착했다는 소식을 들었다. 간린마루는 총 38일 만에 태평양을 횡단한 것으로, 증기선의 등장과 과학기술의 발전이 있어 가능한 일이었다. 일본 군함은 다시 태평양을 건너 귀국했으나 사절단 일행은 미국 정부의 제안과 도움으로 세계를 일주하는 기회를 얻었다. 신미 견미 사절단이 돌아오는 항로는 대서양에서 남하해 남아프리카의 희망봉을 돌아 인도양으로 진출해 홍콩을 경유하는 장거리 노선이었다. 수에즈 지역이 아직 개발되지 않아 대운하가 개통되기 전 항로였다. 신미 견미 사절단의 세계 여행은 일행들에게 "처음에는 동쪽으로 항해했다가 지구를 일주해 서쪽에서 돌아왔다"라는 자부심을 안겨주었다. 이들은 세계를 일주했다는 분명한 인식뿐만 아니라 풍부한 여행기와 일기를 통해 대양 항해의 경이로움을 자세히 기록하였다.[29]

두 번째 사절단인 다케우치竹内 견구 사절단은 앞의 사절단과 정반대 방향인 남중국해와 인도양을 거쳐 지중해를 통과해 유럽으로 향했는데, 마찬가지로 대양 항해의 놀라움이 가득 찬 기록들을 남겼다. 다케우치 사절단은 서양의 근대를 관람하는 목적을 어느 정도 달성하고 귀국하는

---

28 熊田忠雄, 『世界は球の如し』, 75쪽.
29 宮永孝는 "일행은 세계를 주유하면서 일약 국제적인 시야가 확대되어 그 세계관에 일대 변화를 가져오는 결과가 있었다"라며 그 역사의의를 강조하였다(위의 책, 89쪽 재인용).

길에 장기간 항해로 말미암아 식료품 부족으로 고생하기도 했다. 생선을 주로 먹던 일본인이 소금에 절인 육고기를 먹는 일은 습관이 되지 않았다.[30] 해외 여행의 또 다른 어려움은 선상 위생 문제로 종종 질병에 걸렸고 심지어 죽음에 이르기도 하였다. 막부 말 유럽으로 간 일본 사절단은 다케우치 견구사절단이 대표적이지만 그 후에도 여러 사절단이 뒤를 이었다.

위의 사례들처럼 막부 말 해외 사절단이 남긴 기록을 통해 이와쿠라 사절단은 이미 대양 항해의 어려움을 잘 알고 있었으며, 실제로 사절단 중에는 이토 히로부미를 비롯해 해외 유학 경험이 있는 사람들도 있었다. 이런 사실은 벌링게임 사절단과는 크게 다른 상황이다. 그 후 중국인의 여행기도 대양 항해의 경험이 축적되면서 바다 관련 기록은 점점 줄어들었다.

이와쿠라 일행에게도 오랜 항해 끝에 만난 육지는 가뭄 속에 만난 단비와 같이 반가운 선물이었다. 구메는 요코하마를 출발한 23일째 아침 운무 속에서 육지를 보았다. 배가 태평양에서 금문이라고 불리는 좁은 수로를 통과해 큰 만으로 접어들었는데, 이곳이 바로 미국의 서쪽 관문인 샌프란시스코였다. 그는 다음과 같이 첫인상을 남겼다.

오늘 새벽은 지척도 분간하지 못할 만큼 바다 안개가 자욱하고 갑판 위는 습기가 차서 바다 가운데 배를 세우고 여명을 기다렸다. 해가 뜨면서 안개가 흩어지더니 앞에 캘리포니아의 산들이 모습을 드러냈다. 드디어 붉은 해가

---

30 和田博文, 『海の上の世界地圖 −歐州航路紀行史』, 岩波書店, 2016, 33~34쪽.

떠올라 배들이 서서히 움직이기 시작했다. 바로 동쪽을 보니 양쪽에서 달려온 연봉의 한가운데가 잘려 관문과 같은 모습이고, 그 안쪽은 또 바다인데 증기선이 연기를 뿜으며 오가는 경치가 아름답다. 유명한 금문이라는 곳이다. 영어로 골든게이트라 한다.[31]

일본의 동쪽 끝에서 총 22일간 4,853해리의 대양을 건너와 처음 본 풍경이어서 바라보는 기쁨이란 이루 말할 수 없다며, 기나긴 태평양 항해 끝에 나타난 샌프란시스코가 얼마나 감동적이었는지 잘 묘사하였다.

2) 시·공간 관념의 전환

대부분 여행기가 지리서의 성격을 띤다는 말처럼 청국과 일본의 근대 여행기에도 외국지리에 관한 내용이 풍부하다. 과거에 경험하지 못한 대양 항해를 통해 세상이 무척 넓어 바다가 오히려 육지를 둘러싸고 있다는 사실을 깨달았고, 지구의 자전과 공전으로 밤낮의 구분이나 사계절이 나눠진다는 사실을 확인할 수 있었다. 장덕이는 첫 번째 여행기인 『항해술기』의 본문 앞부분에 「지구설地球說」을 썼다. 여기서 가벼운 기운은 위로 올라가 하늘을 만들고, 무거운 기운은 가라앉아 땅을 만들었다는 전통적인 지리관을 언급하였다. 하늘이 둥글다거나 덮개와 같다는 주장이 있지만 하늘과 땅이 계란 모양이라는 주장이 설득력이 있다고도 썼다.

이와쿠라 사절단의 기록에도 유사한 내용이 나타난다. 구메는 "하늘

---

31 구메 구니타케, 정애영 역, 앞의 책, 74쪽.

을 보며 천체를 관측하는 것이 천문학이다. 땅을 대상으로 삼아 대지의 모든 것을 관찰하는 것이 지리 광산학이다. 하늘은 높고 땅은 두텁기 때문에 이를 연구하고 또 연구해도 전부 연구할 수 없음을 안타깝게 여기는 것이 문명이라는 것의 본질이다. 동양에는 일찍부터 천문학이 있었다. 선야설宣夜說, 개천설蓋天說, 혼천설渾天說이라는 주장들은 수천 년 후인 오늘날에 참고하더라도 아직 그리 틀리지 않는 생각이라고 할 수 있다"[32]라고 적었다. 장덕이는 전통적 지리관에 근대적 지리 지식을 혼용하였다.

하늘의 형태는 밖으로 원형을 이루고 있고, 땅의 형태는 가운데로 원형을 이루고 있으므로 공의 형태가 지구의 모습이다. 형태를 나누어 동반구와 서반구가 있다. 실제로는 하나이지만 억지로 나눈 것이다. 지구는 직경이 3만 리이고 주위를 돌면 대략 9만 리이다. 운행하는 것이 바퀴가 도는 것과 같은데, 한 바퀴 돌면 하루 밤낮이고 태양을 한 번 돌면 1년이다. 모든 육지는 오대주五大洲로 나눌 수 있는데, 동반구에는 아시아, 유럽, 아프리카가 있으며, 서반구에는 남아메리카와 북아메리카가 있는데 두 대륙 간에는 좁은 땅으로 이어져 있다. 또한 바다는 모두 오대양五大洋이 있는데, 대동양또는 태평양, 대서양, 인도양, 남빙양, 북빙양이다. 그밖에 수십 개의 바다海가 있다.[33]

「지구설」과 더불어 〈지구도〉라는 세계지도를 실었다. 동반구 지도에는 아시아와 유럽 및 아프리카대륙이, 서반구 지도에는 북아메리카와

32 구메 구니타케, 박삼헌 역, 『특명전권대사 미구회람실기』 3, 소명출판, 2011, 175쪽.
33 張德彝, 앞의 책, 441쪽.

남아메리카대륙이 그려져 있다. 지도를 자세히 살펴보면 사절단이 상하이에서 마르세유로 이동하는 항로를 점선으로 표시하였다.[34] 위의 기사에서 알 수 있듯이 아직 오스트레일리아대륙에 대한 지식이 없어 육대주가 아닌 오대주라고 보았다. 이런 지구 인식은 여행이 반복되면서 점차 구체화되었다.

지강 여행기의 말미에서도 다시 한번 지구관에 대한 언급이 나타나 흥미롭다. 여기서는 사마천司馬遷의 『사기史記』에서 추연鄒衍은 유가가 말하는 중국은 천하의 81분의 1에 불과하다고 했다. 지강 본인이 지구를 일주하면서 보고 들은 바에 따르면, 추연의 설이 모두 잘못된 것은 아니다. 그는 자의적으로 지구를 아홉 구역으로 나누었는데, 큰 바다가 이런 구주를 둘러싸고 있다고 보았다. 그런데 서양인이 증기선과 기차로 수륙을 교통한 후에 인간과 금수가 서로 통하게 되었다는 것이다.[35] 여전히 전통적인 지리관과 근대적인 지리관이 서로 유사하다며 믿으려 했다.

만약 근대적 지구설을 그대로 수용한다면 세계 어느 지역도 중심일 수 없다는 관념을 형성하게 된다. 이런 관념은 곧 세계 어느 국가도 중심일 수 없다는 생각으로 이어진다. 즉 중국이든 영국이든 어느 나라도 세계의 중심이라고 주장할 수 없게 되는 것이다. 근대 지리학이 근대 정치학과 연결되면서 이런 탈중심화가 가속화되었는데, 이것은 자연스레 전통적 중국 중심의 세계질서가 해체되는 것을 의미하였다. 세계 일주 여행을 통해 중화 중심의 세계관이 서서히 붕괴되고 대신에 새로운 세계관이 동아시아 지식인의 머릿속에 형성되었다. 하지만 장덕이와 지강

---

34 위의 책, 443쪽의 「地球圖」 참고.
35 志剛, 앞의 책, 379쪽.

등 양무운동 초기의 청국 지식인들은 여전히 고적에서 역사적 근거를 찾으며 "화인華人들이 일찍부터 보았다"든지 "서양인들의 독창적인 것은 아니다"라며 서양에 대한 중국의 우월성을 고집하였다. 그 가운데는 정화鄭和의 남해원정과 같은 중국인의 해상진출사건들도 포함되었다.[36]

양국 사절단의 여행기에는 날짜변경선[37] 문제도 나타난다. 지강의 일기에는 '중일설重日說'이라는 용어로 여행에 따른 시차 문제를 소개하였다. 유럽에서 동쪽 방향인 청국이나 일본으로 올 경우, 매 경도마다 4분이 빨라진다. 영국의 그리니치천문대가 기준점인데, 유럽에서 서반구미국와 유럽라고 부르는 곳보다 동반구아시아와 유럽 일부는 반일半日 정도 빠르며, 거꾸로 방향은 반일 정도 느리다. 따라서 태평양의 중간쯤은 영국의 기준점에 비해 하루 정도 빠르다. 태평양을 건너면서 날짜변경선에 이르면 날짜가 하루 더 늘어난다는 것이다.[38] 벌링게임 사절단은 "태양의 반대 방향으로 여행하면 하루가 더 많아진다"라는 사실을 책이 아닌 경험으로 확인한 최초의 중국인들이었다.[39]

---

36 주경철은 "정화(鄭和)의 남해 원정은 세계사의 유례없는 사건이다. 그런데 이 항해를 예컨대 콜럼버스나 마젤란의 항해 등과 비교하는 것은 적절하지 않다. 정화는 새로운 땅을 발견하러 떠난 모험가가 아니며 모두 이미 알고 있는 확실한 해로를 따라갔다. 따라서 항해 역사의 신기원이라 할 만한 일은 아니다. 다만 엄청나게 큰 선단이라는 사실이 특이할 뿐이다"(주경철, 『바다 인류』, 휴머니스트, 2022, 350쪽)라고 평가한다.

37 날짜변경선은 경도의 기준이 되는 영국 그리니치천문대를 지나는 본초자오선의 정반대 쪽, 즉 경도 180도를 따라 북극과 남극을 잇는 가상의 선을 말한다. 이 선은 날짜를 변경하기 위해 편의상 만들어 놓은 경계선으로 날짜선 또는 일부변경선(日附變更線)이라고도 한다. 그리니치천문대 동쪽으로 경도 15도를 지나면 1시간이 빨라지고, 서쪽으로 15도를 지나면 1시간 늦어지므로, 천문대를 출발해 지구를 동쪽과 서쪽으로 한 바퀴 돌아 제자리로 오면 같은 장소에서 하루 차이가 나는 문제점을 해결하기 위해 만든 것이다(정수일 편저, 『해상 실크로드 사전』, 창비, 2014, 40쪽).

38 志剛, 앞의 책, 257쪽.

39 지강은 다른 날 기록에서도 이 문제를 언급한다. 그에 따르면, 옛날에 서양인들이 처음 세계를 일주할 때 하루를 잃어버린다는 설이 있었는데, 어디서 잃어버리는지 알 수 없었다. 후에 그 까닭을 고찰해 보니 서쪽에서 동쪽으로 일주할 경우 해를 따라 역행하여 하루가 많아졌고, 거꾸로

장덕이의 글에도 태평양을 건너며 비슷한 시차 문제를 언급하였다. "서양 사람이 말하기를 이 배가 요코하마에서 샌프란시스코로 가면 도중에 반드시 하루가 늘어나며, 샌프란시스코에서 요코하마로 가면 도중에 반드시 하루가 줄어든다. 태양을 향해 주행하면 지구의 시간은 매일 몇 분씩 늦어지고, 태양을 따라 주행하면 지구의 시간은 매일 몇 분씩 빨라진다. 만약 그 증감을 계산하지 못하면 도착하는 현지 날짜와 시간을 맞출 수 없다"[40]라고 썼다. 이와 유사한 기록이 이와쿠라 사절단 여행기에서도 나타난다. 여기서는 "지구상을 동으로 돌면 하루가 남는다. 그래서 경도 180도선을 통과할 때 날짜가 하루 겹치게 하는 것을 항해 규칙으로 정하고 있다"라면서 태평양상에서 영국의 그리니치로부터 180도 경도선을 통과하면 날짜를 한 번 더 세어 항해력을 맞춘다고 설명했다.

날짜변경은 무척 경이로운 경험이었는지 이전 사절단의 기록에도 나타난다. 청국 빈춘 사절단의 글에는 서쪽에서 동쪽으로 가면 시간이 약간씩 줄어든다는 관념을 간단하게 언급했다.[41] 그리고 일본 신미 견미 사절단은 1860년 2월 23일음력 2월 2일 날짜변경선을 넘었는데, 일본인으로서는 처음 경험한 일이었다. 이때 미국인 측량관이 오늘 날짜를 하루 전으로 돌려야 미국에 도착할 때 현지 시간과 일치한다고 설명해 주었다. 일본인들이 이 사실을 이해하기 어려웠지만 그 놀라움을 일기에 기록하였다. 날짜변경선은 유럽에선 19세기에 이미 정착했으나 몇 가지

동쪽에서 서쪽으로 일주할 경우 해를 따라 순행하여 하루가 적어졌다. 즉 지구의 자전과 경도의 차이에 따라 시간의 증감이 이루어진다는 사실을 인식하였다(위의 책, 371~372쪽).
40 張德彝, 앞의 책, 633쪽.
41 斌椿, 『乘槎筆記·詩二種』(『走向世界叢書』第1輯 第1冊), 岳麓書社, 1985, 138쪽.

기준이 혼재되다가 대체로 그리니치자오선을 인정한 것은 1884년의 일이었다. 이와쿠라 일행은 태평양에서 양력 새해를 맞이하였다. 그해 "일본력으로 11월 21일은 서양력으로 1872년 1월 1일이었다. 그래서 20일 밤 구미의 승객들은 모두 모여 은잔에 샴페인이나 브랜디 및 여러 종류의 술을 섞은 펀치Punch라는 것을 마시며 밤늦게까지 환담하였다. 마치 동양의 제야 풍습과 비슷하고, 12시를 넘기면 새해가 되었다고 생각하며 맞이한다"[42]라고 썼다. 일본은 1873년 1월 1일에 서양의 양력 제도를 실시하였다.[43] 하지만 청국의 경우는 문화적 우월감 때문인지 자신들의 달력을 버리고 양력을 공식적으로 수용하기 위해서는 훨씬 오랜 시간을 필요로 하였다.

청국과 일본 사절단은 지구가 둥글다거나 자전과 공전에 의해 밤낮과 사계절에 영향을 미치고 시차가 발생한다는 기존의 논쟁적 사실들을 여행경험으로 확인할 수 있었다. 청국 사절단 여행기의 초반부에 전통적 거리와 시간 단위를 사용하다가 점차 서양식 거리와 시간 단위를 병용하는 것으로 바뀐 사실에서 간접적으로 인지할 수 있다. 일본 사절단의 경우 상대적으로 서양식 거리와 시간뿐만 아니라 서양식 온도화씨와 기압을 일기에 날마다 기재하였다.

요컨대, 대양을 장거리 항행하면서 메이지 초기 일본 사절단은 태평양에 대한 이해가 더욱 깊어졌으며, 양무운동 초기 청국 사절단은 대동양이라 부르던 곳을 태평양이라 부르기 시작하였다.[44] 그리고 얼마 후

---

42 구메 구니타케, 정애영 역, 앞의 책, 51쪽.
43 熊田忠雄, 앞의 책, 71·74쪽.
44 막부 말부터 메이지까지 일본인에게 미국은 대서양 서쪽의 나라라는 감각을 지녔으나 이와 달리 중국인에게 미국은 태평양 동쪽의 나라였다(阪本英樹, 앞의 책, 159~160쪽).

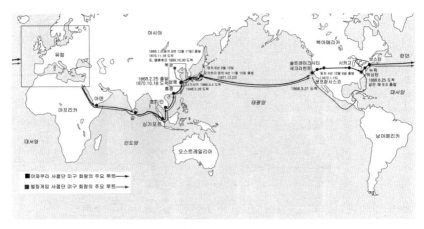

<그림 11> 벌링게임 사절단과 이와쿠라 사절단의 세계 일주 경로

일본을 방문한 조선의 수신사修信使 일행도 태평양이란 신조어를 그들의 보고서에 처음 실어 뒤늦게나마 시·공간 관념에 대한 인식 전환을 준비하였다.

3. 대서양

1) 미·영 항로와 리버풀 항구

벌링게임 사절단은 샌프란시스코에 도착한 후 얼마 동안 휴식하고 여러 행사에 참여한 후 워싱턴방문을 위해 남쪽으로 배를 타고 항행해 멕시코 방향으로 내려갔다. 이곳에서 이전에는 겪어보지 못한 더위를 경험하며 각종 열대과일을 보았다. 그들이 도착한 파나마 항구는 멕시코에 속하며 현지인들은 흑백이 분명하지 않은 잡종이라고 했다. 항구에서 내리자마자 기차로 바꾸어 타고 건너편 대서양 서안까지 이동하였다. 이곳을 "동양의 동쪽이자 서양의 서쪽"이라고 썼다. 파나마라는 지역은 아메리카대륙에서 가장 좁은 곳으로 대동양과 대서양 사이의 간격이 불과 백 수십 리에 불과하니 세계 지리의 신기함이 이와 같다고 놀라워했다.[45] 이 여행 기록은 파나마운하Panama Canal가 만들어지기 이전 풍경이다. 이때 지강은 기차를 탄 놀랍고도 불가사의한 경험을 자세히 묘사하면서 서양의 기계 문명을 매우 높게 평가하였다. 하지만 한 프랑스인과의 대화에서는 중국의 전통적 풍수 관념에 따라 철로가 조상의 분묘에 영향을 미치므로 중국에는 적당하지 않다는 보수적인 견해를 드러내었다.[46] 일행은 파나마를 육로로 횡단한 후 증기선 애리조나Arizona호를 타고 동북쪽으로 항해를 계속해 목적지인 뉴욕항에 1868년 6월 25일 도착하였다.

이와 달리 이와쿠라 사절단이 샌프란시스코에서 워싱턴으로 갈 때는 배가 아닌 기차를 타고 대륙을 횡단하였다. 사절단의 육로여행이 가능했던 것은 막 대륙횡단철도가 완성되었기 때문이다. 근대의 대표적인 교통수단으로 바다에 증기선이 있다면 육지에는 기차가 있는데, 기차는 당시 화차火車 혹은 화륜차火輪車라고 불렸다. 그 밖에도 구미 사회에는 지하철, 공공마차, 자전거 등과 같은 새로운 교통수단이 출현하였다. 미국의 대륙횡단철도는 동부에서 서부로 진행되었는데, 1869년 유타주의 프로몬토리 포인트에서 유니언퍼시픽과 센트럴퍼시픽, 두 회사의 철도가 이어지면서 완성되었다. 대륙횡단철도는 약 5,000킬로미터로 항구에서 내려 차를 타고 역으로 이동하면 곧바로 대륙횡단 열차를 탈 수 있었다. 육로가 해로보다 위험은 적었지만 그렇다고 이와쿠라 일행이 대

45 志剛, 앞의 책, 266~267쪽; 張德彝, 앞의 책, 649~650쪽.
46 위의 책, 262 · 311~312쪽.

륙횡단으로 시간을 단축한 것은 아니었다. 왜냐하면 철로가 개통된 지 얼마 지나지 않아 예상치 못한 폭설로 인해 정체 구간이 발생해 솔트레이크시티에서 18일 정도 머물렀기 때문이다. 일본 사절단의 경우 대륙을 횡단하는 데 모두 29일이 걸렸으며, 이에 비해 오히려 청국 사절단은 샌프란시스코에서 뉴욕까지 총 23일이 걸려 약간 빨랐다.[47]

벌링게임 사절단과 유사한 항로를 이용한 일본 사절단은 동아시아 최초의 세계 일주 사절단인 신미 견미 사절단이다. 신미 사절단은 샌프란시스코에 도착했을 때 대대적인 환영을 받았으며, 9일 후 배를 타고 멕시코로 향하였다. 파나마 항구에 내려 기차를 이용해 파나마의 반대편 해협으로 이동하였다. 사절단은 파나마지역에서 갈아탄 증기 기관으로 움직이는 기차에 큰 충격을 받았다. 그들은 처음 본 기차를 묘사하며 "여섯 량의 차량이 하나의 철로를 달렸고, 울며 움직이는 소리가 벼락 치는 소리와 같았으며, 도중에 풍경과 인물이 주마등처럼 스쳐갔다"[48]라고 소감을 밝혔다. 대륙 건너편에는 또 다른 미국 군함이 기다리고 있었다. 이처럼 막부 말 일본 사절단의 경험은 벌링게임 사절단과 거의 유사하였다. 주지하듯이 파나마운하는 몇 차례의 실패 끝에 수에즈운하보다 한참 늦은 1914년에야 비로소 완성되었다.

벌링게임 사절단은 미국방문을 성공적으로 마치고 1868년 9월 9일 뉴욕항에서 증기선을 타고 대서양을 건너 영국으로 향하였다. 대서양을 건너는 거리는 3천 5백 킬로미터 정도로 태평양보다 짧아 열흘가량 항행해 19일에 도착하였다. 이때 지강은 암륜선의 구조에 대해 자세히 설

---

47 阪本英樹, 앞의 책, 81쪽.
48 熊田忠雄, 앞의 책, 76~77쪽 재인용.

명하였다. 화로의 증기를 이용해 기계를 작동하는 것은 명륜선과 같지만, 그 운행 방법이 다르다고 했다. 양무 기업 지식인답게 선박의 진퇴가 어떻게 가능한지 설명하면서 이 경우 선박 구조가 어떻게 구성되는지 소개하였다. 그리고 국가가 전시에는 군인을 실지만 평시에는 화물을 운반해 이익을 남긴다고 덧붙였다.[49] 대서양의 풍랑은 평소 거칠어 여행객들이 모두 걱정했는데, 실제로 항해 도중 광풍을 만나 선체가 크게 요동을 쳤다. 파고가 선체보다 높아 바닷물이 선창 안으로 들어왔으며 승객들은 당황하고 구토에 시달렸다. 그나마 증기 기관의 힘으로 매일 8~9백 리를 전진해 참을 수 있었는데, 대양을 건너는 고통을 다시한번 실감하였다.[50] 보통 대서양은 태평양보다 풍랑이 험악해 1년 가운데 3개월 정도만 평온하다고 썼다.

증기 기관을 단 증기선이 대서양을 건너던 초기에는 범선에 보조엔진을 단 하이브리드 선박이었다. 주로 바람을 이용하고 엔진은 보조용이었는데, 1838년 두 척의 증기선 시리우스Sirius호와 그레이트 웨스턴Great Western호가 증기 기관만을 사용해서 경쟁적으로 대서양을 횡단하였다. 특히 그레이트 웨스턴호는 그후 대서양을 64회 횡단한 호화 여객선으로 명성이 자자하였다. 불과 얼마 후에는 대서양을 가로지르는 증기선이 정기 운항을 하게 되어 큰 변화가 일어났다. 당시 증기엔진의 큰단점은 연료를 너무 많이 소비한다는 것인데, 그래서 초기 증기선은 비싼 비용을 치르고도 이익이 남을 경우에만 투입하였다. 영국과 미국 간혹은 영국과 인도 간 항로가 그런 노선이었다.[51]

---

49 志剛, 앞의 책, 291~292쪽.
50 위의 책, 292쪽.

청국 사절단이 대서양을 건너던 1870년을 전후해서 진정한 의미의 증기선시대가 열렸다. 어쩌면 전 세계적인 차원에서 사람이나 물건의 이동을 생각할 때, 철도보다 더욱 중요한 것은 바람과 관계없이 움직일 수 있는 증기선의 출현이었다. 1870년대는 범선에서 윤선으로 전환이 시작되었으며, 대양 간에도 증기선으로 이어져 유럽의 여러 도시와 식민지 항구가 거미줄같이 연결되었다. 특히 대서양 항로는 4천만 명이 넘는 유럽의 이민자들이 이민선이나 여객선을 타고 대규모로 이동한 루트로 세계의 유럽화를 가져왔다. 대서양에는 이민자를 운반하는 해운업이 번성하면서 대형 여객선이 등장했는데, 항해 도중 이민자를 대상으로 한 적지 않은 사건 사고들이 일어났다.[52] 이 시대는 빠른 속도와 큰 규모의 증기선이야말로 국가의 위대함을 과시하는 상징이었다.

오랜 선상생활에서 가장 위험한 것은 전염병으로, 좁은 공간에서 전염이 급속도로 퍼질 수 있었다. 선상에서 질병이 발생하거나 심지어 사람이 죽어 바다에서 장례식을 치르는 풍경은 여행기에서 종종 볼 수 있다. 장덕이의 기록에도 미국에서 유럽으로 건너갈 때 한 승객이 선상에서 사망하자 "선주가 네 명의 흑인에게 명령해 하얀 담요로 쌓아 물속으로 던졌다"라고 썼다.[53] 전염병의 확산 가능성 때문에 시신을 재빨리 바다에 수장하는 방식은 동아시아인들에게는 인상적이었는데, 어떤 사람에게는 예의를 갖춘 행위로 다른 사람에게는 야만적인 풍습으로 보였다. 이런 사례는 대양 항해의 어려움과 전염병에 대한 서양인의 공포심

51　대니얼 R. 헤드릭, 김우민 역, 『과학기술과 제국주의, 증기선·키니네·기관총』, 모티브북, 2013, 162~163쪽.
52　미야자키 마사카츠, 박현아 역, 『물건으로 읽는 세계사』, 현대지성, 2018, 152~154쪽.
53　陳室如, 앞의 책, 139쪽 재인용.

을 잘 보여준다. 선상에서 전염병으로 의심되는 환자가 발생하면 깃발을 올려 입항하는 항구에 이 사실을 알리고 항구에서는 의사를 대기시켜 선박과 선원 및 승객들을 일정 기간 격리시켜 보살피는 시스템이 갖추어져 있었다. 거꾸로 도착할 항구에서 전염병이 발생할 경우는 입항하는 선박의 승객들이 하선하지 못하도록 하고 물자만 보급해 주고 출항시키는 경우가 있었다. 벌링게임 사절단은 귀국길에 알렉산드리아항에서, 이와쿠라 사절단은 싱가포르항에서 이런 경험을 하였다.

약 7개월간 미국 여행을 마친 이와쿠라 사절단 46명은 벌링게임 사절단이 뉴욕항을 통해 리버풀항으로 건너간 것과 달리 1872년 8월 6일 보스톤항을 출발해 대서양을 건너 영국으로 향하였다. 열흘간의 항해 끝에 17일 리버풀항에 도착하였다.[54] 그들이 대서양을 횡단할 때는 청국 사절단과 달리 의외로 바다가 평온했는데, 대서양을 10여 차례 왕복한 경험이 있던 선장조차도 처음 겪는 일이라고 했다.

청국의 『해국도지海國圖志』나 『영환지략瀛環志略』에는 유럽 서쪽에 있는 큰 바다라는 의미인 대서양으로 표기되어 있지만, 이와쿠라 사절단의 보고서에서는 대서양이란 명칭보다 서양 원음을 음역한 표현이 압도적으로 많아 이채롭다. 여기서 영어명을 음차한 압란해壓瀾海는 그리스 신화에 나오는 '아틀라스'에서 유래하였다.[55] 대동양이란 용어가 점차 태

---

54 이와쿠라 사절단은 리버풀항에 입항하기 전인 1872년 8월 16일 아일랜드의 퀸즈타운항(현재 코브항)에 도착하였다. 이 항구는 군사와 해군의 요충지이자 대서양 정기선들이 정박하는 아일랜드의 대표 항구였다(구메 구니타케, 방광석 역, 『특명전권대사 미구회람실기』 2, 소명출판, 2011, 66~67쪽).

55 한 연구에 따르면, 『미구회람실기』에서 대서양에 대한 표기는 '압란해(壓瀾海)'(40회), '압란의 바다(壓瀾的海)'(2회), '대서양(大西洋)'(2회) 등으로 총 44회 나타난다. 여기서 대서양은 한자의 뜻을 이용한 의역으로 표기한 것이며, 나머지 두 가지는 'Atlantic Ocean'이라는 서양원음을 음역의 방법으로 표기한 것이다(박성희, 앞의 책, 255~256쪽).

평양이란 서양식 명칭으로 바뀐 반면, 대서양이란 오래된 중국식 표현이 압란해 등으로 바뀌지 않은 사실은 주목할 만하다. 그리고『미구회람실기』에 나타나는 의역 지명 표기인 지중해, 흑해, 태평양, 북해 등과 같은 해양 명칭은 동아시아 근대 사회에서 고루 쓰이다가 오늘날까지도 공식 표기로 정착되어 사용한다.[56]

한편 구메의 기록에는 해류海流에 대한 소개 글도 있다. 대서양의 큰 해류는 미국 멕시코만에서 열기를 얻어 합중국의 해안을 따라 북으로 흐르다가 그곳에서 꺾어져 동북쪽으로 향한다. 그다음 대서양을 횡단해 유럽 서쪽 해안에 도달하고, 여기에서 남북으로 나뉘어 하나는 영국 해안에서 노르웨이 바다로 향하고, 다른 하나는 지중해로 향한다. 이 따뜻한 해류 영향으로 유럽의 기후가 온화하다고 했다.[57] 이처럼 과거 막연하게 알고 있던 해류를 근대과학의 지식을 빌려 설명한 것은 일본인의 해양 지식이 일정한 수준에 도달했음을 보여준다.

이와쿠라 사절단이 리버풀을 방문했을 때 이 해항도시에서는 태평양과 대서양을 잇는 정기선 선박회사를 창설하려는 움직임이 한창이었다. 그 정기선은 장차 청국과 일본을 거쳐 태평양을 건너 샌프란시스코로 연결할 예정이었다. 그곳에서 승객들이 열차를 타고 뉴욕으로 건너가 다시 이 회사의 배를 타고 대서양을 항행해 리버풀로 가는 야심찬 계획이었다. 이를 위해 리버풀과 글래스고에서 두 척의 대형선박을 건조했

---

56 王敏東의 견해에 따르면, 해양 명칭에 대한 한자표기는 의역 표기가 대부분이며, 의역한 지명은 이해하기 쉽고 이미지를 바로 떠올릴 수 있는 장점 때문에 대표적인 표기 방법으로 정착되어 오늘날까지 사용하는 사례가 많다고 한다(위의 책, 117쪽 재인용).
57 서양에서는 해류를 '스트림(stream)'이라 부른다. 큰 바다에서 해류는 항상 같은 방향으로 흐르는데, 이는 강이 땅을 가로질러 흐르는 것과 같다. 큰 해류와 여기에서 갈라져 나온 작은 해류로 나눈다(구메 구니타케, 정선태 역,『특명전권대사 미구회람실기』5, 소명출판, 2011, 223쪽).

는데, 곧 완성될 예정이었다. 선박 가격은 12만 파운드, 최고 속력은 20마일 정도이고 중국에서 영국까지 불과 30일 만에 도착할 수 있었다. 1869년에 완공된 미국의 대륙횡단철도와 수에즈운하의 건설, 그리고 1870년대 초 완성된 인도 대륙의 동서횡단철도를 배경으로 만들어진 쥘 베른의 소설『80일간의 세계 일주』의 주인공인 필리어스 포그Phileas Fogg 일행은 마치 청국과 일본 사절단처럼 동쪽 방향으로 세계 일주를 하였다. 그리고 소설의 백미로 주인공 일행이 지구를 동쪽으로 돌았기 때문에 "경도 1도를 지날 때마다 하루가 4분씩 짧아"지면서 사라진 24시간을 런던에서 되찾게 된다.

일본 사절단은 청국 사절단이 간략하게 묘사한 것과는 달리 리버풀항의 역사와 현재를 자세히 설명하였다. 리버풀은 16세기 무렵부터 무역항으로 발전하다 18세기에 이르러 노예무역으로 상업 도시가 되었다. 19세기에 들어와서는 미국과의 무역이 증대되다가 1820년 무렵에는 아메리카로부터 면화가 대량 수입되면서 산업이 크게 발전하였다. 특히 1838년 미국으로 가는 대서양횡단 증기선이 취항하면서 큰 변화를 맞이했는데, 부두에는 거대한 창고들이 즐비하였다. 이 항구는 아메리카의 여러 나라와 교역하는데 교통의 요충지로 항만 설비가 잘 정비되어 있었다.

미국이 발전함에 따라 대서양의 해운업을 배경으로 리버풀도 점차 번창하면서 항구에 도크를 만들었다. 이 도크는 항구의 북쪽으로 약 10킬로미터에 걸쳐있으며 바다에 면한 쪽에는 마치 성벽 입구를 쌓듯이 돌담을 두르고 그 안쪽은 종횡으로 성의 해자垓子보다 튼튼한 도크가 파여 있다. 항구를 드나드는 배는 모두 이 도크로 들어와서 정박하도록 규정했다. 배의 돛이 빼곡하게 세워져 숲을 이루고 있었고, 밧줄은 어촌에서 그물을 말리고 있는 풍경처럼 보였는데, 세계에서 가장 번창한 항구라고 썼다. 사절단은 리버풀의 흰 돌로 만들어진 조선소에서 짧은 시간에 수문이 열리며 조수가 흘러들어와 잠기는 장관을 구경하였다. 이곳 조선소 도크에서는 캐나다에서 수입한 목재를 사용해서 배를 건조하고, 영국에서 만든 철재를 구입해서 배를 조립하였다. 배 한 척을 건조하기 위해서는 500명의 노동자를 상시 고용하고 상황에 따라 600명까지 증원한다고 적었다.[58]

리버풀이 무역과 상업의 도시라면 주변에 있는 맨체스터는 산업혁명의 본거지로 공업도시인데, 도시는 검은 연기로 덮여 있으며 운하의 강물도 혼탁하였다. 구메는 맨체스터의 번영이 여성과 아동의 노동착취에 기반한 것이며 비참한 빈곤을 동반한다고 냉철하게 지적했다. 한편 영국 남부에 위치한 포츠머스는 햄프셔 주의 대표 항구로 영국 해군의 본거지가 있는 유명한 곳이다. 해군의 위용을 자랑하며 포대를 설치하고 조선소를 지워 놓았다. 바다를 사이에 두고 프랑스의 항구도시 르아브르와 대치하고 있다. 이곳에서 서남쪽으로 해안선을 따라 16마일 정도 거슬러 올라가면 사우샘프턴이 있다. 이곳은 영국 남부의 큰 해항도시로 희망봉을 돌거나 혹은 지중해를 지나 지브롤터해협을 통과해 영국으로 들어오는 배들은 대부분 이 항구로 들어왔다.[59]

---

58 구메 구니타케, 방광석 역, 앞의 책, 162~164쪽.
59 위의 책, 96쪽.

2) 등대와 해저케이블

대양 항해를 할 때 선원들이 진심으로 두려워하는 것은 풍랑 못지않게 암초였다. 차라리 태평양이나 대서양과 같은 큰 바다에는 암초가 없어서 충돌로 인한 침몰 사고는 별로 없었다. 하지만 연근해에는 수심이 얕은 바다에 암초들이 곳곳에 산재해 있어 선박들을 위협하였다. 해마다 수많은 배들이 좌초하거나 침몰하는 사건이 발생하였다. 그래서인지 항로를 안내하는 등대는 해양 문명을 상징하는 또 다른 키워드이다. 등대의 불빛을 내는 연료는 18세기 후반까지 나무, 양초, 석탄 등을 사용하였다. 18~19세기에 광학렌즈가 발명되면서 등대 발전에 큰 진전이 이루어졌다. 1777년 최초의 거울 반사경이 등장했고, 1782년에 기름을 태우는 원형의 아르강 램프Argand lamp가, 1732년에는 프레넬 렌즈Fresnel lens가 도입되었다. 광학 기술 발전은 등대의 효용성을 높이고 해상 안전사고를 줄임으로써 등대 건설을 촉진하였다.[60] 19세기 무렵에는 프리즘 렌즈와 반사경을 이용해 기름 등의 약한 불빛을 한 점으로 모아 강한 빛을 내게 했는데, 이때부터 램프를 회전시켜야 할 필요가 생겨 지금의 회전등이 출현하였다.

청국 사절단의 빈춘 일기에는 아덴을 떠난 후 바다 가운데 세워진 철탑을 보았는데, 여기를 사람이 지키며 낮에는 깃발을 흔들어 밤에는 등불을 켜서 위험을 알리는데 좋은 제도라고 평가하였다.[61] 장덕이 일기에도 청국을 떠나 베트남에 도착할 무렵 항구 밖에 설치된 등대를 "그 빛이 백 리 밖을 밝히는데, 야간에 운항하는 선박이 항구를 알 수 있도록

---

60 주강현,『등대의 세계사』, 서해문집, 2018, 251쪽.
61 斌椿, 앞의 책, 103쪽.

한다"[62]라고 썼다. 청국에서도 등대 건설은 대표적인 근대화 사업의 하나였으며, 해관이 주도해 외국인 기술자, 주로 영국인에 의해 건설하는 경우가 많았다. 일본의 다케우치 견구 사절단 역시 북해에 인접한 유명한 등대를 방문한 기록이 있다. 주변 해역에 암초가 많아 선박에게 공포의 대상이었기에, 해상안전을 위해 거대한 등대를 만드는 사업을 시작했다고 썼다. 사절단은 이 등대가 만들어지는 과정에 큰 관심을 보였는데, 실제로 1866년 막부는 등대 건설안을 만들어 영국인 기술자를 불러 일본의 여러 곳에 등대를 설치하였다.

해양 제국 영국의 런던으로 이어지는 템즈강은 제국의 바다를 연결하는 수많은 배가 오르내리는데, 이곳에서 영국 등대의 다양한 모델들이 만들어졌다. 대서양을 관통해 아메리카대륙으로 가는 요충지에는 포틀랜드 등대가 유명하며, 영국 남부의 플리머스에 있는 에디스톤 등대 역시 유명하다. 이런 등대들이야말로 당시 최고의 해양 국가이자 산업혁명을 이룩한 영국의 선진 기술력이 함축되어 있었다. 파도가 넘실대는 암초 위에 등대를 세우는 일은 인간의 의지를 시험하는 도전이었다.[63]

등대에 관해서는 이와쿠라 사절단의 기록이 벌링게임 사절단보다 훨씬 자세하다. 일본 사절단은 영국 에딘버러의 동쪽 끝 그랜튼에서 40마일 정도 항해해서 벨록 등대를 관람하였다. 이곳은 해안선에서 11마일이나 떨어진 바다 위에 서 있는 유명한 건축물인데, 1818년 로버트 스티븐슨Robert Stevenson이 등대를 건설하기 시작해 거친 파도를 이겨가며 완성하기까지 무려 5년이라는 시간이 걸렸다. 이 등대는 건축물로도 유

62　張德彝, 앞의 책, 460쪽.
63　주강현, 앞의 책, 256~265쪽.

명하지만, 등대 기능을 유지하는 북방관리국의 관리시스템이 치밀하기로도 잘 알려져 있다. 일행은 다시 메이섬 등대로 향하였다. 이곳은 만의 입구에 있는 작은 섬으로, 동쪽에는 드넓은 북해가 있고 다른 세 방향도 육지에서 멀리 떨어진 바다 한가운데 있다. 이 등대 역시 아름다운 건축물로 유명한데, 안내자는 등대 위에 프리즘이 있는 라이트를 설치한 것을 가리켜 빛의 굴절을 이용한 기계라고 설명하였다. 등대는 일몰 시간에 점등하고 새벽에 소등하는데, 등대에는 세 명이 상주하며 1년에 단 사흘만 휴가를 얻어 상륙할 수 있다고 썼다.[64]

이와쿠라 일행은 영국 버밍엄에서도 등대의 렌즈를 조립하는 공장에서 공장주로부터 직접 그 원리를 배웠는데, 광학 이론과 관련되는 내용이라 통역하는 사람이 애를 먹었다. 등대의 렌즈를 간단히 말하자면 삼각기둥 모양의 유리프리즘를 모아놓은 것인데, 완성된 모양은 둥근 것도 있고 사각인 것도 있다. 프리즘 중앙에 놓인 등유 램프에 불을 켜면 그 빛이 바깥쪽에 부착된 프리즘에 의해 굴절되면서 전면으로 퍼지는데, 이는 등대의 빛이 먼 곳까지 비출 수 있도록 설계한 것이다. 램프에 장착된 엔진을 이용해서 빛이 도달하는 거리의 변화를 재고 있는데, 등대에서 램프를 켜면 그 빛이 최대 120마일까지 미친다고 했다.[65]

19세기 후반은 문서와 우편으로 하던 정보 전달에서 전기 에너지로 정보를 전달하는 기술개발이 급속하게 이루어지던 시대였다. 즉 전신을 통해 고속화된 정보 전달망이 만들어진 것이다. 영국은 식민지 지배를 유지하기 위해서 원격지 지배를 효율적으로 운영하기 위한 통신망을 구축하

---

64 구메 구니타케, 방광석 역, 앞의 책, 254~256쪽.
65 위의 책, 370쪽.

〈그림 12〉 해저케이블 공사에 활용된 그레이트 이스턴(Great Eastern)호

였다.[66] 케이블은 '빅토리아시대의 위대한 기술'로 전신망의 경우 영국에서 패딩턴과 웨스트드레이튼 사이의 전신회선을 개통한 것이 1839년, 미국에서 워싱턴과 볼티모어 간 회선이 깔린 것이 1844년이다. 일본은 영국보다 30년, 미국보다 25년 늦은 1869년메이지 2년에 요코하마재판소와 도쿄 쓰키지운하소 사이에 처음으로 전선을 부설하였다.[67]

후쿠자와 유키치福澤諭吉는 막말에 미국을 두 차례, 서유럽을 한 차례 방문해 구미 사회를 세 차례나 방문한 유일한 일본인으로 당시로서는 서구 사회에 가장 정통해 있었다. 그런 후쿠자와가 감탄한 것은 열을 동력에 사용하고, 전기를 통신에 사용하는 에너지혁명이었다. 후쿠자와가 1866년에 쓴 『서양사정西洋事情』의 표지에는 '증기제인 전기전신蒸氣濟人電氣

---

66 대니얼 R. 헤드릭, 김우민 역, 『과학기술과 제국주의, 증기선·키니네·기관총』, 160~161쪽.
67 청국과 일본 사절단이 영국을 방문하던 1870년쯤에는 런던에서 보낸 편지가 인도 봄베이에 도착하는 데 한 달이 걸렸지만, 전보를 이용할 경우 5시간이라는 짧은 시간에 봄베이에 도착했고 답장도 같은 날 받아 볼 수 있었다(야마모토 요시타카, 서의동 역, 『일본 과학기술 총력전』, AK, 97쪽).

傳信'이라는 글씨가 크게 쓰여 있다. 번역하자면 "증기가 사람을 돕고, 전기가 소식을 전한다"인데, 표지 중앙에 전신선으로 둘러싸인 지구, 아래에는 증기선과 증기기관차가 그려져 있다.[68] 메이지유신 직전의 후쿠자와에게 서구의 과학기술은 증기 기관과 유선전신으로 상징할 수 있었던 것이다.

육상전신이 현실화된 지 20년 후에 수중 전신을 시도하였다. 이에 따라 대륙과 대륙 간 전신으로 정보를 보내던 것에서 해저케이블 설치가 1850년대부터 시작되었는데, 초기에는 기술적인 어려움에 부딪혔다. 1851년에 통신용 해저케이블이 영국과 프랑스 사이의 영프해협에 부설되었다. 1858년에는 최초의 대서양횡단 전신케이블이 부설되었지만, 잦은 고장으로 안정적이지 않았다. 영국은 미국과 협력해서 국가사업으로 해저케이블을 부설하면서 1866년에야 겨우 미국과 유럽을 잇는 전신을 안정시킬 수 있었다. 1870년대에 아메리카와 인도에 케이블이 성공적으로 설치되면서 해저케이블 산업이 매우 발달하였다. 1871년에는 인도와 페낭, 사이공, 홍콩, 상하이 사이에 케이블이 놓였다. 대양을 항해하는 배가 범선에서 증기선으로 바뀐 것도 같은 시기였다.[69]

해저케이블의 부설 노선에는 수심 8천 미터 이상이 되는 심해도 있어서 대량의 케이블을 적재할 수 있는 거대한 증기선이 필요하였다. 흥미로운 사실은 1858년에 만든 그레이트 이스턴Great Eastern호는 길이가 무려 692피트인 철선으로 20세기 이전에 만든 가장 큰 배였다. 그런데 경제성이 떨어져 여객 수송은 거의 하지 못하고 1865년에는 구조를 바꾸

---

68 福澤諭吉, 『西洋事情』, 慶應義塾大学出版会, 2009, 2쪽.
69 대니얼 R. 헤드릭, 김우민 역, 『과학기술과 제국주의, 증기선·키니네·기관총』, 198쪽.

어 해저케이블 설치 작업에 사용하다가 그 수명을 다하였다.[70] 그나마 이런 선박이 해저케이블을 싣고 나갈 수 있어서 대서양 해저케이블 설치가 가능하였다. 해저케이블의 탄생은 수에즈운하와 더불어 세계 통신망에 극적인 전환을 가져왔다. 일본도 이와쿠라 사절단이 출발하던 해인 1871년 나가사키에서 러시아로 연결하는 해저케이블을 놓았고, 1872년에는 나가사키와 도쿄에 전신선이 놓이면서 도쿄에서 해외로 직접 통신이 가능해졌다.[71] 이런 전신망의 확립은 철도망의 건설과 연결되어 우편 운송을 주요 임무로 하는 우편증기선회사후에 미쓰비시회사의 창립1871을 가져왔으며, 이듬해에는 우편제도 확립을 이루었다.

영국과 프랑스 양국은 영프해협을 사이에 두고 떨어져 있다.[72] 영국의 도버항과 프랑스의 칼레항은 이 해협의 가장 좁은 곳에서 마주 보고 있어 두 나라 사이에 왕래가 끊이질 않는다. 이곳은 유럽대륙과 영국 사람들이 출입하는 통로라고 말할 수 있다. 도버항에서 칼레항까지는 해상으로 약 21마일인데, 화창한 날이면 건너편 해안이 보일 정도이다. 하지만 이 해협은 언제나 파도가 거칠었기 때문에 오가는 배들이 운행

---

70 빈춘(斌椿) 일행이 그레이트 이스턴(Great Eastern)호를 목격한 기록을 남겼다. 이에 따르면, 세상에서 가장 큰 증기선인 그레이트 이스턴호를 보았는데, 그 의미는 대동방(大東方)이라고 했다. 선박은 길이가 대략 70장(丈)이며 무려 연통이 5개나 있었는데, 현재 전선용 동선을 가득 싣고 영국에서 미국으로 갈 예정이라고 했다. 이 선박은 영국과 미국을 왕복하면서 해저전선을 설치하는데, 장차 사업이 끝나면 운영비용이 엄청나서 다른 용도로 쓸 수 없어 세워둘 것이라고 했다(斌椿, 『乘槎筆記』, 120쪽; 張德彝, 『航海述奇』, 532쪽).

71 木畑洋一, 『帝國航路を往く－イギリス植民地と近代日本』, 52쪽; 미야자키 마사카츠, 박연정 역, 『패권 쟁탈의 세계사』, 위즈덤하우스, 2020, 168~169쪽.

72 영국과 프랑스를 양쪽에 끼고 있는 영국해협은 저마다 부르는 명칭이 다르다. 영국에 면해 있는 해협 북부에 도버항이 있어서 영국인들은 도버해협이라고 부른다. 이와 달리 프랑스에 면해 있는 곳에는 칼레항이 있어서 프랑스인들은 칼레해협이라고 부른다. 영국해협은 북해와 대서양을 잇는 통로로 해상운송이 빈번한 만큼 영국해협을 사이에 둔 영국과 프랑스 간 분쟁도 치열하였다(량얼핑, 하진이 역, 『세계사의 운명을 바꾼 해도』, 명진출판, 2011, 399쪽).

하기 힘들었다.[73] 실제로 벌링게임 사절단이 영국 일정을 마치고 도버해협을 건널 때, 그들이 탄 배가 별로 크지 않은 명륜선이어서 풍랑에 부딪히자 선상의 많은 손님들이 넘어지는 촌극이 벌어지기도 했다.

4. 지중해

1) 마르세유 항구

벌링게임 사절단은 1869년 1월 2일 영국에서 프랑스로 건너 간 뒤 유럽대륙의 여러 나라들을 방문하던 중, 러시아에서 벌링게임이 급성폐렴으로 사망하는 불행을 겪었다. 지강을 책임자로 하여 원래 계획된 일정을 소화했으나 그 활력은 크게 떨어졌다. 최종적으로 파리로 돌아온 후 마르세유로 내려와 1870년 8월 27일 프랑스 우편선을 타고 귀국길에 올랐다. 마르세유 항구는 프랑스 제3의 도시로 지중해에서 아시아와 아프리카로 가는 교통의 중심지이다. 이곳 항만시설을 묘사하면서 큰 돌로 방파제를 쌓아 선박이 정박하도록 했는데 파도가 치더라도 안전하도록 만들었다. 돌을 사각형으로 깎아 수시로 방파제를 보완해 오래가도록 유지하는데, 그 바깥이 바로 지중해라고 했다.[74] 항구 주변의 흰색으로 된 높은 건물과 포대는 무척 인상적이었고, 크고 작은 증기선들이 수십 척 떠 있었는데 작은 배에 옮겨 타 이동하였다. 보통 선박이 항구로 들어올 때 도선사가 탄 도항선이 배를 항구 안으로 혹은 밖으로 이동

---

73 구메 구니타케, 박삼헌 역, 앞의 책, 64쪽.
74 志剛, 앞의 책, 369쪽.

<그림 13> 마르세유 항구 풍경(1869년 무렵)

시키는데, 다른 나라의 선박이 항구에 들어오면 반드시 도항선 지시를
받아야 했다.[75] 항구에는 세계 일주하는 배나 지중해를 항해하는 배들로
가득 찼다. 이곳은 해운을 목적으로 하는 신항과 어업을 주로 하는 구항
으로 나누어져 있고, 항구 입구에는 크고 아름다운 등대가 서 있었다.

마르세유 항구는 아시아에서 유럽으로 들어가는 현관과 같으며 거꾸
로 유럽에서 아시아로 나가는 출구이기도 하다. 벌링게임 사절단의 장
덕이는 1869년 7월 25일 파리에서 낙마해 다친 후 건강을 회복하지 못
하자 일행보다 1년 빨리 이 항구를 통해 귀국하였다. 그는 9월 4일 출
발해 10월 19일 상하이에 도착함으로서 우연하게도 중국인으로는 최초
로 세계를 일주한 사람이 되었다. 장덕이는 여행기 말미에 '귀정기歸程記'
라는 항목을 달아 귀국 항로를 소개하였다.[76]

장덕이는 마르세유 항구를 떠나 지중해 항행 도중 이탈리아 시칠리아

---

75 張德彛, 앞의 책, 584쪽.
76 장덕이가 중국인으로는 최초로 세계를 일주한 사람이지만, 한 때 1876년 세계를 일주한 이규(李
圭)를 처음 세계 일주에 도전한 인물로 평가하였다. 그가 쓴『환유지구신록(環游地球新錄)』(18
77~1878)이 상하이에서 출판되자 인기를 끌며 중국인에게 서구 문명을 제대로 소개한 책으로
알려졌기 때문이다. 그는 중국인들에게 지구는 둥글고 1년에 한 번씩 태양을 공전한다는 점을
포함해 서양의 천문학과 지리학이 옳다는 사실을 납득시키려고 했다(조이스 채플린, 이경남 역,
『세계 일주의 역사』, RSG, 2013, 377~379쪽).

섬의 에트나 화산활동을 목격했는데, 무척 놀라운 광경이었다. 하지만 훗날 이곳을 통과한 일본인 일행은 본국에서 화산활동을 종종 경험한 적이 있어서인지 인상적인 감상을 남기지는 않았다. 얼마 지나지 않아 이집트 변경에 있는 알렉산드리아 항구에 도착하였다. 그런데 알렉산드리아시에 역병이 돌아 곧바로 하선하지 못하고 한동안 체류한 후에야 겨우 육지에 내릴 수 있었다. 알렉산드리아는 예로부터 동서양 해양 교역의 중계지로 유명했는데, 한때 쇠락했으나 19세기 초 알렉산드리아와 나일강을 연결하는 운하가 만들어지면서 다시 번영하였다. 장덕이는 육로로 마차와 기차를 이용해 수에즈에 도착한 후 큰 증기선으로 바꾸어 타고 귀국길에 올랐다.[77]

몇 년 뒤 이와쿠라 사절단도 본국에서 귀국을 독촉해 결국 스페인과 포르투갈 방문을 포기하고 마르세유항에서 프랑스 동양우선회사의 정기선 아바Ava호를 타고 출항하였다. 구메는 이 항구에 대해 자세한 기록을 남겼다. 마르세유는 오랜 전부터 항구도시로 지중해 해양 교통의 요지였는데, 19세기에 들어와 그 위치가 더욱 공고해지면서 항구 확장공사가 이루어졌다. 특히 수에즈운하가 완성되면서 아시아와 유럽을 잇는 해로에서 최대의 관문 도시가 되었다. 1870년에는 마르세유에서 아시아로 통하는 직접 항로가 개설되었고, 그 항로는 홍콩과 요코하마로 이어졌다.[78] 인구로 보나 선박으로 보나 이곳이 유럽 제일의 항구이라는

---

77 장덕이가 먼저 귀국한 후 다시 세 번째 해외 사절단인 숭후 일행을 수행해 청국을 떠날 무렵, 뒤늦게 벌링게임 사절단이 청국으로 귀국하면서 잠시나마 서로 소식을 알 수 있었다.
78 프랑스 동양우편회사의 정기선은 마르세유항에서 청국의 홍콩과 상하이를 향해 출항한다. 2주마다 1회씩 출발하는데 목적지인 상하이까지는 49일이 소요된다. 요코하마로 가려면 홍콩에서 내려 배를 바꿔 타야 했다(구메 구니타케, 정선태 역, 앞의 책, 157쪽).

사실을 알 수 있는데, 지형 때문에 풍랑은 언제나 잔잔해 항만시설로 유리하였다. 독일의 함부르크도 번성한 항구이긴 하지만 여기에는 미치지 못할 것이라고 썼다. 구메에 따르면, 유럽을 여행한 뒤 마르세유 항구를 거쳐 돌아오는 사람들은 이곳에서 뭔가 빈약함을 느끼지 않을 수 없겠지만, 아시아에서 마르세유항으로 처음 온 사람들 가운데 누구도 그 번화한 모습에 놀라지 않는 자가 없을 것이라는 감상을 남겼다.[79]

본래 지중해 세계는 유럽 역사에서 로마제국의 내해였으며 그 후 여러 제국의 성쇠가 이어졌다. 근대 시기에는 영국함대가 진출해 우위를 점했는데, 이 해역의 군사력을 바탕으로 중동지역과 수에즈운하의 이권을 쟁탈하였다. 그런데 영국 영유지의 대부분이 바다로 둘러싼 요충지인 탓에 전 세계 대부분 항로가 영국의 지배 아래 있었고, 그 항로를 따라 무역과 군사기지가 구축되었다.[80] 당시 영국은 세계에서 가장 중요한 다섯 개의 전략적 해군기지인 도버, 지브롤터, 희망봉, 알렉산드리아, 싱가포르를 소유했으며, 이를 통해 막강한 해군력으로 세계를 지배하였다. 또한 영국 본국-지브롤터해협-지중해-수에즈-인도양으로 이어지는 제국 항로를 유지하기 위해 지브롤터, 키프로스, 수에즈운하, 아덴 등의 전략적 요충지를 장악하였다.[81]

특히 몰타섬은 19세기 초부터 지중해에서 영국의 가장 중요한 해군 요새였다. 나폴레옹을 패배시킨 영국은 이 섬을 획득해 요새로 만들었다. 구메는 "지브롤터와 몰타를 영국이 확보하고 있다는 것은 지중해에

---

79 위의 책, 152~153쪽.
80 구메 구니타케, 방광석 역, 앞의 책, 43쪽.
81 김원수, 「영국의 해양 패권과 동아시아 해양 전략」, 최덕규 편, 『제국주의 열강의 해군과 동아시아』, 동북아역사재단, 2018, 23쪽.

서 영국의 힘이 가장 강력하다는 사실을 보여주는 증거이다"[82]라고 썼다. 이 섬의 지형은 바다에서 보면 바위산이 솟아 있는 모양이다. 이곳의 험준한 천연지형에 인공을 가해 몇 층의 포대를 설치했으며, 항상 4천 명의 병사가 주둔하였다. 그리고 항구에 늘어선 함대들이 이 요새를 지키는데, 아프리카와 아시아를 오고 가는 배들은 모두 이곳을 지나야 했다. 사절단 일행은 몰타섬의 포대에 강한 인상을 받았으며, 현지에서 영국 군함과 대포를 자세히 관찰할 기회를 얻었다.

덧붙이자면, 제국 항로에서 프랑스 마르세유항을 거치지 않고 곧바로 영국으로 가는 항로는 지중해의 시칠리아 남쪽과 몰타섬 사이의 해협을 통과한 다음 스페인의 지브롤터해협[83]을 지나 대서양으로 나오는 항로가 있다. 지브롤터해협은 지중해의 관문으로 대서양과 지중해가 만나는 유일한 통로이기도 하다. 이 해협은 1717년 스페인이 정식으로 영국에 양도했고, 1830년에는 영국의 직할 식민지가 되었다. 지브롤터해협을 통과한 배들은 남쪽의 **희망봉**을 경유해 오는 배들과 합쳐져 영국의 사우샘프턴 항구로 들어가는 항로를 만들었다. 대서양의 동쪽 해안에는 프랑스의 보르도, 포르투갈의 리스본, 스페인의 카디스 등이 주요 항구들이다.

---

82 구메 구니타케, 정선태 역, 앞의 책, 309쪽.
83 해협에는 대양과 대양을 이어주는 해협이 있고, 부속해(대양으로부터 격리된 바다)와 대양을 이어주는 해협이 있다. 전자의 경우 대서양과 태평양을 이어주는 마젤란해협을 예로 들 수 있고, 후자의 경우 지중해와 대서양을 이어주는 지브롤터해협을 예로 들 수 있다(량얼핑, 하진이 역, 앞의 책, 385·389쪽).

2) 수에즈운하

지중해와 홍해를 운하로 연결시키는 일은 이 지역 사람들의 오랜 꿈이었다. 이 대공사를 실현시킨 것은 산업혁명을 통한 기술 진보가 가능케 했는데, 특히 세계무역의 증대에 따른 수요가 결정적인 동기였다. 과거 유럽에서 인도나 아시아로 향할 때 대서양에서 남하해 아프리카 희망봉을 경유하는 전통적인 코스에 비해 수에즈를 통과하는 코스는 절반 정도 길이가 단축되어 경제적 효과가 엄청났다. 1869년은 세계 교통의 역사에서 두 가지 획기적인 사건이 일어났다. 하나는 앞서 언급한 미 대륙에서 대륙횡단철도가 완성된 것이고, 또 하나는 바로 수에즈운하Suez Canal가 개통된 것이다. 증기선과 기차가 근대 문명을 상징하는 두 가지 발명품이듯이 수에즈운하와 대륙횡단철도는 세기의 대공사로 평가받았다.[84] 두 사업 모두 통행료 수입이 막대해 큰 성공을 거두었다. 1868년에 출발한 벌링게임 사절단은 대륙횡단철도의 혜택을 받지 못해 미국에서는 파나마지역을 육로로 통과했으나, 지중해와 홍해 사이의 수에즈지역은 갓 완성된 수에즈운하를 이용할 수 있었다.[85] 낙마로 인해 먼저 귀국한 장덕이만 하더라도 수에즈 지역을 육로로 통과하였다. 이와 달리 1871년에 출발한 이와쿠라 사절단은 미국에서는 대륙횡단 열차를 타고 동서를 가로질렀으며, 수에즈에서도 대운하를 통과하는 편리함을 모두 맛보았다.

---

84 泉三郎, 『岩倉使節團』, 祥傳社黃金文庫, 2012, 670쪽.

85 청국의 빈춘 사절단은 수에즈가 이집트의 동북 국경으로 동쪽이 아시아, 서쪽이 아프리카, 북쪽이 지중해, 남쪽이 홍해로 연결된다고 했다(斌椿, 앞의 책, 104~106쪽). 빈춘 일행은 물론 막부 말 일본 사절단이 이곳을 방문했을 때는 아직 수에즈운하가 공사 중이어서 모두 기차를 이용해 육로로 이동하였다.

그런데 벌링게임 사절단이 수에즈운하를 통과했을 가능성은 높지만 다소 불분명하다. 왜냐하면 여행기에 홍해와 인도양을 거치는 과정이 매우 간략하게 언급되어 있기 때문이다. 청국 사절단은 "운하에 들어갔다가 한 호수에 정박한 후 운하를 나와 수에즈에 정박했다"[86]라는 매우 간단한 기록만을 남겨 놓았다. 중국인으로는 숭후 사절단이 수에즈운하에 대해 좀 더 자세한 기록을 남겨놓았다. 이 대운하는 1869년 개통되었기에 1870년에 상하이를 출발해 유럽으로 간 숭후 사절단은 직접 근대 토목기술의 위대한 성과를 확인할 수 있었다.[87] 하지만 수에즈운하에 대한 기록은 통과 여부를 불문하고 청국이나 일본 사절단 모두 자세하다. 해양 관련 토목사업 중에서 가장 인상적인 사업이었는지 거의 모든 사절단의 여행기에 언급되었는데, 청국인과 일본인의 눈에는 수에즈운하가 서양 사람의 해양 개척 정신을 보여주는 대표 사례였다.

여행기에 따르면, 수에즈 지역은 오래전부터 서양인들이 운하를 개발해 서양과 동양 항로를 개통하려고 생각했다. 하지만 이곳은 이집트와 아랍의 땅이었을 뿐만 아니라 공사가 결코 쉽지 않았다. 그렇다고 대서양의 남쪽을 따라 아프리카를 경유할 경우, 2만여 리 넘게 멀어지고 바람과 파도도 험악하였다. 예를 들어, 1840년대 중국인 용굉容閎은 인도양에서 남하해 아프리카 희망봉을 경유해 대서양으로 북상하는 오래된 장거리 항로를 이용한 바 있었다. 그는 이 항해를 일생 중 가장 고통스

---

86 志剛, 앞의 책, 372쪽.
87 숭후 사절단을 수행하던 장덕이는 수에즈운하를 통과할 때 페르디낭 레셉스(Ferdinand Less-eps)에 의해 10년 동안 추진된 대운하 공사에 감탄하였다. 아시아와 아프리카 대륙을 관통시키는 이 공사야말로 인간의 노력이 하늘을 이긴 우공이산(愚公移山)의 고사로 비유하였다(張德彝, 앞의 책, 363~364쪽).

〈그림 14〉 프랑스의 외교관이자 기술자 페르디낭 마리 드 레셉스(Ferdinand Marie de Lesseps)

러웠던 여행으로 기억하였다. 지강의 일기에는, 한 프랑스인이 이집트와 협력해 450여 리의 운하를 개발해 큰 증기선도 지중해를 통과해 인도양으로 나오는데 장애물이 없어졌다. 운하가 개통되기 전에는 이집트 제2의 도시 알렉산드리아에서 내려 카이로로 이동한 뒤 기차를 타고 수에즈 부두까지 이동한 후 다시 증기선을 타고 홍해로 나갔는데, 이제 그 과정이 절약된 것이다. 비록 운하는 완성되었지만 바람과 비가 내리면 모래와 흙이 무너져 내려서 수시로 준설선을 이용해 모래와 흙을 퍼내어 안정시킨다고 썼다.[88] 이 기록은 수에즈운하 개통 초기 상황을 잘 보여준다.

이와쿠라 일행에 앞서 이미 다케우치 견구 사절단이 수에즈를 경유하며 큰 충격을 받은 기록이 남아있다. 그들이 수에즈 지역에 도착했을 때는 아직 대운하가 완성되지 않았던 시기라서 알렉산드리아 항구에서 특별기차를 타고 사막을 횡단해 이집트 카이로로 향하였다. 이때 일행은 처음 기차를 이용했는데, 증기기관차가 차량을 연결해 철로를 따라 이동하며 산의 터널을 통과하고 하천의 다리를 건너는 경험은 경이로움 그 자체였다.[89] 이집트에서 피라미드와 스핑크스를 구경한 후 반대편으

---

88 志剛, 앞의 책, 372~373쪽.
89 和田博文, 앞의 책, 30쪽.

로 이동해 알렉산드리아 항구에서 영국 군함을 타고 몰타섬으로 향하였다. 그들의 여행경로 중 대부분 지역은 대영제국의 일부분을 구성하는 곳으로 영국의 통제를 받고 있었다.

이와쿠라 사절단의 기록에도 알렉산드리아 항구와 철도에 대한 소개가 있다. 이에 따르면, 1850년 말 영국회사가 이집트 국왕과 철도 건설 계약을 맺었다. 이 철도는 알렉산드리아에서 출발해서 카이로를 지나 수에즈의 부두에 이른다. 철도가 건설되면서 알렉산드리아는 지중해와 홍해의 우편선과 상선 왕래를 이어주는 요지가 되었고 아프리카에서 가장 번성한 항구가 되었다. 이집트 정부가 프랑스와 함께 수에즈운하를 건설한 후에도 철도와 운하 두 교통로는 얼마간 함께 번영을 구가하였다.[90] 이처럼 식민지에서 항구도시를 위한 철도가 건설되는 것은 일반적이었다. 철도는 내륙의 여러 물품을 항구도시로 옮겼고, 동시에 서유럽의 공업제품을 내륙의 여러 지역으로 운반하였다. 점차 시간표에 따라 정확하게 움직이는 기차는 전통 도시와 지방의 흥망을 좌우하였다.

수에즈운하가 정식으로 개통한 때가 1869년이므로 막부 말 견구 사절단들과 달리 이와쿠라 일행은 직접 수에즈운하를 통과하는 놀라운 경험을 하였다. 이 시기 수에즈운하에는 조명설비가 아직 없어서 야간에는 위험방지를 위해 운항을 금지하였다. 야간 운행이 가능해진 것은 개통 20년 후인 1889년에 이르러서였다. 사절단은 대운하가 무척 인상적이었는지 상세한 기록을 남겼다. 이 대운하를 개통시키기 위해 혼신의 노력을 기울인 사람은 프랑스인 외교관이자 기술자 페르디낭 마리 드

---

90 구메 구니타케, 정선태 역, 앞의 책, 312쪽.

〈그림 15〉 개통 시기의 수에즈운하

레셉스Ferdinand Marie de Lesseps, 賴費林斯였다. 그에 대한 전설적인 이야기는 거의 모든 여행기에 등장하는 단골 메뉴였는데, 『미구회람실기』에서도 레셉스에 대한 찬사를 아끼지 않았다.

아프리카의 최북단 포트사이드에서 수에즈까지 100마일의 지협地峽을 우편선으로 오갈 수 있게 된 것은 불과 4년 전부터이다. 이와 관련해서는 프랑스의 학사學士 페르디낭 드 레셉스Ferdinand de Lesseps, 1805~ 1894 씨에게 감사를 드리지 않을 수 없다. 이 지역에 굴착해 대운하를 건설할 수 있었던 것은 오랜 기간에 걸친 그의 고심과 헌신적인 노력 덕분이다. 실로 역사상 보기 드문 대위업을 세운 것이라 할 만하다. 지중해와 홍해는 이 100마일의 지협으로 단절되어 있어 서로 통할 수 없었기 때문에 유럽, 아시아, 아프리카 세 대륙의 교역은 방해받을 수밖에 없었다. 사람들은 몇천 년 동안 때로는 희망봉의 거센 파도를 건너기도 하고 때로는 이집트의 붉은 모래벌판과 누런 먼지를 가로질러야만 했다. 고대부터 이 장애를 제거하고 교역의 편리를 도모하기 위해 얼마나 많은 사람들이 지력智力을 모아 고심에 고심을 거듭했는지 모른다.[91]

수에즈운하는 전 세계를 증기선 네트워크로 만드는 데 결정적인 역할

---

[91] 위의 책, 317~318쪽. 수에즈운하의 건설 과정에 대한 소개는 『미구회람실기』 5의 317~ 329쪽에 자세하다.

을 담당하였다. 이 대운하는 본래 프랑스의 자본과 이집트 총독의 지원으로 추진되었는데, 착공한 지 10년 만인 1869년 11월 17일에 마침내 162.5킬로미터의 대운하가 완성되었다. 수에즈운하가 개통되자 영국 런던과 인도 봄베이의 거리는 5,300킬로미터, 시간으로는 24일이나 단축되었다. 영국과 인도의 거리가 3분의 1로 줄어든 것이다. 그뿐만 아니라 런던과 싱가포르 간 항로는 24,500킬로미터에서 15,000킬로미터로 절반가량 단축되었다. 조선업에 투자한 거대자본, 철제증기선을 건조한 풍부한 경험, 가장 뛰어난 증기 기관과 석탄 등을 모두 보유한 영국은 수에즈운하를 완성했을 때 자국 선박의 총톤수가 전 세계 60%를 차지해 프랑스의 세 배에 이르렀다.[92]

영국은 처음에는 수에즈운하의 건설에 회의적이었으나 얼마 지나지 않아 만약 운하가 완성되면 인도양과 아시아로 가는 항로가 대폭 단축되어 식민지 경영에 훨씬 유리해질 것이라고 판단해 적극적인 간섭을 계획하였다. 게다가 경쟁국인 프랑스의 약진을 두고 볼 수 없었다. 영국 정부는 이집트 왕실이 재정난에 빠진 틈을 타 운하회사의 주식을 대거 사들여 사실상 운하의 경영권을 장악하였다. 그 후 이집트의 반란을 진압하고 보호국화하는 동시에 아프리카 남부로도 진출하였다.[93] 그 의미는 수에즈운하를 만든 것은 프랑스였지만 이를 이용한 것은 영국이란 뜻이었다. 수에즈운하는 해양 제국 영국에게 '가장 중요한 점'이 되었다.[94]

---

92 林肯·潘恩(Lincoln Paine), 陳建軍·羅燚英 譯, 『海洋與文明 – 世界航海史』, 讀書共和國, 2018, 4쪽.
93 서양원 편, 『세계를 뒤흔든 바다의 역사』, 알에이치코리아, 2014, 163~164쪽; 미야자키 마사카츠, 박연정 역, 앞의 책, 182~183쪽.
94 수에즈운하가 영국의 시대를 열었다면, 파나마운하는 미국의 세기를 열었다고 할 수 있다. 파나마운하 개통으로 대서양과 태평양이 연결됨으로써 그야말로 세계의 바닷길이 연결되었다. 미국

덧붙이자면, 청국과 일본 사절단의 귀국 항로는 지중해 → 홍해 → 아라비아해 → 인도양 → 실론섬 → 말라카해협 → 중국해 → 홍콩 → 상하이 순이었다. 이 항로는 앞서 잠시 언급했던 제국 항로[95]와 불가분의 관계를 가진다. 제국 항로의 역사는 1840년대부터 시작되었다. 영국 동인도회사의 해군이 홍해노선을 열자마자 오래지 않아 민간 회사도 참여하였다. 1837년 영국 국왕의 칙령으로 설립된 해운회사 반도-동방 증기선 항해회사Peninsular and Oriental Steam Navigation Company, 즉 P&O는 1840년 영국에서 알렉산드리아 간 정기 노선의 운항을 개시했고, 그 후 수에즈-캘커타노선1842, 실론-페낭-싱가포르-홍콩노선1845, 홍콩-상하이노선1850, 상하이-나가사키노선1859, 홍콩-상하이-요코하마노선1867 등 다양한 정기 항로를 차례로 만들었다.[96] 이 항로의 거점들은 모두 영국의 식민지나 영국의 영향력이 큰 지역으로 상하이, 홍콩, 싱가포르, 페낭, 콜롬보, 아덴, 홍해, 수에즈운하, 포트사이드, 카이로, 알렉산드리아, 몰타, 지브롤터 등을 포함한다. 제국 항로를 통해 유럽으로 건너간 청국인과 일본인은 양무운동 시기와 메이지 시기에 들어와서 숫자가 증가하였다. 벌링게임 사절단과 이와쿠라 사절단도 바로 인도양과 중국해를 횡단하는 제국 항로를 통해 귀국길에 오른 것이다.

은 세계의 바다를 연결하고 그 바다를 통제하고자 했다(주경철, 『바다 인류』, 휴머니스트, 2022, 770쪽).

95 보통 해양 실크로드라고 부르는 남해로(南海路)는 지중해로부터 홍해, 아라비아해, 인도양을 지나 남중국해에 이르는 코스로 대체로 제국 항로와 일치한다(정수일 편저, 『해상 실크로드 사전』, 197쪽).

96 木畑洋一, 앞의 책, 15쪽.

제2장

청국과 일본 사절단이 경험한
미국과 영국의 해양 문명

1. 미국과 영국에서의 주요 활동

벌링게임 일행은 일본 요코하마에서 태평양을 건너 미국으로 향해 마침내 4월 1일 샌프란시스코에 도착한 후 미국 일정을 시작하였다. 이번 여행에서 벌링게임은 청국 국기를 처음으로 위탁해서 만들었다. 미국 국내에서 보스톤으로 가는 열차에 청국을 상징하는 황색 바탕의 큰 용이 그려진 용기龍旗를 내걸었다. 이것이 서양에서 최口초로 사용한 청국 국기로, 벌링게임 사절단이 청조가 서양으로 처음 파견한 공식 외교사절단임을 드러낸 것이다.[1] 주지하듯 국기란 유럽 중심의 세계질서인 만국공법 체제에 참여하기 위해선 반드시 필요한 상징이었다. 일본 정부도 메이지유신 몇 년 후인 1870년 1월 27일 태양을 본뜬 일장기, 즉 '히노마루'를 국기로 제정하였다. 하지만 막부 말 해외 사절단의 경우도 이와 유사한 상징물을 사용한 기록이 나타난다.

---

1 鍾叔河, 『從東方到西方 – 走向世界叢書敍論集』, 岳麓書社, 2002, 40쪽.

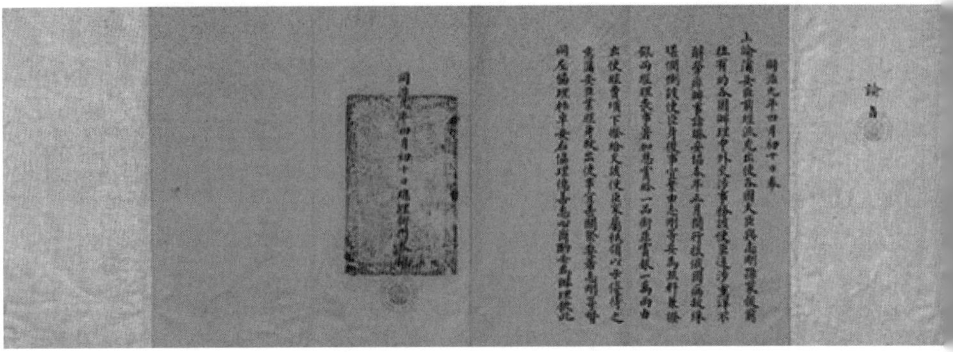

〈그림 1〉 청국 정부가 벌링게임에게 준 임명장

이 무렵 미국은 캘리포니아 금은 광산의 개발이나 대륙횡단철도의 건설로 인해 청국으로부터 저렴한 노동력을 수입할 필요가 생겼다. 청국 사절단이 탄 배 역시 이런 수요에 따라 취항한 선박이었는데, 실제로 선박 밑바닥 3등 칸 저렴한 객실에는 청국인 노동자인 쿠리들이 대부분이었다. 하지만 일행이 탄 좌석은 우등 칸이어서 선원이나 다른 계급의 여행객과는 접촉이 적었다.[2] 1849년의 골드러시 이후 청국인들은 샌프란시스코를 금산이라고 부르며 대규모 이주를 하였다. 마침 청국 내에서 태평천국운동太平天國運動 등 농민에게 고통스런 전란 상황이 계속 일어나서 해외 이주를 부추기는 국내 여건이 마련되었다. 게다가 대륙횡단철도 건설 현장에서 많은 노동력이 필요하자 이민행렬이 이어졌다. 1858년 캘리포니아에는 청국인이 3만 5천 명 정도 거주해 이미 전체 주 인구의 10분의 1을 구성했고, 1880년의 기록에 따르면 전체 농장노동자의 3분의 1이 청국인이었다.

샌프란시스코에 막 도착했을 때부터 영파 출신 목공이 미국으로 건너와 일을 한다든지, 광동 유민들 8백여 명이 이곳으로 건너왔다든지, 캘

---

2   陳室如, 『近代域外游記研究 1840~1945』, 臺北, 文津出版社, 2008, 162쪽.

〈그림 2〉 청국 초기 국기인 삼각 용기(龍旗)

리포니아 광산개발을 위해 온 청국인 노동자가 6~7만 명 정도인데 서양인에게 학대를 당한다든지, 현지 화상들이 청국 사절단을 초빙해 대형 만찬을 했다든지 하는 기사들이 줄줄이 나타난다.[3] 샌프란시스코에서 파나마지역으로 남하했을 때도 예전에 철도를 건설할 때 노동력이 부족하자 스페인에서 돼지 새끼豬仔라고 부르는 광동인 2만여 명을 불러 노역을 시켰다는 얘기를 들었다. 토굴과 야외에서 생활하고 거친 음식을 먹으며 고된 노동에 시달리다 병으로 다수가 사망했다는 사실을 듣고 안타까움을 표시하였다.[4]

캘리포니아 주지사가 베푼 만찬에서 벌링게임을 "가장 어린 정부의 아들이자 가장 오래된 정부의 대표"라며 축하하였다. 이 무렵 현지 미국인이 26만 명인데 반해, 청국인은 무려 8만 9천 명을 차지한다고도 소

---

3   志剛, 『初使泰西記』(『走向世界叢書』第1輯 第1冊), 岳麓書社, 1985, 264~266쪽.
4   위의 책, 267쪽.

〈그림 3〉 벌링게임 사절단의 외교 활동

개했다. 청국 사절단은 화교華僑들이 만든 당인가唐人街, 즉 차이나타운을 방문하였다. 여기서 광동인들이 만든 건축물이나 사묘 등을 구경하였다. 그 후 사절단은 일정에 따라 파나마지역을 경유해 1868년 6월 2일 워싱턴에 도착해서 열광적인 환영을 받았다. 윌리엄 수어드William Henry Seward 국무장관과 앤드루 존슨Andrew Johnson 대통령을 만나 청국 국서를 봉정하였다. 벌링게임은 워싱턴에서 청국 입장에 서서 여러 차례 연설할 기회를 가졌다. 그리고 7월 28일 중국 근대사상 첫 번째 평등조약으로 평가받는「청미속증조약」혹은「벌링게임조약」8조항을 맺었다.

「벌링게임조약」의 요점은 ① 미국이 다른 나라와 분쟁이 있어도 청국 해양에서는 재산과 인명을 약탈하지 않는다. ② 원래 정한 무역 약정 말고도 미국 상인은 다른 무역의 길을 열 경우 모두 청국이 주체가 된다. ③ 청국이 영사를 파견해 미국의 통상항구에 주재시킨다. ④ 청미 간에 종교가 서로 다르지만, 양국은 조금도 강요하지 않는다. ⑤ 양국 인민은 서로 왕래 여행할 때 법으로 강요해 초치하지 않는다. 청국 화공의 미국 이주를 장려한다. 단 불법 이민은 금지한다. ⑥ 양국 인민이 서로 거주할 때 최혜국대우를 한다. ⑦ 양국 인민이 서로 유학할 때 최혜국으로 우대하며 외국 거주지를 지정해 서로 학당을 세운다. ⑧ 미국은 청국 내정에 간섭하지 않을 것을 성명한다 등이다. 이 8개 조항을 담은 조약은 함포외교에서 문호 개방으로 정책을 전환하는 상징적인 의미를 지닌다.

「벌링게임조약」은 중국근대사에서 청국이 열강과 체결한 어떤 조약보다도 평등한 조약이었으며, 청국영토를 할양하려는 모든 시도에 반대하였다. 특히 「벌링게임조약」의 5조와 6조는 화공문제와 관련이 깊다. 조약문에 따르면 청미 양국은 각자 본국인이 자유롭게 상대국으로 이주할 수 있고, 양국 정부는 각자 최혜국으로 상대방의 교민을 대우해야 하며, 쌍방은 이민 문제에서 대등하다고 규정했다. 미국 입장에서는 이 조약을 통해 화공수입을 합법화해서 남북전쟁 후 발생한 노동력 부족 문제를 해결하고, 미국 동서를 관통하는 대륙횡단철도를 만드는 데 필요한 노동력을 확보할 수 있었다.[5] 청국 입장에서 「벌링게임조약」은 미국의 화공 배척 풍조에 대해 상당한 억제 작용을 했고, 화교보호를 위한 법률적 근거를 만들어 큰 도움을 주었다. 그뿐만 아니라 얼마 후 진행되는 어린 학생 100여 명의 미국 유학의 길을 열었다. 한편 이 조약은 청조의 해외 화인에 대한 태도를 바꾸어 놓았다는 의미도 있다. 역대 중국 왕조는 해외 화인을 불충불효한 역도로 보았다. 명조를 이어 청조는 해

---

5 閔鋭武, 『蒲安臣使團研究』, 中國文史出版社, 2002, 68~70·78쪽.

金海禁 정책을 지속해 해외 화인이 귀국할 수 없도록 금지했으나 이번 조약체결을 통해 태도가 상당히 달라졌다.[6]

벌링게임 사절단이 미국을 방문한 지 몇 년 후 이와쿠라 사절단도 요코하마항을 출발해 태평양을 건너 샌프란시스코항으로 향하였다.[7] 도착 후 그들은 벌링게임 사절단과는 달리 갓 완공한 대륙횡단철도를 타고 미 대륙을 가로질러 워싱턴에 도착해 현지에서 약 8개월간 장기체류하였다. 이와쿠라는 미국의 번화한 모습에 충격을 받았는데, 미국의 발전 원인 가운데 하나는 철도에 있고 일본의 번영도 철도에 달려 있다고 생각하였다. 이에 따라 일본의 동서를 잇는 철도건설이 급선무라고 판단했는데, 실제로 이와쿠라는 귀국한 후 철도회사 설립에 적극적으로 관여하였다.

이와쿠라 일행은 미국과의 조약개정이라는 1차적인 외교 목적에 실패하였다. 사절단은 미국 국민의 환영을 과대평가해 주어진 권한을 넘어선 대미조약 개정을 추진하였다. 이를 위해 전권위임장 문제가 발생하자 이토 히로부미와 오쿠보 도시미치를 일본으로 돌려보내 위임장을 다시 받아오게 하는 어려움을 마다하지 않았다. 하지만 소극적인 미국 정부의 태도로 대미교섭에 실패해 벌링게임 사절단과 같은 가시적인 성

---

6 이와쿠라 사절단도 (인디언이나 흑인보다) 비 백인집단 가운데 특히 관심을 가진 것은 캘리포니아 지역에 많이 거주하던 아시아계 이민자들이었다. 『미구회람실기』에는 이들 광동, 복건지역 사람들은 싼 임금으로 광산노동에 종사한다며, "백인 일자리를 뺏는다는 비판에 추방론까지 일어났으나 민주국의 원칙 때문에 정책을 실시하지는 않았다"(『美歐回覽實記』 1, 110~112쪽)라고 썼다(박진빈, 「자연, 도시, 국가 - 이와쿠라 사절단과 미국 체험」, 『史叢』 80, 2013, 11쪽).

7 포하탄(Powhatan)호를 수행한 막부의 군함 간린마루(咸臨丸) 편으로 함께 도미했던 후쿠자와 유키치(福澤諭吉)는 "항해도중 보이는 것이라곤 아무것도 없는 가운데 단 한 번 범선(미국상선 플로라호)을 만난 적이 있다. 미국 배였는데, 중국인을 태우고 간다는 그 배 이외에는 아무것도 보지 못했다"라고 자서전에 기록하였다(후쿠자와 유키치, 허호 역, 『후쿠자와 유키치 자서전』, 이산, 2006, 26~27쪽).

과를 거둘 수 없었다. 일본 사절단은 조약개정 실패의 후유증을 극복하기 위해 여행의 주목적을 구미 사회를 탐방하는 것으로 전환하였다.[8] 그후 시찰단의 임무에 충실해 도시 상점가, 마차수리소, 견직공장, 동물원, 포대, 해군시설, 군사 퍼레이드 등을 견학하고 목장, 학교, 교회, 박물관 등도 방문하였다. 구메는 "현재 광물 생산의 이로움에서 제일이라고 할 것은 석탄과 철 이상이 없다. (…중략…) 제작 공예를 일으키려면 제철업을 여는 것이 근본이다", "미국인은 기계 제작에 능하다. 스스로 세계 제일이라고 말한다"라면서 기계화에 적극적이던 19세기 후반 미국의 기계공업에 큰 비중을 두어 기록하였다. 이런 생각은 영국으로 건너간 후 더욱 구체화되었다.

일본 사절단은 청국대표단과는 달리 출발할 때부터 대부분 삭발을 하고 양장을 입었다. 단지 단장인 이와쿠라는 일본의 전통문화에 자부심을 가지고 있었기에 상투와 기모노를 입은 모습으로 도항하였다. 그러나 미국에서 유학하던 아들 이와쿠라 도모사다岩倉具定 등으로부터 "미개국가로 멸시받는다"라며 설득당해, 결국 시카고에서 삭발한 후 양장으로 차려입었다.[9] 출사 전 전통 복장에서 출사 후 서양 복장으로 바꾼 변화는 사절단의 서양 문화에 대한 학습 의지를 상징적으로 보여준다. 그런데 구메는 미국을 활력이 넘치는 사회로 묘사하지만, 외교적 실패 때문인지 의외로 비판적인 내용이 많다는 견해가 있다.[10]

8   毛利敏彦, 「岩倉使節団の編成事情 – 参議木戸孝允の副使就任問題を中心に(変動期における東アジアと日本 – その史的考察)」, 『季刊国際政治』 66, 1980, 141쪽.
9   방광석, 「메이지관료의 '문명' 인식 – 이와쿠라 사절단의 재조명」, 임성모 외, 『동아시아 역사 속의 여행』 2, 산처럼, 2008, 356쪽.
10   毛利敏彦, 「岩倉使節団の文明論 – 「特命全権大米欧回覧実記」を読む」, 『Journal of Japanese History』 274, 1985, 85쪽.

벌링게임 사절단은 미국방문을 마치고 1868년 9월 9일 증기선을 타고 대서양을 건너 9월 19일 영국 리버풀에 도착하였다. 당시 대영제국은 세계 인구의 약 25퍼센트를 통치했고, 거의 같은 비율의 육지와 대양을 지배했던 역사상 가장 큰 제국이었다. 영국은 18세기 중엽부터 세계 최강의 함대를 갖춘 강력한 해양력으로 세계 제일의 해양 국가가 되었으며, 거의 2세기 동안 자본주의 세계에서 압도적 지위를 유지하였다. 말 그대로 타국의 도전을 허용하지 않는 팍스 브리타니카Pax Britanica 시대를 열었다. 19세기 대영제국이 절대적 위치를 점하게 된 것은 주지하듯 산업혁명에 그 뿌리가 있었다.[11] 산업혁명은 증기기관이라는 새로운 동력, 대량 생산하기 위한 기계와 공장 시스템, 공업제품을 생산하는 산업도시, 철도와 증기선의 네트워크 등을 결합해 바다 세계를 장악하였다.

사절단은 영국에서 9월부터 연말까지 장기간 체류하며 11월 20일 윈저성에서 빅토리아 여왕을 알현하였다. 그녀는 '해가 지지 않는 나라'의 신화를 창조한 여왕으로 당시 영국의 해외 식민지 규모를 본토의 100배에 달하게 만든 장본인이다. 12월 4일 글래드스턴William Ewart Gladstone 이 새로운 내각을 조직하자 청국에 대한 평화 정책을 희망하였다. 그럼에도 불구하고 벌링게임은 청국과 영국 간 불평등조약을 수정해 다시 체결할 것을 건의하자 냉담한 반응을 얻었을 뿐이었다. 영국 여왕을 접견하는 데 두 달이나 걸린 사실에서도 영국 측의 소극적인 태도를 읽을 수 있는데, 복잡한 국제정세 이외에도 갑작스레 청국에서 발발한 양주

11 주강현, 『등대의 세계사』, 서해문집, 2018, 253~254쪽.

교안揚州教案이 발목을 잡았다. 다음 해인 1869년 1월 2일 별다른 외교 성과 없이 영프해협을 건너 프랑스로 건너갔다.

한편 이와쿠라 사절단은 약 7개월간의 미국 여행을 마치고 1872년 8월 6일 보스턴항을 출발해 대서양을 건너 영국으로 향하였다. 그런데 영국 여왕이 휴가 중이라 알현할 수 없자 여러 지역을 돌아다니며 광범위한 시찰에 나섰다. 『미구회람실기』에서 영국 관련 기술은 산업혁명의 역사와 현상에 대한 보고서라고 할 수 있다. 그것은 일본에 알려진 가장 빠른 산업혁

〈그림 4〉 대영제국의 전성기를 이끈 빅토리아(Victoria) 여왕

명 정보일 것이다.[12] 사절단이 본 영국 이미지는 한 마디로 무역국이자 공업국이었다. 영국이 섬나라이자 인구 면에서 일본과 비슷하다는 점에 주목하면서 공업을 배경으로 한 무역 국가라는 사실에 관심을 집중하였다. 영국 선박이 오대양을 항행해 각지의 생산물을 매입하고 자국에 운송한 후 철강과 석탄을 이용해 공산품을 만들어 세계로 수출해 부강을 이루었다고 보았다.

이와 같은 인식은 1862년 막부가 영국으로 파견했던 다케우치 견구 사절단과는 달랐다. 다케우치 사절단은 만국 중에서 강대한 나라를 군수공장이 많은 것에서 찾았고, 일본이 3백 년 동안 태평한 세월을 보내

---

12 다나카 아키라(田中彰), 현명철 역, 『메이지 유신과 서양 문명 – 이와쿠라 사절단은 무엇을 보았는가』, 小花, 2006, 92쪽.

유약해진 것으로 보아 군사 무기에 집착하였다.[13] 이 사절단은 두 번째로 유럽으로 간 일본 사절단으로 에도와 오사카의 개시와 효고와 니이가타의 개항 연기를 교섭하기 위해서였다. 다케우치 사절단 파견은 외교 사안 말고도 두 가지 목적이 더 있었다. 하나는 1862년 5월 1일에 열린 제2회 런던 만국박람회 개회식에 일본대표단으로 참가하는 것이다. 이 박람회에는 일본전시관이 만들어져 일본제품을 전시했기에 막부의 관심을 불러일으켰다. 다른 하나는 영일 교류의 활성화를 통해 일본 근대화를 추진하려는 것이다.[14] 박람회에서나 산업시찰에서나 항상 군사 무기에 대한 관심이 우선순위에 있었다.

십 년 후 구메의 기록은, "영국의 부는 원래 광업 이익을 바탕으로, 나라 전체에 철과 석탄 산출고의 막대함이 세계 제일이고, 국민이 이 두 가지 이익으로 기기증기 기관, 기선증기선, 철도를 발명했고, 불의 열로 증기를 돌리고, 영업력을 배가하고, 방적과 항해의 이권을 독차지해 세계에 위세를 떨치는 나라가 되었다. 고로 전국에 제련업이 왕성한 것이 우리 일행의 눈을 놀라게 했다"라고 썼다. 그 후에도 영국의 공업과 부의 기초가 철과 석탄에 있다는 사실을 여러 차례 지적하였다.[15] 이런 공업은 그 나라의 상업 발전에 기반한 것으로 양자 간에 불가분의 관계를 구성하였다. 영국이 무역국으로 번영한 것은 국토가 바다로 둘러싸인 섬나

---

13 다케우치 견구 사절단의 경우, 福澤諭吉의『西航記』와『西洋事情』, 市川渡의『尾蠅歐行漫錄』, 淵邊德藏의『歐行日記』, 益頭駿次郎의『歐行記』, 高嶋祐啓의『歐西紀行』 등 다양한 기록들이 남아있다. 그 가운데 福澤과 市川의 여행기에 실려 있는 이문화 체험은 주목할 만한데, 특히 빅토리아시대 영국문화를 이해하는 데 도움이 된다(松村昌家,『幕末維新使節團のイギリス往還記』, 柏書房, 2008, 12쪽).
14 위의 책, 11쪽.
15 야마모토 요시타카, 서의동 역,『일본 과학기술 총력전』, AK, 30~31쪽 재인용.

라로 좋은 항구들을 갖추고 있었기 때문이다. 한편으로는 토지가 척박해 생활이 어려우므로 일찍부터 해상海商의 길로 나간 탓도 있었다. 뛰어난 항해술은 이른바 '항구를 찾는 기술'로 무역 진흥에 좋은 조건을 마련했으며, 동시에 근면 절약하는 태도와 시간을 아끼는 국민성을 만들어 내었다.[16]

당시 영국 해군이 지키는 제국 항로는 민간 선박회사에 개방되어 항로를 따라 석탄 보급기지와 통신망이 펼쳐졌다. 세계 곳곳에 점으로 연결된 석탄 정거장의 사슬이 해가 지지 않는 제국을 만들고 있었다. 19세기 후반에는 세계 상선의 절반 이상이 영국 배로 항상 40만 명의 승객과 선원이 항로에 있었다고 한다. 세계의 바다는 영국 해군이 지배했고, 영국 상선이 세계 경제를 담당했는데, 전 세계에 펼쳐진 해저케이블이 다양한 정보를 런던에 집중시켰고, 철도망은 전 세계에 거미줄처럼 펼쳐졌다. 앞서 언급했듯이, 해저케이블의 경우 철도와 달리 가설하는 작업이 쉽지 않았다.[17] 대영제국이 가장 번성한 황금시대를 런던 만국박람회를 개최한 1851년부터 빅토리아 여왕이 인도 황제로 취임하는 1876년까지로 보는 견해가 있는데, 두 나라 사절단은 바로 그사이에 영국을 방문한 것이다.

---

16 松村昌家, 앞의 책, 279~280쪽.
17 미야자키 마사카츠, 박연정 역, 『패권 쟁탈의 세계사』, 188쪽.

2. 미·영의 해군체제

1) 군함과 조선소

서양의 근대 문명은 증기선, 철도, 전신 등으로 상징되는 교통통신의 혁명을 통해 상업과 무역을 활성화시켰다. 또 다른 대표적인 과학기술의 총화로는 대구경 함포를 갖춘 철재 군함을 꼽을 수 있다. 특히 19세기 후반은 해군혁명의 시대였다. 군함 건조의 변화 과정에서 가장 먼저 시작된 것은 선박에 엔진을 탑재한 일인데, 1840년대 중반 프랑스에서 처음 증기 기관을 탑재했으며 곧이어 조선 강국인 영국이 경쟁에 뛰어들어 프랑스를 앞질렀다. 목재 군함의 단점을 보완하기 위해 배의 표면에 동판이나 철판을 입혔다가 점차 선체 재질을 전부 철판으로 바꾸기 시작하였다. 프랑스에서 모든 선체 재질을 철로 만든 최초의 전함 르두타블Redoutable호를 건조했으며, 이에 질세라 영국 해군도 철재 군함을 만들었다.[18] 그런데 군함이든 윤선이든 근대적 바다 세계를 완성하려면 선박의 대형화, 건조 비용의 절감, 성능의 향상, 석탄 보급 기술의 개발, 항로의 단축 등이 필요하였다. 이것은 청국과 일본 사절단이 구미 사회를 방문하던 무렵 시작된 제2차 산업혁명으로 강철이 발명되면서 가능해졌다. 철재선박은 목재와 달리 대량 생산과 대형화가 가능했으며, 1880년대에는 강철로 만든 배가 일반화되었다.[19]

---

18 서양원 편, 『세계를 뒤흔든 바다의 역사』, 알에이치코리아, 2014, 152~155쪽.
19 쇠는 목재보다 강점이 많은 조선 재료이다. 쇠는 목재보다 훨씬 강할 뿐 아니라 철선은 같은 배수량의 목선보다 무게는 4분의 1이 덜 나가고, 화물 적재 공간은 6분의 1이 더 많은데다 단단하였다. 1860년대가 되면 철재로 배를 만들게 된다. 철은 물과의 마찰이 적기 때문에 속도가 20퍼센트 정도 빠르고 무게도 목조선의 3분의 1밖에 되지 않는다는 의외의 사실이 밝혀졌다(미야자키 마사카츠, 박연정 역, 『패권 쟁탈의 세계사』, 위즈덤하우스, 2020, 165~166쪽; 대니얼 R.

태평양을 건너 샌프란시스코에 도착한 벌링게임 사절단은 며칠 휴식을 취하고 난 뒤 한 조선소를 방문한 후 기록을 남겼다. 지강은 조선소의 구조를 설명하는 과정 중에 큰 배를 만들 경우, 반드시 먼저 선박을 완성한 후에야 바다로 입수시킬 수 있으며 그렇지 않으면 운반하기 어렵다고 했다. 조선소공장 입구에 큰 갑문을 만들어 놓고 여기서 배를 만들며, 선박이 완성되면 갑문을 열어 물이 들어오도록 해서 배를 띄운 다음 바다로 입수시킨다는 것이다.[20] 장덕이도 새로 만든 증기선의 진수식을 참관하던 날 샌프란시스코 포대를 살펴보며 포대의 현황과 대포의 발사 원리에 관해 썼다.[21]

청국 사절단은 보스톤 조선소에서 포대선炮臺船이란 신기한 무기를 보았다. 선박의 철판 두께가 수 촌寸이고 길이는 20여 장丈이었으며, 군함의 전후에 철포대 두 좌座가 설치되어 있었다. 선미에 암륜을 설치하고 중간에 화륜기를 설치한 것 말고는 외부에 드러나는 별다른 시설은 없었다. 포대는 원형으로 만들어져 전투 시 사방으로 회전할 수 있었다. 적의 크고 작은 포탄이 날아오더라도 막을 수 있었고, 선체는 해수면과 수평을 이루고 있어서 침수 위험도 없었다. 선내에 사람이 숨어 배를 움직이고 포탄을 장착하는데 해전의 선봉이라 할 수 있다면서, 비록 항구를 지키는 포가 있더라도 그 출입을 막을 수 없다고 소개하였다.[22] 초기 철갑선 형태의 포함을 목격한 것이다.

실제로 유럽 이민자로 구성된 미국인들은 새로운 발명을 적극 권장했

헤드릭, 김우민 역, 『과학기술과 제국주의, 증기선·키니네·기관총』, 모티브북, 2013, 174쪽).
20 志剛, 『初使泰西記』(『走向世界叢書』 第1輯 第1冊), 岳麓書社, 1985, 260쪽.
21 張德彝, 『航海述奇·歐美環游記』(『走向世界叢書』 第1輯 第1冊), 岳麓書社, 1985, 647쪽.
22 志剛, 앞의 책, 290~291쪽.

는데 철갑선은 물론 증기선과 전신기 등은 모두 이 나라에서 처음 만들어졌다. 당시 지강은 서양 기술은 비교적 쉽게 이해했지만, 과학 원리는 이해하기 어려웠다. 근대 이전에는 과학과 기술의 관계가 별개였다는 사실에 동의한다면 그가 이론에 기초해 실험과 수량화를 중시하는 근대 과학의 사유 양식을 받아들이기 힘든 까닭을 납득할 수 있다.[23] 이것은 막부 말 메이지 초기 일본인도 예외는 아니었다. 중국인 지강이 군함에 적용된 서양과학과 이론을 수용하는 어려움은 지식 자체의 문제라기보다는 본인이 소속된 사회문제였다.

미국으로 건너온 이와쿠라 사절단도 샌프란시스코의 메어 아일랜드 Mare Island 조선소를 방문하였다. 이곳은 1860년 막부의 군함 간린마루가 태평양을 횡단해 샌프란시스코에 도착했을 때 간린마루 일행이 머물며 선체를 수리한 조선소로 당시 합중국의 대형조선소 중 하나였다.[24] 일본은 막부 말기부터 청국보다 해군력 향상에 큰 관심을 가졌을 뿐만 아니라 자신들의 군함으로 용감하게 태평양을 횡단해 미국을 방문하였다. 물론 항해 과정에서 미국인 항해전문가와 선원들의 도움을 받았다. 일본의 미국 해군에 대한 관심은 막부 말 시기로 거슬러 올라가는데, 이런 역사 배경을 간단히 정리하면 다음과 같다.

도쿠가와 막부는 미국과 「수호통상조약」을 체결하면서 그 비준서 교환과 미국의 국정 시찰을 위한 견미 사절단 파견을 구상하였다. 미국이

---

23 尹德翔, 『東海西海之間 - 晩淸使西日記中的文化觀察,認證與選擇』, 北京大學出版社, 2009, 75쪽.
24 당시 미국에는 대규모 조선소가 일곱 곳이 있었다. 샌프란시스코 외에 보스턴의 찰스타운 (Charlestown) 조선소, 뉴욕의 브룩클린(Brooklyn) 조선소, 필라델피아(Piliadelphia) 조선소, 뉴햄프셔의 포츠머스(Portsmouth) 조선소, 플로리다의 리크 아일랜드(Leek Island) 조선소, 그리고 코네티컷의 뉴런던(New London) 조선소 등이다(구메 구니타케, 정애영 역, 『특명전권대사 미구회람실기』 1, 소명출판, 2011, 83 · 236~237쪽).

〈그림 5〉 태평양을 횡단한 간린마루(咸臨丸)호의 항해 상상도

보내준 증기선 군함 포하탄호에 승선한 신미 견미 사절단 일행은 1860
년 2월 13일 요코하마항을 떠난 지 일주일도 지나지 않아 거대한 파도
와 바람을 만나 망망대해에서 자연의 위력을 실감하였다. 결국 3월 9일
샌프란시스코항에 도착해 휴식을 취하고, 그곳에서 남하해 파나마지역
을 육로로 통과한 후 다시 북상하였다. 그들은 멕시코만에서 뉴욕항으
로 이동하던 중 군함에서 질병으로 사망한 두 명의 수병을 수장 방식으
로 장례식을 치루는 경험도 하였다.[25] 그리고 미국 수도 워싱턴에서 한
달 남짓 체류하며 「우호통상조약」을 비준하였다.

미국 해군의 군함에 탑승한 견미 사절단 일행과 별도로 막부는 자국
군함을 함께 파견해 그동안 양성해 온 해군 병사들이 대양을 항해할 수

25 郭麗, 『近代日本的對外認識 – 以幕末遣歐美使節爲中心』, 北京大學出版社, 2011, 53~55쪽.

〈그림 6〉 태평양을 건너 처음 미국을 방문한 일본 신미(新見) 사절단(1860)

있는 훈련 기회로 삼았다. 이들이 승선한 함선은 네덜란드로부터 구매한 군함 중 한 척인 간린마루로 결정되었다. 간린마루에 탄 일본 해군은 1860년 1월 19일 우라가항을 출항해 태평양에서 겪어본 적이 없는 험한 풍랑을 만났다. 이 배는 입출항할 경우에만 석탄을 사용해 증기 기관을 썼고, 대부분의 항해는 전통적인 돛을 사용하는 구형 선박이었다. 일본인 함장의 고집, 승무원들의 불만, 오랜 뱃멀미와 식음료의 부족 등 많은 난관에 부딪혔으나 노련한 미국인 선원들의 도움으로 우여곡절 끝에 2월 26일 샌프란시스코항에 도착하였다. 그들은 현지에서 한 달 남짓을 체류하고 다시 귀국길에 올랐다.[26]

---

26 간린마루의 태평양 횡단 과정에 대해서는 宗像善樹의 저서 『咸臨丸の絆』, 海文堂, 2014에 자세한데, 후쿠자와 유키치와 관련한 내용도 담겨있다.

신미 견미 사절단은 처음 태평양을 건넌 일본대표단이자 미국 해군을 탐색했기에 주목할 만하다. 그들은 미국 해군의 시설과 제도에 대해 유심히 관찰했는데, 1860년 무렵 미국 해군은 총배수량 15만 톤 규모의 해군력을 가진 세계 4위권의 해군 강국으로 부상하였다. 사절단은 우선 증기력을 사용한 제철소와 해군공장 견학을 통해 깊은 감명을 받았으며, 햄프톤항의 포대를 유심히 살펴보았다. 그리고 미국 해군의 계급제도와 함대 편제 등에 대해 주목했으며, 미국 해군의 연해 측량과 해도 작성에 대해서도 살펴보았다. 사절단의 미국 해군 견문 경험은 이후 막부의 해군 건설 방향을 결정한 계기가 되었다.[27] 일본 내 개항장의 확대가 막부 말 해군 건설의 대외적 조건을 부여했다면, 이번 견미 사절단의 미국 견문은 막부 해군 정책 방향과 관련해 중요하게 작용하였다.

막부 사절단 일원인 다마무시 사다유玉蟲左太夫는 여행 과정을 『항미일록 航美日錄』에 상세히 남겼는데, 미국 사회에서 접한 산업문명에 대해서도 언급하였다. 증기선뿐만 아니라 파나마 지협에서 경험한 증기차, 미 본토 공장에서 접한 각종 증기 동력 기계, 사진을 비롯한 근대기술에 대해 관찰이 가능한 대로 구조와 기능을 기술했지만 "그 기교의 정밀함, 그저 놀라울 뿐"이라고 반복할 뿐 원리를 이해하려는 노력은 처음부터 포기하였다.[28] 다마무시가 기계와 장치의 작동 원리가 아니라 오로지 생산능력과 작업 능력에 감탄한 것은 마치 벌링게임 사절단의 지강과 장덕이가 기계 문명에 대해 감탄한 수준과 대체로 일치한다. 하지만 이와쿠라 사절단의 기록에 나타난 산업 문명의 이해 수준은 이를 넘어서고 있었다.

27 박영준, 『해군의 탄생과 근대일본』, 그물, 349~354쪽.
28 야마모토 요시타카, 서의동 역, 앞의 책, 24~25쪽 재인용.

막말 견미 사절단의 해군 관련 풍부한 기록과는 달리 이와쿠라 사절단은 워싱턴 주변의 해군조선소와 포대를 방문한 단편 기록이 남아있다. 미국 해군학교 방문 때 본 해군조선소는 넓이 18헥타르 정도로 미국 내의 5대 조선소 중 하나인데, 세 척의 장갑함이 계류되어 있고 증기선도 같은 수만큼 있었다. 미국은 남북전쟁 때 해군을 널리 모집하고 또 군함을 늘렸는데, 전후 평화가 찾아오자 군함을 팔아 국채를 상환하는 데 충당하였다. 1872년 통계에 따르면 장갑함 51척, 증기함 69척, 범주함 30척을 전국의 도크에 매어 놓고 있다고 썼다. 미국은 기본적으로 후발 산업 국가로 영국이나 프랑스에 비해 상대적으로 해군 건설이 늦은 편이었다. 사절단은 해양을 향해 설치된 포대와 대포를 보면서 해안선이 긴 일본도 해안방어가 필요하다는 사실을 절감하였다. 그들이 방문한 해군포대는 막부 말 견미 사절단이 방문한 곳과 같은 장소로 보인다. 이런 경험이 요코스카에 동양 최대의 조선소와 도크를 건설하게 된 배경이 되었다.

벌링게임 사절단과 이와쿠라 사절단은 모두 미국을 떠나 대서양을 건너 영국 리버풀항에 도착하였다. 그 후 런던에서 궁전, 사원, 국회, 재판소, 관청, 박물관, 동물원, 도서관, 공원, 중앙우체국, 중앙전신국, 상공회의소, 증권거래소, 학교, 병원, 감옥 등 다양한 곳을 견학하였다. 두 사절단이 가장 많이 탐방한 곳은 각지에 분포한 근대적 공장들이었다. 예를 들어 제철, 조선, 레일, 철도차량, 무기, 가스, 방적, 유리, 고무, 제지, 제도, 제당, 제염, 양조 등이다. 물론 세계 최강을 자랑하는 영국 해군에 대해서도 관심이 많았다. 청국이든 일본이든 아편전쟁과 사쓰에이 전쟁의 경험을 통해 영국 해군력을 잘 알고 있었다.

세계 최강의 해군력을 자랑하던 영국은 군사 분야에서 해군이 주력이고 육군은 보조인데, 국내 정치가 안정되었기에 굳이 방대한 육군을 유지할 필요가 없었다. 오히려 영국의 식민지가 전 세계에 퍼져있어 이를 방어하기 위해 대규모 해군이 필요하였다.[29] 그런데 영국에서 전문적인 해군의 출현은 일반적인 생각보다 늦게 이루어졌다. 1850년대에 이르러서야 해군 분야에서 일반선원의 직업화가 이루어졌다. 그 전에 선원은 대부분 상선 출신이었으며 전쟁의 필요에 따라 징집되어 해군에 들어왔다. 1850년대 이후 해군은 선원 소질을 가진 소년들을 모집했으며, 그들에게 해군 교육을 시켰다. 그 후 해군 군함에서 근무하는 선원은 일반상선의 선원과 구분되었고, 생활방식이나 문화 및 복장에서도 뚜렷한 차이가 나타났다.[30] 1860년 무렵부터 해군이 매년 영국의 주요 항구를 순시했으며, 전보가 신속하게 각 항구에 전달될 수 있었기 때문에 증기동력을 가진 군함들은 어떤 기후환경 속에서도 명령에 따라 움직일 수 있었다. 아울러 해외에도 해군기지를 확보해 안전한 항구와 연료공급기지를 만들었다.

이와쿠라 사절단의 기록에는 영국 해군의 역사를 비교적 상세히 소개하였다. 우선 영국과 스페인과의 오랜 패권 다툼을 설명한 후 전쟁을 통해 영국이 지브롤터해협을 장악하고 다시 이탈리아 시실리섬 남쪽의 몰타섬을 얻으면서 지중해를 통제한 사실이나, 넬슨Horatio Nelson 제독의 영국함대가 트라팔가Trafalgar해전에서 나폴레옹의 프랑스함대를 굴복시

29 泉三郎, 『岩倉使節團』, 祥傳社黃金文庫, 2012, 267쪽.
30 布賴恩·萊弗里(Brian Lavery), 施誠 張珉瑤 譯, 『海洋帝國 – 英國海軍如何改變現代世界』, 中信出版社, 2016, 230~231쪽.

〈그림 7〉 영국 해군의 암스트롱 대포훈련

킨 사실 등을 소개하였다. 그리고 영국 의회가 해군을 훈련시키고 정비하는 방법을 신중하게 논의해 운영하므로 필적할 만한 적국이 없다면서, 영국 국민은 해상무역으로 이익을 거두어들였고 선박 출입이 끊기면 사람들은 금방 근심스러운 표정이 될 정도라고 했다. 따라서 무역을 보호하기 위해서는 해군을 키울 수밖에 없다고 썼다.[31] 한편 사절단이 방문할 무렵인 1873년에는 크림반도에서 러시아 해군을 격파한 사실을 소개하였다.

일본 사절단은 주일본 영국 공사인 파크스Sir Harry Parkes와 영사 아스턴William George Aston의 안내로 영국의 대표적인 군항인 포츠머스Ports-

---

31 1871년 기록에 따르면, 영국 해군의 예산은 거의 1,000만 파운드에 달했고, 일곱 종류의 갑철함이 모두 60척, 그밖에 증기 기관을 가진 군함, 운송선의 총계는 500척에 달한다. 18,000여 문의 대포를 갖추고 있으며, 수병은 4만 1,500명, 해병대원은 1만 4,000명이다(구메 구니타케, 방광석 역, 앞의 책, 99~100쪽).

mouth에 있는 해군학교와 해군조선소를 견학하였다. 포츠머스조선소 방문은 매우 인상적이었는지 현장 상황에 대해 자세히 묘사하였다.

포츠머스조선소에서는 마침 도크를 건설 중이었는데, 네 군데의 도크가 미완성이라 현장으로 블록을 운반하기 위해 언덕 위에 24마일 정도의 철도가 깔려있었다. 도크 안에는 새로 발명한 갑철함甲鐵艦이 떠 있었다. 함상에 여러 방향으로 돌릴 수 있는 두 개의 원형 포대가 8인치에서 10인치 두께의 장갑으로 싸여 있었다. 이것이 바로 전사포대傳射砲臺로, 네 문의 포를 탑재할 수 있다. 기계를 갖추어 포대를 회전하는 데 사용한다. 만일 적이 한 쪽에 있으면 네 문의 포가 모두 같은 방향으로 움직이면서 차례대로 발사하기 때문에 적함은 이 사격을 피할 수가 없다. 백전백승의 결과를 목표로 야심차게 만들어진 배이다. 함체에도 장갑裝甲을 씌워 함체가 거의 물속에 잠겨 있다. 적의 화력에 노출되는 곳은 포탑뿐이다. 또 물에 잠기는 부분이 많지 않아 얕은 바다에서도 주행할 수 있다. 이 회전포탑을 갖춘 전사포대함은 미국인이 발명한 것이다. 영국인이 그것의 뛰어난 효용성을 알아차리고 더욱 정밀한 구조로 개선해서 마침내 배를 완성했다.[32]

이와쿠라 일행은 포츠머스 군항에서 유명한 빅토리Victory호를 방문하였다. 이 군함은 스페인 앞바다에서 벌어진 트라팔가해전에서 기함旗艦으로 참가한 배였다. 영국의 유명 제독인 넬슨이 전사한 배이기 때문에 그 유품을 소장하고 있다. 이 군함은 항구 안에 계류되어 있고 지금도

---

32 위의 책, 97~98쪽.

해군이 승선하고 있다. 배에 남아있는 넬슨의 편지는 오른팔을 잃은 후에 쓴 것인데 그 서체가 실로 단정하기 그지없어, 넬슨의 당당한 기운이 영원히 이곳에 살아있다는 감상을 남겼다. 이와쿠라 일행은 빅토리호와 같은 전통 군함 말고도 미노토르Minotaur호나 헤라클레스Hercules호와 같은 신식 대형 군함도 관람하였다.

이와쿠라 사절단은 런던 주변뿐만 아니라 40여 일에 걸쳐 영국 중부와 스코틀랜드의 각지를 순방하였다. 리버풀조선소의 거대한 도크와 수문을 견학하고, 맨체스터의 방직공장, 글래스고의 제철소 등 여러 도시의 시설을 돌아보며 영국의 부강함을 실감하였다.[33] 이처럼 일본 사절단은 영국 여왕을 만나기 전까지 많은 시간을 할애해 영국 여러 도시를 방문했는데, 그들은 각 도시의 산업시찰과 공장 견학에 촌각도 아까워하며 열정을 바쳤다. 이들과는 달리 청국 사절단은 주로 런던에 머물렀기 때문에 상대적으로 군함과 조선소에 대한 소개뿐만 아니라 영국의 항구 도시나 기타 도시에 대한 기록이 적은 편이다.

2) 대포와 포대

군함에 증기 기관을 탑재하고 함선 재질이 철재로 바뀌면서 탑재 무기에서도 더 큰 구경의 대포와 신식포탄이 장착되었다. 포탄이 새로 개발되었는데, 포탄의 속도와 무게의 관성에 의한 파괴만이 가능했던 무쇠 포탄에서 포탄 속에 폭발물을 채워 넣어 불이 나도록 하는 포탄과 표적에 포탄이 떨어지면 폭파하도록 만든 작렬식 포탄이 새로 개발되었다.

---

33 방광석, 「메이지관료의 '문명' 인식 - 이와쿠라 사절단의 재조명」, 임성모 외, 『동아시아 역사 속의 여행』 2, 산처럼, 357쪽.

이에 따라 포탄을 발사하는 대포 역시 개량되어 포구 쪽에서 포탄을 장전하던 전장식 대포는 점차 재장전을 빨리 할 수 있는 후장식 대포로 바뀌었다.[34] 그 발전 과정에서 최대 난점은 기존 대포가 두들겨 만든 연철로 제작되어 종종 포신이 폭발할 수 있는 약점을 지녔다는 사실이다.[35]

벌링게임 사절단은 출발 전 상하이에서 강남제조국江南製造局의 병기창을 방문해 서양식 대포를 구경하였다. 후장식 대포는 포구에 나선형 홈이 파여 있어서 포탄이 발사될 경우 회전하기 때문에 더 멀리 날아가고 힘이 배가 된다는 사실을 알았다. 따라서 포탄이 떨어져 사람이 다치는 일도 수십 리 밖에서 발사한 것이므로 망원경을 보아야 발사한 곳을 알 수 있다고 했다.[36] 미국으로 건너온 청국 사절단은 보스턴에서 포대를 구경한 기록이 있다. 앞서 소개한 방어하기 어려운 포선炮船이 있다면, 공격하기 어려운 포갱炮坑이 있었다. 포선이 공격용이라면 포대는 수비용으로 돌과 흙과 철 등으로 만들었는데, 방어하기는 쉬우나 공격하기는 어렵게 이루어졌다. 포대는 항구를 지키기 위해 언덕 높은 곳에 위치해 갱도를 여러 곳에 만들어 대포를 설치해 놓았다. 갱도에 설치한 망원경을 통해 적선이 나타나면 발포한다. 적선을 공격하더라도 어디서 날아온 것인지 알 수 없고 단지 지상에 연기만 일어나니 반격하기 어렵다. 이런 포대에는 큰 대포와 포탄이 설치되어 있어 현지 포대 장교는 "이곳 포대는 천하제일이며, 러시아보다 뛰어날 것"이라고 자랑했다.[37] 이런

---

34 서양원 편, 앞의 책, 152~153쪽.
35 대표적인 사례는 1844년 2월 미국 증기선 프린스턴호 선상에서 실시한 피스메이커(Peace-maker) 대포실험이었다. 이 대포가 발사시험 중 갑자기 폭발해 미국 국무장관과 해군 장관을 비롯한 8명이 사망하였다(이에인 딕키 외, 한창호 역, 『해전(海戰)의 모든 것』, 휴먼앤북스, 2010, 250쪽).
36 志剛, 앞의 책, 254쪽.

신식포대는 영국에나 유럽 연안에서도 종종 목격되는 형태였는데, 여기서 러시아 포대란 크론슈타트Kronstadt 군항에 만들어진 포대일 것이다.

벌링게임 사절단은 영국에서 대포 만드는 회사로 유명한 울리치Wooliwich 무기공장을 방문하였다. 울리치는 런던 템즈강에서 8마일 정도 거슬러 올라가면 있는 인구 5만 명의 소도시로 무기를 제조하는 대공장이 있다. 기록에는 서양 대포를 화병이나 대나무 통과 같은 모양이라고 묘사하거나, 후장식 대포가 초기에는 불량품이 많았으나 점차 개량되었다고 했다. 포대도 점차 새로운 설비가 추가되어 대포들이 자유자재로 이동하며 적선을 위협한다고 했다. 장덕이는 과거 빈춘 사절단을 따라 영국에 왔을 때 울리치 무기공장을 구경한 적이 있었다. 이 공장은 너무 커서 하루 만에 구경할 수 없고, 대포뿐만 아니라 여러 공장에서 다양한 무기를 만든다고 썼다.[38] 영국에는 울리치 말고도 유명한 암스트롱Amstrong 무기공장이 있는데 서로 쌍벽을 이루었다. 울리치가 국영기업이라면 암스트롱은 사영기업으로, 세계 최고 수준의 독일 크루프Krupp 무기공장과 경쟁 관계였다.

한편 초창기 어뢰魚雷는 단순한 수뢰 형태로 두 가지 폭발유형이 있었다. 하나는 함정이 수뢰에 부딪히는 순간 화학적 반응이 일어나 폭발하는 접촉식이었고, 또 하나는 해변과 전기선을 연결해 점화시키는 전기식이었다. 한때는 작은 함정의 이물 쪽에 장대를 설치하고 수뢰를 부착해 적선에 다가가 폭파시키는 이른바 장대수뢰도 있었다.[39] 마침 청국

---

37 張德彝, 『歐美環游記』(『走向世界叢書』第1輯 第1冊), 岳麓書社, 1985, 689쪽.
38 張德彝, 『航海述奇』(『走向世界叢書』第1輯 第1冊), 岳麓書社, 1985, 522쪽.
39 이에인 딕키 외, 한창호 역, 앞의 책, 261쪽.

사절단이 영국과 유럽을 방문할 무렵인 1869년 오스트리아에 거주하던 영국인 화이트헤드Robert Whitehead가 물속에서 자체 추진력으로 나아가는 어뢰를 발명하였다. 프랑스 여행 중 장덕이는 신문을 통해 영국에서 새로운 수뢰를 만들었다는 기사를 읽었다. 수뢰 안에는 신형화약을 넣는데 가장 큰 무게는 1천 5백 근이고, 작은 무게는 3백 근이다. 발명가의 제조법으로 새롭게 발명한 것이니, 그 이름을 어뢰라고 부른다. 발사하면 적선의 거리를 측정한 후 전기 동력으로 스스로 물속에서 움직여 공격하는데, 그 힘이 매우 강력하다고 썼다.[40] 이 글은 영국의 어뢰 발명을 알린 초기기사이다. 스스로 움직이는 어뢰가 세상에 알려지면서 해군 전술에 근본적인 변화를 가져왔다. 어뢰는 작고도 빠른 함선에서 발사되어 수중에서 중대형 함선을 공격할 수 있었으며 치명적인 파괴력을 보였다. 영국 해군은 이를 방어하기 위해 주력 군함에 어뢰를 방어할 수 있는 기능을 강화하는 동시에 스스로 어뢰정을 만들어 신식 해군을 무장시켰다.[41]

이와쿠라 사절단의 구메는 미국의 유명한 대포 제작자인 달그렌John A. Bernard Dahlgren 해군 제독을 소개하면서 남북전쟁 때 전함 키아사지Kearsarge호에 탑재한 대형 신식대포를 설계한 사람이라고 했다. 이 대포로 남군의 유명한 군함 앨라배마Alabarma호를 격파했다고 한다. 그는 여러 종류의 대포를 고안해 '해군 함포'의 아버지라고 칭송받았다.[42] 그리고 미국에서 새로 발명한 소형포 개틀링 건Gatling gun을 소개하였다. 이

40 張德彝, 앞의 책, 757쪽.
41 布賴恩・萊弗里(Brian Lavery), 施誠 張珉瑤 譯, 앞의 책, 246~247쪽.
42 구메 구니타케, 정애영 역, 앞의 책, 227쪽.

〈그림 8〉 19세기 유럽의 군수산업

것은 소총탄을 장전해 쏘는 포였는데 벌집처럼 입구가 뚫려져 있다. 포
신을 돌리면 총미에 장치되어있는 실탄이 자동으로 벌집 모양의 총신에
장전되어 계속 발사되는데, 6~7초 사이에 무려 200~300발을 발사할
수 있었다. 남북전쟁 때에는 이 병기로 수많은 적병을 물리쳤다고 한
다.[43] 지금의 관점에서 보면 대포가 아니라 기관총인데, 이와쿠라 사절
단은 영국 암스트롱공장에서 개틀링 건을 다시 보았다.

 일본 사절단이 영국 도착 후 방문한 공장 중에는 맨체스터에 있는 위
드워즈Wordsworth 주강공장이 있었다. 그곳에서는 주로 대포를 주조하였
다. 대포는 맹렬한 폭발력을 견디어 낼 수 있어야 하므로 가장 높은 수준
의 품질이 요구된다. 이 때문에 서양 각국에서는 여러 가지 방법을 시도

---

43 위의 책, 267~268쪽.

했는데, 이 공장에서는 주물을 부은 다음 큰 압력을 가해 주강 안의 공기 구멍을 빼는 방법을 적용하였다. 1854년 워드워즈사가 발명한 대포는 포강이 육각형이고 약간 비틀려 있는 강포이다. 포탄도 육각형 포탄을 사용하였다. 한때 명중률이 높고 소량의 화약을 사용해도 멀리 날아가서 높은 평가를 받았으나 철강 마모가 심해 금방 명성을 잃었다.[44]

대포의 경우 이와쿠라 일행은 암스트롱 무기공장에 주목하였다. 일본 사절단은 뉴캐슬에 도착해 공장주 암스트롱의 안내로 대포 제조창을 구경하였다.[45] 구메에 따르면, 윌리엄 암스트롱Sir William Amstrong은 영국의 발명가이자 실업가이다. 그는 1845년 뉴캐슬에서 수도공사 계획에 참여해 수압 크레인을 발명했고, 1846년에 뉴캐슬 타인강 부두에 처음으로 크레인을 설치하였다. 수압 크레인의 성공에 힘입어 1847년에는 암스트롱 공사를 설립하였다. 1855년 암스트롱포라는 이름의 후장식 신형대포를 개발해 영국 군대에 납품하였다.[46] 1867년에 암스트롱은 대형조선소와 교섭해 군함에 실을 대포를 제작하였다. 암스트롱 공사는 영국에서도 예외적으로 생산의 수직적 통합에 성공한 대기업으로 알려졌다. 암스트롱은 군수공장을 만든 후 탄광, 제철, 제강, 기계에 이르는 분야 간 통합을 이루었는데, 사절단은 제철공장 외에도 제강공장, 무기 제조창, 뉴캐슬 탄광까지 여러 공장과 작업장을 방문하였다. 무엇보다

---

44 구메 구니타케, 방광석 역, 앞의 책, 191~192쪽.
45 암스트롱공장에 대한 소개는 위의 책, 291~298쪽에 상세하다.
46 "암스트롱공장에는 새로 발명한 후장포가 있는데 250파운드의 거포로, 10초에 한 발을 발사할 수 있었다. 같은 형식으로 300파운드의 후장포를 만들 계획도 있는데, 영국 정부는 거대한 후장포가 오히려 불편하다는 이유로 제조 허가를 내주지 않았다고 암스트롱 씨가 말했다. 암스트롱 씨가 발명한 대포는 단련된 단강(鍛鋼)으로 만든 긴 봉을 포신의 후부에 나선형으로 감아서 단조한 것이다. 포신은 셰필드에서 제조한 것이다. 그것을 이 공장으로 운반해 와서 포신에 강판을 감은 것이다"(위의 책, 293쪽).

암스트롱공장 가운데 제철소를 방문했을 때, 그들은 거대한 용광로 앞에서 영국의 산업 문명을 실감하였다.

뉴캐슬에 머무는 동안 일행은 암스트롱의 따뜻한 환대를 받았다. 그는 석탄 광산에서 제강공장에 이르는 다양한 공장들을 직접 안내하면서 영국 군수산업의 우수성을 선전하였다. 이런 친절은 신생국 일본에 대한 무기 수출을 고려했기 때문일 것이다. 이런 기대에 부응해 1880년대 암스트롱 공사는 일본으로 대포를 비롯한 각종 무기와 함선을 수출하였다.[47] 그런 대포와 군함들은 청일전쟁에서 위력을 발휘했으며, 일본 해군은 1880년대부터 1900년대까지 암스트롱포로 무장한 많은 군함을 보유하였다. 청국에도 일찍부터 이 회사의 명성이 알려져 암스트롱 대포를 수입해 사용했다. 하지만 청국의 경우 근대적 해군 건설을 위해 영국의 군수산업에 주목한 것은 아마도 주영국 청국 공사 곽숭도를 파견한 1876년 이후의 일이라고 보는 것이 타당할 것이다. 그 이전에는 청국 해관 책임자인 로버트 하트의 도움으로 군함과 대포를 충분한 정보 없이 간접적으로 구매하는 수준이었다.

암스트롱 대포 관련 기록은 이미 다케우치 견구 사절단의 여행기에 나타나 흥미롭다. 1851년 5월 1일부터 10월 11일까지 영국 런던의 수정궁에서 세계 최초의 만국박람회가 열렸다.[48] 제1회 박람회의 성공에

---

47 이영석, 「이와쿠라 사절단이 바라본 영국의 공업도시」, 『史叢』 80, 2013, 43쪽.
48 후쿠자와 유키치는 『서양사정』에서 1851년 런던과 1855년 파리의 만국박람회에 대해 이렇게 말하였다. "각국에 박물관을 설치하고 세계 고금의 물품을 모아들여도, 각국의 기예 공작이 날로 발전해 여러 발명이 이로부터 나오니 자연히 새롭다. 그렇기 때문에 예전엔 드문 진품이라고 귀중히 여겼던 것도 현재에 이르러서는 진부해졌고, 작년에 이로운 물건은 오늘날에는 불필요한 물건이 되는 일이 제법 적지 않다." 그는 만국박람회를 국가 간 진보와 성장을 경합하는 무대로 보았는데, 구메도 『미구회람실기』에서 서구의 기술 경쟁을 '태평의 전쟁'이라면서 개명세계에서 가장 중요한 일이라고 했다(야마모토 요시타카, 서의동 역, 앞의 책, 34~35쪽 재인용).

〈그림 9〉 런던 만국박람회를 방문한 일본 다케우치(竹內) 사절단

힘입어 1862년에 제2회 만국박람회가 국제박람회라는 이름으로 런던에서 다시 열렸다. 이 박람회에는 전 세계 37개국이 참가했는데, 영국제품 전시장의 규모가 가장 컸다. 여기에는 30곳이 넘는 영국 식민지도 동참해 산업 제조와 자원생산의 우월함을 과시하였다. 그런데 참가국 중에는 청국과 일본도 포함되었다. 비록 전시품이 다양하지는 않았지만, 전시장의 북동쪽에 일본제품 전시장이 마련되었다. 일본에서 파견한 다케우치 견구 사절단의 대표들도 이곳을 방문하였다.[49]

국제박람회에는 영국에서 발명한 신제품들이 많았는데, 일본 사절단의 눈에는 암스트롱 대포, 증기선의 모형, 전 공정을 보여주는 방직기계 등이 인상적이었다. 무엇보다 세계 제1의 공업국에서 발명한 신무기들은 새로운 체험이었는데, 공업 기술이 군함, 대포, 기타 파괴의 도구를

---

[49] 松村昌家, 앞의 책, 12쪽.

PEACE.

MR. PUNCH'S DESIGN FOR A COLOSSAL STATUE, WHICH OUGHT TO HAVE BEEN PLACED IN THE
INTERNATIONAL EXHIBITION.

〈그림 10〉 평화의 여신이 암스트롱포에 앉아있는 이중적인 모습

제조하는 데 쓰인다는 사실을 목격하고 암스트롱포, 포탄, 소총 등 여러 무기에 큰 관심을 보였다. 박람회에는 110점이 넘는 육군용 병기와 170점에 가까운 해군용 조선 기술이나 선박 용구가 전시되었다. 특히 일본인에게는 후장식 암스트롱포가 등장할 시기라 이 대포에 대한 충격이 가장 컸는데, 암스트롱 대포야말로 마력을 지닌 경이로운 무기였다.[50]

이를 계기로 다케우치 견구 사절단은 영국의 여러 군수공장을 방문하였다. 일행은 암스트롱포가 만들어지는 과정을 견학했을 뿐만 아니라, 실제로 포츠머스 군항에 가서 이 대포를 가지고 군사 훈련하는 모습을 참관하였다. 마침 새로 만든 군함을 직접 견학할 기회도 가질 수 있었다. 쇄국정책 아래 일본인들은 서양 국가를 '이적夷狄의 나라'로 인식했지만, 만국박람회 참관 등을 통해 그 생각이 크게 바뀌었다.

이와쿠라 사절단은 암스트롱 무기공장과 쌍벽을 이루는 울리치 무기공장도 방문하였다. 우선 그들은 무기전시관을 견학하면서 러시아와 청

---

50 당시 한 신문에는 암스트롱포의 포신에 근심어린 눈빛을 가진 자유의 여신상이 앉아있는 삽화가 '의외의 전시품'이란 제목으로 실려 있다(위의 책, 67~68쪽).

국에서 전리품으로 획득한 대포가 진열되어 있는 방을 구경하였다. 러시아 대포는 포구가 탄 흔적이 많이 남아 있는 반면, 청국 대포는 마치 주형틀에서 막 나온 것처럼 깨끗하게 보인다며 청국이 전쟁에 무력했다는 사실을 알 수 있다고 썼다. 이를 두고 아시아에서 중국인은 온순한 성격을 가진 인종이며, 군인들은 용맹함이 부족하고 허약하다고 평가했다. 다음으로 포탄 제조공장을 시찰하였다. 공장에서 생산하는 포탄은 한 발에 300파운드인 것이 가장 크며, 하루 생산량이 35톤에 달해 공장 규모가 엄청나다는 사실을 확인하였다. 곧이어 약통藥桶 제조공장, 수송차 제조공장 등을 돌아보았다. 방문하는 곳마다 모두 규모가 크고 대량 생산을 하고 있었기 때문에 마치 임전 태세를 취하고 있는 것처럼 생각될 정도였다.

이와쿠라 대사가 유럽 전체를 통틀어서 울리치 무기공장만큼 거대한 제조공장은 없다면서 세계적으로도 명성이 높다고 칭찬하자, 동행하던 영국의 한 장군은 이런 공장은 사람을 공격해 피를 흘리게 하는 물건들을 만드는 곳으로 문명 세계와는 너무도 어울리지 않는 장소라며, 자신은 그것을 몹시 부끄럽게 여긴다고 했다.[51] 이런 기억 때문인지 구메는 문명국은 치안이 안정되어 외적을 막기 위해 군비를 갖추지만, 미개한 야만의 나라는 국내 분쟁이 끊이지 않아 이를 대비해 군비를 강화한다고 했다. 야만의 무력은 자국에서 싸우기 위한 것이고, 문명국의 군사는 외적을 방어하기 위한 용도라는 것이다.

한편 일본인들이 영국에서 본 가장 큰 공장은 셰필드에 있는 찰스 캠

---

51 구메 구니타케, 방광석 역, 앞의 책, 120~122쪽.

멜회사Charles Cammell & Company의 제철소였다. 독일의 크루프공장을 제외하고 이와쿠라 사절단이 본 가장 큰 공장으로 생산하는 상품은 주로 강철재인데, 철갑함에 쓰이는 철갑판 압연분야에서는 최고 기업이었다. 실제로 이 회사에서 보유한 철갑판을 압연하는 기계는 세계에서 규모가 가장 컸다.[52] 본래 셰필드는 강철의 산지로 유명하기 때문에 강철을 원료로 하는 산업이 발달하였다. 비커스Vickers 제강공장도 캠멜사에 필적할 만한 큰 공장이다. 이곳의 한 공장에서는 대포를 주조하는데, 뉴캐슬의 암스트롱사에서 제조하는 거포의 포신도 여기서 주조한 것이라고 했다.[53]

이와쿠라 사절단의 구메나 벌링게임 사절단의 지강과 장덕이는 모두 구미의 물질 문명에 대해서 주목하였다. 구메의 기술은 세부적인 사항에 이르기까지 구체적이고 자세하다. 그에 비해 지강과 장덕이의 경우는 나름대로 열심히 소개하지만, 정확한 정보로서의 질이 좀 떨어진다. 중국인들은 여전히 구미 열강과 청국을 대등한 존재로 인식했는데,[54] 이시기 청국에는 서양의 물질 문명을 거부하는 관리가 많았고, 과학기술의 필요성에 대한 일반적인 공감도 그리 높지 않았다.

---

52 위의 책, 332~334쪽. 찰스 카멜회사에 대한 설명은『미구회람실기』2, 331쪽부터 343쪽까지 자세히 나와 있다.
53 위의 책, 349~350쪽.
54 미야지마 히로시, 「'화혼양재'와 '중체서용' 재고 - 일본·중국과 구미와의 만남」, 백영서 외, 앞의 책, 164~165쪽.

3. 미·영의 해양 문화

1) 수·해양정책과 해양법

1860년대 후반 구미 사회를 방문한 빈춘 사절단이나 벌링게임 사절단의 여행기에는 해운과 해군에 대한 놀라움이 가득 차 있다. 점차 윤선이나 군함을 넘어 이를 운영하는 정책에도 관심을 가지기 시작하였다. 이른바 선정船政과 어정漁政 등이 그것이다. 막부 말 일본 사절단들이나 메이지 초기 이와쿠라 사절단도 마찬가지였다. 청국과 일본 사절단이 영국에서 경험한 수·해양 정책을 통해 서양의 해양 문명 수준을 실감하였다. 영국은 해양에 관한 세계 표준을 정한 최고의 해양 강국이었다. 두 사절단이 경험한 영국의 해양 문명은 수백 년의 전통을 가진 것으로 이것을 이해하기란 쉬운 일이 아니었다. 장덕이가 영국 주재 시절 쓴 일기에서 항해의 엄격한 기준을 소개한 기록도 그 가운데 하나이다.

서양 국가들은 항해와 통상 때문에 상부商部와 선정船政학원을 설치하였다. 공부가 끝나면 상부에서 시험을 보아 우수한 사람은 선주로 충원할 것을 명령한다. 비록 조선造船 집안의 출신이라도 사사로이 선주로 초빙할 수는 없다. 선박이 완성되면 상부에서 공정이나 재료가 올바른지 점검한 후에 가치를 계산한다. 항해 기간을 연年 단위로 한정해 10년 혹은 20년으로 규정한다. 규정에 따르지 않을 경우, 항해를 허락하지 않으며 이를 위반한 사람은 처벌한다. 상부는 또한 탑재화물과 탑승 인원을 살펴 화물이 실을 수 있는 한도를 넘기거나 사람을 수용할 수 있는 인원수를 초과하면 모두 금지해 위반한 사람은 처벌한다. 항행에 필요한 선원과 가지고 갈 식량은 반드시 수치를 채워야 하는데, 수치를 채우지 못하면 처벌한다. 매일 선원과 기술자에게 쌀, 소금, 고기 등을 지급하는데, 모두 그 기준이 있고 기준을 어기면 처벌한다. 선주가 출항하면 모두 명령을 들어야 하며 그 실행한 바를 일기책에 적는다. 분쟁 등이 발생하면 상부에 제출해 그 사건을 처리한다. 출양관이 검사표를 주며 왕복하는데 모두 정해진 기간이 있어 이를 위반하면 벌칙을 준다.[55]

정부가 선박의 항해 준비를 꼼꼼하게 점검하는 사실에 놀라워했다. 또 다른 날 일기에는 엄격한 포획금지 기간을 설정해 어종 보호에 힘쓰고 있다는 사실을 소개하였다. 영국인들은 어업이나 수렵을 관청에서 기간을 설정해 백성들이 마음대로 잡는 것을 막아 생산량을 유지한다. 야생동물의 목록을 지정해 사냥을 금지하거나 물고기가 많이 나는 곳에 감시원을 배치한다. 금지 기간에는 시장에서 팔지도 못하게 하고 이를 준수하지 않은 사람에겐 벌금을 부과한다. 따라서 겨울에는 시장에서 생선을 살 수 없다고 썼다.[56]

이와쿠라 사절단의 기록에는 상선商船학교를 방문한 기록이 있다. 그 내용 일부를 옮기면 아래와 같다.

선박 조종술을 가르치는 곳에 네 척의 연습선이 있었다. 그 가운데 하나는 중국에 파견되어 있던 낡은 군함을 정부에서 불하받았다고 한다. 이 배에는 양가良家의 자제들이 승선해 선박 조종술을 배우고 있다. (…중략…) 두 번째 배는 선원의 자제 및 고아가 된 선원의 자제를 입학시켜 선원이 해야 할 노동

55 張德彝, 앞의 책, 337쪽.
56 위의 책, 632~633쪽.

을 가르치는 배였다. (…중략…) 세 번째 배는 가난한 집안의 자제와 무능력한 사람들, 도벽이 있는 사람들이 타고 있다. 부모에게 의뢰받아 선원 일을 배우기 위해서다. 또 심성을 닦기 위한 시설이었다. (…중략…) 네 번째 배도 비행非行 청소년들을 대상으로 선원훈련을 하는 곳이다. (…중략…) 만일 좋지 않은 행실을 계속하거나 일을 게을리 하면 3년이 지나도 배에서 나갈 수 없다. 배에 머무르는 동안 무급여로 일을 한다. 세 번째와 네 번째 배는 모두 규율이 좋지 않아 돛대에 오르내리는데도 상당한 시간이 걸렸다.[57]

위와 같이 상선학교의 훈련선 종류는 좋은 집안 출신으로 학비를 내고 공부하는 학생, 무료로 공부하고 선원이 되려는 학생, 가난하거나 문제아를 교육시켜 선원을 만들려는 학생 등 다양하게 분류되었다. 그들은 일본 사절단이 방문했을 때 축하 연주를 해주었으며, 떠날 때는 돛대 위로 올라 모자를 잡고 두세 차례 만세를 불러 인사하였다. 연습선은 종교적 유무에 따라 그리스도상이 있는 배와 없는 배가 있었다.

비록 벌링게임 사절단의 여행기에는 이런 기사는 없지만 몇 년 후에 청국 최초의 주영공사 곽숭도의 통역을 담당해 다시 영국으로 온 장덕이 일기에는 앞의 이와쿠라 사절단 기록과 거의 유사한 내용을 담은 기사가 실려 있다. 여기서는 가난하고 갈 곳이 없는 사람을 선박에 나누어 거주시켜 의식을 제공하고 감독관을 두어 선원으로 교육시킨다. 2년 동안 기술을 가르쳐서 상선에 나누어 선원으로 충당하는데, 만약 기술을 배우지 못하면 다시 1년을 더 교육시킨다. 그래도 기술을 배우지 못하

---

57 구메 구니타케, 방광석 역, 앞의 책, 170~171쪽.

면 구금시켜 힘든 노역을 시킨다고 적었다.[58]

일본 사절단의 기록에 따르면, 육식 습관이 있는 서양에서는 육류가 일본의 쌀에 해당하는 주식이다. 닭고기는 오히려 비싼데, 일본의 생선과 비슷하다. 그들에게 생선은 매우 귀한 식재료로 여겨져 생선을 먹는 일은 최근 들어서야 비로소 빈번해졌다. 생선을 먹는 각국의 모습을 보면 부유층도 소금에 절인 생선을 먹는다. 먼 나라에서 들여온 생선은 신선하지 않기 때문에 유럽대륙 각지에서는 하천이나 연못에서 어류양식 제도를 만들고, 연해어업과 관련해서도 제도를 만들었다. 최근에 생선과 고기의 소비량이 늘어남에 따라 법과 제도가 점차 엄격해져서 남획을 강력하게 단속한다고 썼다.[59]

양국 사절단 보고서에는 항구의 합리적인 운영에 대해 감탄한 내용이 있다. 벌링게임 일행은 리버풀 항구를 묘사하면서 선박을 묶는 부두 길이가 무려 20여 리에 이른다며 크게 놀랐다. 게다가 수백 척의 배들이 항구를 드나드는데 모두 질서정연하다고 했다. 각국 선박들은 엄격한 규정이 있어서 해관에서는 매년 계획된 일정에 따라 언제 어느 곳에 갈 것이라는 사실을 파악하고 있었다. 이와쿠라 일행 역시 리버풀 항구의 도크를 보고 큰 감명을 받았다. "도크라는 땅속에 요凹모양의 해자를 파고 좌우에 둑을 단단히 쌓아 아무리 큰 배라도 그 안을 자유롭게 드나들 수 있게 되어 있다. 조선용 혹은 선박 수송용 도크는 입구에 수문을 만들고 안쪽에 배수장치를 설치한다. 이것을 건도크dry docks라고 한다. 일반적인 도크에는 그런 장치가 없다. 도크라는 것은 정박장소, 부두, 화

---

58 張德彝, 『隨使英俄記(四述奇)』(『走向世界叢書』第1輯 第7冊), 岳麓書社, 1985, 433쪽.
59 구메 구니타케, 박삼헌 역, 앞의 책, 303~304쪽.

물창고, 선박수리공장을 포함해서 일컫는 명칭으로, 수로와 운하의 중요지점에는 도크를 만든다"[60]라고 썼다. 일본 사절단은 영국 정부가 실시한 국가보호주의 색채가 강한 항해법이 해운업의 발전과 무역번영을 가져온 주요 원인이라고 보았다. 일행은 영국에서 항구, 부두, 조선소 등을 방문해 항해법을 연구했으며, 일본으로 귀국한 후에는 영국을 모델로 삼아 해운업 발전을 통한 무역 입국의 제도개혁에 주력하였다.

근대 해양법과 관련있는 기사들도 종종 나타난다. 전근대 시기의 바다는 오직 강자의 힘이 지배하는 공간이었다. 하지만 1856년 파리해전선언을 시작으로 해전에 관한 법규가 제정되었다. 이 선언에는 관습적으로 인정되던 사략선私掠船의 금지, 중립국 선박에 실린 적국 또는 중립국 화물의 나포 금지 및 봉쇄의 적절한 요건 등을 규정하였다.[61] 『만국공법』에는 해양 관련 법률조항이 상세한데, 여기에는 평시와 전시를 모두 포괄한 법률들이 있었다. 예를 들어 해적의 처리, 영해와 공해, 선점과 정복, 항구봉쇄, 포획물과 전시금지품, 임시 검사권과 포획면허장 등 다양한 내용들을 담고 있었다. 이런 해상갈등과 분쟁을 해결하는 해양법은 동아시아의 관료나 지식인들에게는 생경한 것이어서 흥미를 보였다.

지강 여행기에는 중국 연근해에서 프로이센 군함이 덴마크 상선을 포획하면서 일어난 외교 분쟁인 대고구大沽口 선박사건과 만국공법에 대한 언급이 엿보인다. 이 사건은 프로이센에서 파견한 군함이 중립국인 청국의 영해에 있는 당시 유럽에서 분쟁 중이던 덴마크 선박을 나포할 권리가 있는가 여부였다. 프로이센 공사의 나포 행위가 국제법 관련 규정

---

60 구메 구니타케, 방광석 역, 앞의 책, 150쪽.
61 조세현, 『천하의 바다에서 국가의 바다로』, 일조각, 2016, 147쪽.

을 위반한 사실이 드러나자 어쩔 수 없이 프로이센 측이 덴마크 선박을 풀어주고 배상금을 지불하는 것으로 마무리되었다. 총리아문은 이를 계기로 만국공법의 중요성을 자각하였다. 얼마 후 숭후 사절단의 장덕이 여행기에도 해양 전시법 분쟁으로 널리 알려진 앨라배마 호사건과 관련해 만국공법을 소개하였다. 특히 앨라배마호 사건은 동서양을 막론하고 해양법 관련 판결사례로 주목받았다.[62] 그 요지를 구메의 보고서를 인용해 소개하면 아래와 같다.

미국의 남북전쟁 때 영국의 중립의무 위반이 문제가 된 사건이다. 당시 남군은 북군에 의한 봉쇄 및 물자와 숙련노동자의 부족으로 인해 스스로 군함을 건조할 수 없어서 외국에 그 조달을 의존할 수밖에 없었다. 1862년 영국의 민간 조선소에서 진수한 앨라배마호는 시운전을 위해 리버풀을 출항, 아조레스 군도에서 별도로 영국에서 온 세 척의 선박과 만나 병기, 탄약 및 승무원을 공급받았다. 이후 이 선박은 1864년 북군의 순양함에 의해 격침되기까지 2년여 동안 북군 상선 70여 척을 대서양, 인도양, 중국해 등 세계 곳곳의 바다에서 파손시켜 북군의 해상무역에 큰 타격을 주었다. 그런데 당시 영국은 남군을 교전 단체로서 승인하고 있었으므로 남북전쟁에서 영국은 국제법상 중립적 지위에 있었다. 미국은 이미 앨라배마호의 건조 때부터 판매를 허용하는 것은 중립위반이라고 영국에 항의함과 동시에 배상을 요구하였다. 1872년 9월 14일 제네바에서 열린 국제법정에서 이 사건에 대해 영국의 의무 위반을 확정하고, 영국은 미국에게 1,550만 달러의 배상금을 지불할 것을 명령하

---

62 대고구선박사건과 앨러배마호사건에 대해서는 위의 책, 157~167쪽을 참조.

였다.[63]

이처럼 청국에서 만국공법의 수용과 전파에는 대고구 선박사건이나 앨라배마호사건과 같은 해양 분쟁이 깊이 관련되어 있었다. 일본에서도 만국공법 내 해양 법규를 가지고 막부 말 사카모토 료마坂本龍馬가 해양 분쟁인 이로하마루伊呂波丸사건을 해결한 사례가 있다.

2) 해양개발과 해양생물

"시간과 공간이 연기 속에 사라졌다"라는 표현은 1838년 4월 22일 영국 리버풀항에서 대서양을 횡단한 상업용 증기선이 미국 뉴욕항에 도착했을 때, 한 신문에 실린 기사의 제목이다. 시리우스호와 크레이트 웨스턴호는 오직 증기 동력만을 가지고 서로 경쟁하며 대서양을 횡단했는데, 각각 18일과 15일 만에 불과 몇 시간 차이로 거의 동시에 뉴욕항에 도착해 사람들을 놀라게 만들었다. 당시 서쪽에서 동쪽으로 해상 항행할 경우 빠르면 3주였으며, 동쪽에서 서쪽으로 해상 항행할 경우 2주 정도 걸렸는데, 그 시간마저 오래지 않아 기록이 단축되었다.[64] 2년 뒤에는 대서양을 가로지르는 증기선이 정기적으로 운항하였다. 대형증기선의 출현은 세계무역의 발전을 가져왔을 뿐만 아니라 대규모의 이민, 주로 미국으로 이주 현상이 나타났다. 1850년대 영국과 아일랜드에서 이민행렬이 절정에 도달했는데, 이민자 수가 170만 명에 이르렀다. 그 중 100만 명은 미국으로 갔고 그 절반 정도는 캐나다로 갔으며 나머지

---

63 구메 구니타케, 박삼헌 역, 앞의 책, 148~149쪽.
64 林肯·潘恩(Lincoln Paine), 陳建軍 羅燚英 譯, 『海洋與文明 – 世界航海史』, 讀書共和國, 2018, 595쪽.

는 오스트레일리아로 향하였다. 이런 대서양을 가로지르는 이민은 18 45~1852년에 발생한 아일랜드 대기근이 영향을 미친 바가 크다.[65]

항로를 안내하는 등대는 해양 문명을 상징하는데, 과학기술의 발전에 따라 등대 발전이 급진전되어 전 세계 곳곳에 신형등대가 설치되었다. 그리고 '빅토리아시대의 위대한 기술'인 케이블은 육지뿐만 아니라 해저에도 놓였다. 대서양을 횡단해 미국과 영국을 잇는 해저케이블 사업의 성공은 전 세계를 거미줄 같은 전신망으로 연결시켰다. 이처럼 1870 년대는 해양개발의 시대였으며, 이 무렵 해양학이란 학문분과가 정착하였다.[66]

여행기에는 해양개발과 관련한 발명품 소개도 엿보인다. 한 가지 사례만 들자면, 잠수종이 있다. 잠수종은 다이빙 벨diving bell이라고도 하는데, 철판을 둥근 종 모양으로 만들어 측면에 6장의 유리를 끼운 채광창을 만들고, 꼭대기에는 구멍을 뚫어 고무호스를 연결한 동 파이프를 단단하게 끼워놓았다. 이 호스를 통해 신선한 공기를 끊임없이 종 안으로 보낸다. 종 안쪽에 설치된 의자에 두 사람이 마주 보고 앉아 바닷속으로 들어가 작업을 하는 것이다. 일본 사절단이 현장에 갔을 때, 마침 수중에서 작업을 하던 잠수종에 신호를 보내 물 위로 끌어올렸다. 그 안에서 두 사람의 작업자가 나왔는데 전혀 물에 젖지 않았다. 서양에서 수중공사를 할 경우는 반드시 이런 잠수종을 사용한다. 종의 형식은 여러 가지가 있지만 원리는 대동소이하였다.[67] 그밖에도 난파선을 구조하는 연습

65 布賴恩·萊弗里(Brian Lavery), 鄧峰 譯, 『征服海洋－探險, 戰爭, 貿易的4000年航海史』, 中信出版社, 2017, 202쪽.
66 林肯·潘恩(Lincoln Paine), 陳建軍 羅燚英 譯, 앞의 책, 630~632쪽.
67 잠수부 양성소 관련 기사도 있는데, 품행이 바르지 않은 불량소년을 입학시켜 잠수부 일을 습득

광경, 도버해협을 건너는 수영경기 모습, 부녀자들이 해수욕하는 풍경 등은 동아시아 지식인들에게는 무척 낯선 풍경이었다.

세계 일주가 가능해지면서 지구에 관한 자신감이 뚜렷해졌다. 이제는 극지 탐험을 위한 위험한 항해가 시도되었다. 이와쿠라 사절단은 제인 프랭클린Jane Franklin 여사가 개최한 가든파티에 참석하였다. 부인의 남편인 존 프랭클린John Franklin 함장은 1845년 북극을 탐구하고 서북 항로를 찾기 위해 영국인으로는 처음으로 배를 타고 북대서양의 얼음으로 둘러싸인 바다로 향했으나 그 후 소식이 끊겼다고 한다. 그러던 중 1854년 북대서양에서 돌아온 존 레이John Rae라는 의사가 4년 전 비치섬에서 40여 명의 백인이 아사餓死했다는 얘기를 에스키모에게 들었는데 혹시 프랭클린 일행이 아닐까라는 이야기를 했다. 그러자 남편이 뜻을 이루지 못한 채 죽고 말았다고 생각한 부인은 가산을 털어 그 뒤를 추적하기로 계획했다. 그로부터 5년 후, 프란시스 맥클린톡Francis Leopold McClintock 함장의 부하가 킹 윌리엄즈 랜드의 벡스 강가에서 아사한 메로시로 함장의 노트를 입수했는데 그 노트에는 프랭클린이 1847년에 사망했다는 기록이 남겨져 있었다. 미망인은 남편의 죽음을 확인한 뒤 손수 만든 배를 타고 현지로 가서 빙설 속에 있던 남편의 유품을 찾아 가지고 돌아왔다고 한다. 이 일화는 그 당시 영국에서 널리 알려진 미담 가운데 하나였다.[68]

위와 거의 같은 이야기는 몇 년 뒤 영국 주재 청국 공사 곽숭도의 일

시키는 것이다. 그곳 학생들은 일본 사절단을 위해 돛대에 올라가 모자를 잡고 만세를 불렀다 (구메 구니타케, 방광석 역, 앞의 책, 312~313쪽).
[68] 위의 책, 117~118쪽.

기에도 나타난다.[69] 곽숭도는 오늘날 북극을 탐험한 일은 프랭클린의 공으로 이룬 것으로 영국인들의 탐험 정신은 우발적인 개인행동이 아니라 하나의 사회풍토로 "영국인은 호기심이 많고 실용적이며 어려움을 피하지 않는다. 그런 풍속과 인심이 일을 성취한다"[70]라고 높이 평가했다. 그는 영국인의 모험정신에 깊은 감명을 받았으며, 그들이 실험과 관찰을 중시한다는 사실을 실감하였다. 벌링게임 사절단은 이와쿠라 사절단과는 달리 런던 주변의 도시들만 방문해서인지 과학기술 관련 소개는 적지 않지만, 영국의 해양 문명 관련 내용은 상대적으로 많지 않다. 하지만 영국에 장기체류한 곽숭도와 같은 청국 공사의 보고서를 보면 영국의 해양 문명에 대한 기사가 많다.

청국과 일본 사절단은 세계 일주 과정에서 대양이나 구미 현지의 동물원과 수족관 등에서 다양한 어류를 경험하였다. 세계로 진출한 구미 열강들은 전 세계의 희귀한 동물과 식물들을 수집해 본국으로 보내 동물원과 식물원을 만들었으며, 혹은 각종 귀중한 물건들을 모아 박물관에 전시하였다. 그 가운데에는 해양생물도 적지 않았다.

벌링게임 사절단은 샌프란시스코 해안의 한 섬에서 사는 바다사자海獅 수십 마리가 수면에서 나와 바위에 엎드려 쉬는 모습을 보았다. 장덕이는 바다사자를 묘사하며 몸 모양은 물고기와 비슷하고 털이 있는데 대

---

69 郭嵩燾, 앞의 책, 623쪽. 장덕이(張德彝)의 일기에도 이 사건과 관련한 기사가 실려 있다. 수년 전 영국 총병 레이(John Rae)가 군인을 모집해 북극으로 향하였다. 배를 타고 북위 83도까지 올라갔으며, 다시 하선해 얼음 위를 1,200리가량 행군하였다. 140여 일 가까이 태양을 보지 못한 끝에 다수의 병사가 병이 나서 돌아왔다. 질병이 발생한 이유는 충분히 과일을 먹지 못했기 때문이다. 병부에서는 이 계획이 과일즙을 준비하지 못해 실패했다고 판단해, 앞으로 다시 북극 탐험을 할 경우 기한을 정하기로 했다(張德彝, 앞의 책, 773쪽).
70 郭嵩燾, 앞의 책, 459쪽.

체로 회색 자줏빛이며, 머리 모양은 쥐나 개와 같다고 했다. 두 발은 물고기가 장난치는 것 같고 큰 놈은 소와 비슷한데 그 울음소리는 마치 개가 짖는 것 같다고 썼다. 지강은 바다사자가 짐승 모양을 하였지만, 물고기의 성질이 있다. 그래서 해우海牛, 해저海豬, 해구海狗, 해마海馬 등과 같은 다양한 종이 있는 것이다. 지강에 따르면, 형성形性이 잡스러운 것은 그 상리常理를 잃었기 때문으로 물에서 땅으로 올라와 생활하면서 만들어진 것이라 보았다.[71] 이처럼 육상동물로 해양 동물을 이해하는 경우가 보통이었다.

벌링게임 일행은 대서양을 건너던 중 실제로 큰 고래鯨魚를 목격하기도 했고, 큰 거북이와 돌고래海豬와 같은 익숙하지 않은 해양생물을 구경하였다. 해양생물 가운데 일행에게 가장 깊은 인상을 남긴 것은 단연 고래였다. 장덕이는 빈춘 사절단과 처음 유럽에 왔을 때, 스웨덴 박물관에서 우연히 거대한 고래 뼈의 표본을 보고 "고래의 입은 커서 문과 같이 출입할 수 있었고, 그 뱃속은 6~7명의 사람이 들어갈 수 있을 정도로 크다"라며 경악했다.[72] 지강도 고래는 가장 큰 데 그 뼈만을 볼 수 있으며, 전체 몸이 10여 장丈으로 그 모양이 철골을 연결한 것과 같다며 목뼈는 원통과 같다고 썼다.[73] 고래는 큰 몸체 때문에 종종 전설에도 등장하였다. 한편 사절단은 인도양의 스리랑카 부근에서 비어飛魚 무리를 보았는데 수면 위를 날아 일부는 배 안으로 들어왔다. 이렇듯 항행 중에 신기한 해양생물을 종종 구경하였다.

---

71 志剛, 앞의 책, 259쪽; 張德彝, 앞의 책, 638쪽.
72 張德彝, 앞의 책, 509쪽; 斌椿, 앞의 책, 127쪽.
73 志剛, 앞의 책, 295쪽.

지강은 런던에서 동물원을 구경하다 물개海狗를 보았다. 물개는 머리가 개처럼 생겼는데, 다리는 있으나 발이 없어 꼬리가 물고기와 같다고 썼다. 조련사가 작은 물고기를 보이자 물 밖으로 나와 몸을 꿈틀거리며 입을 맞추었다. 이 개는 바다에 살았지만 먹을 것을 구하는 방법을 안다고 썼다. 그 밖에도 악어鰐魚나 상어鯊魚에 대한 기사도 있다. 악어는 3~4척에 불과하지만 큰 입에 날카로운 이빨을 가져 쉽게 접근할 수 없으며, 상어는 머리가 뾰쪽하고 코가 날카로운 뼈여서 선박에 부딪히면 누수가 일어날 수 있다고 했다. 지강은 동물원에서 처음 보는 희귀한 동물들을 관람했지만 용龍과 봉황鳳과 기린麟은 볼 수 없었다고 기록했다.

이와쿠라 일행은 영국 브라이튼에서 수족관을 방문하였다. 이곳은 어류를 산 채로 키우는 곳이다. 방마다 담수와 해수 수조를 설치하고 관을 통해 끊임없이 새로운 물을 순환시켜 물이 부패하는 것을 막아준다. 수조 바닥에는 모래를 깔아 다양한 바다의 암석이나 해초, 물고기 등을 넣고 수조 측면은 유리를 끼워 사람들이 복도를 지나가면서 관람하도록 했다. 그 모습이 바다나 연못의 가운데를 세로로 잘라 보는 것과 같았다. 이 수족관은 당시 갓 고안되어 만들어진 것인데, 요즘 모습과 큰 차이가 없었다.[74] 1854년 시드넘에 다시 세워진 수정궁水晶宮에도 수족관이 있어서 물고기를 볼 수 있었다. 브라이튼에서는 물을 교체하는 방식으로 기르고 있었으나 여기서는 공기를 교환해 주었다. 물속의 공기를 교환하는 방식이 물고기의 생태에 더 좋다고 썼다.[75] 수족관의 작동 원리에 대한 관심 역시 벌링게임 일행보다 앞서 있었다.

---

74 구메 구니타케, 방광석 역, 앞의 책, 94~95쪽.
75 위의 책, 138쪽.

중국인과 달리 일본인은 해산물을 무척 좋아해서 이와 관련한 기사가 종종 보인다. 일본 사절단의 기록 중 해산물과 관련해 가장 먼저 언급되는 것은 미국 뉴욕만에서 채집하는 굴 이야기이다. 굴은 패류 중에서도 가장 수분이 많고 부드러우며 소화가 잘되는데 영양가가 풍부하다. 굴은 열대 온대의 바닷가에 서식하는데, 미국 해안에서도 곳곳에 서식한다. 현재 서양에서는 굴 양식이 성행해 엄청난 이익을 얻고 있다. 워싱턴에 있을 때 식사 때마다 굴이 나오는 것을 보면 그 수요가 막대함을 알수 있다. 이전에 네덜란드 사람들이 나가사키에 있을 때 일본의 굴이 굵고 크다고 좋아하며 비싼 값으로 사들여 한때 큰돈을 벌었다.[76] 구메는 굴 양식에 대해서도 자세히 설명하며 서양인의 굴 사랑을 궁금해했다.

또 다른 해산물 기사도 있다. 유럽에서 청어鯖는 다소 하품으로 취급하지만, 그렇기에 오히려 소금에 절인 청어의 소비량은 매우 많다. 신선한 청어라면 귀족도 기꺼이 먹으며, 그 밖에 연어, 송어, 광어, 대구 등이 식탁에 많이 오른다. 이런 생선이 유럽의 강이나 바다에 많기 때문이다. 발트해, 북해, 흑해, 지중해에서는 어업이 발달해 있는데, 영국이나 프랑스는 이런 지역에서 해산물을 수입한다. 미국이나 캐나다에서도 엄청난 양의 절인 생선을 수출한다.[77] 일본인들은 해산물을 좋아해서 그런지 이탈리아에서 생선요리를 대접받고 감동한 기억이나 그들이 정어리를 깡통에 포장해 먹는다는 사실을 기록에 남겨 놓았다.

위와 같이 두 사절단의 수·해양 정책, 해양법, 해양개발의 이해 수준은 일정한 차이가 났으며, 구메의 해양 문화 관련 기록은 오히려 몇 년

---

76 구메 구니타케, 정애영 역, 앞의 책, 352~353쪽.
77 구메 구니타케, 박삼헌 역, 앞의 책, 303~304쪽.

후 영국에 주재한 주영 공사 곽숭도의 일기 내용과 유사한 경우가 많았다. 대륙 출신의 청국인들은 미국과 영국의 해양 문화를 신기해하는 정도였지만, 섬나라 출신의 일본인들은 해양생물과 해산물에 대한 큰 흥미를 보였다. 결국 일본인들은 곧바로 자국 내 수산학교를 건립하는 방향으로 나아갔으며, 청국인들은 1900년 무렵에 이르러서야 수산교육에 관심을 가졌다.

제3장

양국 사절단이 시찰한
유럽과 아시아의 해양 문명

1. 유럽대륙의 해양 문명

1) 유럽의 대국들

『미구회람실기』의 전체분량으로 따지면 미국, 영국, 프랑스와 같은 전통적인 대국 분량이 압도적으로 많으며, 소국 분량은 100권 중 10권이 조금 넘는다. 어쩌면 많다면 많다고 할 수 있고, 적다면 적은 분량이다. 중국인 여행기도 미국과 영국의 서술 비중이 높고 유럽 국가의 비중은 낮다. 여기서는 우선 대국으로 분류되는 프랑스, 프로이센, 러시아, 오스트리아의 해양 문명을 소개하고, 다음으로 소국으로 분류되는 나머지 국가들의 해양 문명을 다루고자 한다.[1]

---

1 청국과 일본 사절단의 유럽 여행코스를 국가와 도시별로 정리하자면 다음과 같다. 벌링게임 사절단은 (영국에서 도버해협을 건너) 프랑스 파리→스웨덴 스톡홀름→덴마크 코펜하겐→네덜란드 헤이그→프로이센 베를린→러시아 페테르부르크→벨기에 브뤼셀→이탈리아 플로렌스→스페인 마드리드→프랑스 파리→마르세유 도착순이다. 이와쿠라 사절단도 이와 유사한데, (영국에서 도버해협을 건너) 프랑스 파리→벨기에 브뤼셀→네덜란드 헤이그→독일 베를린→러시아 페테르부르크→덴마크 코펜하겐→스웨덴 스톡홀름→독일 함부르크→뮌헨→이탈리아 피렌체→로마→베네치아→오스트리아 빈→스위스 취리히→베른→제네바→프랑스 리옹→마르세유 도착순이었다.

(1 프랑스

벌링게임 사절단은 1869년 1월 2일 영국에서 프랑스로 건너가 파리에 도착한 후 나폴레옹 3세를 알현하였다. 청국 사절단은 프랑스에 오랫동안 체류했지만, 프랑스 정부가 친중국적인 미국보다는 영국 정책에 동의했기에 뚜렷한 외교 성과를 얻지 못하였다. 당시 프로이센과 일촉즉발의 전쟁 상황과도 관련이 있었다. 이런 분위기와는 달리 장덕이 여행기에서 파리는 낭만적인 도시라는 좋은 이미지로 가득하였다. 중국인 일행은 8개월 가까이 프랑스에 체류하다가 1869년 9월 말 스웨덴으로 이동하였다.

벌링게임 사절단의 유럽방문 경로는 이와쿠라 사절단과 대체로 유사하였다. 이와쿠라 사절단은 1872년 12월 16일에 런던 빅토리아역을 출발해 도버해협을 건너 프랑스의 칼레항에 상륙한 뒤 파리로 향하였다. 요코하마를 출발한 지 만 1년이 지나는 시점이었다.[2] 일본 사절단은 파리의 개선문, 샹젤리제 거리, 콩코르드 광장 등을 돌아보고 파리 시내와 근교를 관람했으며, 곧이어 아돌프 티에르Adolphe Thiers 대통령을 알현하였다. 그 후 국회 의사당이 있는 베르사유 궁전과 노트르담 대성당, 콩세르바투아르 기계 전시장, 룩셈부르크 궁전 등을 고루 견학하였다. 이와쿠라 일행의 판단에 따르면, 미국은 광대한 대륙을 배경으로 외국의 침략 위협이 없는 상태에서 산업 발전에 매진했고, 영국은 섬나라였기 때문에 산업혁명의 생산력을 바탕으로 경제력과 군사력으로 세계를

---

2 『미구회람실기』 3의 내용 중 유럽대륙의 전통적 대국인 프랑스가 제일 많은 8장을 차지했고, 프로이센이 6장, 벨기에와 네덜란드가 각 3장을 차지하였다. 이와쿠라 사절단은 유럽대륙의 대국과 소국을 고루 관찰하였다(구메 구니타케, 박삼헌 역, 『특명전권대사 미구회람실기』 3, 소명출판, 2011, 34쪽).

압도했다고 보았다. 이에 비해 프랑스는 유럽대륙의 중앙에 위치해 비옥한 토지에서 생산되는 농산물을 바탕으로 재부를 축적하고, 문화적 우월성을 창출하여 주변국의 추적을 허락하지 않는다고 썼다.[3] 특히 파리는 유럽 문명의 중심으로 전 세계 공산품의 전시장이었다. 보통 영국 공업이 기계에 의존한다면 프랑스는 수공과 기술을 병용해 정교하고 화려한 물건을 잘 만든다고 평가했다.

흥미로운 사실은 프랑스가 세계적인 조선 강국이지만 두 사절단 모두 대부분 시간을 파리 주변에 머물러서인지 프랑스의 해군시설이나 조선업에 대해서는 직접 관찰할 기회가 없었던 듯하다. 왜냐하면 뚤롱과 같은 대표적인 해군·조선도시가 남방의 지중해 연안에 있어 방문할 기회가 없었기 때문이다.[4] 하지만 막부 말 일본 사절단인 이케다 견불 사절단1864년의 경우 마르세유 체류 기간에 주변 조선소를 참관하면서 군함 건조를 세심하게 살폈다는 기록이 남아있는 것으로 보아 뚤롱을 방문한 것으로 보인다. 몇 년 후 도쿠가와 견불 사절단1867년의 경우도 뚤롱을 방문해 군함, 기계창, 조선창 등을 참관하였다. 당시 사절단 일행은 프랑스인 잠수부가 잠수복을 입고 잠수하는 연습을 관람하면서, 잠수부란 해저로 들어가 암초나 해저의 다른 물건들을 살피는 사람들이라고 소개하였다.[5]

---

3   泉三郞, 『岩倉使節團』, 祥傳社黃金文庫, 2012, 499쪽.

4   이와쿠라 사절단은 원래 미국과 영국에 비해 프랑스나 독일에는 특별한 관심이 없었다. 당시 일본 유학생이 미국과 영국 두 나라에 편중된 사실에서도 알 수 있듯이, 구메는 이 두 나라에 지면을 많이 할애하였다. 메이지 3~4년(1870~1871) 기준 해외유학생 수는 미국이 152명, 영국이 124명, 독일이 61명, 프랑스가 41명 순이었다. 이에 근거한다면, 미국과 영국 다음으로 독일과 프랑스에 관심이 많았다고 볼 수 있다.

5   郭麗, 『近代日本的對外認識－以幕末遣歐美使節爲中心』, 北京大學出版社, 2011, 116·129쪽.

사실 프랑스는 대륙 국가와 해양 국가의 두 가지 특징을 모두 가지고 있는데, 북쪽으로는 북해와 영프해협이 있고, 남쪽으로는 지중해, 서쪽으로는 대서양이 펼쳐져 있다. 기본적으로 유럽대륙을 기반으로 하지만 역사적으로 경쟁자인 영국에 대항하기 위해 해군력을 발전시킨 나라였다. 프랑스는 해양산업 가운데 조선업 분야에서 세계 최고 수준이었다. 군함 건조 분야에서 철강으로 목재를 대체하고 대형포탑을 장착한 전함을 만드는 데 앞장섰다. 1857년 세계 최초의 중장갑함 '라 글루아르'도 만들었는데, 프랑스 기술자의 공로였다. 그 이전까지 나무에 철판을 붙여 덧댄 철갑선의 건조 기술은 영국이 앞서 있었다. 하지만 라 글루아르는 증기 기관을 동력으로 사용하고 스크루를 부착한 최첨단 기술로 만든 중장갑함으로 영국의 조선술을 압도하였다.[6]

청 말 중국과 프랑스의 합작사업 가운데 공장과 조선소 설립이 있었다. 이를 위해 1867년 복주선정학당福州船政學堂을 만들었으며, 여기서 조선 기술은 프랑스 시스템을 표준으로 삼았다. 일본 경우도 1869년 해군조련소海軍操鍊所를 만들었는데, 초기에는 네덜란드의 도움을 받았으나 점차 프랑스의 영향력이 높아졌다. 1860년대 유럽 해군에서 통용된 상식은 프랑스가 영국보다 군함 건조 분야에서 우위를 점한다는 사실이었다. "조선은 프랑스가 가장 뛰어나므로 선박 제조 유학생은 프랑스 조선 기술을 배운다"라는 원칙 아래 1870년대에는 청국과 일본의 해군 유학생들도 다수가 프랑스의 해군군항이나 조선소로 파견되어 학습하였다.[7]

---

6 1860년대 중반 프랑스는 세계 최초의 중장갑함대를 갖추어 400여 척의 군함 가운데 중장갑함이 34척이나 되어, 영국을 이어 세계 2위의 해군력을 자랑하였다(이창훈, 「프랑스의 해양 인식과 동아시아 해군 정책」, 최덕규 편, 『제국주의 열강의 해군과 동아시아』, 동북아역사재단, 2018, 146~147쪽).

한편 해군 인재 양성은 영국이 가장 뛰어나므로 항해사 유학생은 영국으로 건너가서 해군학교에서 해군 전술을 배우는 경우가 많았다.

앞서 언급했듯이, 벌링게임 사절단과 이와쿠라 사절단 모두 귀국길에 들린 마르세유 항구의 감상은 비교적 풍부하게 남겨 놓았다. 지강이 이끄는 청국 사절단은 프랑스에서 천진교안天津敎案을 협의하려 했으나, 프로이센-프랑스전쟁의 발발로 성과가 없자 파리를 떠나 마르세유로 내려와 귀국선에 올랐다. 대체로 마르세유 항구에 좋은 인상을 가졌는데, 항구가 넓고 대형선박이 무수하며, 포대의 경비가 삼엄하다 등의 이미지였다. 이와쿠라 일행 역시 귀국할 때 마르세유 항구를 이용했는데, 우후죽순처럼 들어선 고층 건물들, 파리에서처럼 돌과 아스팔트로 포장된 견고한 도로, 해안가를 정리하기 위해 쌓아 올린 돌담, 항구의 선창과 화물창고, 포대와 등대 등 근대도시의 시설 기반 관련 기록을 남겼다.[8]

(2) 프로이센독일

벌링게임 사절단은 1869년 11월 말 프로이센의 수도 베를린으로 향하였다. 사절단은 영국과 프랑스에서 미국에 비해 냉정한 대접을 받았는데, 이와 달리 프로이센에선 열렬한 환영을 받았다. 벌링게임은 두 달 가까이 프로이센에 체류하면서 여러 교류와 행사에 참여하고 성공적인 회담을 열었다. 12월 2일 베를린에서 프로이센 국왕 빌헬름 1세를 만났고, 1870년 1월 3일 프로이센 재상이자 외교장관인 비스마르크Otto Edu-

---

7 조세현, 「청 말 해군유학생이 경험한 유럽의 해군 문명」, 『해항도시문화교섭학』 21, 2019, 4~8쪽.
8 구메 구니타케, 정선태 역, 『특명전권대사 미구회람실기』 5, 소명출판, 144 · 149 · 152~153 · 155~156쪽.

ard Leopold von Bismarck를 만났다. 다음 날 비스마르크는 청국에 우호적인 성명을 발표하였다. 사실 비스마르크와 벌링게임 간 회담은 1870년 1월 1일 새롭게 성립한 연방 외교부의 첫 번째 대외활동이었다. 비스마르크가 영국과 달리 벌링게임 정책을 적극적으로 지지한 부분은 청국의 국가통일과 중앙권위의 중요성을 강조한 내용이다. 벌링게임은 프로이센에서 얻은 외교 성과에 고무되어 무척 만족스러운 모습을 보였다.[9]

청국 사절단은 물론 외국 사절단이 프로이센을 방문할 경우, 반드시 찾는 대표적인 군수공장은 에센지방에 있던 크루프 공사였다. 이 공사는 1811년 프리드리히 크루프Fried Krupp가 라인 공업지대의 중심도시인 에센에 소규모 주철공장 크루프사를 창설한 뒤, 뒤를 이어 2대 알프레드 크루프Alfried Krupp가 1842년에 새로운 강철 제조법을 발명하고 이를 기초로 대포 제작을 추진하면서 급성장하였다. 1843년 크루프는 거대한 대포를 만들 계획에 착수해 1851년 런던에서 열린 제1회 만국박람회에 출품했는데 커다란 호평을 얻었다. 프로이센 군부는 처음에는 크루프 대포에 냉담했으나, 그 우수성이 국제적으로 인정되어 외국 주문이 쇄도하고 크루프가 황태자後일의 빌헬름 2세와 비스마르크의 신뢰를 받자, 프로이센군의 공식 대포로 대량 주문을 하였다. 1859년 프로이센 정부가 크루프에게 300문의 대포를 발주하면서부터 크루프는 '대포 왕'이라고 불렸다.[10] 이 대포로 말미암아 프로이센-오스트리아 전쟁18 66과 프로이센-프랑스전쟁1870~1871에서 프로이센군이 압승하는 한 요인이 되었다.

---

9 閔銳武, 『蒲安臣使團研究』, 中國文史出版社, 2002, 제4장 1~2절 참고.
10 미야자키 마사카츠, 박현아 역, 『물건으로 읽는 세계사』, 현대지성, 2018, 173쪽.

〈그림 1〉 독일의 크루프공장(1864년 무렵)

1860년대부터 프로이센은 공업혁명 시기에 접어들어 빠른 발전을 하였다. 청국 사절단이 프로이센을 방문한 1870년은 프로이센-프랑스 전쟁에서 프로이센 측이 나폴레옹 3세가 이끄는 프랑스군을 크게 물리치고, 황제를 포로로 잡는 등 승승장구하며 파리에 입성한 해이다. 그뿐만 아니라 베르사유 궁전에서 독일 제후들이 추대하는 형식으로 빌헬름 1세가 독일제국 황제로 즉위함으로써 1871년부터 독일제국이 성립하였다.

청국과 일본 사절단이 프로이센독일을 방문할 때는 유럽대륙에서 압도적인 육군 강국으로 부상하고 있었지만, 해군력에선 영국, 프랑스뿐만 아니라 네덜란드, 덴마크에 비해서도 열세에 놓여 있었다. 프로이센의 해군 정책은 낙후해 연근해 방어가 핵심을 차지했는데, 1871년 통일 이후 식민지 개척과 안정적인 무역로 확보를 위한 대양 해군의 필요성을 점차 자각하였다. 독일 상선이 외국 해군의 보호를 받는 상황에서 탈피하기 위해 해군력을 증강하기 시작했으며, 그 대표적인 신형기업이 불칸Vulcan 조선소였다. 이 조선소는 독일 정부와 협력해 결국 영국과 프랑스를 제치고 청국에게 동아시아의 전설적인 철갑선 정원定遠과 진원鎭遠을 제조 판매하는 데 성공했다.[11] 물론 이 군함에도 크루프 대포가 탑재되었다.

막말 일본 사절단부터 일본인들이 프로이센을 방문할 경우 주로 군사 분야를 고찰하였다. 이와쿠라 사절단은 1873년 3월 초 네덜란드 일정을 마치고 독일의 수도 베를린으로 향하였다. 일본 사절단은 베를린에 가기 전에 청국 사절단과 마찬가지로 세계 최대 규모의 크루프 공사를 찾았다. 독일로 들어간 첫날 당시 인구 5만 1천여 명인 에센지방에 간 일행은 제철 제강업과 무기 산업의 대표주자인 크루프가 세운 공장을 견학하였다.[12] 구메의 말에 따르면, 크루프 공사는 이 지역에서 채굴되는 석탄과 철을 사용해 소규모 철포를 생산한 이래 해마다 규모가 확대되어 당시 종업원이 2만 명에 다다랐다. 공장에서는 소총, 대포와 같은 무기뿐만 아니라 기계, 철도차량, 레일 등과 같은 철강 제품을 생산했는데, 제철소 안의 철로가 10마일에 이르는 규모를 보고 놀라움을 감추지 못했으며, "철이 곧 국가"라는 생각을 가지게 되었다.[13]

이와쿠라 사절단은 빌헬름 1세를 알현하고 여러 공장, 병원, 박물관 등을 방문하였다. 일본 사절단의 평가에 따르면, 독일이 해를 거듭하며 무공을 빛내는 것은 프리드리히 2세의 정략을 계승하고 비스마르크가 명장 몰트케Helmuth von Moltke를 등용하는 등 군신이 일치협력하고 뛰어난 전략을 구사한 결과라고 보았다. 메이지 정부는 이와쿠라 사절단의 시찰을 통해 독일의 성공 사례를 모델로 삼아 정치적 보수주의와 군사적 군국주의의 길을 걸었다. 그들은 독일의 군사제도를 찬양하며 군사 경험을 배우려 했다. 이런 방향 설정은 청국의 경우 청말신정 시기 출양

---

11 조세현, 「청 말 주독공사의 군함구매와 해군건설」, 『중국사연구』 115, 2018, 144~157쪽 참고.
12 크루프 공사에 대해서는 구메 구니타케, 박삼헌 역, 『특명전권대사 미구회람실기』 3, 소명출판, 334~339쪽에 자세하다.
13 熊田忠雄, 『世界は球の如し』, 新潮社, 2013, 125쪽.

오대신出洋五大臣사건1905~1906[14]에서 유사하게 나타난다.

독일은 해군 관련 기사보다는 오히려 어업 관련 기사가 종종 눈에 띠어 흥미롭다. 이와쿠라 일행이 방문한 한 전람회장에는 생선과 건어乾魚 등이 진열되어 있었다. 어선·어구漁具·어장의 모형·다른 나라의 어구 등도 함께 전시되었다. 동남아시아와 동양의 어업과 관련된 것들도 진열되었는데 일본의 범선, 어선 모형, 어촌, 민가, 해안가 선술집 모형까지 진열되어서 매우 놀랐다. 구메의 또 다른 기록에는, 지하에 돌

〈그림 2〉 독일제국을 건설한 프로이센 외교관이자 정치가 비스마르크(Otto Eduard Leopold von Bismarck)

로 창고를 만들어 생선을 냉장 보관하는 광경을 묘사하였다. 바다에서 해산물을 잡아 베를린으로 운반하기까지 며칠이 걸리기 때문에 이를 신선한 상태로 유지하기 위한 방법이었다.[15]

당시 독일은 어류양식에 신경을 써서 농학 중에 양식 어류 과목을 개

---

14 출양오대신(出洋五大臣)이라고 부르는 청국 사절단은 왕족을 비롯한 권력 실세들이 다수 포함한 대규모 사절단이었고 시찰 목적이 분명하였다. 재택(載澤)을 중심으로 한 54명과 대홍자(戴鴻慈)를 중심으로 한 48명의 두 팀으로 이루어진 사절단은 반년 동안 구미 국가 14개국을 방문하였다. 그들은 예비입헌(豫備立憲)이라는 중대 정책을 결정하는 데 상당한 영향을 미쳤다.

15 유럽에서는 어업 관련 법률과 양식업 기술 등이 점차 발전하였다. 북해나 발트해로 출어를 나가는 어선들에는 이런저런 제한을 만들어 어획량 감소를 방지하였다(구메 구니타케, 박삼헌 역, 앞의 책, 396~397쪽).

설하였다. 구메는 어류양식이란 인간의 기술력으로 물고기를 증식시키려는 것으로, 자원 보호를 위한 공공기관도 설치한다고 소개했다. 이는 중국 고대의 산림보호에 해당하는 우형虞衡이라는 관직과 비슷한 것이다. 물고기를 양식하는 일은 나무를 기르는 일과 유사하다. 토질을 확인해 양식 어장을 만들고 기온이나 햇빛을 조절하고 바람을 막으며 비를 담아서 물풀을 늘리고 주위에 나무를 무성하게 심은 후, 건강한 자웅의 성어成魚를 여기에 풀어서 교미시키고 알을 낳게 한다. 부화한 치어는 다른 양식장에 넣어서 성장시킨다. 그 모습은 마치 나무 묘목을 키우는 것과 비슷하다. 다른 물고기, 동물, 물새 등에 잡혀 먹히지 않도록 해 3년간 기른 뒤 연못에 푼다. 이것이 양식어업의 개략적인 내용이었다.[16] 독일뿐만 아니라 오스트리아, 네덜란드 등에서도 하천어를 양식했는데, 이런 나라에는 생선알을 맑은 물에 풀어 수정시켜 부화하는 설비가 있었다.

(3) 러시아

벌링게임 사절단은 1870년 2월 1일 프로이센에서 러시아로 들어갔으며, 2월 16일 짜르 알렉산드르 2세를 접견하였다. 당시 러시아는 영국과 다투었고 미국과는 좋은 관계를 유지하였다. 짜르는 회담 중 양국 간 최대 외교 현안인 청·러 영토분쟁 문제를 회피하는 태도를 취해 벌링게임을 상심시켰다. 또 다른 안건 가운데 하나는 흑룡강에서 일본을 경유해 동중국해로 해저전선을 가설하는 문제가 있었다. 러시아는 해저전선을 설치할 때 중국해상에 있는 땅 일부를 빌리고자 협상했는데, 약

---

16 위의 책, 302~303쪽.

간 이견이 있었다.[17] 회담 후 벌링게임은 피로가 누적된 데다가 러시아의 추위로 말미암아 급성폐렴에 걸려 병세가 급격히 악화되었다. 결국 1870년 2월 23일 그는 50세의 나이로 러시아에서 사망하였다.

청국과 일본 사절단의 여행기에서 독일방문의 경우 크루프 공사가 단골 메뉴라면, 러시아의 경우는 크론슈타트 군항이 빠지지 않는 장소였다. 발트해에 있는 크론슈타트 항구는 수도인 페테르부르

〈그림 3〉 벌링게임 사절단 세 명의 공동 책임자
지강(志剛), 벌링게임(Anson Burlingame), 손가곡(孫家谷)

크로 들어갈 경우, 군함이든 상선이든 모든 선박이 반드시 정박해야 하는 요지였다. 이 항구는 중국 천진의 대고구와 같은 전략적인 요충지여서 포대의 방비가 무척 삼엄하였다. 벌링게임 사절단은 크론슈타트 포대에 대해 상세하게 묘사했는데, 일행은 항구 주변 다섯 곳의 높은 요새에 세운 백석 포대를 발견하였다. 포대의 하얀 돌담 너머로 수 백문의 대포를 배치했으며, 항구 주변에는 큰 화륜 병선이 여러 척 떠 있다고 기술했다.[18] 섬 안에는 해관, 해군국, 조선창 등 여러 시설이 있었다. 과거 빈춘 일행도 발틱해에서 들어올 때 이곳 해안포대를 시찰했는데, 10

---

17 志剛, 『初使泰西記』(『走向世界叢書』第1輯 第1冊), 岳麓書社, 1985, 338쪽.
18 위의 책, 343쪽; 張德彝, 『航海述奇』(『走向世界叢書』第1輯 第1冊), 岳麓書社, 1985, 551쪽.

여 년 전 영프함대가 해안포대를 공격했으나 함락시키지 못하고 화의를 맺었다고 썼다.[19]

그밖에 벌링게임 일행의 러시아 해양 문명 기록은 많지 않다. 단지 현지의 지독한 추위에 관한 기사가 엿보인다. 러시아는 겨울이 되면 강과 호수는 물론 바다 일부도 결빙이 되어 선박들이 얼음에 갇힌다. 두꺼운 얼음이 얼면 마차나 차들이 그 위를 다니고, 어부들은 얼음을 뚫고 불을 지펴 온기로 물고기를 유인해 잡는다고 썼다.[20] 1870년 4월 21일 러시아를 떠난 사절단은 벌링게임이 부재한 상황에서 지강을 책임자로 삼아 벨기에, 이탈리아, 스페인 등 남은 일정을 이어나갔다.

3년 후인 1873년 3월 28일 베를린을 출발한 이와쿠라 사절단은 러시아에 도착해 4월 3일 페테르부르크에서 알렉산드르 2세를 접견하였다. 이들 역시 크론슈타트 항구와 포대의 강한 인상을 자세히 기록하였다. 페테르부르크에서 약 18마일 정도 떨어진 바닷가에 크론슈타트라는 섬이 있는데, 이 섬의 암석 위에 대규모 포대를 설치해 적의 침략에 대비하는 요새를 만들었다. 그곳은 웅장한 규모로 널리 알려진 곳인데, 지난 크림전쟁 때에도 영프함대는 이 요새의 엄중함을 두려워해 감히 침입하지 못했다. 그러나 이 항구는 추위 때문에 여름 몇 개월을 제외하고는 선박 출입이 어렵다고 썼다.[21]

구메의 기록에는 해양 강국을 추구했던 표트르 대제 소개가 자세하다. 근대적 군대를 만들려는 표트르 1세의 노력을 잘 보여주는 분야가

---

19 斌椿, 『海國勝游草』(『走向世界叢書』第1輯 第1冊), 岳麓書社, 1985, 176쪽.
20 泉三郎, 『岩倉使節團』, 祥傳社黃金文庫, 2012, 525쪽.
21 구메 구니타케, 서민교 역, 『특명전권대사 미구회람실기』 4, 소명출판, 2011, 76쪽.

러시아에는 존재하지 않았던 해군창설이었다. 가깝게는 스웨덴과 벌이던 북방전쟁에서의 승리를 위해, 그리고 더욱 궁극적으로는 해양을 통한 대외진출을 위해 러시아에게 해군 건설은 필수적인 과제였다. 이런 필요성에 따라 표트르 1세는 1704년 11월 5일 해군을 육성하는 본부이자 군함을 건조하는 공장 역할을 겸하는 용도로 해군성 건물을 수축하기 시작했다.[22] 표트르 대제의 노력으로 스웨덴과 독일이 방기한 토지와 발트해 연안의 일부를 손에 넣어 얼어붙은 바닷가를 바라보는 페테르부르크시를 건설했고, 크론슈타트 포대를 만들면서 드디어 해군을 창설하였다. 그러나 이곳은 1년 중 6~7개월은 얼음이 얼어 무역을 위한 교통이 가능한 때는 기껏해야 5개월에 불과하였다.[23]

표트르 대제는 해군을 창설하기 위해 몸소 네덜란드로 유학해 조선공으로 조선을 배웠다. 귀국 후 발트해에 해군을 만들 때는 네덜란드 방식을 채용했는데, 대체로 영국과 유사한 제도였다. 해군인사는 프랑스식을 따르면서 일부 개량하였다. 러시아 정부가 해군에 힘을 써 전함 제조에 고심하는 것은 표트르 대제의 유지를 잇는 전통 때문이다. 유럽에서도 영국과 프랑스만이 러시아 해군을 앞서있었다. 19세기 후반 제철업의 발달은 러시아 해군력 증강과 깊은 관련을 맺고 있었다. 이 무렵 러시아 해군은 최강의 해상 국가였던 대영제국이 경계할 정도의 화력을 소유하였다.[24]

22 양승조, 「1873년 일본 사절단이 바라 본 근대도시 상트페테르부르크의 '아우라'와 전근대적 과거의 유산」, 『역사·사회·문화도시연구』 12, 2014, 163쪽.
23 구메 구니타케, 서민교 역, 앞의 책, 57쪽.
24 "우리(이와쿠라 사절단)가 체재할 시 크론슈타트(Kronstadt)에서 건조하던 포탑을 장착한 장갑함은 전년 영국의 포츠머스에서 진수한 장갑함과 매우 비슷한 견고한 배이다. 포탑이 두 개 있고 독일의 크루프(Krupp) 공사의 강철포 4문을 갖고 있다. 영국은 자국 해군이 가장 우수하다

구메에 따르면, 당시 러시아 해군은 총 262척의 군함, 3,791명의 사관과 6만 명의 수병을 보유하였다. 이를 기반으로 발트해와 흑해에 두 곳의 함대사령부를 두고 카스피해, 아랄해, 시베리아 연안에서 소함대를 운용하였다. 또한 러시아 해군력은 양적 질적인 측면에서 서유럽 국가들과 비교할 수 있는 수준이었다. 당시 러시아는 부동항을 얻기 위해 흑해 방면으로 진출했는데 영국의 견제를 받았다. 러시아는 일본으로도 진출해 이미 도쿠가와 막부 시기에 여러 차례 통상을 시도한 바 있었다. 하지만 이와쿠라 일행은 영국이나 프랑스에 비해 러시아는 상대적으로 근대화가 덜 된 국가로 인식하였다. 이 점은 오스트리아의 경우 더욱 심하였다.

(4) 오스트리아

오스트리아는 벌링게임 사절단이 방문하지 않은 나라이다. 이와쿠라 사절단이 오스트리아를 방문했을 때는 수도 빈에서 만국박람회1873.5.1~11.1가 개최되고 있었다. 1851년 영국 런던에서 처음 시작한 제1회 만국박람회와 이를 뒤이은 프랑스 파리의 만국박람회에서는 대회장에 거대한 건축물을 세워 국력을 과시하였다. 오스트리아 역시 이에 뒤질세라 웅장한 회랑을 만들었다. 빈 만국박람회는 세계 35개국이 참가하고 약 726만 명이 관람한 국제행사로 일본 정부가 처음 공식적으로 참가

고 자부하고 있어, 러시아 해군의 군비는 지금까지 영국 기술자의 손을 빌리거나 혹은 프랑스 기술을 가져오는 데 지나지 않았기 때문에 어린애 수준이라고 무시하였다. 그런데 러시아가 이 신식 군함을 독자적으로 만들었다는 소문을 영국이 듣고 그 형식을 검토한바 포츠머스에서 갓 완성하려던 배보다 뛰어난 점조차 있었다. (…중략…) 이번엔 유감스럽게도 크론슈타트로 가서 이 군함을 볼 수 없었다. 지금 세계에서 해군의 패자로 부를 만한 것은 영국과 러시아의 이 장갑함이다"(구메 구니타케, 서민교 역, 앞의 책, 119쪽).

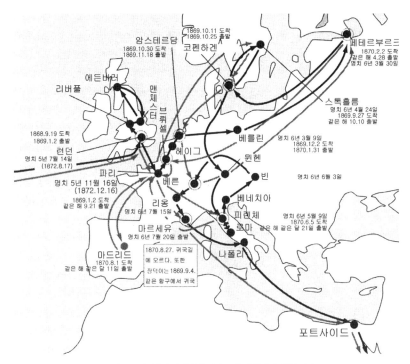

암스테르담
1869.10.30 도착
1869.11.18 출발

1869.10.11 도착
1869.10.25 출발
코펜하겐

베테르부르드
1870.2.2 도착
같은 해 4.28 출발
명치 6년 3월 30일

에든버러

리버풀

맨체스터
브뤼셀

스톡홀름
명치 6년 4월 24일
1869.9.27 도착
같은 해 10.10 출발

1868.9.19 도착
1869.1.2 출발
런던
명치 5년 7월 14일
(1872.8.17)

헤이그

베를린

뮌헨

명치 6년 3월 9일
1869.12.2 도착
1870.1.31 출발

파리
명치 5년 11월 16일
(1872.12.16)
1869.1.2 도착
같은 해 9.21 출발

베른

빈

명치 6년 6월 3일

리옹
명치 6년 7월 15일

베네치아

마르세유
명치 6년 7월 20일 출발

피렌체
로마

명치 6년 5월 9일
1870.6.5 도착
같은 해 같은 달 21일 출발

마드리드
1870.8.1 도착
같은 해 같은 달 11일 출발

1870.8.27. 귀국길
에 오르다. 또한
잔덕이는 1869.9.4.
같은 항구에서 귀국

나폴리

포트사이드

〈그림 4〉 벌링게임 사절단과 이와쿠라 사절단의 유럽 경로

한 만국박람회였다.[25] 이와쿠라 사절단은 1873년 6월 6일쯤 박람회를 참관한 것으로 보이는데, 『미구회람실기』에는 빈 박람회를 여행기 전체 100권 중 2권 분량으로 따로 기록해 지대한 관심을 드러내었다.[26]

오스트리아는 내륙 국가여서 그런지 해양 문명이나 해군 건설 관련 언급은 찾아보기 힘들다. 이와쿠라 일행의 오스트리아 군대 평가는 프랑스, 러시아, 프로이센군의 용맹함과는 거리가 멀었다. 그들이 보기에

25 방광석, 「메이지 관료의 '유럽 지식순례'」, 김유철 외, 『동아시아 역사 속의 여행』 1, 산처럼, 2008, 165쪽.
26 구메를 비롯한 이와쿠라 사절단의 문명 인식은 기본적으로 서구의 오리엔탈리즘적 문명 담론과 가까웠다. 박람회에 참가한 서양인 관람객들이 좋아한 물건에 대해서 그들도 마치 따라하듯 대단히 만족스러운 감정을 드러냈다는 사실에서도 알 수 있다(최용찬, 「1873년 이와쿠라 사절단이 본 비엔나 만국박람회의 근대적 풍경」, 『역사와 문화』 26, 2013, 262~264쪽).

오스트리아군은 전통적인 화려함에 머물러 제식총은 열강의 소총에 비해 성능이 많이 뒤처져 있었다. 지금까지 보았던 미국, 영국, 프랑스, 독일 및 러시아제 총들은 모두 조작이 간단하고 빠른 발사를 자랑하였다. 그뿐만 아니라 많은 나라들의 대포는 잘 연마된 강철로 포를 제조했는데, 영국의 울리치, 독일의 크루프, 러시아의 페테르부르크 등지에서 만들어진 제품들은 놀랄 정도로 견고하고 우수하였다. 그래서 청동이나 주철포의 시대는 끝난 줄 알았는데, 오스트리아에서는 여전히 구식대포들을 만들고 있다고 비판했다.[27] 근대 해양의 시대에 뒤처진 대표적인 전통 대국이 오스트리아였던 것이다.

2) 유럽의 소국들

(1) 중부유럽 : 벨기에, 네덜란드, 스위스

영프 해협의 동쪽은 북해이다. 이곳은 벨기에의 안트베르펜Antwerpen항이 유명한데, 유럽 각국으로 통하는 요충지로 나폴레옹 1세가 구축한 전략적으로 중요한 항구였다. 그 동쪽에는 네덜란드의 로테르담항, 내해內海인 조이데르해에 면한 암스테르담항이 있는데, 둘 다 네덜란드의 대외 무역항이다. 그 동쪽의 함부르크와 브레멘은 독일 서부의 주요 항구였다.[28] 벌링게임 사절단이 벨기에를 방문했을 때 안트베르펜 포대를 보았는데, 처음에는 잘 보이지 않다가 가까이 접근해서야 모습이 드러났다. 포대 내부는 벽돌로 만들어졌고 정상과 연결되었으며 언덕 면에는 대포가 겹겹이 배치되어 있었다. 정상과 바깥층은 좁은 도랑으로 이

---

27 구메 구니타케, 서민교 역, 앞의 책, 421~422쪽.
28 구메 구니타케, 정선태 역, 앞의 책, 214~215쪽.

루어져 아래서 바라보면 아무것도 보이지 않았다. 청국 사절단은 포대가 무척 신기했는지 포대의 운영 방식을 자세히 설명하였다.[29]

이와쿠라 사절단은 파리역에서 특별열차를 타고 벨기에의 수도 브뤼셀에 도착한 다음 날 국왕을 알현하고, 안트베르펜 포대와 항구는 물론 햄프턴 면방직공장, 워털루 전쟁터, 리에주에 있는 제철소 등을 시찰하는 등 일주일간 바쁘게 보냈다. 이런 짧은 일정을 마치고 네덜란드로 넘어가면서 관련 기사가 많지 않다. 하지만 구메는 벨기에와 같은 유럽의 소국들이 강대국 사이에서 어떻게 생존했는가를 궁금하게 여겼다.

벌링게임 사절단은 1869년 11월 네덜란드 방문에서 열렬한 환영과 정성스러운 접대를 받았다. 하지만 외교 문제에서 별다른 이해관계가 없어 뚜렷한 성과는 없었다. 네덜란드는 도쿠가와 막부 시절에 일본과 유일하게 통상한 유럽 국가라는 인연 때문에, 이와쿠라 사절단의 기록은 자세한 편이다. 도쿠가와 막부가 처음 군함을 발주한 것도 이 나라였다. 일행은 네덜란드에서 윌리엄 3세를 알현하고 헤이그, 로테르담, 라이덴의 곳곳을 시찰하였다. 이 나라 제1의 도시이자 유럽의 주요 무역항이었던 암스테르담을 돌아보고, 수정궁과 다이아몬드 연마공장을 견학하였다.

네덜란드 역사는 물과의 투쟁이었으며 치수를 통해 국가를 건립하였다. 이 나라는 국토의 4분의 1이 해수면보다 낮은 저습지로 천연자원이 부족하였다. 그러나 국민들이 자연조건의 불리함에도 불구하고 인내심이 많고 근면하여 국토를 개발해 목초지와 농경지로 바꾸어 놓았다. 네

---

29 志剛, 앞의 책, 349~350쪽.

덜란드인들은 바다의 백성이라는 자각과 시련을 두려워하지 않는 국민성을 가지고 있었다. 세계 굴지의 해운국으로 성장해 부국이 되었는데, 이는 우월한 조선술에 바탕을 둔 것이다. 조선업이 발달한 배경에는 거친 바다에 도전하는 어부의 힘이 있었다. 그들은 오래전부터 북방의 포경업을 독점했고, 특히 청어를 대량 포획해 네덜란드를 윤택하게 만들었다. 이런 경제력을 바탕으로 처음 동인도회사를 만들어 아시아로 진출한 역사 사실은 널리 알려져 있다.[30] 사실 대서양에 먼저 진출한 것은 영국보다 네덜란드였으며, 한동안 영국 해군을 능가하는 해군력을 자랑하였다.

1873년 2월 27일 구메 일행은 네덜란드의 수도 헤이그에서 해군성을 방문하였다.[31] 네덜란드 해군은 한때 유럽에서 가장 강력해 종종 스페인과 영국을 위협하였다. 이 나라는 독일의 서북부에 해당하고 북해와 접해 해상무역을 주로 하는 나라이기 때문에 해군의 역할이 중요하였다. 당시 소유한 군함 67척 중에서 16척이 철갑함이었다. 네덜란드의 조선업은 재료를 모두 외국에서 가져온다. 그럼에도 불구하고 소유한 선박이 많고 해외 항로도 많아서 미국과 영국의 뒤를 잇는다. 구메는 무역과 해운의 발전은 천연자원의 우열과 전혀 상관이 없으며, 오직 사람들이 근면한지 나태한지에 좌우될 뿐이라고 소감을 밝혔다.[32]

---

30 熊田忠雄, 『世界は球の如し』, 124쪽: 마야자키 마사카쓰, 박연정 역, 『패권 쟁탈의 세계사』, 위즈덤하우스, 2020, 143~145쪽.

31 "오후에 해군성을 방문하였다. 호텔 앞 공원을 사이에 두고 건너편에 있다. 일찍이 네덜란드가 공화국이었던 시대의 해군은 유럽에서 가장 강해 종종 영국과 스페인을 격파하고 오랫동안 해외 웅비를 구가하였다. 해군성에서는 그 영광스러운 역사 중에서 영국의 템즈강으로 진입해 싸웠을 때 포획한 영국 선박과 기계 모형 등을 전시하였다. 그 외에 등대 모형, 크고 작은 함포, 지휘도와 깃발, 해군의 무기 전리품 등이 방 몇 개에 진열되어 있다"(구메 구니타케, 박삼헌 역, 앞의 책, 279~280쪽).

네덜란드 해안선에는 거대한 제방을 만들고 가지런하게 운하를 만들었으며, 배수를 위해 곳곳에 풍차를 설치하였다. 현지에서 본 방파제는 블록으로 쌓았는데, 해안으로부터 대문처럼 두 군데가 돌출되어 있었다. 당시 태풍으로 이 방파제의 여러 곳이 파손되자 한층 견고하게 만들기 위해 수리 중이었다. 이곳에서 운하로 얼마 들어간 곳에 운하를 가로질러 돌을 쌓은 둑이 있었다. 그 중앙에 돌로 쌓은 도크에는 큰 선박 한 척 정도를 넣을 수 있다. 그 도크의 앞뒤에는 물을 막을 수 있는 문이 있는데, 이것은 거대한 경첩이 좌우에 달려 있어서 부채꼴로 열고 닫을 수 있었다. 도크의 좌우에도 마찬가지로 열고 닫을 수 있는 수문이 설치되어 있다. 북해의 조위潮位는 조이데르의 조위와 차이가 있다. 따라서 조석潮汐의 상태를 보고 왕래하는 선박을 이 도크에 넣고 앞뒤의 수문을 닫고 바닷물을 채워서 간조 때에도 만조의 수위로 만들 수 있었다. 이 구조물은 수리학水理學을 응용한 것으로, 이른바 배를 산으로 보내는 법이라 할 수 있다. 이와쿠라 사절단은 설비의 거대함과 견고함에 놀랐다.[33]

네덜란드는 일찍부터 어업으로 이익을 도모한 유럽의 수산 강국이다. 네덜란드 어업이 발달한 북해 해안은 정어리가 유명하다. 이 나라의 어민은 소형선박을 타고 벨기에, 영국, 프랑스를 오고 가며 신선한 생선을 판다. 1872년에는 1년간 어업생산액이 230만 달러에 달하였다. 암스테르담 항구에 정박하는 선박은 600척 이하가 되는 날이 거의 없다. 어업 관련 공공기관이 생선양식도 운영하였다.[34] 이곳 바다에서는 굴이 잘

---

32 위의 책, 279~280 · 275쪽.
33 위의 책, 300~301쪽.
34 위의 책, 263~264쪽.

잡힌다. 유럽에서 맛있기로 유명하고 값도 비싸다. 유럽인이 굴을 좋아하기 때문에 네덜란드는 굴로 수익을 올리고 있었다. 일찍이 네덜란드인이 나가사키에 왔을 때 히젠의 굴을 매입해 수송했던 것도 굴로 이익을 얻는 것에 익숙했기 때문이다.[35]

한편 스위스는 이와쿠라 사절단이 귀국하기 위해 마르세유 항구로 이동하기 직전에 마지막으로 방문한 국가로 산악지역에 위치해 자연풍광이 아름답지만, 해양 문명과는 무관한 나라였다. 사절단 일행은 스위스에서 한 달 가까이 체재하며, 취리히시의 대학교와 베른시의 소학교, 박물관, 도서관 등을 견학하고, 수도 베른의 거리와 풍경을 구경하였다. 이 나라를 벌링게임 사절단은 방문하지 않았다.

(2) 북유럽 : 덴마크, 스웨덴

옛날에 덴마크의 연해 지역 사람들은 고기잡이로 식량을 삼았고 점차 해적으로 바뀌었다. 한때 영국도시들을 습격하기도 해서 여러 나라가 그들을 해적으로 보았다. 하지만 점차 국가의 기틀을 잡고 외국과 교류하였다. 청국 사절단의 지강에 따르면 덴마크는 항구가 군대와 식량의 근본이어서 포대로 북쪽 항구의 통로를 보호하였다. 대서양 여러 나라가 이곳으로 입항하고 러시아, 스웨덴, 노르웨이 등이 이곳에서 출항하니 덴마크는 통과세를 징수한다. 각국이 투자해 그 항구를 사서 면세를 받으려 했지만, 덴마크는 항구의 이권을 유지하기 위해 투자를 막았다. 지강은 덴마크 포대에 대해서도 간단히 묘사하였다.[36]

---

35 위의 책, 291쪽.
36 志剛, 앞의 책, 328쪽.

이와쿠라 사절단은 덴마크가 소국이고 주변에 강대국이 많지만, 국민성이 강건하고 애국심이 충만하다고 보았다. 특히 조선술과 항해술이 뛰어나다고 했다. 기록에 따르면, 덴마크의 해군은 예로부터 명성이 높다. 과거 프로이센과의 전쟁에서 해전으로 프로이센을 괴롭혀 완전한 승리를 거두었다. 덴마크 해군이 갖추고 있는 가장 견고한 장갑함은 미국에서 발명한 모니터함 모델로 주력함으로 쓰고 있다. 일본 사절단은 이 군함을 관람했는데, 장갑을 두른 원형의 포탑을 장착하고 증기압으로 포와 포탑을 회전시켜 발사할 수 있는 장치를 가진 함선이었다. 장갑의 두께는 6인치이고, 그 안에 목재를 겹쳐 모든 두께는 30센티미터 이상이나 되며, 암스트롱포 3문을 갖추었다. 같은 날 조선소를 구경했는데, 크리스찬 4세가 손수 만든 작은 배의 모형이 있었다. 국왕이 솔선해 이같이 조선의 뜻을 두고 있으니, 국민이 해양기술에 밝은 것도 당연하였다. 이와쿠라 일행은 서양의 기술 진보가 우연한 결과가 아님을 확인할 수 있었다.[37]

이와쿠라 사절단이 덴마크에서 해저전신 회사를 방문한 사실은 이채롭다. 이 회사는 나가사키와 상하이를 잇는 해저전선을 설치하는 회사였다. 영국, 프랑스, 독일과 같은 대국이 아닌 북유럽 소국의 전신 회사가 해외 건설을 담당한 사실이 놀랍다고 기록했다.[38] 이 점은 소국도 해양 강국이 될 수 있다는 한 사례로 인식한 듯하다.

스웨덴에 대한 평가는 대체로 덴마크와 비슷하다. 스웨덴의 동남쪽은 발틱해와 접하고, 서북쪽은 대서양과 접하며, 북쪽은 북빙양에 가깝다.

---

37 구메 구니타케, 서민교 역, 앞의 책, 179~181쪽.
38 泉三郎, 앞의 책, 554쪽.

유럽 북부에 있어 1년 중 반년은 새벽과 같은 땅이다. 스웨덴은 주로 근해를 항해하는 소형선박을 구비했고, 대양을 항해하는 큰 증기선도 보유하여 미국을 늘 왕복하고 있었다. 이와쿠라 사절단은 스웨덴의 해군시설이 집중해 있는 이른바 '해군의 섬'을 방문해 이런저런 군사시설을 살펴보았다. 이 나라는 발트해에 인접해 있어 덴마크처럼 해군육성에 주력하였다.

청국과 일본 사절단 가운데 노르웨이를 방문해서 오래 체류한 사절단은 없으나 여행기 중에는 덴마크, 스웨덴과 함께 노르웨이 관련 기사들이 엿보인다. 벌링게임 사절단이 노르웨이를 지나친 것으로 보이는데, 별다른 내용은 없고 항해술과 어업 관련 단편 기사가 있다. 실제로 유럽에서 어업이 가장 번성한 나라는 노르웨이를 꼽는다. 이와쿠라 사절단의 기록에도 스칸디나비아 인종은 항해술에 뛰어나 선박 수송업에서는 뛰어나다고 했다. 덴마크와 스웨덴이 많은 상선을 보유했지만, 노르웨이 역시 소유한 선박이 많고 인구 비율로 보면 유럽 제일이다. 노르웨이인의 조선 기술은 우수해 다수가 이 분야에 종사하지만 국내 생산만으로는 부족해 해마다 외국으로부터 수입하는 선박이 많다고 썼다.[39]

(3) 남유럽 : 스페인, 이탈리아

벌링게임 사절단은 이와쿠라 사절단과 달리 스페인을 직접 방문하였다. 포르투갈이나 스페인은 한때 해양 제국이었으나 이미 과거의 영광일 뿐이었다. 대형함포도 별로 없었고 스스로 뛰어난 증기선을 제조할

---

39 구메 구니타케, 서민교 역, 앞의 책, 195쪽.

능력이 없어서 주로 영국에서 구매하였다. 지강의 여행기에는 스페인이 쿠바를 통치하고 있었기 때문에 쿠바의 화공문제를 간단히 언급했는데, 미국 정부는 관대하지만 스페인 정부는 가혹하다면서 양자를 비교하였다.[40] 벌링게임이 사망한 상태에서 남유럽을 방문한 청국 사절단은 비록 방문국의 환영을 받았으나 별다른 외교성과는 없었고, 해양 문화와 관련한 기억할 만한 기록을 남기지 않았다. 한편 이와쿠라 일행은 스위스에서 프랑스 리옹에 도착한 후 본래 스페인과 포르투갈도 갈 예정이었지만 시간에 쫓겨 방문을 취소하였다. 원래 계획은 10개월 동안 14개국을 방문하는 것이었으나 미국에서 조약수정 문제, 영국에서 여왕 접견 문제 등 일정에 차질을 빚어 예정보다 여행 기간이 길어졌기 때문이다. 그래도 『미구회람실기』 88권에서는 스페인과 포르투갈의 역사, 교육, 산업에 대해 개괄적으로 소개하였다.

이와쿠라 사절단의 『미구회람실기』에는 이탈리아에서 생선요리 대접을 받은 경험을 흥미롭게 기록하였다. 나폴리 어부들이 배를 타고 고기를 잡는데, 싱싱하고 훌륭한 물고기였다. 일행의 만찬 중 도미가 식탁에 올랐는데, 일본을 떠나 처음으로 도미를 먹었다. 유럽의 식습관은 육식이 일반적이어서 가축을 식재료로 하고 오히려 생선은 귀해 값이 두 배였다. 영국, 프랑스, 독일 등에서는 대체로 광어, 대구, 연어를 주로 먹고 그나마 없으면 염장한 청어를 먹는 정도여서 도미를 먹을 일은 없었다. 일본 사절단을 접대한 이탈리아 백작은 일본인이 좋아한다는 사실을 알아서 도미 요리를 준비하였다.[41] 귀국길에서는 지중해를 항행하면

---

40 志剛, 앞의 책, 367쪽.
41 구메 구니타케, 서민교 역, 앞의 책, 350쪽.

서 이탈리아는 기름에 튀긴 정어리를 통조림에 밀봉해 판매한다고 썼다.[42] 도중에 나폴리항에 잠시 정박했는데, 유럽의 항구에 상륙하는 것은 이것이 마지막이었다.

벌링게임 사절단은 프랑스, 프로이센, 러시아 등과 같은 유럽대륙의 대국에 관심이 많았으며, 이와쿠라 사절단도 대체로 국력의 크기와 거류 기간에 비례해 기사를 남겼다. 그런데 한 연구자에 따르면, 『미구회람실기』에서 높은 평가를 받은 국가는 벨기에, 네덜란드, 덴마크, 스웨덴과 같은 유럽의 소국들이라고 한다. 특히 벨기에와 네덜란드는 국토가 작고 강대국 사이에 끼어있음에도 불구하고 세계무역에 영향력이 있는 것은 국민들이 근면하고 화합하기 때문이라며 일본 근대화의 본보기로 삼았다. 오히려 독일, 프랑스, 미국, 영국과 같은 4대 강대국에 대해선 많은 분량의 서술에도 불구하고 중간 수준의 평가를 받았다. 나머지 오스트리아, 이탈리아, 포르투갈, 러시아, 스페인에 대한 평가는 높지 않았다.[43] 이점은 일본 사절단이 일본을 소국으로 보고 유럽의 소국들에 관심을 가졌다고 볼 여지도 없지 않다.[44]

---

42 구메 구니타케, 정선태 역, 앞의 책, 301쪽.
43 毛利敏彦, 「岩倉使節団の文明論 – 「特命全権大米欧回覧実記」を読む」, 『Journal of Japanese History』, 274, 1985, 81~83·85쪽.
44 田中彰, 『岩倉使節團『米歐回覽實記』』, 岩波書店, 2002; 田中彰, 『岩倉使節団の歴史的研究』, 岩波書店, 2002; 田中彰, 『明治維新と西洋文明 – 岩倉使節団は何を見たか』, 岩波書店, 2003; 다나카 아키라, 강진아 역, 『소일본주의』, 小花, 2002; 다나카 아키라, 현명철 역, 『메이지 유신과 서양문명 – 이와쿠라 사절단은 무엇을 보았는가』, 小花, 2006 등 참고. 모리 도시히코(毛利敏彦) 역시 이와쿠라 사절단이 소국을 문명 수준이 더 뛰어난 우등국이라고 긍정적으로 평가하고 프러시아, 프랑스, 영국 등 대국은 문명의 중등국으로 평가했다면서, 메이지 정부의 '문명론'이 결코 반동적 성향이 아니었으며 서구 문명을 현실적으로 받아들이려 했다고 보았다(방광석, 「메이지관료의 '문명' 인식 – 이와쿠라 사절단의 재조명」, 임성모 외, 『동아시아 역사 속의 여행』 2, 산처럼, 2008, 348쪽).

2. 아시아의 해항도시

1) 인도양 : 아덴, 실론

귀국 항로에서 주목할 특징이라면 수에즈운하를 지나면서부터 청국과 일본 사절단의 시선이 '미구美歐' 즉 서양에서 벗어나 아시아로 향했다는 사실이다. 벌링게임 일행과 이와쿠라 일행의 귀국코스는 비슷하다.[45] 귀국 선박이 경유한 해항도시들에 대한 간단한 역사와 풍물을 기술하는 것이 보통이었으나 일본인의 여행기가 청국인보다 상세하였다.

청국 사절단과 일본 사절단이 이용한 제국 항로혹은 유럽 항로는 동서양의 항로가 거의 1만 해리에 이른다. 이를 개척한 대표적인 해운회사는 반도-동방 증기선 항해회사 즉 P&O이다. 이 회사는 스페인노선, 지브롤터노선, 몰타와 알렉산드리아노선으로 확장하다가 결국 수에즈에서 인도 콜카타까지 잇는 노선을 개척하였다. 다시 P&O는 1845년에 페낭, 싱가포르, 홍콩까지 정기선 사업을 확장하였다. 이것은 거꾸로 청국이나 일본의 입장에서 보면, 유럽으로 가는 항로 즉 유럽 항로의 출현이기도 하다. 영국으로 갈 경우, 영국 선박을 이용하도록 유도해 영국 식민지를 많이 경유하도록 만들었는데, 이는 대영제국의 권위를 높이려는

---

45 청국 사절단 손가곡(孫家穀)의 기록에는 파리에 돌아오니 프로이센과 프랑스 간에 군사적 긴장이 높아져 오래 있지 못하고 귀국길에 올랐다. 그리고 "지중해에서 홍해로 들어가고, 홍해에서 인도해로 들어가고, 인도해에서 남중국해로 들어갔다. 인도의 실론, 미얀마, 베트남 등의 항구를 거쳐 곧바로 광동의 홍콩으로 왔다. 배를 바꾸어 타고 광동과 복건 바다를 거쳐 상하이에 도착하였다. 육지에서 열흘을 머무른 후 배를 타고 천진으로 갔다"라고 간단히 썼다(孫家穀, 『使西書略』; 志剛, 앞의 책, 381쪽). 이와 거의 유사하게 일본 사절단의 귀국 항로는, 마르세유 도착→나폴리 경유→포트사이드 경유→수에즈 경유(육로 혹은 해로)→아덴 경유→(인도양 횡단)→실론 경유→싱가포르 경유→사이공 경유→홍콩 경유→상하이 경유→나가사키 경유→요코하마 도착순이었다.

정치적 계산이 깔린 것이다. 프랑스 경우도 마찬가지였다.[46]

지중해를 지나면 만나는 수에즈는 아시아와 아프리카가 연결된 지역으로 북쪽이 지중해, 남쪽이 홍해, 동쪽이 아시아, 서쪽이 아프리카이며, 이집트의 동북경계이다. 수에즈운하가 만들어지면서 유럽과 동양 사이의 거리는 확실하게 줄었다. 운하의 가장 중요한 영향은 동서무역에 있었는데, 처음 10년 동안은 운영이 어려웠다. 왜냐하면 범선은 운하를 이용할 수 없었고, 긴 항해를 할 수 있는 증기선은 별로 없었기 때문이다. 프랑스의 자본과 기술, 이집트인의 노동력으로 건설되었지만, 통행료를 내고 수에즈운하를 처음 통과한 배는 영국 선박이었다. 그 후에도 몇 년 동안 운하를 사용한 선박의 5분의 3 이상이 영국 선적이었다. 1882년에 이르러서야 운영이 최고조에 달했고, 1887년 이후 선박에 전기 전조등이 도입되면서 야간항해가 가능해졌다. 대형선박들이 점점 운하를 이용하면서 몇 번에 걸쳐 수에즈운하를 정리하고 수리하는 확장공사가 있었다.[47] 얼마 후 이 항로는 영국 제국주의 시스템의 핵심적인 축으로 작동하였다.

벌링게임 사절단이하 지강 사절단의 귀국 항로는 매우 간결하게 묘사되었다. 수에즈운하를 지나 곧바로 홍해紅海로 나왔다. 홍해는 고대부터 지중해 세계와 인도양 세계의 특산품을 교환 중개하는 역할을 담당하였다. 중국인들의 눈에는 홍해가 기이한 물고기들이 많은 바다였다. 그 남쪽은 아프리카인데 사자나 타조가 있는 나라로 다수가 흑인이라는 기초정보를 가지고 있었다. 인도 항로에서는 여기에서 아덴Aden까지가 가장

---

46 木畑洋一, 『帝國航路を往く－イギリス植民地と近代日本』, 岩波書店, 2018, 16쪽.
47 대니얼 R. 헤드릭, 김우민 역, 『과학기술과 제국주의, 증기선·키니네·기관총』, 190~191쪽.

무더운 지역이다. 이곳 페르시아만은 인도양의 대표적인 부속해이며 인도양과는 아라비아해를 통해 연결되었다. 인도양은 수에즈운하가 개통되면서 아시아와 유럽을 잇는 중요한 항로로 떠올랐다. 그 항해 과정에서 주요 연안이나 섬에서는 영국인들이 만든 포대를 본 경험이 자주 나타난다.

지중해와 인도양을 연결하는 출입구에 있는 항구가 바로 아덴이다. 아덴은 오래전부터 중개 무역항으로 번성했는데, 인도양해역과 깊은 관련이 있으며 아시아와 아프리카에서 온 배들이 교역하는 무역항이었다. 따라서 아덴은 인도, 동남아시아, 중국으로 연결되는 교통의 요지였다. 그래서인지 아덴은 '홍해 왕래의 숨구멍'으로 불렸는데, 영국은 이 지역을 1839년 할양받아 인도총독부의 관할 아래 두었다. 이곳에 등대와 포대를 구축하고 요새를 만들어 인도와 동남아시아 항로를 연결하는 우편 항구를 건설하였다. 세계의 주요 항구들은 지나가는 증기선에 석탄을 팔았는데, 아덴 역시 해군기지이자 대항을 항행하는 선박에게 석탄을 공급하는 기지이기도 했다. 이와쿠라 사절단 역시 영국이 99년간 조차한 아덴을 구경하면서 서양 열강의 세계 분할을 목격할 수 있었다. 아덴만 주변의 바다 한가운데는 높은 탑을 세워 사람을 거주시켰는데, 낮에는 항행하는 선박에 깃발을 흔들고 밤에는 등을 켰다. 이런 등대들은 해상사고를 방지하는 데 필수적인 존재였다.

지강 일행보다 먼저 귀국한 장덕이는 인도양에서 비어飛魚라는 물고기들이 무리를 이루어 하늘을 나는 모습을 보았는데 몇 마리는 배 안으로 뛰어 들어왔다고 썼다. 훗날 구메도 비어가 신기했는지 좀 더 자세히 묘사하였다. 아덴과 인도 사이 바다 수면에서 7~8척의 물고기를 보았다.

등이 푸르고 배가 하얀 작은 물고기들이 지느러미를 펼치고 10여 마리
씩 떼를 지어 일제히 파도 사이로 뛰어오르더니, 30~40간 정도를 날다
가 물 위로 떨어진다. 그 모습이 마치 물떼새가 날아오르는 듯하다. 날
치의 일종인 이 물고기들은 선창에 부딪히기도 하고 선실 안으로 떨어
지기도 한다. 그것을 잡아 살펴보았더니 푸른 비늘로 덮혀 있었고, 좌우
의 지느러미는 대단히 넓었다. 이 지느러미를 날개처럼 이용해 날 수 있
었다.[48]

오랜 인도양 항해 후 만나는 인도 남부의 실론Ceylon, 스리랑카의 옛 국명 섬
은 원래 캔디Kandy 왕국으로 알려져 있었다. 인도와 아무런 관계를 맺지
않았으며, 고대부터 독립국을 이루고 있었다. 그런데 1505년 포르투갈
사람들이 이곳을 찾아와 통상을 시작했고 해안가 일대를 그들의 속지로
삼았다. 다음으로 네덜란드 사람들이 이곳으로 건너왔다. 전설에 따르
면, 이 땅을 점령하려 했을 때 해룡海龍이 나타났는데, 네덜란드 선박이
총과 대포를 쏘며 며칠 동안을 싸웠다. 결국 해룡이 버티질 못하고 잠적
하자 비로소 네덜란드 소유가 되었다.[49] 1815년 캔디 왕국은 영국에게
패배해 더 이상 나라를 통치할 수 없었고, 결국 섬 전체를 영국인들이
차지하기에 이르렀다.[50] 영국인들은 콜롬보를 수도로 삼아 동방무역의
거점으로 삼았다. 지중해 해역이 바다를 향해 견고한 요새를 쌓아 지켰
듯이 포르투갈, 네덜란드, 영국 등과 같은 서양 열강이 인도양으로 진출
하면서 이 해역에 요새를 쌓고 대포를 설치하였다.

---

48 구메 구니타케, 정선태 역, 앞의 책, 342쪽.
49 張德彝, 『航海述奇』, 588쪽.
50 구메 구니타케, 정선태 역, 앞의 책, 358쪽.

실론 섬은 긴 항해에 지친 여행객들에게 녹색의 이상향이었으며 신기한 어류들도 많았다. 장거리 여행하는 선박들은 이곳의 갈Galle 항구에서 화물과 연료 및 식량을 적재하기 위해 며칠간 쉬어가곤 했다. 갈 항구는 열대지방이어서 나무가 무성하게 자란 곳인데, 이미 지나쳐 왔던 아라비아의 붉은 사막과는 무척 대조적이었다. 양국 사절단은 이곳을 경유하면서 실론 섬에 있는 불교사찰 관련 기록을 고루 남겨 놓았다.

장덕이는 실론 해역에서 받은 런던의 전신을 소개하였다. 영국의 증기선이 수에즈에서 운항하다가 도중에 낙오하였다. 불쾌해진 선주는 홍해에 도착하자 선원들에게 증기선의 속도를 높이게 하고 지름길로 가려고 경로를 바꾸어 우리 배를 앞질러 나갔다. 그러나 불의의 사고로 배가 암초에 부딪혀 절단되었고 물에 빠진 인원을 알 수 없었다. 장덕이는 영국 국적 증기선은 빨리 항행하는 것을 좋아해 자주 위험에 처하고, 프랑스와 미국 두 나라의 증기선은 천천히 항행해 위험에 처하지 않는다고 썼다.[51] 뒤이어 실론 해역을 지난 지강도 이곳에서 서양 범선이 파도에 좌초하자 다른 배들이 큰 쇠사슬을 연결해 이를 구조하는 모습을 보았다. 그러나 배에 큰 파도가 덮쳐 결국 침몰하였다. 그 상황을 보고 심란했으나 다행히 선원들은 모두 탈출해 사상자는 없었다. 서양인 선원들은 다양한 위기 상황을 모두 고려한다면서, 지구의 바다에서 매년 파손되는 선박은 모두 4천 척 전후라고 썼다.[52]

한편 이와쿠라 일행은 실론 섬을 경유해 남중국해로 나아갔기 때문에 인도 항구를 이용하진 않았지만, 구메는 여행기에 인도 서쪽의 봄베이

---

51 張德彝, 앞의 책, 812·817쪽.
52 志剛, 앞의 책, 374~375쪽.

와 동쪽의 콜카타에 관해 소개하였다. 예를 들어, 뱅골만의 콜카타항을 소개하면서 "이곳의 수출품 가운데 가장 중요한 것은 아편이며, 모두 중국으로 수송된다. 중국 전역의 백성들은 한 해 동안 일한 대가를 모두 아편을 구입하는 데 사용함으로써 정신을 마비시키느라 여념이 없다고 말할 수 있다. 하지만 영국 또한 사악한 거래를 통해 얻은 이익으로 자신의 살을 찌운다. 이것이 어찌 문명의 뜻이겠는가. 오랫동안 습관이 쌓이다 보면 중국은 중독자의 아편 구매를 제어하지 못할 것이며, 영국도 아편판매를 금지하지 못할 것이다"[53]라고 비판적인 내용을 담았다. 봄베이와 콜카타는 제국 항로의 핵심으로 정기적으로 우편선이 왕복했으며, 1870년을 전후해 두 도시를 관통하는 대륙횡단철도도 개통되었다. 쥘 베른의 소설 『80일간의 세계 일주』[1873]에서도 갓 개통한 인도의 동서횡단 철도를 이용하며 겪는 모험을 담은 내용이 있다.

2) 중국해 : 싱가포르, 사이공, 홍콩, 상하이

동남아시아의 바다는 중국과 인도양을 중계하는 무역으로 전통시대부터 의미가 있다. 중국은 이슬람권과 해상 루트를 통해 연결되었다. 인도양에서 남중국해로 들어오는데 만나는 해역이 말라카[Malacca, 믈라카의 옛이름]해협이다. 이 해협은 말레이시아 서남부에 위치한 항구도시 말라카에서 이름이 유래하였다. 말라카는 불교 용어로 '큰 섬'을 뜻한다. 이곳은 말레이반도와 인도네시아 수마트라섬 사이에 위치하며 인도양과 서태평양을 잇는 중요한 무역 통로이다.[54] 길이가 약 900킬로미터, 폭이

---

53 구메 구니타케, 정선태 역, 앞의 책, 367~368쪽.
54 량얼핑, 하진이 역, 앞의 책, 414~415쪽.

약 70~250킬로미터인 암초가 많은 긴 수로이다. 말라카해협은 역사적으로 해적의 무대였는데, 서양 열강이 진출하면서 이곳의 요충지를 장악하기 위해 전쟁을 벌였으며, 향료를 얻기 위해 원주민들의 노동력을 착취하였다. 특히 네덜란드가 막대한 비용을 치루며 동남아 지역의 패권을 장악하려 노력했으나 원주민의 강력한 저항에 부딪혀 고전하였다. 이 해협은 수에즈운하가 개통된 후에는 동북아시아와 유럽을 잇고, 인도양과 태평양을 잇는 해상통로로 중요성이 더욱 커졌다. 말라카해협의 북쪽에 위치한 페낭은 작은 섬으로 거점도시였으나, 나중에는 싱가포르가 그 기능을 대신하였다.

영국은 말라카해협에 전진기지가 필요하다는 판단 아래 싱가포르를 획득해 1826년 자유항을 건설하였다. 싱가포르는 '동양의 몰타'로 불리는데, 19세기 초 싱가포르는 인도양을 두고 벌인 영국과 프랑스의 경쟁지가 되었다. 결국 1819년 영국이 말라카의 술탄 추자니와 협의를 거쳐 돈을 주고 이 섬을 사들인 다음 부두를 건설하였다. 청국과 일본 사절단이 모두 들린 싱가포르는 말라카반도 남단에 자리 잡고 있는데, 수백 개의 도서가 있어 선박이 바람을 피하기 편리한 해항도시였다. 훗날 이곳 부두에서는 서쪽으로 인도, 동쪽으로 중국과 루손, 남쪽으로 자바와 오스트레일리아로 가는 우편선이 출발하였다. 사통팔달의 요충지라고 할 수 있으며, 무역을 위해 동남아시아를 왕래하는 사람이라면 모두 주목해야 할 곳이 되었다.

영국은 싱가포르, 페낭, 말라카해협에 식민지를 만들고 무역제국을 건설하면서 동남아로 진출한 중국인을 끌어들였다. 특히 싱가포르에서 중국인은 이방인이었지만 1820년대부터 도시인구의 다수를 구성했는데, 중국 내지에서 온 사람들이 아니라 대부분 복건과 광동에서 온 사람들이었다. 이들 대부분은 민남어의 한 계통인 조주어潮州語를 많이 써서 말라카 세계와도 단절되었다. 19세기부터 이 도시는 인도네시아제도 전체에 중국인 노동자를 수송하는 허브로 기능하였다.[55] 당시 10만의 인구 가운데 5~6만 명이 중국인으로 압도적인 다수를 차지하였다. 농사를 짓는 대부분 사람도 중국인이었지만, 싱가포르는 농사가 아니라 항구무역을 통해 부를 축적하였다.[56]

싱가포르에서 동북쪽으로 항행하면 베트남의 사이공현재 호치민이다. 1867년 프랑스령이 되면서 항로가 좋지 않음에도 불구하고 프랑스 정부는 우선회사에 막대한 보조금을 지원하며 유지시켰다. 사이공은 프랑스식 통치가 이루어져 '동양의 파리'라고 불리면서 영국풍 식민도시와는 조금 분위기가 달랐다. 청국과 일본 사절단이 방문할 무렵에는 근대적 해항도시의 틀을 갖추었다. 하지만 현지인의 저항이 심해 프랑스 군대가 경계심을 늦추지 못하였다. 청국 사절단이 들린 사이공 주변에는 수만 명의 복건인, 광동인이 살고 있어서 차이나타운을 형성하였다. 장덕이는 이곳에 중국문화의 영향이 많이 남아있다는 사실을 확인하면서, 특히 화교들은 대표적인 지역생산품인 쌀 무역에 종사한다고 썼다. 그런데 일본 사절단의 사이공 기억 가운데 하나는 현지 중국인들이 놀라울 정도로 불결함을 잘 견딘다는 사실이었다.

이와쿠라 사절단의 『미구회람실기』에서 마지막 5권의 후반부는 귀국

---

55 프랑수아 지푸루, 노영순 역, 『아시아의 지중해 – 16~21세기 아시아 해항도시와 네트워크』, 도서출판선인, 2014, 230·234쪽.
56 구메 구니타케, 정선태 역, 앞의 책, 383쪽.

일정을 기록하였다. 비록 지강 사절단보다는 자세하게 소개하지만, 전체 여행기 분량으로 보자면 10분의 1 정도로 많다고 할 수는 없다. 아마도 일본 사절단의 방문목적지가 구미 국가여서 그런지 미국과 영국 및 유럽대륙의 시찰 과정은 상세하지만, 아시아 지역은 귀국 항로로 잠시 머물러서 개설적인 소개와 감상에 그친다. 비록 인도양과 남중국해의 설명은 적지만 아랍인, 인도인, 동남아시아인 및 동남아시아 거주 화인들의 인상을 여러 차례 언급하였다. 어쨌든 벌링게임 사절단처럼 자신들의 임무를 마쳐 긴장이 풀어진 탓인지, 아니면 서양 문명이 아닌 동양 문명에 대한 관심이 적어서인지 귀국 항로의 내용은 상대적으로 많지 않다.

일본 사절단은 청국 사절단과 같은 경로를 거쳐 남중국해로 나아갔다. 일행은 말라카해협을 통과하던 중 싱가포르에서 콜레라가 유행해 상륙하지 못하고 배에 머무는 상황에 직면하였다. 그들은 베트남의 해안을 거쳐 남중국해로 나왔는데 이런 항해는 매우 드물었다. 왜냐하면 이 근처 해상은 적도와 가까워 열기가 대단할 뿐만 아니라 불시에 태풍이 몰아쳐 거대한 배마저 집어삼키기 때문이다.[57] 이와쿠라 일행이 싱가포르에서 청국으로 향할 때는 날씨 탓에 바다 위에는 아무것도 보이지 않았다. 해남도를 지났지만 안개 때문에 불안한 항해를 계속했는데, 어느 날 아침 홀연히 홍콩에 도착하였다. 보통 베트남을 경유한 후에는 곧바로 홍콩으로 간다. 주지하듯 남중국해와 동중국해를 연결시켜 광역의 해역 세계를 만든 대표적인 근대도시가 홍콩이다. 이 해항도시는 전통

---

57 위의 책, 397쪽.

시대의 마카오나 류큐가 하던 역할을 대신하였다.

홍콩은 아편전쟁의 결과 1841년 영국에 할양되어 항구로 개발했는데, 광동을 통해 수출하는 중국 물산을 교역하는 대표항구가 되었다. 이 해항도시는 동서교통의 중심이자 중국 화남지역의 창구로 지리적 위치가 무척 중요하였다. 구메에 따르면, 홍콩은 해적을 뜻하는 포르투갈어로, 중국인들은 이 단어가 불러일으키는 좋지 못한 이미지를 씻기 위해 '향기로운 항구香港'라는 이름을 채택했다고 썼다.[58] 홍콩은 중국인뿐만 아니라 영국인 등 다양한 인종이 혼재했으며 아편과 쿠리의 중개무역으로 유명하다. 제1차 아편전쟁 이후에는 청국으로 향한 대부분 아편이 홍콩을 통해 수송되었으며, 신세계인 미국과 오스트레일리아로 향하는 배들이 중국인 노동자를 수송하던 항구였다. 특히 미국 캘리포니아의 금은 광산이 개발되고 대륙횡단 철도가 건설되면서 많은 노동력이 필요하자, 중국인 노동자들이 이곳에서 태평양을 건너 미국으로 향하였다.

일본 사절단이 홍콩에 도착했을 때, 우선 현지 가옥이나 상점 및 음식 습관이 자신들과 유사해 친근함을 느꼈다. 그러나 서양식 고급 상점과 호화주택을 보면서 점차 중국인들의 초라한 주거시설과 생활환경을 비교하며 실망감을 느꼈다. 일본인의 눈에 홍콩은 부두에 각국 상선과 군함이 충만하고 섬은 놀라운 발전과 번영을 누리고 있었다. 여행기에는 홍콩이 본래 작은 어촌에 불과한 황량한 섬이었으나 이제 자유무역항으로 번영한 곳이라며 긍정적인 묘사가 많았다.

『미구회람실기』에는 홍콩에서 상하이로 향하던 중 지나친 대만 소개

58 위의 책, 399쪽.

도 잊지 않았다. "대만 섬은 복건성에 속해 있으며, 북위 22도에서 25도 12분 사이에 위치한다. 이 섬은 복건항의 우롱강烏龍江 하구에서 바로 서쪽으로 80해리 떨어져 있다. 인도에 실론 섬이 있듯이 중국에는 대만 섬이 있는 셈이다. 남북을 가로지르는 높은 산맥이 이 섬의 척추를 이루고 있는데, 이를 중심으로 하여 지세는 동서로 양분된다. 서반부는 꽤 평평한 편이다. 중국인들이 이 지역의 인민을 정복하고 대만부臺灣府와 몇 개의 현縣을 설치하였다. 아울러 중국인으로 구성된 수비대를 파견했으며, 복건 총독이 이 지역을 관할한다. 북쪽의 곶에서 서쪽의 해안에 이르는 지역이 모두 그의 지배 아래 놓여 있다. 이곳이 바로 대만이다."[59] 이처럼 일본인 일행은 자신들의 역사와도 관련이 있다던 대만을 예의주시하였다.

한편 지강 일행은 중국과 서양 문화가 혼재된 홍콩을 거쳐 1870년 10월 17일 상하이에 도착하였다. 여기서 일행은 열흘 정도 휴식을 취하고 만주호를 타고 최종목적지인 천진으로 향하였다. 이곳에서 정치 실세 이홍장李鴻章을 만난 후 북경으로 가서 총리아문에 귀국 보고를 하였다. 세계를 여행하며 각국의 뜻이 어떤지 알 수 있느냐는 질문에 지강은 각국의 뜻이 어떤지 물어보지는 않았지만 스스로 어떤 뜻을 세울지를 묻는다면 각국의 뜻을 알 수 있을 것이라는 다소 모호한 소감을 남기며 오랜 여행을 마무리하였다.[60]

이와쿠라 사절단이 일본으로 귀국하기 전에 마지막으로 방문한 상하이는 풍요로운 장강 삼각주의 출해구에 위치하였다. 상하이는 아편전쟁

---

59 위의 책, 404쪽.
60 위의 책, 380쪽.

전부터 동남 연해의 대표적인 해항도시이자 광주, 복주, 하문, 영파와 더불어 오래된 통상항구이다. 이 항구는 마르세유에서 총 8,700해리의 거리가 떨어져 있다. 상하이는 일반적으로 알려진 것과 달리 가난한 어촌마을에서 갑자기 서양 열강의 자본에 의해 개항장으로 바뀐 곳은 아니었다. 원래 원대부터 지방 행정관청의 소재지였고, 명대에는 면 생산의 중심지이자 상업의 중심지였다. 이곳은 개항하기 이전에 이미 상당한 규모의 항구도시였다.[61] 개항 이후 대외무역의 중심이 점차 광주에서 상하이로 옮겨왔다. 상하이에는 조계가 가장 먼저 설치되었고 그 면적도 가장 넓어 미국, 영국, 프랑스 등 다수의 열강이 조차지를 만들었다. 일본 사절단이 방문할 당시 상하이는 유럽의 건축가들에 의해 '동양의 런던'이라고 불리게 될 서양식 건축물이 들어서고 있었다. 이와쿠라 일행이 장강을 거슬러 올라가 황포강으로 들어가면서 가장 먼저 본 풍경은 황포강 연안에 펄럭이는 구미 각국의 국기와 관저 및 상점들이었다.[62] 상하이가 일본인에게 준 인상은 지리적 우월성과 상업 무역의 번영이었다.

이와쿠라 일행은 강남제조국의 조선소를 방문해 곳곳을 둘러보았다. 기계류는 대체로 잘 갖추어져 있었는데, 증기 기관 중 큰 것은 100마력, 작은 것은 70마력이었다. 처음에는 외국인 전문가의 지시를 받았으나 이제는 모든 일을 청국인이 맡고 있었다. 그곳에는 대포를 주조하는 공장과 총을 제조하는 공장도 있었다. 조선창 안에는 두 개의 도크가 있는데 길이는 각각 200척이었으며, 물에 뜨는 상자를 설치해 수문을 여닫

---

61 프랑수아 지푸루, 노영순 역, 앞의 책, 244쪽.
62 郭麗, 앞의 책, 191~192쪽.

았다. 공장 내의 규칙은 정연하며 노동자들도 모두 근면하였다. 배의 수리에서 건조까지 모든 일을 할 수 있는 곳은 여기밖에 없을 것이라고 했다. 이곳은 중국에서 두 번째로 큰 조선소이며, 복건성에 있는 것이 훨씬 컸다. 동중국해를 왕래하는 배의 수리는 대부분 이 두 곳에서 맡는다고 적었다.[63] 강남제조국은 벌링게임 사절단이 상하이에서 출발할 때 가장 먼저 방문한 해양 관련 산업시설이기도 했다.

이와쿠라 사절단이 상하이에서 며칠 머문 후 다시 일본으로 항행을 계속해 나가사키와 고베를 경유한 후 최종적으로 요코하마에 입항한 것은 1873년 9월 13일이었다. 『미구회람실기』는 "아침, 요코하마에 도착했다"라며 담담하게 여행기를 끝맺었다.

3. 두 사절단의 동서 문명관

개항 이전 중국인들은 외국 혹은 외국인 인식에 오류가 많았다. 제1차 아편전쟁으로 개항장에 외국인이 거주하고, 제2차 아편전쟁을 겪으며 북경에도 각국 공사관이 설치되면서 서로 마주 보게 되었다. 특히 빈춘, 장덕이, 지강, 손가곡 등 청국의 해외 사절단이 구미 국가를 방문해 박물관, 수족관, 동물원, 식물원 등을 관람하면서 동식물은 물론 인류 관련 지식을 늘려나갔다. 청국 사절단의 지강은 귀국길에 지중해를 떠나며 다음과 같이 자신의 여행경로를 요약하였다.

---

63 구메 구니타케, 정선태 역, 앞의 책, 412~413쪽.

예전에 우리 사절단이 중국에서 서양 각국으로 갈 때는 상하이에서 윤선을 타고 동쪽으로 대동양太平洋을 건너 미국으로 갔다. 뉴욕에서 윤선에 올라 동쪽으로 향해 대서양을 건너 영국, 프랑스에 이르렀다. 다시 프로이센, 러시아, 스페인, 이탈리아 등 각 나라에 갔는데, 모두 남북을 가로지르며 서양해의 동쪽 지역으로 다녔다. 이것이 서양 여러 나라의 대세인데, 마치 중국 연해 지역의 여러 성들과 같다. 지금 사절단 일을 마치고 중국으로 귀국하는데, 이곳 마르세유항에서 지중해 동남해역을 지나 인도양에 이르러 곧바로 동쪽으로 가면 중국의 민남·광동 경계로 들어간다. 다시 동북 방향으로 가면 처음 배를 탔던 상하이에 다다른다. 동쪽으로 나가서 여전히 동쪽으로 돌아오니 지구의 대강을 뚜렷이 알 수 있다.[64]

위와 같이 지강은 대지는 동서남북의 이름이 있지만, 사실은 일정한 방향이 없는 것이라 말했다. 사람들이 해가 뜨는 동쪽 방향으로 계속 가더라도 결국 제자리로 돌아오고, 해가 한가운데 떠 있어 남쪽을 가리키며 그 반대 방향은 북쪽이 된다. 중국과 일본의 동쪽 방향으로 대동양을 건너면 그곳은 미국의 서해안이자 대동양의 동쪽이다. 미국의 동해안을 건너면 대서양의 서해안에 도달한다. 대서양 동쪽에는 서양 각국이 있는데 이 지역을 지나 지중해, 홍해, 인도양, 남중국해 등 동쪽으로 향하면 중국 연해 성省이 있는 대동양 서해안이 나온다. 결국 동양의 동쪽은 서양의 서쪽으로 지구를 일주한 것이라고 설명했다. 이처럼 "동양의 동쪽이 곧 서양의 서쪽"이라는 사실을 몸소 확인했는데, 이것은 그가 근대적

---

64 志剛, 앞의 책, 370~371쪽.

인 지리 인식을 받아들였음을 보여준다.[65] 청국 사절단의 배가 귀국 중 중국양中國洋, 남중국해에 들어왔을 때 다시 지강은 다음과 같이 적었다.

> 예전에 서양에서 손님이 사절에게 '지구상에 나라가 아닌 곳이 없는데 중국이란 용어는 어떤 것입니까?'라고 물었다. 사절이 말하길, 당신이 말하는 중국이란 중앙中央에 있다는 말입니다. 대지가 태공에 매달려 있는데 중앙이 아닌 곳이 어디겠습니까? 중간中間을 이르는 것이라면 만국이 서로 의존하니 모두 중간입니다. 중심中心을 이르는 것이라면 국가는 지면에 있습니다. 중국이란 형세나 거처를 이르는 것이 아닙니다. 우리 중국은 복희씨가 팔괘를 만든 이후 요, 순, 우, 탕, 문, 무, 주공, 공, 맹으로 이어져 지금까지 4천 년 동안 모두 중도中道였습니다…… 라는 뜻입니다. 후에 어떤 나라도 이 '중中' 자를 가지고 다툴 수는 없었습니다.[66]

위와 같이 지강은 한 외국인에게 '중국'이란 명칭의 의미를 질문받았을 때, 중국에서의 '중'이란 글자는 지리적 중심이라는 뜻이 아니라 전통적인 도통의 맥락에서 중도의 나라라는 의미라고 설명할 수밖에 없었다. 결국 근대적 지리관에 따라 '중국'과 '천하'가 상이하다는 사실을 인정하지 않을 수 없었는데, 왜냐하면 세계 일주를 통해 중국의 남극이나 북극이 천하의 남극이나 북극과는 다르다는 사실을 확인했기 때문이다.[67]

---

65 阪本英樹, 『月を曳く船方 - 淸末中國人の美歐回覽』, 成文堂, 2002, 161쪽.
66 志剛, 앞의 책, 376쪽.
67 장덕이의 『항해술기(航海述奇)』에는 북극 사람의 생활을 소개하며 아프리카 사람들처럼 개화하지 못한 인종이라고 설명했다. 그리고 북극에 가까울수록 밤에도 어둡지 않다고 했다(張德彝, 앞의 책, 542~543쪽).

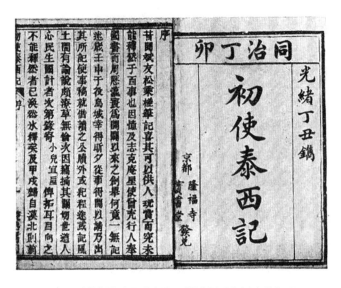

〈그림 5〉 지강(志剛)이 쓴 세계 일주 여행기 『초사태서기(初使泰西記)』

장덕이가 지강 사절단 일행보다 먼저 귀국하면서 바다에 대한 감상을 밝힌 구절이 있어 인상적이다. "생각해보면 지구상에 물은 5분의 3을 차지한다. 물이 모여져 있으나 새지 않는 이유는 실제로는 중력의 힘에 의존하기 때문이다……. (크고 작은 물줄기들이 바다로 모이지 않는 것이 없다.) 바다海는 모든 하천百川의 왕이니, 따라서 바다에서 보면 물水이라 보기 어렵다"[68]라고 썼다. 그리고 자신은 지구를 돌아 여러 대양을 지났는데, 고서에서 실리지 않은 곳조차 직접 방문했다고 자부했다. 이것은 조정이 허락해 주었기 때문이라며 그렇지 않다면 어떻게 배를 타고 세상을 구경했겠느냐며 황제에게 감사의 마음을 남겼다. 이처럼 장덕이는 한편으로는 귀국의 공을 군주나 해신에게 돌리기도 하고, 다른 한편으로는 서양 문명의 진보를 긍정하는 모습도 보였다. 여행기의 마지막은 "해국海國을 다시 여행한 것을 회상하니 꿈만 같다"[69]라는 감상으로 마무리하였다.

---

[68] 張德彝, 앞의 책, 807쪽.

〈그림 6〉 이규(李圭)가 쓴 세계 일주 여행기 『환유지구신록(環遊地球新錄)』

　지강이나 장덕이나 더 이상 중국 문명의 절대적인 우월성을 주장하지 않았지만, 그렇다고 서양 문명이 중국보다 압도적으로 뛰어나다고 생각하지도 않았다. 오히려 두 문명의 우위를 다투기보다는 물질과 정신이 서로 혼재되어 있다고 믿었다. 예를 들어, 지강과 장덕이가 중국의 오행 사상을 빌어 증기선구조를 설명한다든지, 음양설을 가지고 달 표면의 명암 분포를 해석한다든지, 중의학 사상을 가지고 정신병원의 존재를 이해하는 것 등이 그러하다.[70] 그런 때문인지 청국 사절단은 일본 사절단에 비교해 아시아와 유럽 문명의 우위를 비교하는 경우가 적었다.

　이와쿠라 사절단은 서유럽의 대부분 국가에 대해 대단히 우호적인 시선을 보내지만, 구미 사회 내에서도 일부 후진적 국가에 대해선 비판적 시각을 드러내었다. 예를 들어, 러시아와 오스트리아 및 남유럽의 몇몇

69　위의 책, 818쪽.
70　尹德翔, 앞의 책, 87쪽.

국가들에 대한 호감도가 그리 높지 않다. 지중해 맞은편의 북아프리카 도시의 부정적 시각도 그러하다. 그런데 서양 세계를 직접 시찰하며 받아들인 인종결정론의 시각은 일본인의 자의식과 끊임없이 충돌하며 심한 자괴감을 낳은 듯하다. 여행의 막바지에 이르면 독특한 인종론이 펼치기도 하는데, 백인종은 욕망이 많은 인종이고 황인종은 욕망이 적은 인종인데, 백인종이라고 모두 문명인이라는 편견은 버려야 한다고 주장했다. 인종은 차이를 낳았지만 무조건 서열의 원리로 작동할 수 없다는 것이다.[71]

구메는 귀국선상에서 본 식민지로 떠나는 일부 거동이 무례한 서양인들을 바라보면서 동남아에서 부를 구하려는 백인들은 대부분 문명국에서 버림받은 자들이라고 했다. "같은 하얀색 피부에 금발 머리라고 해서 그들을 문명인이라 생각하는 것이야말로 큰 잘못"이라고 지적하면서 "이런 부류에 속한 사람들이 앞다투어 식민지로 와서는 원주민들을 능멸"한다고 지적했다.[72] 이처럼 아시아에서 이익을 구하려는 유럽인 중에는 본국에서 무뢰한이어서 외국으로 가는 질 낮은 사람이 많다는 흥미로운 견해를 피력하였다. 그렇지만 이런 예외적인 기사 말고는 구메의 여행기는 기본적으로 아시아인들에 대한 비판적 내용이 대부분이다.

서양 세계와 작별하고 수에즈운하를 지나 홍해와 아라비아해를 거쳐 인도양으로 항행하는 귀향길 기록은 "원주민이 사는 거리는 모두 지저분하고 누추하다"[73]라는 식의 표현으로 가득 차 있다. 홍해 주변 열대지역

---

71 전진성, 「비스마르크의 환대-『미구회람실기』에 나타나는 근대 일본의 자기모색과 프로이센」, 『史叢』 80, 2013, 116쪽.
72 구메 구니타케, 정선태 역, 앞의 책, 377~378쪽.
73 위의 책, 314쪽.

에 사는 아라비아인 관련 묘사는 꽤 전형적이다. "그들은 다만 헛되이 사람을 유지하는 데 만족해, 개화를 향해 걸음을 내디딜 생각도 없이 천년을 하루 같이 거지와 다름없는 나날을 살아왔을 따름이다. 옛날 말에 비옥한 땅에 사는 백성은 게으르다고 했다."[74] 실론 섬의 수려한 자연풍경과 열대지방의 풍요로움을 감동적으로 서술하면서도 부끄럼 없이 돈을 달라고 몰려드는 마을 아이들에 대해서 "정말이지 참을 수 없다"라면서 다시 한번 비옥한 땅에 사는 사람들의 게으른 풍속을 언급하였다.[75]

이와쿠라 일행은 비서구인들이 완고한 풍속에 빠져 문명건설을 위한 진취적인 정신을 결여했다고 평가했다. 이에 비해 아시아에서 서양인이 이룬 업적수에즈운하 건설, 인도 통치 등에 대해서는 후한 평가를 내린다. 서양인들은 근면한 태도로 생계를 이어가는 방법을 알기에 강한 힘을 가졌다고 보았다. 그렇다고 일본인 사절단 모두 똑같은 생각을 가진 것은 아니었다. 예를 들어, 일행 가운데 여행기를 쓴 구메 구니타케와 프랑스 유학생이자 훗날 일본 자유민권운동의 지도자가 될 나카에 조민中江兆民의 경우 유럽 문명과 식민지 지배에 대해 두 가지 상이한 시각을 보여준다.[76] 구메는 서양 열강이 식민지를 지배하는 것은 당연하다는 관점아래 국가의 성쇠는 기술과 재부와 인민의 기력과 관련 있다고 보았다. 앞서 언급했듯이 기후, 풍토와 같은 환경결정론의 시각에서 유럽의 지배를

---

74 위의 책, 338쪽.
75 위의 책, 355쪽.
76 1862년 다케우치 견구 사절단으로 유럽을 향하던 후쿠자와 유키치는 세계 여행을 경험하면서 아시아를 무시하는 생각을 가지게 되었으며, 일본은 동방의 유럽을 지향해야 한다고 보아 1880년대의 탈아론(脫亞論)이 이때 배태되었다고 한다(木畑洋一, 『帝國航路を往く – イギリス植民地と近代日本』, 64~68쪽 참고). 그는 『서양사정』에서 개화(開化)와 계몽(啓蒙)이라는 신조어를 만든 인물로 알려져 있다.

설명하였다. 이와 달리 나카에 조민은 프랑스 유학생 자격으로 사절단을 따라와 파리에서 유학생 신분으로 머무르며 유럽 문명을 받아들였다. 그는 기항지의 식민지를 관찰하면서 유럽의 행태를 예리하게 바라보았으며, 훗날 아시아를 지배하는 영국과 프랑스에 대한 심도있는 비판의 글을 남겼다.[77]

동남아시아는 토지와 자원이 풍부해 의식주에 부족함이 없다. 의식주에 부족함이 없자 이곳에 사는 사람들은 노력하지 않아 나태해졌다. 나태한 곳에서는 문명이 생겨나지 않는다는 것이 청국과 일본 사절단의 기본적인 문명관이었다. 즉 서양 = 문명, 중국·일본 = 반半문명, 동남아시아 = 야만이라는 구도였다. 따라서 동남아 지역은 문명의 대립점에 서 있었으며, 이와 달리 자신들을 포함한 동아시아는 구미 제국과 같은 문명화 가능성이 남아있는 곳이라고 위로하였다.[78] 그들은 말라카지역의 말레이인에 대해서 복수심이 강하고 인내력이 결여되었으며 생업에 힘쓰지 않는다며, 옛 습관과 전통을 고집할 뿐이어서 진보를 모른다고 했다. 대체로 문명과 거리가 먼 완고한 습속에 젖어있다고 폄하한 것이다.[79] 비옥한 땅의 백성은 게으르고, 척박한 환경을 가진 백성은 이를 극복하기 위해 근면 성실해진다는 논리의 연장이었다.

지강 사절단의 동남아시아 여행기 가운데 주목할 만한 소재는 화교혹은 화인 문제이다. 주지하듯이 화교는 해외로 이주한 중국인들을 지칭하므로 일본인에게는 상대적으로 관심 분야가 아닐지라도 청국 사절단에게는

---

77 木畑洋一, 앞의 책, 86~89쪽.
78 田中彰, 『明治維新』, 岩波書店, 2000, 125쪽.
79 구메 구니타케, 정선태 역, 앞의 책, 382쪽.

중요한 문제였다. 지강 일행이 상하이를 출발해 일본에 도착할 때부터 화교 관련 기사는 빈번히 등장하며, 미국에서 체결한 「벌링게임조약」의 주요 내용도 화교와 화공문제였다. 게다가 귀국길에 동남아의 여러 도시 싱가포르, 사이공, 홍콩 등에서 만난 화교 이야기 역시 여행기에 실려 있다.

장덕이는 처음 유럽으로 갈 때 들린 사이공에서 화교가 운영하는 여관에 묵으며 식사를 하였다. 현지인의 말에 따르면, 악어는 죽은 동물의 사체를 먹고 살을 찌우며 새끼를 번식시킨다. 원주민은 이런 악어를 잡아먹으나 화인중국인은 악어고기를 싫어해 먹지 않는다. 원주민이 화인 시체를 물에 빠뜨렸는데, 악어는 그 시체를 먹지 않았다. 이 말이 사실인지 아닌지는 몰라도 만약 그렇다면 악어는 지혜가 있는 것이다. 그렇지 않으면 어찌 화인은 먹지 않고 원주민만을 먹겠는가? 악어가 은혜를 알아 화인을 먹지 않는 것이라 썼다.[80] 비록 이 말은 진실이 아니지만 장덕이의 화교에 대한 우호적인 감정이 잘 드러나는 대목이다. 얼마 후 청국의 화교정책은 해외 사절단과 출사대신의 요청을 통해 큰 변화를 맞이하는데, 수백 년간 유지된 해금 제도의 폐지가 바로 그것이다.[81]

청국 사절단은 현지 화교와 원주민과 관련해 이중적인 시각을 보인 것과는 달리, 일본 사절단은 동남아시아에 널리 분포한 화교들을 원주민과 같이 미개인으로 취급하였다. 기존에 "중국과 일본은 동양과 동남아시아 중에서 문명국"이라고 생각하던 태도와 달리 해외에 거주하던 화교들을 폄하한 것이다. 이와쿠라 일행은 세계 각지캘리포니아, 워싱턴, 동남아시아 등에서 현지 화교들을 만났는데, 그들은 서양인들의 멸시를 받으며

---

80 張德彝, 앞의 책, 590쪽.
81 조세현, 「청 말 설복성의 출사일기에 나타난 해양 문명」, 『동북아문화연구』 61, 2019 참고.

아프리카 노예와 같은 대접을 받고 있다고 기록했다. 일본인들의 해외 중국인에 대한 평가는 높지 않았고 부정적인 묘사가 많았다. 과거 일본 인들이 중국인을 보면 모두 문장과 예술에 조예가 깊고 우아한 선비로 생각하는 경향이 있었는데, 이제 그 평가가 극명하게 달라진 것이다.[82]

특히 구메는 중국인의 불결함을 일본인의 청결함과 대비시키며 차별 하였다. 그가 홍콩에 들렀을 때 시내가 깨끗한 것은 영국의 지배 때문이 라고 보았다. 유럽과 아시아의 차이를 가옥 차이에서 찾았다. 서양인의 가옥은 궁전 같은데 중국인이나 원주민의 가옥은 빈곤해 작다고 하거 나, 유럽인은 청결한 데 반해 아시아인들은 악취가 나고 불결하다고 묘 사했다. 냄새의 문제는 계급과 신분의 차이를 드러내는 대표적인 키워 드였다. 그는 "지금 동양에서 오래된 나라가 많지만, 그 개화 정도가 홀 로 나가는 것은 우리나라뿐"이라며, 동아시아 가운데 문명화의 가능성 이 높은 것은 일본이라는 자부심을 드러내었다. 구메의 인식은 일본의 근대를 구미에서 구하고 유럽 문명 속에서 개화 모델을 찾으려 한 것으 로, 그 배후에는 일본의 잠재력에 대한 자신감이 작용하였다.[83] 구메의 이런 생각은 다수 일본인 여행객들이 공유한 것이다.[84]

한 연구에 따르면, 구메의 경우는 세계 인식과 자아 인식의 중간적인 매체로서 '동양'이라고 표현되는 동아시아 인식이 존재한다고 했다. 이 러한 동아시아 인식은 장덕이의 경우 그다지 뚜렷하지 않았다. 구메의

---

82 구메 구니타케, 정선태 역, 앞의 책, 411쪽.
83 방광석, 앞의 글, 363쪽.
84 한 연구자는 이와쿠라 사절단이 서양 중심의 시선으로 동양을 바라보는 오리엔탈리즘의 태도를 극명하게 나타내지만, 미개발된 자연이나 인종적 동질감을 전제로 한 아시아주의의 맹아적 행태 도 보인다고 지적한다(박삼헌, 앞의 글, 486~487쪽).

자기 인식의 특징은 서양과 동양이라는 형식으로 대비하면서 자신을 동양의 일원으로 인식하지만, 그 차이는 절대적이지 않다. 일본을 동양의 일원으로 인식하면서도 또 다른 동양청국과 조선과 다르다는 자의식이 있었다. 장덕이는 구메와 달리 동양이라는 인식 틀 자체가 존재하지 않았다. 그는 구미 문명에 맹목적으로 추종하려는 일본에 비판적이었을 뿐만 아니라 더 나아가 구미 문명에도 비판적인 경우가 적지 않았다. 장덕이에게 아시아는 중국 문명, 특히 그 핵심인 유교의 영향을 받은 지역을 의미하였다.[85] 이런 주장은 오리엔탈리즘과 연관시켜 좀 더 검토할 여지가 있다.

---

[85] 미야지마 히로시, 「'화혼양재'와 '중체서용' 재고 – 일본·중국과 구미와의 만남」, 188~203쪽.

중국과 천하는 다르다

벌링게임 사절단과 이와쿠라 사절단은 19세기 후반 청국과 일본을 대표하는 해외 사절단으로 세계 일주 여행을 했는데, 항행 중 태평양, 대서양, 인도양은 물론이고 지중해, 중국해와 같은 넓은 바다를 건넜다. 그들이 여행할 무렵 대동양에서 태평양으로 명칭이 바뀌는 과정은 동아시아인들에게 대양이라는 새로운 지리적 공간을 경험하는 놀라움과 함께 하였다. 양국 사절단의 기록에서 흥미로운 대목은 지강과 장덕이의 여행기에는 증기선과 증기기관, 풍랑과 뱃멀미 등과 같은 대양 항해의 기억이 풍부한 반면, 구메의 여행기에는 그런 내용이 생략되어 있다는 점이다. 아마도 이와쿠라 사절단의 경우 막부 말 해외 사절단의 풍부한 기록을 통해 대양 항해가 어떤지 이미 간접경험을 했거나, 혹은 일행 중에 해외 유학을 다녀온 사람들이 포함되어 있어 그 충격이 완화되었기 때문으로 보인다.

세계에서 가장 큰 바다인 태평양을 산업혁명의 놀라운 발명품인 증기선으로 건너면서 지구가 둥글다거나 바다가 육지를 감싸고 있다는 사실을 직접 눈으로 확인하였다. 그리고 대양 항해 중에 지구의 자전과 공전에 따라 밤낮과 사계절이 생긴다는 근대적 시간관념을 인식할 수 있었다. 날짜변경선의 이해, 즉 "태양의 반대 방향으로 여행하면 하루가 더 많아진다"라는 시차 문제의 자각은 근대적 시간과 거리 관념의 수용을 가져왔다. 이런 근대과학의 지구설과 지리관을 수용할 경우, 세계 어느 지역도 중심이 될 수 없다는 탈중심화로 연결되면서 전통적 중국 중심의 세계질서에 균열을 일으킬 수밖에 없었다. 예를 들어, 지강이 귀국길에 쓴 글에는 외국인으로부터 '중국'이란 명칭에 관한 질문을 받았을 때, 중국은 더 이상 지리적 중심이 아니라 도통의 맥락에서 중도中道의 나라라고 설명할 수밖에 없었다.[1] 왜냐하면 여행을 통해 중국의 남극이나 북극이 천하의 남극이나 북극과는 상이한 점이 명백해졌기 때문인데, 지리관에서 중국과 '천하'가 다르다는 사실을 인정하지 않을 수 없었다.

미국 샌프란시스코에서 워싱턴으로 이동할 때, 청국인 일행의 경우 파나마지역을 육로로 지나면서, 일본인 일행은 미 대륙을 횡단하면서 각각 기차라는 놀라운 교통수단을 만났다. 미국에서 영국으로 가기 위해 대서양을 건너는 과정에서도 대형증기선의 존재, 신대륙으로의 이민, 리버풀 항구의 모습 등을 경험할 수 있었다. 그뿐만 아니라, 근대 대양 세계를 상징하는 또 다른 키워드인 등대와 해저케이블의 역사와 현재를 확인하였다. 세계 일주 항로에서 만난 이런 경험들은 구미 현지에

---

1   志剛, 『初使泰西記』(『走向世界叢書』第1輯 第1冊), 岳麓書社, 1985, 376쪽.

서 맞부딪힐 해양 문명의 서곡에 불과하였다.

귀국 항로에서도 마르세유 항구를 출발해 지중해 세계를 항행하면서 해양 제국 영국이 만든 제국 항로를 눈으로 목격하였다. 특히 지중해와 홍해를 잇는 수에즈운하는 미국 대륙횡단철도와 더불어 19세기 최대의 토목공사로 알려져 있다. 장덕이가 조기 귀국할 때만 하더라도 미완공이어서 육로로 통과했으나, 벌링게임 사절단과 이와쿠라 사절단은 직접 통과하는 감격을 맛볼 수 있었다. 실제 통과 여부를 떠나 수에즈운하는 동아시아 지식인들에게 우공이산에 빗댈만한 충격이자 서양 해양 문명의 상징이었다. 수에즈운하를 통과한 후 인도양과 중국해를 항행하는 과정은 상대적으로 짧게 기록했는데, 아마도 그들의 출사 목적이 구미 국가의 탐방이었기 때문일 것이다.

벌링게임 사절단은 미국에서 「청미속증조약」과 같은 가시적인 성과를 올렸으나, 이와쿠라 사절단은 조약개정 담판이 실패로 돌아가면서 구미 현지 시찰로 방향을 선회하였다. 양국 사절단은 미국에서 증기선과 기차를 경험하면서 교통망의 중요성을 인지하였다. 그리고 자본주의가 저널리즘의 발달과 불가분의 관계를 지닌다는 사실에 주목해 신문과 통신의 영향력에 주목하였다. 또한 문명개화에 있어 교육을 강조하는 정책을 보면서, 애국심을 강조하는 교육 내용에도 관심을 가졌다. 영국에서 두 사절단 모두 뚜렷한 외교 성과는 없었다. 하지만 영국이 석탄과 철강을 동력으로 한 산업정책을 추진한 사실에 매료되어 런던, 리버풀, 맨체스터 등지의 조선소, 증기차 제작소, 제철소, 나사공장, 방직공장, 고무공장, 제당공장 등 많은 공장들을 방문하였다. 영국의 상업정책에도 관심을 가져 상공인회의소 등 무역 관련 조직들도 견학하였다. 이런 시찰 대상에는 해양 관련 시설들도 적지 않았다.

우선 미국과 영국의 해군체제에 대해 살펴보았다. 근대를 상징하는 대표적인 해양 문명으로는 증기 기관으로 움직이는 증기선과 대형함포를 구비한 군함 등을 꼽을 수 있는데, 특히 '견선리포堅船利炮'로 기억되는 서양의 군함과 대포는 경이로운 존재였다. 청국과 일본의 관료·지식인들이 가장 주목한 것은 군사 무기 분야인데 증기선, 철갑병선, 수뢰, 철포선, 면화화약, 군수공장, 포대, 수사 훈련 등은 여행기와 일기 곳곳에 나타난다. 실제로 보고서에는 군함의 구매, 신식 철갑선의 기억, 신형 군함 진수식의 참가, 함포의 제작 과정, 서양 해군의 역사, 해군학교 참관, 군함 무기의 장착 과정, 해안포대의 참관 등 여러 경험이 실려 있다. 이를 통해 양국 사절단이 군함과 대포를 어떻게 관찰했으며 왜 그들이 근대 해군의 건설에 집착했는지 알 수 있다.

다음으로 미국과 영국의 해양 문화를 살펴보았다. 두 나라 사절단은 미국과 영국에서 의회, 시청, 우정국, 군대, 감옥, 은행, 신문사, 공장, 학교, 도서관, 박물관, 미술관, 천문대, 수족관 등을 탐방했고 천문학, 생물학, 지질학, 광학, 공학, 전화기, 유성기, 사진기 등을 경험하였다. 그 가운데 현지에서 감탄한 해양 문화로는 어정과 선정의 합리성금어 기간과 선원훈련 등, 해양법과 만국공법, 해양기술해저널, 해저 인양, 해저전선 등, 동물원과 수족관의 신기한 어류고래 등, 해양스포츠와 해수욕 등이 있었다. 대양 항해 중에 경험한 해양 인식이 미국과 영국 현지 고찰을 통해 더욱 심화되었다. 여기서는 청국과 일본의 대륙과 섬이라는 지리적 환경에 따라 해양 문명을 바라보는 인식 차이가 일부 드러난다.

보통 중국 근대사에서 양무운동의 한계로 '견선리포'와 같은 해군 건설에만 집착한 것이 한계였다는 평가와 관련해, 벌링게임 사절단 여행기를 살펴보면 해군체제를 비롯한 물질 문명뿐만 아니라 사회, 풍속이나 정치, 교육 등 다양한 제도와 문화를 수용하려는 노력이 여행기 곳곳에 나타난다. 미국과 영국의 해양 문화를 보더라도 서양 사회의 이면에 작동하는 각종 법·제도와 사상·문화에 적지 않은 관심을 드러내었다. 따라서 기존 해석은 일부 타당성이 있지만 물질과 제도 및 정신 문명의 수용 과정을 단계론적인 순서대로 파악했기보다는 자신들이 필요하다고 판단한 서구 문명의 여러 요소를 선택적으로 수용했다고 보는 것이 더욱 적절할 듯싶다.

청국과 일본 사절단의 여행기를 비교하면, 미국과 영국에 비해 유럽 국가들의 해양 문명 관련 기사가 풍부하지는 않지만 그래도 대서양과 발트해 연해 국가들을 중심으로 나름대로 해양 강국을 추구한 사실을 확인할 수 있다. 이와 관련해 여행기에는 해군 건설과 조선업, 해군 장교와 사병의 선발과 대우, 해군의 군비, 선박의 항구 내 정박과 관리, 해관과 보세창고, 항구의 운영과 선박 수리, 수산업과 양식업 등 다양한 내용들이 고루 실려 있다. 동아시아 여행자들은 유럽대륙 가운데 프랑스가 유럽대륙에서 가장 강대국으로 인식했으며, 프로이센은 새롭게 흥기하는 경쟁자로 보았다. 러시아는 상대적으로 근대화가 덜 된 제국으로, 오스트리아는 이미 노쇠한 제국으로 생각하였다. 여기서 기억할 만한 사실은 영국의 경우 기본적으로 해양을 기초로 자신의 근대 문명을 구축한 것과는 달리, 유럽대륙의 많은 국가들은 해양이란 요소는 자신의 근대 문명 가운데 일부만을 구성한다는 점이다. 바다와 인접하지 않은 내륙 국가의 경우는 더욱 해양 문명과 거리가 멀었다.

다나카 아키라의 '소국주의'에 따르면, 『미구회람실기』가 들고 있는 대국은 미국, 영국, 프랑스, 러시아, 독일, 오스트리아 등이다. 그중에서도 미국, 영국, 프랑스를 3대국이라고 했다. 소국으로는 벨기에, 네덜란드, 스위스, 덴마크 등이 포함된다. 그는 『미구회람실기』에서 소국에 대한 공감을 보여주는 기술이 풍부함에도 지금까지 오랫동안 전혀 주목받지 못했다고 주장한다.[2] 미국, 영국, 프랑스와 같은 대국보다 소국에 주목한 사실의 주요 근거로 군사 분야 관련 무관심을 제시하는데 과연 적절한 평가일까? 근대적 해군 건설을 중심으로 한 군함, 대포, 소총 등에 대한 집착에 가까운 관심은 이미 막부 말 여러 해외 사절단에서 충분히 반복적으로 강조한 사실이다. 이와쿠라 일행이 대양 항해를 할 때 넓은 바다를 경험한 사실을 다시 기술할 필요가 없었듯이, 군이 군사 분야 관련한 일반적인 사실을 여행기에 다시 언급할 필요가 없었을 것이다. 게다가 『미구회람실기』에는 해군 분야에 제한해 보더라도 기술 내용이 여전히 적지 않다. 그뿐만 아니라 구메의 보고서는 기본적으로 구미 열강의 국력에 따른 서술 분량을 보여주고 있어 소국 관련 내용이 특별히 많은 것은 아니다. 따라서 그의 소국주의 주장은 제한적으로 받아들여야 할 듯싶다.

청국과 일본 사절단이 귀국 과정에서 항행한 인도양과 남·동중국해 기록은 다른 대양 기록보다 상대적으로 간결하다. 그 까닭은 아마도 대양 항해에 어느 정도 익숙해졌기 때문일 수도 있고, 긴 여행에 피로가 누적된 탓일 수도 있다. 무엇보다 구미 국가를 방문하는 것이 사절단의 주요

2 　다나카 아키라, 현명철 역, 『메이지 유신과 서양 문명 – 이와쿠라 사절단은 무엇을 보았는가』, 소화, 2006, 79쪽.

목적이었던 만큼 아시아에 관한 관심이 상대적으로 적어서일 가능성이 높다. 하지만 이와쿠라 사절단의 경우 출발 전 수집한 정보가 있던 탓인지 아시아 각국의 해항도시 관련 개괄적인 소개를 충실히 하였다. 직접 방문하지 않은 포르투갈, 스페인은 물론 인도의 콜카타, 동남아의 여러 지역들, 대만 등을 소개한 기사에서도 알 수 있다. 그런데 동남아 화교에 대해서 청국 사절단은 원주민과 구별해 애정 어린 눈으로 바라보지만, 일본 사절단은 그들을 비위생적이고 냄새나는 사람들로 폄하해 원주민과 뚜렷한 차별을 드러내지 않았다. 특히 아시아의 해항도시는 잠시 방문한 탓이지 바다와 관련한 기록을 남긴 사례는 드물었다.

두 사절단이 바라본 유럽과 아시아의 문명관은 서구 중심적 오리엔탈리즘을 얼마나 충실하게 반영하고 있을까? 벌링게임 사절단의 한계에 대해 지적하는 글이 많지만, 그럼에도 불구하고 사절단이 중국의 전통적 화이華夷체제를 벗어나 서구적 조약체계로 나아가려 노력한 사실은 높이 평가할 만하다. 하지만 지강이나 손가곡이 귀국 후 중용되지 못하고 역사 속에서 사라지거나, 심지어 신식지식인으로 분류되는 장덕이가 여전히 중국의 전통문화에 대한 신념이 별로 흔들리지 않은 사실 등을 보건데, 여전히 서구 문명에 대한 중화 문명의 우월성을 포기하지 않았다. 이와 달리 이와쿠라 사절단은 구미 사회에서 유행하는 서양 중심의 문명관을 받아들이면서 아시아를 멸시하는 사고방식이 두드러졌다. 특히 정치개혁과 산업화라는 두 가지 근대화 방침에 확신을 가지면서 아시아인이 유럽 열강의 지배를 받는 것은 당연하다는 우승열패優勝劣敗의 세계관을 드러내었다. 비록 개인마다 견해 차이가 있었지만 구메의『미구회람실기』로 제한해 보면, 예외적인 기사가 없진 않으나 서구 우월주의 시각이 분명한 편이다. 그래서인지 일본학계에서는 서양의 근대 문명을 받아들이는 메이지 일본이라는 구도 속에서 이와쿠라 사절단의 역사적 의미를 규정한다.

제2부

조선 사절단의
대양 항해와 해양 문명

제4장
수신사와 조사시찰단이 방문한
해국海國 일본

1. 수신사와 조사시찰단의 일본 항로

1) 윤선과 시간관념

수신사修信使와 조사시찰단朝士視察團 일행 관련 주제 연구 가운데 해양 문명에 대한 연구 성과는 거의 보이지 않는다. 그 까닭은 이들의 여행기나 일기에는 해양 관련 기사가 단편적으로만 나와 있어 어떤 특정 인물이나 사절단의 자료만으로는 분석하기에 한계가 있기 때문이다. 따라서 수신사와 조사시찰단의 보고서에 나타난 해양 관련 단편 기사들을 가능한 모아 몇 가지 주제별로 나누어 편집하는 방법을 통해서야만 해국海國 일본의 이미지를 드러낼 수 있다.[1] 우선 수신사의 항해 과정부터 살펴보자.

---

[1] 수신사(修信使) 관련 국내 학계의 연구는 초기에는 정치 외교사적으로 접근했고, 1990년대 이후에는 출사대신들의 근대문화에 대한 태도를 다루는 경우가 많았다. 대표연구자로는 허동현, 하우봉, 한철호, 이효정 등의 글이 있다. 전문연구서는 허동현의 조사시찰단(朝士視察團) 연구인 『근대한일관계사연구』, 국학자료원, 2000 이외에 별로 보이지 않으나, 연구논문들은 열거하기 번거로울 정도로 많다. 일본학계의 경우는 다보하시 기요시(田保橋淸)의 『근대일조관계사의 연구(近代日鮮關係史の硏究)』와 같은 초기 연구를 비롯해 뛰어난 실증연구가 일부 있지만, 수신사 자체보다는 일본의 외교 현황이나 대(對)조선 인식을 다룬 연구가 많은 편이다.

제1차 수신사 일행은 1876년 4월 말 부산 영가대永嘉臺에서 해신제를 지낸 후 일본 선박인 고류마루黃龍丸를 타고 도쿄로 향하였다.[2] 통신사 시절처럼 해신제를 지내는 전통적인 풍속은 여전히 유지되었다. 1868년에 진수한 고류마루는 미쓰비시 회사 소속의 우편 기선으로 목재와 철이 혼합된 배였다. 배수량은 617톤으로 서양식 선박치고는 큰 배는 아니었으나 처음 윤선을 본 사절단의 정사 김기수金綺秀에게는 엄청난 배였을 것이다. 김기수가 처음 접한 근대 해양 문명은 바로 윤선화륜선, 증기선, 기선 등으로 나타남인데,[3] 아마도 윤선을 타고 먼바다를 건넌 최초의 조선 고위 관료였을 것이다. 그의 기록에는 윤선에 대한 묘사가 적지 않다. 김기수는 윤선을 보고 내심 놀랐으나 위신과 체면 때문에 제대로 살펴보지 못하였다. 여행기에 「승선 9칙乘船九則」을 실어 나름대로 증기선의 구조와 운행 과정을 소개하였다. 선박은 증기기관으로 이루어졌으며 움직이는 힘은 석탄에서 나오는데, 석탄에 불이 붙으면 기계가 저절로 돌아간다고 설명했다. 하지만 "대개 한 척의 배가 모두 기관이라, 한 개의 기관이 고장 나면 배가 움직이지 못하게 된다"[4]라며 애써 폄하했다.

일본 정부는 수신사가 자국으로 건너오기 전에 미리 「함내규칙艦內規則」을 한역해 조선 측에 전달하였다. 사카다 모로토의 『항한필휴航韓必携』에 따르면, 「함내규칙」은 윤선을 타면 지켜야 하는 규칙을 안내한 것으로,

---

2 수신사의 방일 경로는 보통 부산포(혹은 제물포) → 시모노세키(馬關), 혹은 아카마가세키(赤間關) → 고베(神戶) → 오사카(大阪) → 요코하마(橫濱) → 도쿄(東京) 순이었다. 이때 고베 → 오사카, 요코하마 → 도쿄 구간은 기차를, 나머지 구간은 윤선을 주로 이용하였다.

3 일본식 근대 번역어가 수신사를 통해 들어온 흔적을 발견할 수 있다. 게다가 번역어휘가 변화하는 경향을 찾을 수도 있는데, 예를 들어 화륜선(火輪船) → 증기선(蒸氣船) → 기선(汽船), 화륜차(火輪車) → 기차(汽車), 등명대(燈明臺) → 등대(燈臺), 해관(海關) → 세관(稅關) 등이 있다 (송민, 「일본수신사의 신문명어휘 접촉」, 『어문학논총』 7, 1988, 64쪽).

4 김기수, 구지현 역, 『일동기유(日東記游)』, 보고사, 2018, 40쪽.

〈그림 1〉 제1차 수신사(1876년)의 책임자 김기수   〈그림 2〉 제1차 수신사 기록물인 『수신사일기(修信使日記)』

이를 전달한 까닭은 원래 조선인이 의심이 많고 처음 서양의 큰 배를 타므로 안내하지 않으면 문제가 생기지 않을까 염려되어 규칙을 전했다고 썼다.[5] 김기수 일행인 안광묵安光默의 여행기에는 윤선 연료인 석탄에 대한 언급이 엿보인다. 귀국길 일기에서 화륜을 돌리는 데 쓰는 원료는 석탄인데, 석탄이 넉넉하지 않자 나룻배로 운반해 윤선에 옮겨 실었다면서 "작은 것은 주먹 크기만 했고 큰 것은 다듬잇돌만 했는데"[6] 부산으로 돌아가는 데 쓸 것이라고 썼다. 보통 연료를 석탄에만 의존할 수 없어, 바람이 순풍일 경우에는 돛을 이용하는 전통적인 방식을 병용하였다.

고류마루는 불과 며칠 만에 김기수 일행을 요코하마항까지 데려다주었다. 김기수는 여행경유지마다 배가 언제 출발했는지 어느 항구에 도착했는지 정확하게 기술하면서, 배가 움직인 거리와 시간도 함께 기록

5   사카다 모로토, 이효정 역, 『항한필휴(航韓必携)』, 보고사, 2018, 30쪽.
6   안광묵, 구지현 역, 『창사기행(滄槎紀行)』, 보고사, 2018, 163쪽.

하였다.[7] 통신사 시절처럼 더 이상 세토나이카이瀨戸內海나 도카이도東海道를 통해 일본을 유람할 수 없었고, 도쿄로 가는 도중 수신사가 견문할 수 있는 장소는 서구화된 항구도시에 한정되었다.[8] 윤선은 기차, 전신과 더불어 시공간의 압축을 명확하게 보여주는 근대의 산물이다. 당시 일본은 1868년 시모노세키와 고베, 고베와 요코하마 등과 같은 주요 항구 사이에 윤선을 정기 운항하였다. 정부가 민간에 거액의 정부 보조금을 지원해 해운업 융성을 도모했는데, 우편 회사와 같은 민간 선박에 자금과 설비를 지원하였다. 1870~1880년대에는 국내 해상 항로는 물론 청국-일본 간 국제노선이 만들어졌으며, 이를 통해 전 세계 항로와 연결되었다. 그뿐만 아니라 메이지 정부는 등대와 부표 등 선박 항행을 위한 안전시설을 설치하고 항만을 수축하며 조선소를 운영하였다.

제2차 수신사 일행인 박상식朴祥植의 시에는 "만 리 푸른 물결에 저들 배를 타고 오니, 인정도 지세도 모두 아득하구나"[9]라며 일본의 배는 화륜선으로 낯설고 해괴한 서양 기술을 받아들인 것이라며 비판하였다. 처음 타보는 화륜선의 설명은 간략했지만, 화륜선의 운영세칙을 일기에 상세히 기록한 것을 보면 마냥 무시했다고만 볼 수 없다. 그는 요코하마에서 돌아오는 길에 다카사고마루高砂丸를 탔는데, 선박 크기가 전에 탔던 비각선飛脚船의 열 배라며 놀랐다. 선실이 위아래로 나뉘어 있고, 짐의 길이와 너비를 계산해 요금을 매긴다고 썼다.

---

7   신승엽, 「새로운 시간적 질서로의 여행 – 19세기 말 조선 외교사절단 및 지식인들의 근대적 시간 경험에 관한 연구」, 『Journal of Korean Culture』 36, 한국어문학국제학술포럼, 2017, 169쪽.
8   이효정, 「1881년 조사시찰단 사행록 검토 – 송헌빈(宋憲斌)의 『동경일기(東京日記)』를 중심으로」, 『동북아시아문화연구』 62, 동북아시아문화학회, 2020, 28쪽.
9   박상식, 부산박물관 역, 『동도일사』, 서해문집, 2017, 66쪽.

김기수는 일본으로 항해하던 중 선상에 서양인 선원이 있는 것을 발견하곤 일본 측에 항의하였다. 서양인의 운항 실력이 뛰어나 안전을 위한 조치라고 설득했으나 생각을 꺾지 않았고, 결국 외무성을 통해 교섭한 후 서양인을 하선시키도록 만들었다. 당시 조선 사람들은 해상을 왕래하는 외국인들이 뭍에서 여자를 만나면 강간이나 윤간하는 괴물처럼 여겨 외국 배가 오면 우르르 도망가 숨어버리는 경우가 많았다. 실은 일본도 개국 시기 외국 배가 나타나면 고향을 버리고 피난을 가는 경우가 적지 않았다. 박상식도 자신의 배에 여러 나라 사람이 함께 탔는데, 매번 양인洋人을 만나면 "한기가 느껴지고 모골이 송연해" 가까이할 수가 없었다며 김기수와 같은 거부감을 드러내었다.[10] 하지만 다른 수신사나 조사시찰단의 경우 외국인 선장에 대한 적대감을 드러내지 않았으며, 오히려 그들의 항해술이 뛰어나 일본인이 고용해 배를 맡긴다고 담담히 기술하였다.[11]

조사시찰단의 이헌영李𧩮永은 윤선을 묘사하며, 바깥엔 연통이 우뚝 솟아 있고 안에는 기륜이 쌍으로 돌고 있으며, 뱃머리에는 시계와 나침판이 달렸는데 크고 정교하며 호화로운 모양새는 참으로 처음 보았다고 했다.[12] 그러면서 "윤선이 하루에 천 리를 가고, 기차가 한시에 백 리를 가는 것은 어찌 인력으로 이룰 수 있겠는가! 해상의 등대와 국내의 철로가 이 때문에 설치된 것이다"라며 높이 평가했다.[13] 같은 조사시찰단의

---

10 박상식, 장진엽 역, 『동도일사(東渡日史)』, 보고사, 2018, 50쪽.
11 민건호, 유종수 역, 『동행일록(東行日錄)』, 보고사, 2020, 75쪽.
12 한철호, 『한국 근대의 바다 – 침략과 개화의 이중주』, 경인문화사, 2016, 83쪽 재인용.
13 이헌영, 「견문록」, 『일사집략(日槎集略)』, 민족문화추진위원회 편, 『(국역)해행총서』11, 아세아문화사, 1979, 5쪽.

송헌빈宋憲斌은 윤선을 좀 더 자세히 묘사하였다. 그는 선박 구조를 소개하며, "상·중·하 삼등三等의 구분이 있어 비록 신분이 낮은 사람일지라도 상·중등실의 뱃삯을 내면 상·중등실에 있는 것이고, 신분이 높거나 중간인 사람이라도 하등실의 뱃삯을 내면 하등실에 있는 것이다. 배의 중앙에는 화륜기가 설치되었고, 배 밖 양쪽 가장자리에는 큰 철륜鐵輪이 설치되어서 이것을 명륜明輪이라고 부른다. 마치 배가 나는 듯이 빠른데 이전에 탔던 안네이마루安寧丸와 비교하면 이 배가 3분의 1 정도 더 빠르다"[14]라고 묘사했다. 같은 배를 탔던 민건호閔建鎬는 윤선의 선실구조에 흥미를 느껴 방 안에 있던 여러 설비들을 소개하였다.[15] 대체로 수신사의 방문 횟수가 늘어남에 따라 윤선 관련 기술 분량이 줄어드는 경향을 보이는데, 윤선에 대한 정보나 경험이 풍부해졌기 때문일 것이다.

갑신정변 실패 후 보수적인 인사들로 구성된 제5차 수신사 일행인 박대양朴戴陽의 글에는 "기름 태우는 냄새가 스멀스멀 눈과 코를 통해 들어오고, 어지러운 기계 소리 계속해서 사람들의 장부를 뒤집으니, 실로 견디기 어렵구나"[16]라고 썼다. 그에게 이전에 경험하지 못한 기계 문명의

14　송헌빈, 『동경일기(東京日記)』, 4월 26일(이효정, 「근대전환기 조선인의 메이지(明治) 일본 견문 - 민건호의 『동행일록(東行日錄)』을 중심으로」, 『국어국문학』 184, 2018, 355~356쪽 재인용).

15　(요코하마에서 귀국선을 탈 때) 민건호는 "작은 배를 타고 부두 밖으로 나가 미쓰비시(三稜) 회사의 나고야마루(名護屋丸)에 올랐다. 배는 길이가 1구지(緱地)이고 폭은 5칸 정도인데, 좌우에는 수레바퀴가 있으며 선장은 서양인이었다. 배 위에는 작은 배 8척이 매달려 있고, 상중하 3층으로 되어 있다. 상층의 좌우에는 방이 있는데 방안에는 2층 침대가 있고 1층에는 거상(踞床)이 있으며 유리창, 거울, 세면대, 유리수종(琉璃水鍾), 침대 등이 있다. 중간층의 좌우에 있는 방 안에는 2층과 같은 침대가 있고 1층과 같은 거상이 있으며 유리창이 있다. 중간층의 중간에는 탁상을 설치해 유리등을 달아 놓았다. 탁상 위에는 무늬가 있는 서양 포를 덮었고 서양 음식을 진열해 놓았으니 모여서 식사하는 곳이다. 화륜선의 제도가 전에 탔던 비각선(飛脚船)의 그것에 비해 더욱 헤아리기 어려웠다. 청국인, 서양인, 일본인 남녀들인데, 같은 배를 탄 사람의 숫자를 알지 못할 정도이다"라고 썼다(민건호, 유종수 역, 앞의 책, 122~123쪽).

16　박대양, 장진엽 역, 『동사만록(東槎漫錄)』, 보고사, 2018, 25쪽.

부산물이 자극적이고 거슬렸던 까닭에 화륜선의 편리함보다는 평온한 상태를 파괴하는 존재로 다가온 것이다.[17] 일본 상선을 얻어 타고 어렵게 일본행을 한 마지막 수신사 일행은 윤선을 달갑지 않은 존재로 여겨 애써 무시하는 퇴행적인 모습을 보였다.

수신사의 윤선을 이용한 일본행은 과거 통신사通信使의 범선을 이용한 여행과 비교할 때 시간과 거리 관념에 변화가 나타나서 흥미롭다. 조선 시대 한양과 북경 사이를 오고 가던 육로를 기록하기 위해 삼은 기준은 기본적으로 시간보다는 거리였다. 이런 거리를 중심으로 하는 서술 체계는 개항 이후 일본을 방문하기 위해 윤선을 타고 바다를 건너면서 조금씩 달라졌다. 해상여행에서 시간이 여행자가 있던 위치변화를 나타내는 변수로 등장한 것이다. 조선시대 통신사가 탄 배는 목선이어서 바람과 같은 자연적 동력과 수부의 순수한 노동에 의존했기 때문에 느리고 이동하는 시간이 불규칙하였다. 따라서 선원들이 준수해야 할 국제적 표준시간이 존재하지 않았다. 반면에 윤선은 석탄 연료를 공급받는 기계장치여서 속도를 조절하는 것이 가능하였다. 윤선은 정해진 시간표에 따라 운행하기 때문에 승객들은 자신이 언제쯤 도착하는지 알 수 있었다.[18] 이러한 선명한 시간관념은 김기수 일행의 여정에서부터 나타난다.

메이지 정부는 태양태음력 1872년 12월 3일을 기준으로 구미 국가와 같은 태양력으로 바꾸어 양력 1873년 1월 1일로 삼았다. 주야 12시간제를 24시간제로 바꾸고, 서양처럼 1주 7요일제를 채택하였다. 전통

17　이효정, 「1884년 조선 사절단의 메이지 일본 경험」, 『古典文學硏究』 35, 한국고전문학회, 2009, 490쪽.
18　신승엽, 「새로운 시간적 질서로의 여행―19세기 말 조선 외교사절단 및 지식인들의 근대적 시간 경험에 관한 연구」, 167~168쪽.

적인 5절기가 폐지되고 황실 중심의 국가기념일을 제정하였다. 이는 서양 열강과의 호환성 확보는 물론 전통과의 단절을 위한 조치였다.[19] 제2차 수신사의 박영효朴泳孝는 외교적 필요에 따라 양력을 의식했는데, 이때 시간관념의 변화가 나타나 흥미롭다. 그가 이노우에井上와 서신을 왕래하면서 조선 달력과 일본 달력 차이를 고려해 음력을 쓰면서도 상대방의 달력을 '귀력貴曆'이라 하면서 서로 오해가 없도록 표기하였다. 중국연호가 아니라 '개국 491년'으로 표시해 메이지 연호와 대칭을 이루었는데, 이것은 세계표준 시간으로 조정하려는 노력으로 보인다. 귀국할 무렵에는 서양의 24시간제를 사용하기도 했다. 이는 박영효가 태극기 사용이나 국한문혼용과 같이 근대 국민국가 체제에 적응하려는 상징적인 행동으로 보인다.[20] 과거 통신사나 연행사가 거리를 기준으로 여행기를 기술한 것과 달리 이제는 점차 시간날짜을 기준으로 서술하기 시작한 점은 기억할 만하다. 다음의 한 사례를 보면 확인할 수 있다.

8월 7일, 오전에 번개 치고 비가 내림

신은 본년 5월 28일 하직 인사를 올리고 6월 25일 부산포에서 협동상사 배 지토세마루千歲丸를 빌려 타고 26일 축시에 출발해 같은 날 술시에 아카마가세키에 도착했습니다. 27일 해시에 출발해 29일 사시에 고베항에 도착했습니다. 배가 작아서 대양을 건너지 못하므로 대선이 오기를 기다리며 닷새를 여관에 유숙하고 7월 초4일 술시에 와카우라마루和歌浦丸로 갈아타고 초6

19 허동현, 『근대한일관계사연구』, 국학자료원, 2000, 193~195쪽.
20 신승엽, 새로운 시간적 질서로의 여행 - 19세기 말 조선 외교사절단 및 지식인들의 근대적 시간 경험에 관한 연구」, 190~194쪽.

일 묘시에 에도에 도착하였습니다. 8월 4일에 다시 출발해 유시에 다카사고
마루高砂丸에 승선해 6일 묘시에 고베항에 도착해 하루를 묵었습니다. 초8일
유시에 지토세마루로 갈아타고 11일 술시에 부산포로 돌아왔습니다. 왕복한
거리를 계산하면 수로 7,320리, 육로 190리입니다.[21]

여기서 분명한 사실은 조선 지식인들에게 해외 여행과 체류는 태양력
과 태양시를 학습할 중요한 기회를 주었다는 점이다. 양력과 음력을 비교
하고 서로의 역법을 확인하여, 약속을 잡는 과정에서 시간 혼선을 피할
수 있었다. 아울러 윤선뿐만 아니라 기차와 같은 근대적 교통수단의 경험
은 좀 더 정확한 시간관념을 형성시켜 막연한 거리 관념을 대체하였다.
그래서인지 조사사절단부터는 태양력과 태양시를 정확히 알고 있었다.
하지만 조선 정부는 한참 후인 갑오경장으로 청국의 종주권을 부정한 후
에야 어윤중魚允中 등에 의해 태양력을 채택하였다. 즉 1895년 11월 17일
을 1896년 1월 1일로 고쳐 새로운 달력인 양력을 사용하였다.

2) 항해와 공간 인식

수신사의 항해노선을 간단히 요약하면 부산 → 시모노세키 → 고베 →
요코하마 → 도쿄 순이며, 귀국 항로는 역순이다. 부산과 요코하마 사이
는 윤선을, 요코하마와 도쿄 사이는 기차를 이용하였다. 조선 후기 통신
사행과는 뚜렷한 차이를 보인다. 우선 수신사는 조선 선박 대신 일본 윤
선을 이용했으며, 조사시찰단을 제외하고는 쓰시마를 경유하지 않았다.

---

21 박상식, 장진엽 역, 앞의 책, 98~99쪽.

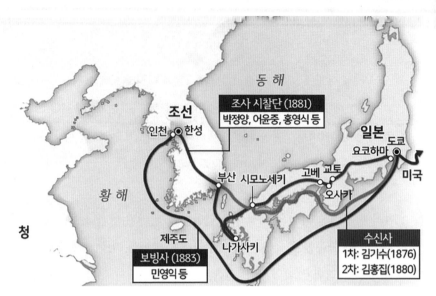

〈그림 3〉 초기 조선 사절단의 해외 출사 경로

쓰시마에 가지 않는 까닭은 윤선을 이용했기 때문에 특별한 위급상황이 아니면 굳이 정박할 이유가 없었기 때문이다. 쓰시마는 이제 조일 관계에서 변경이 되었다. 그리고 통신사는 오사카→에도도쿄 사이를 육로로 갔지만, 수신사는 고베→요코하마 사이를 해로로 갔다.[22] 부언하자면, 통신사는 보통 부산에서 오사카 주변의 요도우라淀浦까지는 해로로, 다시 육로로 에도로 가는 데까지 모두 3개월이 걸린 데 반해, 수신사는 일부 체류 기간을 포함하고도 일주일에서 열흘 정도면 충분히 도쿄로 갈 수 있었다. 교통기관의 혁명인 윤선과 기차의 출현에 따른 변화였다.[23] 하지만 항해 구간에서는 통신사와 유사한 풍랑과 뱃멀미 경험을 겪기도 하였다.

부산 영가대에서 해신제를 지낸 후 출항한 제1차 수신사의 김기수는 바다에 대한 첫인상을 다음과 같이 묘사하였다.

---

22 박상식, 부산박물관 역, 앞의 책, 19쪽.
23 고정휴, 「태평양의 발견-그 바닷길의 개통과 조선사절단의 세계일주 기록 검토」, 『한국사학보』 73, 2018, 87쪽.

부산포에서 승선해 대양에 나오니 위아래가 모두 푸른색이었고 사방을 바라보아도 끝없이 넓고 아득하였다. 옛사람이 이른바 '일엽편주에 맡겨 만경창파를 넘는다'라고 한 것은 강에 배를 띄운 것에 불과하니 만약 이런 상황에 맞닥뜨리면 어떻게 표현하였을까? 장풍을 타고 만 리 물결을 깨뜨리며 가는 것과 비교하면 이것 역시 사소한 구경일 것이다. 이제 하늘과 땅이 붙은 곳도 끝난 곳도 없는데 거센 파도 위에 나 홀로 앉아있으니 양쪽 겨드랑이가 가뿐해져서 곧바로 바람을 타고 날아오르는 듯하였다.[24]

김기수는 지금까지 살아오면서 단발하고 문신을 새긴 일본인을 눈으로 본 적이 없고 세찬 파도와 물결을 발로 건너본 적도 없는데, 이상한 언어와 기괴한 풍습을 따르고 물고기와 용이 있는 바다를 상대해야 한다면 두려워하거나 위축되지 않는 자가 거의 없을 것이라고 감상을 피력하였다.[25] 몇 년 후 조사시찰단의 민건호도 "밤중에 운항할 때 만경萬頃의 끝없는 바다에는 오고 가는 윤선들이 등불을 매달고 있었다. 하늘에는 별이 있고 바다에는 등불이 있으니, 하늘과 바다가 똑같았다. 위를 보고 아래를 보니 너무도 광활하고 아득하여 창해의 한 좁쌀이라는 탄식이 절로 나왔다"[26]라고 느낌을 밝혔다.

통신사 시절부터 수신사 시절까지 대양 항해에서 빠지지 않고 등장하는 강렬한 기억은 뱃멀미이다. 김기수의 여행기에는 쓰시마를 지나 일본으로 가던 중 처음 뱃멀미를 겪었다. 일행은 고베에서 내해를 벗어나

---

24 김기수, 구지현 역, 앞의 책, 62쪽.
25 위의 책, 18~19쪽.
26 민건호, 유종수 역, 앞의 책, 130쪽.

요코하마로 가던 도중 대양太平洋에서 또다시 더 심한 뱃멀미를 겪었다. 김기수는 이런 경험에 대해 다음과 같이 기억하였다.

이튿날 출발해 2백여 리 가서 홀연 태풍을 만났다. 이때 사방이 깜깜한 밤이었다. 배 안의 사람들은 모두 당황해 어쩔 줄 몰라 어디에서 죽을지조차 몰랐다. 나 역시 동서로 넘어지고 고꾸라져서 일신을 마음대로 하지 못했다. 배는 일정치 않게 뒤집혀서 물결이 선창으로 들어오고 물이 잠자리로 흘러들어 옷소매가 다 젖었다. 눈앞에 있는 찻잔과 술잔, 필기도구가 저절로 튀어 올랐다 떨어지며 부딪쳤다. 이때 배 안 사람들은 이미 정신을 잃고 쓰러졌다. 선실을 나누는 판자문과 휘장이 모두 열리고 말려 올라갔다. 배 안이 온통 고요하고 멍멍하여 한 사람도 없는 듯했고, 때로 바람과 파도 소리가 들리면 기물이 부딪쳐서 깨지는 소리가 마치 공중에서 번개가 쳐서 나무가 꺾이고 지붕이 뽑히는 소리 같았다.[27]

이와 같은 거친 풍랑 중에 선장이 와서 다시 출발한 곳으로 돌아가야 한다고 해서 김기수는 어쩔 수 없이 허락하였다. 그는 파도가 부산과 아카마가세키赤間關＝시모노세키 사이보다 더 심하다면서, 출항하자 일행들이 모두 음식을 먹지 못하고 이불을 뒤집어쓰고 누웠으니 애처롭기도 하고 밉기도 하다고 기억했다. 일행은 위험한 파도를 경험하며 이틀 밤낮으로 고생해 겨우 요코하마에 정박하였다. 이후 수신사 사절단인 박상식, 박대양 등의 기록에도 뱃멀미는 빠지지 않았다. 조사시찰단의 강진형姜

27 김기수, 구지현 역, 앞의 책, 47쪽.

도 "파도가 진동하고 고래같이 솟구쳐 오르니 산 같이 큰 배가 떠다니는 잎처럼 흔들렸다. 바람에 휩쓸려 올라가면 몇십, 몇백 길을 솟구치는지 알 수 없었고 파도를 따라 쑥 내려가면 만 길 구덩이로 들어가는 듯이 깊숙이 내려갔다. 배에 있는 모든 것이 꺾이고 깨졌고, 포효하는 소리는 더 무서웠다"[28]라며 승객들뿐만 아니라 선원들조차 풍랑을 두려워한다고 기록했다. 물론 태평양과 같은 외해의 파도가 대단했지만, 쓰시마나 일본 내해에서도 만만치 않은 풍랑을 경험하였다.[29] 물론 뱃멀미의 경험은 통신사의 사행록에도 언급되는 내용이다. 비록 항해의 어려움에 대한 언급은 자주 등장하지만, 윤선의 출현으로 바다라는 공간이 더 이상 장애물일 수 없었으며, 조선 사절단의 일본에 대한 문화적 우월의식도 이런 경험을 통해 점차 좁혀질 수밖에 없었다.

제2차 수신사 김홍집金弘集 일행의 항로와 관련해서 주목할 만한 점은 조선 사회에 태평양太平洋이란 이름을 처음 알린 것이 그의 「복명서服命書」라는 사실이다. 여기서 "하늘과 땅이 맞닿고 사방이 탁 트여 바람이 자고 파도가 잔잔할 즈음 갑자기 (배가) 몹시 울리고 흔들려 바로 설 수가 없었는데, 이 바다를 일컬어 태평양이라고 한다"[30]라고 썼다. 사절단의 여행 일정을 소개하면서 고베에서 대양 항해가 가능한 큰 배로 갈아타고 요코하마로 가는데, 고베에서 내해를 빠져나가면서 태평양으로 들어갔다는 것이다. 수행원이던 박상식도 "고베 동남쪽을 통해 골짜기 밖으로 나와 도토미주遠江州의 경계에 이르면 하늘과 물이 맞닿아 끝없이 펼

---

²⁸ 강진형, 구지현 역, 『일동록(日東錄)』, 보고사, 2021, 52쪽.
²⁹ 박상식, 부산박물관 역, 앞의 책, 49쪽; 박대양, 장진엽 역, 앞의 책, 26쪽 등.
³⁰ 『수신사기록』, 국사편찬위원회, 1971, 149쪽.

<그림 4> 제2차 수신사(1880년)의 책임자 김홍집

쳐지는데, 바람이 잠잠하고 고요할 때도 파도가 요동치며 물결이 가라앉지 않으니 곧 태평양이라는 곳이다"[31]라고 기록했다.

제2차 수신사 일행에 이어 일본을 방문한 1881년 조사시찰단의 기록에서도 태평양이란 용어를 발견할 수 있다. 요코하마에서 귀국길에 오를 때 강진형의 일기에는 "이 배는 다른 배보다 매우 커서 심하게 요동치지 않는 것이 다행이었다. 그러나 이 바다 이름이 태평양이기는 하지만 가장 위험하고 건너기 어려워 옛날에는 다니지 않던 곳이다. 대양으로 나와 사방을 바라보니 끝이 없었고 다른 배가 다니지 않고 파도가 용솟음치고 뛰어오르는 고래 떼만 보이니 무서운 마음이 들었다"[32]라고 적었다. 하지만 민종묵閔種默의 일기에는 태평양을 평온한 이미지로 묘사해 서로 다른 경험을 전하였다.[33]

제1차 수신사 김기수의 기록에는 대양大洋이나 무변대해無邊大海 정도의

---

31 박상식, 장진엽 역, 앞의 책, 99쪽.
32 강진형, 구지현 역, 앞의 책, 26쪽.
33 민종묵은 태평양을 지나면서 "물과 하늘이 한빛인데 다만 명륜(明輪)이 한 줄기 길을 내며 천리마가 질주하듯 달렸다. 며칠을 달려가도 바람이 잠잠하고 물결이 고요하여 수레를 탄 것처럼 평온하다. 다만 때때로 수우(水牛)가 출몰하는 것이 보인다"라고 감회를 밝혔다(강문형 외, 장진엽 역, 『문견사건(聞見事件), 일본국문견조건(日本國聞見條件)』, 보고사, 2020, 107쪽).

표현이 나오지만, 그가 가져온 「지구전도」를 통해 김홍집이 태평양의 존재를 알았을 가능성이 있다.[34] 하지만 이미 10여 년 전 태평양을 건너 미국으로 간 청국의 벌링게임Burlingame 사절단이나 일본의 이와쿠라岩倉 사절단에 비하면 태평양에 대한 공간 인식에 큰 차이를 보인다. 게다가 청국인과 일본인의 경우 두 사절단 이전에도 개인 자격이든 사절단 자격이든 태평양을 건넌 사례가 여러 번 있었다. 일본 외해인 태평양은 모든 바다가 그렇듯 바람이 있고 없는 날과 물결이 잔잔하거나 거친 날이 일정하지 않았다.

제4차 수신사인 박영효 일행은 8월 10일 부산이 아닌 제물포를 출발해, 11월 27일 다시 제물포로 돌아오는 이전과는 조금 다른 여행노선을 따랐다. 서울에서 부산까지 육로를 이용하지 않고 제물포에서 곧바로 일본으로 건너간 것은 교통 편리에 따른 것이다. 항로와 관련해 마지막 수신사인 서상우徐相雨 일행의 사례를 통해 다시 한번 살펴보자.

제5차 수신사는 이전 수신사들과는 달리 일본 측의 도움이 없는 상태에서 화륜선이 아니라 구형 선박으로 1884년 12월 24일 제물포를 출발해 부산포까지 도착하였다. 수신사 일행은 26일 일본 상선 고하라마루를 얻어 타고 일본으로 향하였다. 박대양은 쓰시마 섬을 그냥 통과하면서 "쓰시마는 우리나라와 유독 가깝다. 토지가 척박해서 백성들의 생업에 어려움이 많으므로 항상 신하로서 우리나라를 섬기며 이에 의지해 먹고 살았다. 그러므로 열성列聖朝께서 염려하셔서 회유의 덕으로 곡식을 주어 진휼하고, 왜선이 변경의 바다에 침몰해 인명이 상하는 일이 생

---

34 고정휴, 앞의 글, 86~87쪽.

기면 또한 그 나라에 공문을 보내고 그 집안을 도와서 구휼하셨다"[35]라
며 쓰시마와 식량 무역을 한 사실이나 표류한 쓰시마인을 구제한 사실
을 가지고 조선인으로서의 자긍심을 드러내었다.

서상우 일행은 시모노세키에 도착한 후 이튿날 다시 출발해 고베에
도착하였다.[36] 고베에서는 지방관이 와서 이곳에서 요코하마로 가려면
태평양의 도토미탄遠江灘을 건너야 하는데 쾌속선이 아니면 건너기 어렵
다며, 하루 이틀을 더 기다린 후에 쾌속선을 타고 가라고 제안했다.[37] 이
에 12월 30일에야 쾌속선을 타고 태평양 연안을 지나 다음날인 1885
년 1월 1일 요코하마에 도착하였다. 여기서 기차를 타고 도쿄로 이동하
였다. 돌아올 때는 다른 조선 사절단처럼 역순으로 고베와 시모노세키,
나가사키를 지나 부산으로 왔다.

요컨대, 수신사와 조사시찰단이 부산에서 요코하마까지 뱃길을 오가
며 일본 동쪽 연안의 대양인 태평양의 이름과 실체를 파악했다고 볼 수
있다. 한 연구자는 청일전쟁으로 말미암아 중국 중심의 세계질서가 붕
괴하는 것과 비슷한 시기에 태평양이 지리 용어로서 조선 사회에 정착
했다고 설명한다.[38]

---

35 박대양, 장진엽 역, 앞의 책, 36쪽.
36 박대양은 고베로 가는 바다에서 신기한 물고기를 보고 "물고기가 노닐며 뛰어오르는데, 뿔이 하
   나에 다리가 네 개이고 크기가 젖소만하다. 뱃사람에게 물어보니 바다 사슴(海鹿)이라고 한다"
   (위의 책, 28쪽)라는 기록을 남겼다. 과거 통신사(通信使)의 기록에 고래 고기를 언급하거나,
   김기수의 여행기에는 명태나 생선요리법이 언급되는 등 종종 수산물 관련 기사들도 엿보인다(김
   기수, 구지현 역, 앞의 책, 166~167쪽).
37 박대양, 장진엽 역, 앞의 책, 31쪽.
38 고정휴, 「태평양의 발견 - 그 바닷길의 개통과 조선사절단의 세계일주 기록 검토」, 83·107쪽.

3) 항구와 등대

근대 사회의 특징 가운데 하나는 해항도시의 발전에 있다. 일본의 경우 나가사키, 고베, 요코하마 등이 대표적인 항구인데, 한 조사시찰원은 "돛과 돛대가 화살을 꼽아둔 듯 빼곡하고 물품과 재화가 모여든다"[39]라고 묘사했다. 수신사와 조사시찰단은 자신들이 거쳐 간 이런 해항도시들에 대해 다양한 소감을 남겼다. 항해 끝에 만나게 되는 신기한 등대와 거대한 항구는 해양 문명의 상징이어서인지 상대적으로 기록이 많은 편이다.

나가사키는 일본 최초로 유럽과 교역을 시작한 곳으로 도쿠가와 막부의 해금 정책 시절에도 유일한 개항장으로 중국인이 거주하는 당관唐館과 네덜란드인이 무역하는 데지마出島가 있었다. 1634년 나가사키 한 곳만을 교역항구로 제한한 이래 1858년 「미일수호통상조약」으로 개항하기까지 약 200년간 나가사키는 대외무역의 유일한 창구로 막대한 부를 축적하였다. 일본 개국 후 여러 곳에 개항장이 생기면서 교역항구로서 나가사키의 위상은 크게 위축되었지만, 외국 상선이 일본으로 올 때 종종 지나치는 골목이었다. 그러던 중 1868년 메이지 정부는 개혁 조치의 하나로 180년의 역사를 가진 중국인거류지 당관을 폐지해 거주지역을 확대하였다.

수신사는 부산에서 곧바로 시모노세키 방향으로 항행해 나가사키를 거치지 않았는데, 이와 달리 조사시찰단은 이곳을 경유하였다.[40] 시찰단

---

39 조준형의 「문견사건」(강문형 외, 장진엽 역, 앞의 책, 241쪽).
40 조사시찰단은 5월 7일 부산에서 일본 증기선 안네이마루(安寧丸)를 타고 쓰시마, 나가사키, 교토, 고베 등을 거쳐 5월 25일 도쿄에 도착하였다. 이들이 쓰시마와 나가사키를 경유한 것은 앞서 수신사 경로와 조금 다른 점이다. 그리고 고베에서 곧바로 요코하마로 가지 않고 오사카와 교토를 구경한 점도 이전과 다르다.

의 강진형은 나가사키에 대해 "남신산과 여신산이 서로 마주해 수구水口를 만들고, 항구 내는 넓고 길었으며, 돌로 쌓은 부두가 가로로 십 리에 닿아 성첩 같았다. 서양과 러시아 선박의 돛대가 숲처럼 우거졌고 관사와 민가의 처마가 서로 이어졌으며, 길가 누각에는 겹겹이 술집 깃발이 꽂혀 있고 상점은 산을 의지하였다. 숲속이 은은해 이름난 동산과 신사가 있으니 하나의 도회지라 할 만하다"[41]라고 썼다. 민건호도 "대해가 그사이를 통해 둘러싸고 있다. 각국 상선이 왕래하고 1만여 호나 되는 인가가 즐비하니 실로 큰 도시라 이를 만하다"[42]라고 기록했다. 이처럼 나가사키는 동북으로 비스듬히 수십 리가 구불구불 펼쳐진 형세라 웅장하게 솟은 봉우리 두 개가 구부려져 돌면서 해문海門을 감싸고 있으며 그 안에 도시가 있었다.[43] 일행인 박정양朴定陽의 표현을 빌리자면 "항구를 설치한 지 가장 오래되어 예전에는 물화가 가득 모이고 상선이 줄지어 극도로 번성했지만 근래에 개항한 곳이 많아지고 나서는 이익이 분산되어 예전의 번성함에 미치지 못한다"[44]라고 평가했다. 하지만 여전히 도시가 화려하고 물건이 풍족해 큰 도시라 부를 만하다고 여겼다.[45]

조선 사절단은 나가사키를 거치지 않고 시모노세키로 직접 가는 경우가 보통이었다. 문종목에 따르면, 아카마가세키는 시모노세키라고도 불리는 전략적 요충지로 여러 산이 굽이굽이 바다를 감싸고 있어 활시위

---

41 강진형, 구지현 역, 앞의 책, 18~19쪽.
42 민건호, 유종수 역, 앞의 책, 52쪽.
43 문종목의 「문견사건」(강문형 등, 장진엽 역, 앞의 책, 93쪽).
44 박정양의 「일본국문견사건」(위의 책, 241쪽).
45 조사시찰단이 스쳐 지나간 후쿠오카에 대해서는 "멀리서 바라보니 항구 주위에 인가가 즐비한 모습이 나가사키보다 더한 듯하다"라고 했다(민건호, 유종수 역, 앞의 책, 52쪽). 전근대 시기 유일한 개항장이던 나가사키가 후쿠오카에 비해 작게 비추어진 사실은 시대 변화를 반영한 것이다.

를 당겨 활을 매어 놓은 것과 같았다. 동쪽 기슭에 도시가 번화한데, 본래 백성들은 염전으로 먹고살았으며, 조석이 있어 물이 빠지면 곧 숨겨진 땅이 드러났다. 이곳은 일본의 사이카이도西海道로 아카마가세키가 그 가운데 있어 동·서·남쪽 대양의 여러 배들이 모이는 항구라고 했다.[46] 민건호가 이 항구를 "인구가 번성하고 선박이 몰려드는 광경을 모두 다 적을 수 없을 정도였다"라고 기록한 것으로 보아 나가사키에 비해 더욱 번성한 사실을 알 수 있다. 항구 밖은 조선이나 나가사키 방향으로 가는 항로로 나누어졌다.[47]

고베는 1868년 개항한 항구도시인데, 이는 1859년에 개항한 나가사키나 요코하마에 비해 늦은 것이다. 하지만 오사카라는 큰 도시를 끼고 있는 서일본의 교통요지로 나가사키 규모를 능가하였다. 제2차 수신사의 박상식은 고베항을 "서양인의 집이 절반을 넘고, 청나라 상인의 관소가 그중 하나를 차지한다. 나는 듯한 용마루가 십 리를 이어져 있고 인가 사이에 빈틈이 없으며, 굴뚝이 백 길 높이인데 화륜이 작동하고 있는 것을 알 수 있다. 물가에 가득한 배들은 대부분 삼범선三帆船이며, 빙 둘러있는 인가는 온갖 물화를 뿜내고 있다"[48]라고 묘사했다. 이런 모습은 과거 통신사 일행이 볼 수 없었던 메이지시대의 새로운 풍경이었을 것이다.

조사시찰단의 민건호는 고베항에서 바라본 항만의 풍경을 "바다 위 증기선과 돛배가 왕래하는데 많은 풍광을 눈으로 다 보니 '오초吳楚는 동남으로 갈라졌고 하늘과 땅은 밤낮으로 둥둥 떠 있구나'라는 시구가 오

46 문종목의 「문견사건」(강문형 외, 장진엽 역, 앞의 책, 95쪽).
47 민건호, 유종수 역, 앞의 책, 53쪽.
48 박상식, 장진엽 역, 앞의 책, 24쪽.

늘을 위해 준비해 놓은 말인 듯하다"[49]라며 산 정상의 주점과 찻집들이 시원하게 바라보인다고 감탄했다. 민종목에 따르면, 본래 이 항구는 어부와 뱃사공들이 생업에 종사하던 곳에 불과했는데, 십수 년 만에 수레와 선박의 번성함과 누대와 집들의 사치함이 나가사키의 세 배가 되었다며 놀라워했다.[50] 제5차 수신사의 박대양도 고베에 대해 "고깃배와 장삿배, 바람 돛과 비단 돛대가 바다 위를 누비고 다니며 포대와 세관, 층루와 걸각이 물가에 이어져 있다. 부두를 쌓아 바다로 뻗어 들어가게 해놓았는데 길이가 수백 보는 되고 너비가 십여 칸은 된다. 바다를 따라 좌우로 모두 돌을 쌓아 놓았는데 그 거리가 8~9리는 되어 보인다"[51]라고 서술했다. 이처럼 산수의 경치가 훌륭하다는 평가는 공통적이었다.

요코하마는 원래 에도시대 말기까지 100호 정도의 주민이 사는 작은 어촌마을에 불과했지만, 개항 이후 수도인 도쿄가 가까이 있어 급성장한 해항도시이다. 1864년에 약 12,000명이었던 인구가 메이지유신을 거친 1875년에는 약 63,000명으로 증가할 정도로 비약적인 발전이 이루어졌다. 이곳은 청국의 광주와 홍콩에서 곧바로 연결되는 항로를 가지고 있으며, 태평양을 건너 미국으로 가는 선박이 정박하는 관문도시였다. 박상식은 요코하마항을 묘사하면서, 화륜선과 돛단배들이 좌우에 잇달아 정박해 있는데 몇백 척인지 알 수가 없다. 부두와 잔교가 해안을 빙 둘러있고 세관 건물과 상가가 눈에 가득하도록 번화해 모두 다 기록할 수 없다고 썼다.[52] 민건호와 민종목도 요코하마는 본래 에도의 내항

---

49 민건호, 유종수 역, 앞의 책, 126쪽.
50 강문형 외, 장진엽 역, 앞의 책, 96쪽.
51 박대양, 장진엽 역, 앞의 책, 29쪽.
52 박상식, 장진엽 역, 앞의 책, 26쪽.

으로 전체를 굽어보니 동북쪽으로는 큰 바다와 통해 있고 바다 위에는 선박들이 왕래하는데, 한 폭의 경치를 선사하기에 충분하다고 했다. 온갖 물자가 쌓여있고 수레와 선박으로 떠들썩하다며, 서양인이 요코스카에서 바다를 측량한 지 오래되었는데 여기에 항구를 연 데는 그럴만한 이유가 있다고 보았다.[53] 다른 항구들에 비해 가장 번성하다라는 사실에는 이견이 없었다.

대양 항해를 할 때 선원들이 가장 두려워하는 것은 풍랑보다는 오히려 암초였다. 그래서 바다의 항로를 안내하는 등대는 근대 해양 문명의 또 다른 상징이다. 증기선이 하루에 천 리를 안전하게 갈 수 있다는 것도 등대의 도움 때문이라고 말할 수 있다. 제1차 수신사 김기수 일행은 항해 도중에 만난 부표나 등대에 대한 기록을 남겼다. 김기수는 "대양은 비록 험한 물마루가 있어도 배가 한 칼을 베어 지나갈 수 있었으나 양쪽 산에 끼인 곳이 가까워지면 왕왕 막혔기 때문에 이곳을 피하기 위해 육지의 말뚝처럼 수면에 부표를 띄워놓았다. 또 산모퉁이에 때때로 환한 집이 있었으니 등명대燈明臺라고 하는 것이다. 밤에는 반드시 불을 붙여서 왕래하는 배를 비추었으니 길을 잃고 떨어져 나가는 사고를 방지하기 위한 것이라 했다"[54]라고 적었다. 일행인 안광묵도 등대를 요동성의 백탑처럼 흰색이라며, 험한 해역마다 이것을 설치하는 것이 나라의 규율이라고 했다. 그리고 큰 바위 위에 등대를 세우고 인가를 두어 땔감과 식량을 공급해 주며 등대를 밝히는 임무를 맡긴다고 썼다.[55]

---

53 민건호, 유종수 역, 앞의 책, 97~98쪽; 강문형 외, 장진엽 역, 앞의 책, 95쪽.
54 김기수, 구지현 역, 앞의 책, 45쪽.
55 안광묵, 구지현 역, 앞의 책, 61~63쪽.

등대 관련 정보는 수신사의 횟수를 거듭하면서 증대되었다. 제2차 수신사의 박상식은 바다 위에 서 있는 붉고 흰 등대를 설명하면서 "석유를 저장해 두고 가스를 위로 끌어올리는데, 낮에는 은은하고 밤에는 환해서 그 불빛으로 암초를 피한다"라면서 쓰시마에서 고베 사이에도 이런 것들이 많은데, 특히 포구 가까운 부두에 하얀 등대를 큰 집처럼 만들어 밤새 등을 걸어두어 뱃길을 밝힌다고 했다.[56] 조사시찰단의 강진형은 일본에서 등대燈臺, 등선燈船, 부표浮標, 초표礁標 등은 1869년부터 시작했다면서, 우선 일본 38개소의 국가 등대와 7개소의 사설 등대를 간단히 소개하였다. 그리고 등선은 적색 목조로, 부표는 적색 철조로, 초표는 적선 철로로 만드는데, 이것들은 점등을 통해 수심의 깊이와 암초의 존재를 드러내어 항해 안전을 도모한다고 했다. 혹시 안개가 끼거나 눈이 많이 내리면 나팔을 불거나 북을 두드려 위험을 알린다고도 했다.[57] 시찰단의 어윤중도 "유신 후 등대를 모두 개수해 구미식으로 하고 다시 35개소를 증설했으며, 부표와 초표를 설치하고 항만을 수축한 일이 적지 않다"[58]라면서, 메이지 정부가 등대 시설을 확충하는 데 노력한 사실을 소개하였다.[59]

제5차 수신사의 박대양은 요코하마에서 직접 등대국을 방문해 등대의 작동원리를 자세히 살펴보았다.

---

56 박상식, 장진엽 역, 앞의 책, 25쪽.
57 강진형, 구지현 역, 앞의 책, 93~95쪽.
58 어윤중, 「재정견문」, 허동현 편, 『조사시찰단관계자료집』 12, 국학자료원, 2000, 308쪽.
59 시찰단 수행원인 민건호도 고베에서 요코하마로 가면서 등대뿐만 아니라 바다 가운데 물이 얕아 배가 다니지 못하는 곳에 돌을 쌓아 표지를 한 곳을 보았으며, 요코스카에서도 등대와 해표(海標)를 보았다(민건호, 유종수 역, 앞의 책, 76쪽).

유리로 등실燈室을 만들었는데 크기가 큰 종鐘만 하여 그 안에 열 명 정도가 들어갈 수 있다. 높이는 몇 길丈이 되며 층층이 쌓아 물고기 비늘처럼 맞붙어 있다. 그 안에서 석유로 불을 지피는데, 등이 돌아가면서 불꽃이 산 같이 일어나고 모서리가 구르면서 불빛의 모양이 달라진다. 등에 층이 있어서 불의 기세가 더 길어지고 모서리가 있어서 불빛이 각기 달라지는 것이다. 등은 3층의 대 위에 있는데, 대는 우리나라 십자각十字閣의 제도와 같은데 조금 더 크다. 바로 바다를 내려다보고 있어서 밤이 되어 등불을 켜면 수백 리 바깥에서 윤선輪船이 왕래할 때도 파도와 암초를 비춰줄 수 있다고 한다. 또 각종 깃발신호를 두어서 바다 위 백 리 밖에서 서로 문답을 할 수 있다. 어떤 사건을 물어보려면 어떤 색깔의 깃발을 들고 화답 또한 그렇게 하는데, 순서대로 깃발을 올려 그대로 한바탕 담화를 이룬다.[60]

등대는 서양 제도로 일본은 물론 청국의 초기 등대들은 대부분 영국인에 의해 만들어졌다. 보통 해관의 관리 아래 있었는데, 해외 유학을 통해 경험을 축적한 끝에 점차 스스로 만들었다. 일본 등대는 외해뿐만 아니라 나가사키부터 고베까지 항로가 복잡하고 위험한 내해에도 많이 건축되었다. 이 항로는 조선뿐만 아니라 청국 사절단이나 출사대신이 일본으로 오는 공식 항로이기도 했다. 일본의 등대 기술은 대한제국 시기에 수입되어 인천의 월미도 등대와 같은 다양한 등대가 만들어졌다.

한편 요코하마에서 얼마 떨어지지 않은 수도 도쿄의 발전 정도는 앞의 항구들과 비교할 바가 아니었으며, 남쪽 바다를 향해 포대가 겹겹이

---

60 박대양, 장진엽 역, 앞의 책, 67쪽.

설치된 웅장한 도시였다. 보통 대도시와 주변 항구 사이에는 철로가 건설되어 있었다. 요코하마와 도쿄 간에도 철로가 연결되어 사람들이 왕래하기를 이웃집 드나들 듯하였다. 조선인 가운데 최초로 기차를 체험한 사람은 아마도 (윤선과 마찬가지로) 김기수일 것이다. 『일동기유日東記游』에는 요코하마와 도쿄를 오고 가던 기차를 경험한 열차 탑승기가 실려 있다.[61] 요코하마에 도착한 김기수 일행은 화륜차를 탔는데, 기차의 빠른 속도에 흥분을 감추지 못하였다. 김기수는 "방금 긴 행랑이라고 생각했던 것이 행랑이 아니라 바로 화륜차"라며 윤선과 마찬가지로 무척 신기해했다. 그는 "화륜이 한 번 돌면 차량의 바퀴가 따라서 회전하는데, 번개와 천둥이 치는 듯하고 비바람이 몰아치는 듯하며", "화륜차는 반드시 철로로 다니고", "철로는 두 개가 필요하다"라는 등 나름대로 기차구조를 설명하였다.[62]

조사시찰단의 민건호는 고베와 오사카를 오고 가는 기차를 탄 기록을 남겼는데, 기차는 위로 지붕 같은 것이 있고, 좌우에는 판자와 유리창을 대었다고 했다. 한 칸마다 열 명 정도 앉을 수 있고 이런 칸이 6~7개 있는데, 상중하 3등으로 나누어 각국 사람들을 나누어 태우고 번개같이 달린다고 썼다.[63] 박정양 역시 철로라는 것은 화륜차를 운행하기 위해 가설한 것이다. 쇠붙이를 대로에 이어 붙였는데, 혹은 산을 뚫어 길을 통하게 하고 혹은 강변에 다리를 만들어 기차를 달리게 한다고 했다. 이것 역시 서양이 발명한 것이라고 썼다.[64] 근대문물과 마주친 수신사와

61 우미영, 『근대조선의 여행자들』, 역사비평사, 2018, 22쪽.
62 김기수, 구지현 역, 앞의 책, 65쪽.
63 민건호, 유종수 역, 앞의 책, 56쪽.
64 박정양의 「일본국문견조건」(강문형 외, 장진엽 역, 앞의 책, 162쪽).

조사시찰단은 눈으로 보고 있어도 어떻게 설명해야 할지 모르겠다고 고백했다. 그런 와중에도 증기선의 원리, 서양 건축물의 양식, 새로운 병기의 활용법 등을 자신들이 아는 지식 내에서 묘사하려고 노력했다. 전통 사대부의 사고방식으로 근대 문명을 소화하려 애쓴 것이다.[65]

2. 일본에서 경험한 해양 문명

1) 해군 시찰

19세기 후반은 해군혁명의 시대로 해군력은 그 나라의 산업화 수준을 보여주는 척도였다. 해군이 전통시대 수사와 차이 가운데 하나는 군함과 대포의 성격이 전혀 다르다는 것이다. 일본 역시 해양 국가의 정체성을 기반으로 군함과 대포생산에 심혈을 기울였다. 이미 막부 말기부터 신식 군함을 서양 열강으로부터 구입하고 해군 인재 양성에 관심을 가졌다. 일본의 경우 한마디로 "해군은 영국의 법을 취하고, 육군은 전적으로 프랑스를 본떴다"[66]라고 볼 수 있다.

메이지 정부의 요청으로 제1차 수신사 김기수 일행은 도쿄 체재 때 해군성 병학료에서 주관하는 대포와 수뢰포水雷砲 발사를 견학하였다. 우선 도쿄 쓰키지築地의 해군성 조련장에서 대포 쏘는 것을 관람하면서 이를 기록하였다. 수십 개의 대포가 철로 위에 놓여있어 이동할 수 있고, 적을 살피는 사람이 깃발을 들어 움직이자 이에 따라 대포의 위치를 몇

---

65 김기수, 구지현 역, 앞의 책, 서문.
66 강문형 외, 장진엽 역, 앞의 책, 26·85쪽 참고.

명의 병사가 좌우로 체계적으로 움직여 대포를 발사하자 소리가 산과 바다를 흔들고 두 귀가 멍하였다. 수신사 일행이 놀랄 것을 염려하자 김기수는 "내가 비록 피곤하나 부동심不動心할 나이를 지났으니 대포 소리 같은 것에 어찌 내 마음이 동요되겠소?"[67]라며 애써 침착하게 대답했다.

다음으로 해변 옆에 도랑을 뚫어 바닷물을 끌어들이니 함선 십여 척이 들어올 수 있었다. 여기서 해상전투를 연습했는데, 증기선이면서 돛이 세 개 달려 있었다. 돛에 줄사다리가 있어 병사들이 재빨리 올라가 돛을 폈다 다시 묶었다. 그리고 대포를 옮기고 화륜을 작동하는 것이 일사분란하였다. 곧이어 수뢰포 터뜨리는 것을 관람하였다. 포는 물 아래 매설했고 선이 해안가로 이어져 설치되었는데, 선 끝에 불을 붙이고 누각에 올라 몸을 숨기고 관찰하였다. 잠시 후 천지가 무너지는 듯 큰 소리가 울리더니 불덩어리가 곧바로 하늘로 치솟았다.[68]

다른 날 김기수 일행은 해군성을 방문하였다. 건물은 포구 주변에 자리잡고 있었으며, 웅장하고 위엄이 있었다. 여기저기 방들을 옮겨 다니며 관람했는데, 어떤 방에서는 생도들이 기계를 가지고 정확하게 제도를 하고 있었다. 다른 방에서는 젊은이들이 책을 읽고 있었는데, 그 가운데는 『영환지략瀛環志略』, 『수리신서水利新書』, 『해국도지海國圖志』, 『농업병지農業兵誌』 등과 같은 중국 서적들도 있었다. 또 다른 방에서는 책상에 펼친 종이에 붓으로 경전을 쓰고 있었다. 건물 밖 포구에는 큰 배 모양의 건물이 있었는데, 여기에는 대포가 설치되어 있었다. 상관의 명령에 따라 병사들이 대포를 옮겨가며 불을 붙여 발사하는 훈련을 하였다.[69]

---

67 김기수, 구지현 역, 앞의 책, 70쪽.
68 위의 책, 71~72쪽.

일본 측은 본래 조선 사절단의 해군 시찰 예정지로 해군성 관할 아래 있는 ① 해군 조련, ② 해군성 중 연포장 발포, ③ 요코스카 조선소, ④ 아즈마함, ⑤ 엣추지마 철판 발탄 시험장, ⑥ 병학료, ⑦ 병학료 범선조련 등이 포함되어 있었다. 하지만 이런저런 이유로 이런 장소들을 모두 시찰하지는 못했다.[70] 사절단과 동행하던 일본인 모리야마 시게루森山茂는 만약 김기수가 근대 기계와 제도의 편리함을 느껴서 귀국 후 조선이 이를 본받고 익히려는 의향이 있다면 힘을 다해 도와주겠다고 제안했다. 하지만 김기수는 새로운 기계를 자신들에게 보여주는 일본 측의 호의에 감사를 표시하는 정도에서 그쳤다.[71] 이에 모리야마 시게루는 "귀국을 생각하면 험준한 산천이 우리나라보다 낫다고 말할 수 있지만 둘러싼 바다가 많은 것은 마찬가지이니 외환이 닥치면 어떻게 힘을 써서 방어를 준비할 것이냐?"[72]라며 답답하게 여겼다. 이와 유사한 대화는 동행했던 안광묵의 여행기는 물론 제2차 사절단 박상식의 여행기에서도 반복해서 나타난다.

제2차 수신사인 김홍집 일행의 경우 이전보다 해군 시찰에 좀 더 적극적이었다. 김홍집은 김기수 일행과 마찬가지로 해군성을 관람하며 화륜과 무기 제작 공정을 살폈다. 해군성의 동쪽 건물에서 각종 병기들을 구경했으며, 건물 아래층에서는 병사들이 대포를 벽돌 옮기듯 이동시키고 있었다. 커다란 누각은 거울과 같이 닦아놓아 사람의 얼굴이 환하게 비쳤다. 건물 서쪽에는 바닷물을 끌어와 못을 만들었는데, 작은 기선 한 척

69 안광묵, 구지현 역, 앞의 책, 121쪽.
70 사카다 모로토, 이효정 역, 앞의 책, 76쪽.
71 김기수, 구지현 역, 앞의 책, 110쪽.
72 안광묵, 구지현 역, 앞의 책, 89쪽.

이 떠 있고 해군 수십 명이 정기적으로 훈련하였다. 해안가에는 집 하나를 지어 놓고 모양을 선창船艙처럼 꾸몄는데 칸마다 창문이 있고 창문에 대포를 걸어 놓았다. 대포는 쇠사슬로 묶여 있고 아래에 철판을 깔아 쉽게 움직이게 하여 동서로 혹은 남북으로 이동하는 데 조금도 걸림이 없었다.[73] 일행인 박상식의 기록에도 대포와 수뢰포를 참관한 내용이 있다. 작은 배 몇 척을 물에 띄우고 그 위에서 대포를 한번 쏘니, 파편이 어지럽게 흩어지며 무수한 포성이 들려왔다. 특히 수뢰포가 있었는데, 물 속에서 땅을 뒤흔드는 소리를 내며 큰 불덩이를 쏟아내는 것이 마치 오채五彩의 교룡蛟龍이 만 곡斛의 금빛 물결을 뿜어내는 듯했다고 적었다.[74]

앞의 두 사절단이 경험했던 수뢰포에 대해서는 조사시찰단 민종묵의 기록에도 잘 묘사되어 있다.

수뢰포가 있는데 물 아래에 대포를 묻어둔 것이다. 염륜炎輪이 물결을 따라 오르내리며 전기電機를 가동하더니 잠시 후에 뇌포雷砲가 물을 튀기며 공중으로 수십 길을 솟아올랐다. 수면이 하얀 거품을 일으키며 끓어오르고 검은 연기가 사방을 메워 물 좌우의 수천 보 거리까지 지척을 분간할 수 없다. 이것이 이른바 뇌포가 배를 전복시킨다는 것이다. 그들이 기기器機를 사용하는 것은 비록 헤아릴 수는 없으나 이것 또한 서양인이 배에서 지휘하며 일본인은 아직 능숙한 데 이르지 못했다고 한다.[75]

---

73 박상식, 장진엽 역, 앞의 책, 45 · 106쪽.
74 위의 책, 36쪽.
75 강문형 외, 장진엽 역, 앞의 책, 89쪽.

〈그림 5〉 조사시찰단(朝士視察團) 단원 일부 사진

　민종묵 등이 관람한 수뢰포는 전선을 이용해 폭발시키는 수뢰로 보이

는데, 아직까지 수뢰가 발전한 형태인 어뢰는 보이지 않는다. 시찰단 일

행인 강진형의 보고서에도 유사한 수뢰포 기사가 엿보인다.[76] 조사시찰

단의 경우 당시 일본 정부의 10성(省) 가운데 궁내성과 해군성을 제외한

각 성을 분담해 시찰하였다. 여기서 주목할 사실은 해군성이 빠진 사실

인데, 그렇다고 해서 시찰단이 해군에 대해 관심이 없었다고 보기에는

무리가 있다. 왜냐하면 육군 조련을 담당했던 이원회李元會 일행 등의 자

료에는 해군성, 일본 해군 및 선박 관련 기사들이 종종 나타나기 때문이

다. 이 점은 이원회가 수군절도사를 역임한 사실이나 이원회의 수행원

인 송헌빈이 남긴 『동경일기東京日記』 등을 통해 알 수 있다.[77] 아마도 육

76　강진형, 구지현 역, 앞의 책, 126쪽.
77　이원회의 수행원인 송헌빈 일기에 따르면, 그들이 방문한 곳은 사범학교, 박물관, 포대, 포구시
　　설, 병원, 조폐소, 보병진대, 포병공창, 여학교, 맹아원, 수뢰제작소, 제선소, 사관학교, 화약제조
　　소, 육군군의본부, 유리제조소, 방적소, 제사소, 호산학교, 조지소, 근위병영, 군용전신국, 보기

군성 조사 범주 안에 해군을 포함시킨 듯하다.

조사시찰단의 경우 일본의 군사제도를 거의 예외 없이 호평하였다.[78] 해군은 영국제도를 본받아 쓰고 있다는 평가도 공통적이다. 당시 일본 해군은 군함 24척철선과 목선을 포함과 병사 8,860여 명을 보유하였다.[79] 단 해군 인원에 대해서는 혹자는 3천 8백여 명, 혹자는 1천 5백 14명 등 일치하지 않는다. 시찰단의 엄세영嚴世永에 따르면, "해군제도는 육군과 한가지이고 주변 바다를 동부와 서부로 나누어 각각 진사부鎭師府를 두어 수호守護에 대비한다"라고 했다. 그는 해군 병력의 충원 방법에 관해서도 소개하였다. 해군병학교를 세워 장교를 양성하며, 일반사병은 육군과 달리 지원 방식으로 충원한다. 모병을 할 때는 반드시 15세 이상 25세 이하의 남자를 대상으로 윤선에서 일했거나, 바다에서 생업을 한 사람을 골라서 충원한다. 해군 복무 기간은 5년 이상 7년 이하이고, 자원할 경우 봉급을 후하게 준다. 군함에 있다가 휴가를 청하면 일정 기간 집으로 보낸다. 요코하마와 홋카이도 두 곳에 해군을 배치해 방어하고 해군성 경卿이 통제한다. 해군학교를 설치해 생도를 모집하는데, 필수품을 제공하고 기술을 가르쳐 병사를 양성한다고 했다. 그리고 해군력은 서양 국가들보다 우수한 전투력을 보유하고 있다고 자평할 정도로 막강했으며 자체 조선소도 운영한다고 적었다.[80]

포연, 해군경조희 등 매우 다양하였다.

78 어윤중은 "현재 천하는 바다로 둘러싸인 나라들이 주도하고 있다"라며 당시 일본에서 무르익던 해군력 증강론에 큰 관심을 가졌다. 그는 해군력을 증강할 것을 주장한 한 일본인의 '해군확장론' 이라는 글을 자신의 비망록에 옮겨놓았다(어윤중, 「수문록」, 허동현, 『근대한일관계사연구』, 252~253쪽 재인용).

79 강진형, 구지현 역, 앞의 책, 35쪽.

80 엄세영의 「문견사건」(강문형 외, 장진엽 역, 앞의 책, 215~217쪽).

일행인 박정양은 앞서 수신사 일행이 방문한 해군병학교를 친절하게 설명하였다. "병학교는 도쿄 바닷가에 있는데, 해변 가까이에 지어진 교사는 모두 군함을 본떠 지었다. 안에는 가로 세로로 철도가 놓여있고 포거礮車의 운용에 편리를 제공하고 있다. 바다를 향한 곳에는 나란히 포창礮窓을 두어 앞에 크고 작은 대포를 배치하고, 훈련병들에게 늘 군함에 있는 듯 느끼게 하는데, 그 제도가 가히 볼 만하다"라고 썼다.[81] 일본 해군의 훈련이 엄격해서 평상시에도 적을 마주한 듯해서 배를 떠나 함부로 머무를 수 없다고도 했다. 이처럼 육군과 다른 해군의 충원 방식, 복무 방법, 군함 편제, 해군 병력 등을 비교적 자세히 언급하였다.

다른 일행인 송헌빈은 나가사키에서부터 이미 군사시설인 해안포대에 주목하였다. "포병이 진을 지키고 있었고 해문海門을 향해 대를 쌓아 대포를 8개 설치했는데, 가장 큰 대포는 80근의 포환을 넣을 수 있고, 작은 대포는 24근의 포환을 넣을 수 있다. 화약과 포환은 각 창고를 설치해 저장한다"[82]라고 적었다. 포대를 둘러볼 당시 후장식 신형대포와 도토리 모양의 신형포탄을 관람했는지는 분명하지 않다. 민건호의 여행기에도 비슷한 기록이 있다. 그가 보기에 기계가 정밀하고 뛰어난데도 일본인들이 오히려 구식으로 여겨 새것으로 바꾸려 한다는 내용이 있는 것으로 보아 어쩌면 신형대포와 포탄으로 교체할 예정이었던 것인지도 모른다.[83] 실제로 나가사키 포대의 웅장함은 한때 전국에서 으뜸이었는데, 시대변화에 따라 무용지물이 되고 있었다.

---

81 박정양의 「일본국문견사건」, 위의 책, 157~158쪽.
82 송헌빈의 『동경일기』, 5월 22일(이효정, 앞의 글, 10쪽 재인용).
83 민건호, 유종수 역, 앞의 책, 50쪽.

조사시찰단이 해군 단정艇의 보트 경기를 관람한 기록이 있어 이채롭다. 일본 측에서 시찰단에게 해군 병사들의 솜씨를 관람해 주기를 요청해서 경기를 직접 참관하였다. 민건호의 여행기에는 경기에 참가한 배들 이름을 자세하게 열거하였다. 경기가 끝난 후 별도로 영국 상선회사에서 만든 단정으로 보트 경기를 실시하였다. 이 회사의 배는 특별히 만든 것이어서 속력이 무척 빨랐다.[84] 민종목의 여행기에도 보트 경기는 일본인이 배 타는 기술을 익히기 위한 목적으로 만든 행사이다. 경기장에는 남북으로 보트를 연이어 대어놓고 각각의 배에 청·황·적·백기를 걸어 놓고 6척에서 12척이 경기를 하는 것이다. 보트를 몰아 가장 빠른 것으로 승부를 가리는데, 배가 물가에 도착하면 군함에서 포를 쏘고 상을 주었다고 썼다.[85]

한편 시찰단은 해군 의전에 대해서도 흥미를 보였다. 이헌영은 일본 시찰 도중 미국 해군의 의전식 광경을 구경하였다. "돛대에는 5층 사다리가 놓여있고, 그 위에 사람들이 매우 위태롭게 죽 늘어서 있는"[86] 모습에 그 용맹과 민첩함을 높이 평가했지만 왜 그런 의식을 하는지는 알 수 없었다. 그가 유럽의 범선시대에 손님을 환영하는 뜻에서 돛대에 매달려 모자를 흔드는 전통을 알지 못했기 때문일 것이다. 심상학沈相學도 "각국 공사가 내항에 들어와 정박하면 먼저 대포를 쏘아 경의를 표하고, 해군성에서도 대포를 쏘아 답례한다"[87]라면서 외교사절에 대한 예절을 소개하였다.

---

84 위의 책, 89~90쪽.
85 강문형 외, 장진엽 역, 앞의 책, 88~89쪽.
86 이헌영, 「일사집략」, 허동현, 『근대한일관계사연구』, 85쪽.
87 심상학, 「외무성(1)」, 위의 책, 222쪽 재인용.

제4차 수신사 박영효 일행 역시 해군 관련 기관을 방문했는데, 일황日皇의 해군훈련 광경을 우연히 목격하였다. 그는 "요코스카를 지나는데, 마침 일황의 수군조련水軍操練을 만났다. 신사 숙녀들이 구경하는 것이 개미 떼 같았다. 양쪽 언덕에 군 천막을 설치하고, 하구 가운데 병선에서는 수많은 부대가 나누어 연습하였다. 해가 저물어 일황이 배를 타고 궁궐로 들어가니, 언덕 위에서 일제히 군악을 연주하는데 매우 볼 만하였다. 지나가는 길에 이궁離宮이 있어 비빈妃嬪도 와서 구경했다고 전한다"[88]라고 했다. 특히 박영효는 육군보다 해군 관계자들과 자주 접촉했으며, 그 범위도 대신부터 장교와 하사관에 이르기까지 다양하였다. 이것은 당시 조선 정부가 일본으로부터 증기선 구입을 추진했던 사실과 관련이 깊은 것으로 보인다. 그는 해군성의 프랑스인 고문을 만나 해군 관련 일들을 배우고 싶다고 요청해 몇 시간 동안 해군에 대한 설명을 들었다. 그런 까닭에 귀국 후 복명하는 자리에서도 고종에게 조선造船의 중요성을 역설하며 일본의 근대기술을 받아들일 것을 희망하였다.[89]

마지막 수신사인 서상우 일행은 일본 해군의 훈련 상태는 육군에 미치지 못한다고 저평가했다. 박대양은 일본 해군의 국내 군함 35척 가운데 견고하고 완전한 것은 16척에 지나지 않고 나머지는 모두 낡아서 쓸 수가 없다며, 요코스카에서 새로운 군함을 만들고 있다고 적었다.[90] 그는 해군훈련을 참관하면서 "바닷물이 굽이치는 곳에 큰 화륜선을 대어 놓고 전투와 방어 기술을 익히는데, 돛대 오르내리기를 평지를 밟는 듯

88 박영효, 이효정 역, 『사화기략(使和記略)』, 보고사, 2018, 84~85쪽.
89 한철호, 「개화기 朴泳孝의 『使和記略』에 나타난 일본 인식」, 『韓國學論集』 44, 한양대 동아시아문화연구소, 2008, 116~117쪽.
90 박대양, 장진엽 역, 앞의 책, 80쪽.

하며 매가 달려드는 듯 돌격하고 새가 웅크리듯 엎드려 숨는다. 적의 동정을 염탐해 기회를 보아 응전하는 것에서 모두 민첩함을 중시한다"라고 감탄하면서도 다만 의심스러운 것은 화공이 닥칠 경우 방어책이 부족하다는 사실을 애써 지적하였다.[91] 보수적인 박대양의 일본에 대한 부정적인 인식을 다시 한번 확인할 수 있는 대목이다.

2) 조선소 탐방

일본 정부는 귀국길에 김기수 사절단이 요코스카橫須賀조선소[92]를 방문하도록 계획하였다. 요코하마를 출항한 다음 풍랑을 이유로 요코스카에서 하룻밤 자도록 유도한 것은 조선소를 견학시키기 위해서였다. 이 조선소는 1860년 일본 최초의 방미 사절단이 미국조선소를 견학하며 받은 충격으로 귀국 후 서양의 조선 기술을 도입해 만든 동양 최대의 조선소였다. 해방론海防論이 부상하던 막부 말기에 프랑스 기술을 빌려 건설한 곳으로 일본근대화의 상징 가운데 하나였다. 이 시기가 바로 풍력에서 증기력으로 동력이 바뀌고, 목재에서 철재로 선체가 바뀌던 전환기였다.

김기수 일행은 1876년 6월 18일 요코스카 해군기지에 도착하였다. 다음 날 일본 측의 권유에도 불구하고 김기수는 병을 핑계로 해군조선소 시찰을 거부하였다. 그는 "이곳에 조선국造船局이 있어서 화륜선을 만든다. 거듭 우리를 만류하며 관광하라고 요청했다. 그러나 귀국하는 마음

---

91 위의 책, 52쪽.
92 요코스카 조선소는 오늘날 가나가와현 요코스카시에 있던 조선소의 명칭이다. 1865년 에도막부에서 프랑스인 기사 레온스 베르니(Leonce Verny)를 초청해 요코스카제철소를 착공하였다. 메이지 정부에서 이를 접수해 조선소로 바꾸었다. 1871년 완공되어 해군성이 관할하였다. 1884년 일본 해군의 근거지였던 요코스카 진수부의 통제 아래 들어갔고, 1903년 요코스카 해군공창으로 변경되었다(강문형 외, 장진엽 역, 앞의 책, 76쪽).

은 활시위를 떠난 화살 같아서 관광은 즐거운 일이 아니었다. 병을 핑계삼아 하선하지 않고 전전긍긍 밤을 보냈다. 지명이 요코스카였다"[93]라고 기록했다. 당시 조선인의 근대 해양 문명에 대한 소극적인 태도를 가장 적나라하게 보여준 장면의 하나가 아닐까 싶다. 해군 시찰에서도 보수와 개화의 성향 차이에 따라 그 행태가 드러난다. 김기수는 이번 여행이 일본 사신의 방문에 따른 답방이자 옛 신의를 지키는 것이지 다른 장소를 찾아 견학하는 것은 내 임무 밖이라며 피로와 병을 핑계로 일본의 요청을 거절하였다. 그나마 일부 수행원들이 해군기지를 시찰하고 거대한 도크에서 천성天成호와 신경迅鯨호가 건조 되는 모습을 관람하였다.

비록 산업시찰에는 소극적이었으나 일본 곳곳에서 화륜선과 화륜차를 만들고 외국과 무역해서 재화를 벌려고 노력한다는 사실은 잘 알고 있었다. 단지 이런 부국강병의 노력을 전국시대 상앙商鞅의 개혁처럼 이해하려는 모습을 보였다. 심지어 서양의 법을 배워 부강을 금방 이룰 듯하지만, 실은 나라 곳간이 텅 비고 민생이 초췌해졌다며 의구심을 가졌다. 일본 측은 제1차 수신사보다 개방적인 제2차 수신사에게도 태평양의 뱃길이 몹시 험하고 교토와 오사카성에 볼 것이 많으므로 육로로 귀국할 것을 제안하면서, 군대와 기계를 좀 더 시찰할 것을 요청하였다. 하지만 그들도 수로로 돌아오라는 명을 받았다면서 이를 사양하였다.[94] 당시 일본 측 신문에는 조선 사절단이 고루하고 완고해 개화시켜야 할 대상으로 묘사했으며 한편으론 과거 막부 말 사절단의 경우를 떠올리며 연민의 태도를 가졌다.[95]

---

93 김기수, 구지현 역, 앞의 책, 47쪽.
94 박상식, 장진엽 역, 앞의 책, 6쪽.

메이지 초기 일본은 비록 주력 전함은 영국 등 서양으로부터 구매했지만 조선 분야 유학생들을 파견하거나 외국인 전문가를 초빙해 국내에서도 꾸준히 군함 건조 능력을 향상시켰다. 조사시찰단의 어윤중은 이런 일본의 해군력 증강과 조선건설에 관심이 많았다. 그는 "(메이지)정부의 권유로 메이지 4년에 서양식 선박이 74척 건조되었고, 11년에는 그 수가 377척으로 늘어났다. (…중략…) 정부가 운영하는 조선소가 두 곳, 수선소가 한 곳 있으며, 정부의 보조를 받는 조선소가 한 곳이고, 민간 조선소가 두세 곳 있다"[96]라며 국가가 직접 조선소를 운영하거나 민간 조선소에 자금과 설비를 지원해서 조선업을 육성하는 방법을 호평하였다. 그리고 어윤중은 "항해술을 배우려면 먼저 상선을 구입해 여기에 해군 장교를 태워 항해술을 익히게 한 후에야 점차로 군함을 다루는 법을 배울 수 있다. 또 나이가 어린 사람들을 선발해 일본 해군병학교나 기관機關학교, 미쓰비시 상선학교에 입학시키는 것도 좋다"[97]라고 했다. 그는 군함 도입을 위한 항해술 연수방안과 이를 위한 유학생의 일본 파견을 입안하는 등 해군 근대화 방안을 제안하였다.

시찰단 박정양의 글에는 요코스카 조선소에 대한 설명이 자세하다. 요코하마 남쪽 70리 땅에 요코스카라는 곳이 있는데, 바로 군함과 상선을 제조하고 보수하는 곳이다. 나가사키, 오타루 등에 선박을 건조하는

---

95 이효정, 「19세기 말 메이지 일본 신문에 드러난 조선 사절단의 모습」, 『동북아문화연구』 57, 동북아시아문화학회, 2018, 94~95쪽.

96 어윤중, 「재정견문」, 허동현, 『근대한일관계사연구』, 171쪽 재인용. 어윤중은 "메이지 이전부터 메이지 8년(1875)까지는 연안 운항권이 전부 외국인의 손에 있었고, 내국인은 외국 배를 빌려 쓸 뿐이었다. 같은 해 정부 보조로 우편선회사를 세워 연안 우편선의 운항권을 내국인에게 주었다. 이 회사의 운항 항로는 이미 상하이와 홍콩까지 미치며 날로 성대해진다"라고 썼다(위의 책, 180쪽 재인용).

97 어윤중, 「수문록」, 위의 책, 144~145쪽 재인용.

몇 곳이 있지만, 요코스카가 으뜸이다. 바다를 낀 언덕에 두서너 개의 큰 도랑을 깊이 파서 물을 통하게 하고, 돌을 둘러서 축조해 그 가운데서 건조 작업을 한다. 많은 쇠와 나무를 이용하는데, 모두 화륜의 힘에 의존한다. 현재 군함을 제외하고 전국의 상업에 쓰는 화륜선은 200톤 이상을 실을 수 있는 배가 50여 척이고, 200톤 이하를 실을 수 있는 배가 140여 척이다. 초기에는 화륜선의 제조법을 몰라 대부분 서양에서 매입했지만, 이제는 제작 방법을 알아 국내에서 제조하는 것이 많아졌다. 하지만 여전히 서양인을 고용해 선생으로 삼는다고 했다.[98] 1875년 요코스카 조선소에서 목조 군함 청휘淸輝호의 자체 건조가 이루어진 후 결국 1887년에는 철제 군함 건조에 성공하였다.

　일행인 엄세영嚴世永의 글에도 나가사키와 요코스카의 조선소를 간단히 비교하는 내용이 있다. 나가사키조선소는 공작분소라고 부르는데 처음 보면 시설이 웅장하지만, 요코스카 조선소를 보니 나가사키의 작업량보다 배나 많았다. 이곳에서 하는 해전연습은 스스로 유럽 여러 나라보다 낫다고 자부했다. 일본 군함은 다수가 영국, 미국, 프랑스에서 수입한 것이지만 요코스카의 청휘호, 천성天城호, 신경迅鯨호, 창룡蒼龍호, 반성磐城호 등 다섯 척은 일본인이 만들었다. 나가사키의 공작분소에서는 군함 한 척을 제작하는데, 3년이 필요하다고 했다.[99] 이처럼 조선소의 거대함과 이에 대한 일본인의 자부심을 보고서에 적어놓았다.[100]

98　박정양의 「일본국문견사건」(강문형 외, 장진엽 역, 앞의 책, 174~175쪽).
99　엄세영의 「문견사건」(위의 책, 217쪽).
100 군함에 관심이 많았던 박영효는 이틀간 요코스카 조선소를 직접 방문해서 자세히 살펴보았다. 해군성에서 내준 산판선(舢板船)으로 조선소로 건너가서 배 건조하는 모습을 시찰한 후 "규모가 기이하고 교묘하며 굉장히 컸다"라고 감탄했으며, "화륜선 한 척마다 각기 석갑을 쌓아서 간수했는데 1갑을 쌓는 비용이 50만 원이나 된다"라고 했다(박영효, 이효정 역, 앞의 책, 95~96쪽).

조사시찰단 수행원인 송헌빈의 일기에는 고베조선소에서 항만을 건축하는 모습을 구경한 기사가 있다. 예를 들어, 자사토紫沙土를 증기기관으로 갈아내어 가루로 만들고, 다시 그것을 부두의 돌 틈을 메우듯 수면 아래에 바르는 방법을 신기해하였다. 그렇게 하는 까닭은 흙가루로 돌 틈을 채우면 비록 돌이 깨지더라도 메운 것이 풀리지 않기 때문이었다. 그리고 부두를 만드는 공사장 인부의 작업복을 다음과 같이 묘사하였다.

부두를 쌓는 사람이 물속으로 들어갈 때 머리에는 유리 항아리를 쓰고, 몸에는 물이 스며들지 않는 재료로 만든 옷을 입으며, 발에는 가죽으로 만든 신발을 신는다. 신발 바닥은 납으로 만들어서 물 위로 뜨지 않는다. 옷의 상체는 유리 항아리 아랫부분과 연결되어 있고, 옷의 하체는 가죽신의 윗부분과 연결되어 있다. 또 관을 이용해 공기를 통하게 하는데 수면 위로 관이 나와 있어, 물 밖에 있는 사람이 선박을 타고 관을 붙잡고 있으면 그 움직임에 따라 조절해 공기를 통하게 한다. 그래서 물속에서 하루 종일 일을 하더라도 괜찮으니 그 기술이 정교하다고 할 만하다.[101]

여기서 작업복은 다름 아닌 수중에서 작업하는 잠수부의 복장을 묘사한 것으로, 시찰단 강진형의 보고서에도 이를 언급하였다.[102] 당시 유

그는 해군병학교를 시찰할 계획도 가지고 있었으나 실제로 방문했는지 여부는 확인할 수 없다 (한철호, 앞의 책, 116쪽).

101 송헌빈, 『동경일기』, 4월 25일(이효정, 앞의 글, 34쪽 인용문 재인용).

102 "잠수기는 머리에 투구를 쓰고 몸에는 견고한 고무 옷을 입으며 발에는 단단한 장화를 신게 하여, 배 안이나 육지로부터 즉통을 통해 공기를 보내 호흡하도록 한다. 그러므로 하천이나 해저에서 육지에 있는 것처럼 동작이 자유롭다. 용도는 침몰한 배를 끌어 올리거나 배 바닥을 보수하거나 해초나 어패류를 채취하는 일 등이다"(강진형, 구지현 역, 앞의 책, 103쪽).

럽에서는 잠수복은 물론 다이빙 벨이라고 불리는 잠수종도 사용하고 있었다.

조사시찰단의 강진형은 다른 일행과는 달리 전신에 관심이 많아 상대적으로 많은 기록을 남겼다. 그는 전신중앙국電信中央局을 둘러보고 일본 내 구체적인 연결 상황을 소개하면서 해저케이블에 관한 소개도 잊지 않았다. 나가사키에서 상하이를 잇는 전선이 있는데, 다시 상하이에서 벨기에, 유럽, 북아메리카, 남아메리카 등 여러 나라로 전선을 해저에 잠기게 하여 통신한다면서 해저케이블을 소개하였다. 일본 내 전선의 길이를 열거하는 도중에 해외 상황도 소개하였다. 1870년 프랑스에서 미국까지 전선을 만들었는데 길이가 약 1만 리이고, 1873년 영국에서 미국까지 전선을 만들었는데 길이가 약 7천 리이다. 특히 영국에서 미국까지 전선은 해저케이블이다. 또 영국에서 인도, 싱가포르를 거쳐 홍콩까지도 해저케이블을 깔았는데 이것이 가장 길다. 중국의 경우 홍콩에서 하문을 거쳐 상하이까지 약 3천여 리의 해저케이블이 있으며, 다시 상하이에서 일본까지 해저케이블은 1천 5백여 리이다. 강진형에 따르면, 증기선과 기차와 더불어 대표적인 근대 발명품인 전선은 일본의 경우 불과 10여 년 전까지도 그 존재를 몰랐으나 지금은 본받아서 만든다고 소개했다.[103]

시찰단에 참여했던 어윤중은 1881년 9월 일본에서 상하이로 건너가 청국의 양무운동을 살펴본 인물이라 흥미롭다. 상하이에서는 윤선이나 철로 등의 사무에 해박했던 당정추唐廷樞와 대화를 나누었는데, 윤선의

---

103 위의 책, 44~47쪽. 강진형은 해저전선은 땅에 묻는 방법과 어느 정도 비슷하지만, 해수의 힘이 강해 동선을 여러 겹으로 한 데 묶고 밖을 두껍게 감싼다고 설명했다. 그는 해저전선의 종류와 사용법도 소개하였다.

제조구매나 수송선과 병선에 관한 내용이 포함되었다. 당정추는 어윤중에게 조선과 청국이 공동으로 조선소를 건설하고, 자본가들을 모아 자국에서 직접 선박을 건조하자는 제안을 하였다. 해국일본을 시찰했던 어윤중에게는 공감이 가는 주장이었다.[104] 이 시기만 하더라도 어윤중은 대다수 조선의 지식인들처럼 일본보다는 청국에 우호적이었다. 당시 어윤중은 러시아 남하에 맞서 일본이 절영도현재 부산의 영도를 군사적으로 이용하려고 접근하는 의도를 경계하고 있었다. 한편 시찰단의 박정양 등은 일본이 문명화에 지나치게 몰입해 외국에게 많은 빚을 지고 있어 그들에게 능욕을 당해도 어쩌지 못한다고 보고했다.[105]

조사시찰단이 데리고 간 유학생들이야말로 능동적으로 서구 문물을 수용한 집단이었다. 시찰단의 어윤중은 최초의 유학생 유길준, 유정수, 윤치호, 김양한[106] 등을 데리고 갔는데, 사실상 어윤중이 유학생 파견을

---

104 김기엽, 「1881년 어윤중이 쓴 담초(談草)의 특징과 대담에 나타난 한·중·일의 정세」, 『정신문화연구』 제41권 제2호, 한국학중앙연구원, 2018, 318~319쪽.

105 허동현은 조선의 조사시찰단과 일본의 이와쿠라(岩倉) 사절단을 비교한 후 다음과 같이 정리하였다. 첫째, 일본이 1860년대부터 시작한 근대문물의 수용 노력을 조선은 20년 후에, 그것도 일본의 시각을 통해 변형된 이미지로 간접 경험하였다. 4개월부터 1년여의 짧은 시찰이나 유학은 일본식 국민국가나 서구의 근대 성과를 충분히 소화하기에는 턱없이 부족한 시간이었다. 둘째, 이와쿠라 사절단은 구미 국가에서 성취한 물질적 정신적 성과의 핵심을 파악해 이를 일본 사회에 이식함으로써 서양 열강과 어깨를 나란히 한다는 명확한 목적의식을 공유했으나, 조사시찰단의 경우 비록 능력이 뛰어난 관료들이었지만 대부분 국왕의 명령에 따라 피동적으로 참여한 사람들이었다. 셋째, 시찰 성과가 당시 사회 전반에 어떤 영향을 미쳤는가 하는 점에서 무엇보다 중요한 차이가 났다. 이와쿠라 사절단에 동행한 역사가 구메 구니타케는 여행 성과를 1876년에 『미구회람실기(美歐回覽實記)』(전100권)로 출판하였다. 이를 통해 이와쿠라 일행이 거둔 성과는 모든 국민이 공유하는 지식과 정보가 되었다. 이와 달리 조사시찰단의 보고서는 국왕이나 일부 위정자들이 정책을 결정할 때 참고자료로 이용되는 정도에 그쳤다(허동현, 「19세기 한·일양국의 근대 서구 문물 수용 양태 비교 연구」, 『동양고전연구』 24, 동양고전학회, 2006, 268~274쪽 참조). 그런데 여기서 조사시찰단과 이와쿠라 사절단이 적절한 비교 대상인지는 문제의 여지가 있다.

106 유학생 가운데 김양한은 조사시찰단이 귀국한 후 요코스카 조선소에서 항해술을 배우고, 가마이시(釜石)광산에서 주철 기술을 학습해 1882년 11월경 일본 정부로부터 자격증을 취득했다고 한다(허동현, 앞의 책, 69쪽).

담당하였다. 몇 년 후 제4차 수신사 박영효의 기록에는 육군 생도 이은석李殷石과 신봉모申鳳模는 이미 졸업했고, 조선생도 김양한金亮漢도 졸업장을 받았다며 크게 기뻐하였다. 특히 김양한이 항해할 때 쓸 지폐 1천 원을 해군성으로 보내었는데, 그가 요코스카 조선소에서 생활할 때 필요한 비용이었다. 일본 측도 항해술 교육에 매진하도록 열심히 격려하고 감독할 것이라고 응답하였다.[107] 이런 내용에 근거한다면 조선 정부가 어려운 재정 여건에도 불구하고 생활비를 지원한 것으로 보아 유학생에 대한 기대감이 적지 않았음을 알 수 있다.

그런데 박영효와 달리 갑신정변 이후 일본에 건너간 보수적인 제5차 수신사 박대양의 유학생 관련 기록에는 생활비 지급이나 귀국 문제와 관련해 유학생들과의 갈등이 엿보인다. 그뿐만 아니라 유학생의 단발과 서양식 복장을 보고 한탄하는 등 적대적이기까지 했다. 결국 엄주홍, 유성준 두 사람만 마지막 수신사를 따라 귀국하고 나머지는 돌아가지 않겠다고 반발했다. 결국 귀국을 거부한 유학생의 식비는 알아서 해결하도록 지시하고 그들을 외면했다.[108]

3) 동북아 해방海防과 만국공법

유럽의 흑해를 통해 해양으로 진출하려던 러시아는 크림반도에서 영국 해군과 부딪힐 수밖에 없었다. 1856년 크림전쟁에서 패배한 러시아는 새로운 출로를 모색하기 위해 동북아시아에 관심을 가졌다. 1860년 러시아는 청국으로부터 연해주를 할양받았으나, 아직 시베리아를 관통

---

107 박영효, 이효정 역, 앞의 책, 119~120쪽.
108 박대양, 장진엽 역, 앞의 책, 71쪽.

하는 철로가 없었기에 새로 얻은 동아시아영토와 태평양진출을 위해 부동항을 확보하려 했다. 러시아는 이를 위해 1861년 쓰시마를 점령하려 했으나 영국 반대로 포기하였다. 다시 러시아령의 쿠릴열도와 일본령의 남부 사할린을 교환해 사할린에다가 부동항을 만들려 했으나 러시아함대에 적합하지 않았다. 이에 따라 조선에 눈독을 들였고, 영국을 비롯한 청국과 일본이 이를 경계하였다.[109] 이런 러시아의 남하정책은 동북아 정세 및 조선 해방과 밀접한 관계를 가졌다. 김기수가 도쿄에 체류할 때부터 일본인들은 조선 정부가 러시아의 남하를 경계해야 한다고 역설했으며, 조선이 방어책을 강구할 것을 재촉하면서도 러시아가 조선으로 접근할 경우 절대로 먼저 대포를 쏘지 말라고 권고했다.

러시아 경계론은 그 후에도 계속 이어졌다. 박상식의 글에는 당시 러시아가 도문강 항구에 16척의 군함과 3천여 명의 병사를 배치해 청국과의 분쟁에 대비하는데, 조선 반도를 돌아 산동성을 공격하려는 시도는 청국은 물론 일본에게도 위협적이라고 썼다. 일본 측은 이것이 조선에도 직접적인 위협이 될 수 있음을 주지시켰다. 특히 일본인들은 날씨가 추워져 바다가 얼면 러시아 군함이 남하해 부산항 부근에 머무르려고 시도할 것이라며 수신사 일행에게 위기감을 고조시켰다.[110]

일본 정부는 조선이 독립국인지 자신들은 알지만, 유럽 사람들은 청국 부용국附庸國이라고 여기며, 러시아가 먼저 청국의 변방을 엿보며 조선을 향한다고 자극했다. 실제로 러시아인들이 흑룡강에 있던 병선을 남하시키려는데, 일본인이 건설 중인 원산이 걱정이라고 했다. 그들은

---

109 허동현, 앞의 책, 242쪽
110 박상식, 장진엽 역, 앞의 책, 73·96·102쪽.

만국의 공법에는 이웃 나라에 분쟁이 있으면 중립을 지켜야 한다고 되어 있다면서, 일본은 스스로를 구제하기도 충분치 않다고 했다. 만약 각국과 조약을 맺으면 러시아가 이유 없이 조선을 침범하지 못할 것이라고 충고하였다.[111] 일본 정부는 조선이 국제정세에 어둡다면서 외교관을 파견하는 일이 무엇보다 시급하다고 주장했다.

일본 측의 반복되는 러시아 위협주장에 대해 조선 사절단은 청국공사관에 그 사실 여부를 질의하였다. 1878년 1월 청국 하여장何如璋 일행은 도쿄에 도착해 최초로 일본 주재 청국공사관을 열었다. 하여장은 메이지유신에 대해 그 성과를 높이 평가하면서도 개혁이 큰 저항에 직면할 것이라고 보았다. 조선인 일행이 청국을 여전히 신뢰하고 동질감을 느끼는 것은 마치 고향 사람을 만나는 반가움과 같았다. 하지만 명이 아닌 청에 대한 이질감을 간혹 드러내기도 하는데, 여행기에는 만주족 복장에 관한 언급에서 중화의 모범이 아니라는 지적이 엿보인다. 청국공사관을 방문한 후 박상식은 "오늘 본 것으로 말하자면 오히려 안타까운 점이 많다. 대명大明의 제도를 바꾸었기 때문에 그렇게 된 것인가?"[112]라며 청국에 대한 비판적 시각을 드러내었다.

청국공사관의 참찬 황준헌黃遵憲은 『일본잡사시日本雜事詩』와 『일본국지日本國志』를 저술한 인물로 일본 문제 전문가여서 김홍집의 주목을 끌었다. 주지하듯이 황준헌이 김홍집에게 건넨 『조선책략朝鮮策略』에서는 '친중국親中國', '결일본結日本', '연미국聯美國'을 제안하면서 조선을 청국에 종속시키고 미국과 조약체결을 강제하려 시도했다. 동시에 러시아 남하에 대

---

111 위의 책, 65·75쪽.
112 위의 책, 40~41쪽.

비해 일본과 우호 관계를 맺을 것을 주장하였다. 일본은 이제 조선을 침략하려 시도하기보다는 친목을 도모해 바다를 방어하려 한다. 오늘날은 세계 각국이 편리하게 항해하고 왕래하기 위해 지도를 제작해 배포한다. 나라가 강하면 다른 나라 사람들과 섞여 살아도 문제가 없다면서 "앞으로 두 나라의 화륜선火輪船과 철선鐵船이 일본의 바다 가운데로 종횡하면 외국의 침략과 압박은 없을 것이다. 그러므로 결일본結日本을 말하는 것"[113]이라고 조선 측을 안심시키려 했다.

『조선책략』에서 혹자는 "일본이 지도를 그려서 지형을 측량하니, 우리조선의 요새를 이미 잃은 것이다. 인천 항구는 곧 우리에게 뜰과 같은데 저들이 드나드는 것을 허용해 울타리가 다 무너져 버렸다. 다른 나라를 도모하려는 뜻이 아니라면 어찌 연해의 암초를 측량하고 수도의 요충지를 침범하는 것인가?"라고 질의한다.[114] 이에 대해 황준헌은 "지금은 천하의 모든 나라가 왕래한다. 가깝게는 일본과 중국, 멀게는 유럽과 미국이 연해 암초를 모두 도지圖志로 엮어서 여러 나라에 배포해 항해를 편리하게 한다. 그리고 멀게는 바닷가 항구에, 가깝게는 각 나라의 수도에 모두 외국 사신이 있어서 일 년 내내 머물도록 하는 것이 통례이다"[115]라고 대답했다.

조선과 일본의 전통적 교린 관계의 해체 과정은 근대 만국공법萬國公

---

113 황준헌·김홍집, 윤현숙 역, 『조선책략(朝鮮策略)·대청흠사필담(大淸欽使筆談)』, 보고사, 2019, 21~22쪽.
114 위의 책, 26쪽.
115 위의 책, 27쪽. 황준헌은 세상이 바뀌었다는 사실을 알리며, "같은 배를 타도 옛날에는 돛단배지만 지금은 화륜선이고, 같은 차로 가도 옛날에는 노새나 말로 가고 지금은 철길로 간다. 또 같은 우편도 옛날에는 역에서 전했고 지금은 전선으로 하며, 같은 병기라도 옛날에는 활과 화살이었지만 지금은 총과 대포이다"(위의 책, 40쪽).

法[116] 질서와 충돌하는 갈등 과정이었다. 이것은 1867년 12월 9일 일본에서 왕정복고가 이루어진 이후, 1876년 2월 27일 조선과 일본 간에 수호조약이 체결될 때까지 지속되었다. 제1차 수신사의 김기수는 만국공법을 전국시대의 6국이 연횡했던 법처럼 이해하였다. 여러 나라가 동맹을 체결하여, 한 나라가 어려움이 있으면 만국이 구하고 한 나라가 잘못이 있으면 만국이 공격한다. 한 나라만을 좋아하거나 미워하는 법이 없고, 한 나라만을 공격하거나 긴밀하게 지내는 법도 없다고 생각했다.[117] 조사시찰단의 강진형도 "이른바 만국공법이라는 것은 각국이 연맹을 맺는 것이니 (전국시대에) 여섯 나라가 연맹을 맺었던 방법과 같다. 한 나라에 어려움이 있으면 모든 나라가 구하고 한 나라가 잘못을 하면 모든 나라가 공격하니, 애증이나 공격을 편파적으로 하지 않는다. 이것은 서양의 법인데 바야흐로 규율마다 봉행해 감히 잘못을 저지르지 못한다"[118]라고 소개했다. 이처럼 만국공법을 전국시대에 진나라를 대항하기 위해 여섯 나라가 합종合縱한 사례로 이해한 점은 여전히 유럽공법으로서의 국제법 특징을 잘못 이해하고 있음을 알 수 있다.

「조일수호조규朝日修好條規」총 12관에는 해양 관련 규정이 적지 않은데 그 가운데 "제6조난. 표류 일본국 선박이 태풍 또는 연료 식품의 결여 등 불가항력의 경우 개항장 이외의 지역에 기항할 수 있으며 또 표류 선원을 보호해 송환한다"라는 조항이 있다. 조난표류 항목은 미국이나 영국 등

---

116 만국공법은 보통 국제법을 말한다. 서양의 국제법은 1864년 청국에서 번역 출판된『만국공법(萬國公法)』이라는 책을 통해 중국인에게 알려졌으며, 다음 해인 1865년에 일본으로 전파되었다. 1877년 12월 하나부사 요시모토(花房義質)가 제1차 수신사 김기수에게 이 책을 전달한 바 있다(박상식, 장진엽 역, 앞의 책, 64쪽).
117 김기수, 구지현 역, 앞의 책, 150쪽.
118 강진형, 구지현 역, 앞의 책, 127~128쪽.

과 조약을 맺을 때도 빠지지 않고 등장하는 만국공법에서 해양법 관련 필수항목이었다. 전통시대에도 청국, 조선, 안남, 유구, 일본 사이에 표류민을 송환해 주는 관행이 있었다. 이 경우 국가에서 모든 비용을 부담해 무상으로 송환했는데, 동문同文이라는 의식을 공유했기 때문이다.[119]

그런데 수신사의 기록에는 '이원춘 표류사건'이라고 불리는 일본해역 내 조선인 표류사건 기록이 반복적으로 나타나 흥미롭다. 일본 측 서신 전문을 옮겨보면 아래와 같다.

귀국 평안도 의주인 이원춘이라는 자가 작년 10월 해양에 표류해 며칠 곤액을 당하던 중, 우연히 지나가던 영국 배 오스카와일호를 만나 구조되었습니다. 우리 홋카이도北海島 하코다테항函館港의 영국영사관을 통해 올해 1월 도쿄 영국공사관으로 이송되었습니다. 근래 귀국과 우리일본 간에 조약이 이루어졌습니다. 이에 올해 4월 영국 공사가 우리에게 '해당 백성을 외무성을 통해 고국으로 돌려 보내주십시오'라고 알려왔습니다. 그 편지는 별도의 서간에 실려 있습니다. 전후 6개월간 애호를 받아 목숨을 보전했으니 의식을 제공받은 것보다 더한 은혜를 입었습니다. 길을 잃어 해안에 표류하거나 태풍을 만나 위험에 빠진 자를 보고, 항해하는 자라면 어느 누가 보호하고 구휼하지 않겠습니까? 천하에 통하는 법이자 만국에 통하는 도의라서 그 나라와의 통호通好 유무는 묻지 않는다고 들었습니다. 영국 배가 구조하고 영국 관리가 불쌍히 여겨준 것은 감히 소홀히 대하지 않았으니 그 은의에 어찌 감동하지 않

---

119 조선 후기에 조선인이 일본으로 표류한 경우, 송환경로는 보통 표착지→나가사키→쓰시마→조선 순이었으며 막부가 경비를 부담하였다. 조선에 표류한 일본인의 경우는 표착지→왜관→쓰시마→나가사키로 역순이었다(김강식, 「조선 후기 동아시아 해역의 漂流民 송환체제」, 『동아시아해역의 해항도시와 문화교섭 I-해역질서·역내교역』, 선인, 2018, 175~182쪽 참고).

겠습니까? 지금 해당 표류민을 처리하는데 법이 있다고 하니, 해당 백성이 곤액을 당한 것은 실로 의심할 바 없으므로 고향으로 돌려보내면, 귀국이 그를 본업에 편히 나아가게 할 것이라고 저는 믿어 의심치 않습니다.

(메이지 9년 6월 3일. 외무경 데라시마 무네노리 인, 조선 수신사 김기수 귀하께)[120]

해양에 표류하던 이원춘이란 조선인을 영국 선박이 구조해 보호하다 일본 내 영국공사관이 일본 정부를 통해 조선으로 돌려보내니 불이익이 없도록 잘 처리해 달라는 내용이었다. 이에 대해 김기수는 일본 외무경에게 이원춘을 수개월간 보호해 준 일은 개인이 아니라 백성이 함께 은혜를 받은 것이라며 영국인의 행동은 어진 사람의 일이라면서 감사의 말을 전하였다. 그리고 이원춘이 고향에서 다시 생업에 종사하는 데 어려움이 없도록 하겠다고 약속했다. 훗날 영국인이 어려움이 있다면 우리나라 사람이 구휼할 지 누가 알겠느냐고 말했는데, 실제로 그런 사건이 벌어졌다. 1878년 가을 영국 상선이 제주도 근해에서 난파된 일이 있었다. 이때 조선 정부는 영국인 선원들을 후대하고 귀환시켰다.

일본에서 만국공법은 국가적인 차원에서 큰 관심을 가졌으며 일본을 방문한 조선 사절단에게도 사신 파견을 넘어 각국에 공사관을 설치할 것을 여러 차례 제안하였다. 이런 영향 때문인지 수신사 일행의 마지막 일본방문이 끝나고 얼마 지나지 않아 조선 정부는 외국 주재 자국 공사를 파견하기 시작했다. 1886년 1월 일본에 이헌영을, 1887년 6월 미국에 박정양을, 1887년 7월 영국·독일·러시아에 조신희趙臣熙

---

120 김기수, 구지현 역, 앞의 책, 177~178쪽.

등을 차례로 현지 공사로 임명하였다. 외국에 공사를 체류시킨 것은 전통적인 책봉조공 체제에서 근대적인 만국공법 체제로 편입한 사실을 상징적으로 보여준다.

수신사와 조사시찰단이 필담과 시문詩文·창화唱和라는 방식을 통해 일본인과 친밀감을 느낀 점은 주목할 만하다. 이는 유교적 교양인의 천하관을 보여주는 것으로 과거 에도의 일본인들처럼 만국공법시대에도 글을 받으려는 사람이 적지 않았다는 사실을 보여준다. 조선인과 일본인간에 전통적인 교류방식인 한시를 통해 양국 지식인들이 감정을 표현한 문장이 여러 편 남아있다.[121] 하지만 이런 풍경은 시간이 흐름에 따라 점점 줄어들었다. 왜냐하면 시詩·서書·화畵를 통한 문화교류는 전통적인 방식으로 주로 '자연미'를 음미하는 데는 유용했으나, 일본의 '사회상'을 객관적으로 살피기에는 한계가 있었기 때문이다.[122] 이런 사실은 청국과 일본과의 외교관계에서도 그대로 드러나는데, 초기 청국 외교관들은 일본인들과 활발하게 시문·창화를 교류했지만, 청일전쟁을 전후해서는 거의 사라져 버렸다. 시를 이용해 여행기를 쓰는 관행도 마찬가지였다.

---

121 조선인과 일본인의 해양 문명 관련 시문 사례를 들어보면 아래와 같다.
　① 안광묵 : "배에 올라 읊다 : 초량 왜관 밖으로 대어 있는 관선에 / 풍악 소리 우렁차게 하늘까지 올라가네 / 화륜이 한 번 돌자 긴 바람 일어나고 / 만 리 먼 부상(扶桑)이 눈앞에 쏟아지네"(안광묵, 구지현 역, 앞의 책, 46쪽).
　② 나카미조 야스다쓰(中溝保辰) : "배 만드는 바닷가 위로 연기 뿜어 나오니 / 아시아주에서 가장 먼저 시작하였네 / 석조(石槽)는 고래처럼 무지개 삼켰다 뱉어내고 / 철로 만든 채는 꿈틀꿈틀 선반을 돌리네 / 조선(造船)은 본디 황제(黃帝)의 창작이 아니니 / 기술이 어찌 재인(梓人)에게 전해졌겠는가? / 국가가 해군의 중요성을 잘 알아서/ 내탕금 몇만 냥도 아끼지 않았다네"(박영효, 이효정 역, 앞의 책, 97쪽).
122 혹자는 수신사와 조사시찰단이 필담과 창화에 소극적이었다고 보지만(허경진, 「수신사(修信使)에 대한 조선과 일본의 태도 차이」, 『洌上古典硏究』 53, 2016 참고), 근대적 외교관계로 전환되면서 시문·창화가 사라지는 것은 어쩌면 자연스러운 운명이었다.

조선 사절단은 일본인들처럼 만국공법이 사실상 유럽공법이어서 제국주의적 침략성이 있다는 사실을 간파하지는 못했지만, 일본인들이 이런 국제법을 엄격하게 지키려 한다는 사실은 알고 있었다. 하지만 전통을 가볍게 버리고 서양 법률을 빠르게 제도화하는 행태를 개탄하였다. 이와 같은 태도는 마지막 수신사 일행에게서도 나타난다. 박대양은 국내 경험을 바탕으로 일본정세를 이해해서 그런지, 개화 때문에 일본에서는 임금이 임금답지 못하고 신하가 신하답지 못하게 되었다고 지적했다. 그리고 만국공법을 역적을 옹호하는 도구인 양 부정적으로 인식해 전통적인 유교적 세계관에 안주하였다.[123]

---

123 박대양, 장진엽 역, 앞의 책, 해제.

제5장

개항 시기 미국 파견 조선 사절단이 경험한 태평양 항로

1. 보빙사 일행과 주미공사 박정양의 태평양 횡단

1) 보빙사, 태평양을 건너다

1883년 7월 16일 민영익閔泳翊을 전권공사로 하는 보빙사報聘使 일행은 미국 공사 푸트Lucius. H. Foote의 배려로 해군 군함 모노카시Monocasy호를 타고 제물포를 출발해 21일 나가사키에 도착한 다음 배를 갈아타고 요 코하마로 향하였다.[1] 개항 이후 조선은 일본 기선회사에 의해 부산과 인 천에서 일본 항구들과 연결되었다. 나가사키, 고베, 요코하마로 이어지 는 일본의 내해 항로는 수신사와 조사시찰단 기록에도 풍부하게 묘사된

---

[1] 보빙사(報聘使)는 김원모의 연구가 대표적인데, 근래 기존 저서와 논문들을 정리해 두 권의 책으로 출판하였다. 이 책에는 홍영식과 민영익의 「복명문답기」가 실려 있다. 그리고 민영익 일행의 세계 일주와 관련해서는 김원모말고도 손정숙의 연구논문이 있는데, 민영익 일행을 데리고 유럽 여행한 미국 해군 장교 포크(George Clayton Foulk)의 기록물을 활용한 글이다. 김원모, 「朝鮮 報聘使의 美國使行(1883) 研究(上)」, 『東方學志』 49, 1985; 김원모, 「朝鮮 報聘使의 美國使行(1883) 研究 (下)」, 『東方學志』 50, 1986; 김원모, 『한미수교사 – 조선보빙사의 미국사행편(1883)』, 철학과현 실사, 1999; 김원모, 『상투쟁이 견미사절 한글 국서 제정 – 朝鮮開港과 韓美修交史』 上 · 下, 단국대 출판부, 2019; 손정숙, 「주한 미국 임시대리공사 포크연구(1884~1887)」, 『한국근현대사연구』 31, 2004; 손정숙, 「한국최초 미국외교사절 보빙사의 견문과 그 영향」, 『한국사상사학』 29, 2007 등이 있다.

코스였다. 특히 고베에서 요코하마로 갈 때는 외해로 빠져나와 태평양의 광활함을 잠시 경험하기도 했다.

보빙사는 거의 1개월간 도쿄에 체류하면서 주일 미국 공사 빙햄Bingham의 도움을 받았다. 이때 현지에서 명문가 출신의 미국인 퍼시벌 로웰P. L. Lowell[2]과 일본인 통역관 미야오카宮岡恒次郎를 채용한 후, 드디어 8월 15일 동서양 기선회사Occidental and Oriental Company 소속인 4천 톤급 태평양 횡단 여객선 아라빅Arabic호에 승선하였다. 승객은 조선 사절단을 포함해서 모두 256명이었다. 이 정기여객선은 홍콩-요코하마-샌프란시스코를 연결 운행하는 증기선으로 요코하마에서 샌프란시스코까지 약 22일 소요되었다.[3] 당시 조선인은 청국의 상하이나 일본의 요코하마를 통해 대양 항해를 할 수 있었는데, 유길준兪吉濬의 『서유견문西遊見聞』에는 이런 신형 여객선을 다음과 같이 소개하였다.

선박에 화물을 적재하는 곳이 아주 견고해서 파도가 갑판 위로 올라와도 침수할 우려가 없었고, 또 여객 객실은 침구, 세면도구 및 일용품 등을 고루 갖추고 있다. 식당, 목욕실, 주방의 위치가 모두 차례대로 배치되어 있으며 음식물도 육·해산물로 골고루 갖추어 승객이 주문하면 순식간에 제공된다. 승객을 위한 각종 오락 도구도 구비하고 있으니, 서화 및 음악을 준비해 관람 편의를 제공한다. 그뿐만 아니라 의약품을 갖추어 불의의 질병에 대비하니 묘망卬

---

2 퍼시벌 로웰(P. L. Lowell)은 『조선, 고요한 아침의 나라(Choson, the Land of the Morning Calm)』라는 책을 저술한 인물로, 훗날 천문학에 빠져 명왕성을 발견한 사람이기도 하다. 그리고 통역 오례당(吾禮堂)은 묄렌도르프가 청국에서 조선 세관으로 데려온 중국인으로, 미국 유학생 출신이어서 영어에 능통하였다. 그는 인천 화교의 역사와 관련이 깊은 인물이다(김선홍, 「조선의 명운을 짊어진 최초의 방미 사절단」, 『오마이뉴스』, 2021.6.29).
3 김원모, 『상투쟁이 견미사절 한글 국서 제정 — 朝鮮開港과 韓美修交史』上, 351쪽.

茫-멀고 아득한한 만경창파에 한 조각 배를 타고 가는 데도 그 생활의 편리함은 마치 대도시 가운데 살고 있는 것과 다름이 없다.[4]

유길준에 따르면, 태평양은 북쪽의 베링 해협에서 시작되어 남쪽으로 남극 주위까지 이르는데, 서쪽은 아시아주와 오세아니아주를 경계로 삼고, 동쪽은 남·북아메리카의 두 대주를 경계로 삼는다고 했다.[5] 당시에는 여전히 태평해와 태평양이란 표기가 공존하고 있었다. 오대양을 언급하면서는 태평양, 태서양, 인도양, 남빙양, 북빙양이라고 썼는데, 일본의 영향으로 태평양과 마찬가지로 대서양을 태서양이라고 불렀다.[6] 그는 바다란 고여 있는 물이지 흘러가는 물이 아니라면서, 바람으로 파도가 산같이 일어나도 바닷물은 제자리에서만 움직일 뿐이라고 하였다.[7] 이런 세계 지리와 대양에 대한 소개는 중국이 세계 중심이라는 인식에 도전하는 것이다.

태평양 항로는 북쪽 항로와 남쪽 항로가 있었다. 보빙사가 미국으로 갈 때는 북쪽 항로를 이용해 샌프란시스코항으로 향했고, 귀국할 때는

---

4 위의 인용문에 이어서 "바다는 세계 모든 나라가 함께 소유하는 큰 물건이라서 특정한 주인이 없다. 그러나 배는 어느 나라에 소속된 것이든지 그 나라 영토와 같이 여기므로, 다른 나라의 간섭을 받지 않는다. 두 배가 서로 만날 때에는 깃발을 올려서 예의를 표시한다"라고 소개했다. 이처럼 공해와 영해 및 항해 중 예절과 같은 해양법을 간단히 소개하였다(길준, 허경진 역, 『西遊見聞 - 조선 지식인 유길준, 서양을 번역하다』, 서해문집, 2004, 498쪽).

5 위의 책, 67쪽.

6 후쿠자와 유키치의 초기 저작 『증정화영통어(增訂華英通語)』의 지리류 항목에는 洋을 Ocean에, 海를 Sea에 대응시키며, 오대양을 소개했는데 대서양, 태평양, 인도양, 북빙양, 남빙양 등이 그것이다(고정휴, 「태평양의 발견 - 그 바다 이름의 생성·전파와 조선에의 정착」, 『한국근현대사연구』 83, 2017, 87쪽).

7 평지와 같은 바다에서 선회하는 물줄기인 해류는 마치 강물과도 같은데 한류는 흑도에서 일어나고 난류는 적도에서 일어난다고 소개했다. 그리고 바다를 항해할 경우, 이런 해류의 도움을 받아 돛을 펼치고 키를 조정하면 속도가 갑절이나 늘어난다고 설명했다(유길준, 허경진 역, 앞의 책, 68·71쪽).

남쪽 항로를 이용해 하와이를 거쳐 요코하마항으로 귀국하였다. 몇 년 후 초대 주미 공사로 미국으로 건너간 박정양朴定陽의 『해상일기초海上日記草』에 따르면, 요코하마에서 샌프란시스코까지는 세 개 항로가 있다고 했다. 첫 번째 항로는 적도 북위 50도를 따라가는데 거리가 4,600마일이고, 두 번째 항로는 적도 북위 35도를 따라 수령水嶺을 넘는데 4,700마일이며, 세 번째 항로는 적도 북위 20도를 따라가는데 하와이를 경유해서 돌아가는데 5,595마일이라고 명시하였다. 박정양 일행은 세 번째 항로를 따라서 곡선으로 항행했는데, 그 까닭은 선박에 실은 물품을 하와이에 내려야 했기 때문이었다.[8] 이처럼 태평양 항로는 시간이 흐르면서 좀 더 다양해졌는데, 1896년의 민영환閔泳煥 사절단은 태평양을 건너 미국의 샌프란시스코항이 아닌 캐나다의 벤쿠버항으로 향하였다. 그 까닭은 영국이 개척한 세계 항로를 이용했기 때문이다. 보빙사의 태평양 항해 경험은 기록이 없어 분명하지 않은데, 그나마 홍영식洪英植이 귀국 후 1883년 12월 20일 고종에게 복명하는 과정 중 단편적이나마 언급하였다.

（가는 항로）

상上, 고종 : 요코하마에서 샌프란시스코까지 수로로 몇 리나 되는가?

영식홍영식 : 미국으로 갈 때 북쪽 조금 한대寒帶에 가까운 항로로 갔는데 4,500마일이 되오며, 귀국할 때는 남쪽으로 멀리 돌아 회항했기 때문에 5,300마일이나 됩니다. 그리하여 우리나라 거리법으로 계산하면 이 숫자에

8　박정양, 한철호 역, 『미행일기(美行日記)』, 푸른역사, 2015, 51~52쪽.

〈그림 1〉 보빙사 정사 민영익

다 3배를 더해야 합니다.

상 : 참으로 멀고도 멀구나. 왕래하는 수로
는 모두가 새로 난 항로인가?

영식 : 신은 수로를 돌아왔는데, 샌프란시스
코부터 남쪽 열대 가까운 항로로 돌아, 하와이
에서 체류했다가 요코하마, 홍콩 등 항구에 이
르렀습니다. 현행수로에 비하면 그 거리가 훨
씬 멉니다.[9]

고종은 홍영식에게 여행 중 날씨를 물었는데, 이에 대해 홍영식은 태
평양 북쪽 항로의 경우 6월과 7월 사이였는데도 한기를 느꼈고, 샌프란
시스코에 도착해 느낀 온도는 조선의 8월과 같은 날씨였으며, 워싱턴은
찌는 듯한 더위로 숨이 막힐 정도라고 대답하였다.[10] 이처럼 지구의 광
활함으로 말미암아 위도에 따라 기온 차이가 나는 놀라운 사실을 경험
하고 왕에게 보고하였다.

뒤에서 언급하겠지만, 보빙사가 미국에서 외교 임무를 마친 후 민영
익 전권대신을 비롯한 몇 사람은 대서양을 건너 유럽탐방의 길에 나섰
다. 나머지 홍영식 전권부대신을 비롯해 참찬관 로웰, 중국인 통역 오례
당吳禮堂, 수행원 현흥택玄興澤, 최경석崔景錫, 고영철高永喆, 일본인 통역 미야
오카 등은 미국 대통령에게 고별인사 후 10월 16일 워싱턴을 떠나왔던

---

9 「홍영식의 복명문답기」, 김원모, 『상투쟁이 견미사절 한글 국서 제정 - 朝鮮開港과 韓美修交史』,
단국대 출판부, 2019, 886~887쪽 재인용.
10 위의 책, 893~894쪽.

길과 정반대로 태평양 항로를 따라 귀국
길에 올랐다. 홍영식 일행은 10월 24일
샌프란시스코항에서 리오the City of Rio호
를 타고 출항해 하와이를 거쳐 요코하마
항에 도착하였다. 그 후 홍영식은 귀국
항로에 관해 다음과 같은 보고를 남겼다.

〈그림 2〉 보빙사 부사 홍영식

(오는 항로)

상 : 미국 땅에서 배를 타고 며칠이면 일
본에 도달하는가?

영식 : 25일이 걸립니다.

상 : 그렇다면 어찌 이다지도 지체되었는가?

영식 : 귀국 해로의 거리가 미국으로 항행할 때의 항로에 비하면 훨씬 멀었
고, 그뿐만 아니라 풍랑에 막힌 적이 있어 해상에서 며칠을 허비했기 때문입
니다.

상 : 바다 가운데는 또한 도서가 있었는가?

영식 : 일본 요코하마로부터 샌프란시스코에 이르기까지 조그마한 조각 땅
조차도 보지 못했습니다.

상 : 이를 가르켜 바닷물과 하늘이 합쳐진 일망무제一望無際라고 말할 수 있
겠다…….[11]

---

11 위의 책, 899~900쪽 재인용.

고종은 홍영식에게 태평양 항행시 군함의 왕래를 본 적이 있는가?라고 물었다. 이에 홍영식은 우편선이 한 달에 두 번씩 왕래하는데 같은 항로를 따라 왕래하므로 만날 수 없고, 작은 배는 태평양을 항행할 수 없기에 해상에서 단 한 척의 배도 볼 수 없었다고 답변했다. 다시 고종이 대서양에는 왕래하는 선박이 많다는데, 태평양은 왕래하는 선박이 드므냐고 물었다. 이에 홍영식은 전 세계의 상황을 보면 아시아가 유럽보다 뒤떨어지는데, 미국의 샌프란시스코가 뉴욕보다 덜 발달한 사실에서도 알 수 있다고 대답했다.[12] 보빙사가 태평양을 건넌 기록이 이것이 거의 전부인데, 그 정보가 기초적인 수준에 불과하다는 사실을 알 수 있다. 이에 반해 보빙사보다 4년 뒤에 출사한 주미 공사 박정양이 태평양을 건너가는 과정은『해상일기초』이란 기록을 남겨서 좀 더 자세히 대양 항해 과정을 알 수 있다.

2) 박정양의『해상일기초』

청국은 조선 정부의 주일공사 파견 때와는 달리 미국과 유럽주재 전권공사 파견에는 조선을 자국의 속국이라고 주장하면서 적극적으로 반대하였다. 이에 박정양 일행을 미국으로 먼저 파견하고 사후 승인을 받는 대안을 내놓았다. 청국도 미국의 비판 여론을 고려한 끝에 조선 공사가 임지에서 청국 공사와 함께 미국 국무부에 들어가야 한다 등과 같은 세 가지 요구를 담은 영약삼단另約三端[13]을 조건으로 달아 동의하였다. '약소

---

12 위의 책, 900쪽.
13 영약삼단(另約三端)이란 "첫째는 조선 사절이 각국에 처음 가면 마땅히 먼저 청국공사관으로 가서 온 까닭을 청국 흠차(欽差)에게 보고하고 함께 외부에 다녀오며, 그 뒤에는 구애(拘碍)받지 않는다는 것, 둘째는 조회나 공연에 수작이나 교제를 당하면 조선 사절은 청국 흠차의 뒤를 따르

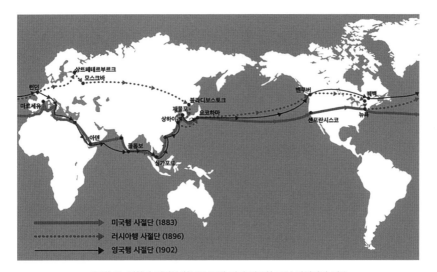

〈그림 3〉 개항기 태평양 항로를 통해 세계 일주한 조선 사절단의 경로

국에는 외교가 없다'라는 냉엄한 국제 사회의 현실을 실감한 사건이었다. 3개월에 걸친 외교적 실랑이 끝에, 마침내 초대 주미 전권공사가 된 박정양은 1887년 11월 12일 미국으로 부임하기 위해 서울을 떠났다.[14]

박정양 일행은 제물포에서 1박하고, 11월 14일 조지 함장이 이끄는 미국 군함 오마하Omaha호에 승선하였다. 아시아함대 소속 오마하호는 함포 14문, 해군 300명이 승선한 군함으로 나가사키-인천 간을 정기적으로 순항하였다. 이 군함은 조선 사절단이 미국으로 파견된다는 사실을 알고 비용을 받지 않고 태워주었다. 일행은 오마하호에서 며칠간 머

라는 것, 셋째는 교섭할 대사에 관계가 긴요한 것은 조선 사신이 먼저 청국 흠차와 은밀히 상의해 명확하게 제시하라는 것이다. 이는 모두 속방에서 응당 행할 체제이므로 각국은 간섭하지 말고, 지나치게 질문할 수도 없다는 것이다"(박정양, 한철호 역, 앞의 책, 35쪽 인용).

14 박정양에 대한 연구는 그의 『미행일기(美行日記)』와 『미속습유(美俗拾遺)』를 번역 출판한 한철호의 연구를 주목할 만하다. 특히 『미행일기』 중에는 『해상일기초(海上日記草)』를 비롯한 박정양의 다른 자료도 함께 시간순으로 번역 편집해 유용하다. 근래에는 해양사의 시각에서 조선 사절단을 바라본 고정휴의 연구가 나와서 도움이 된다. 그는 조선이 언제 어떻게 태평양에 연결되었는가를 주목하고 있다(고정휴, 『태평양의 발견, 대한민국의 탄생』, 국학자료원, 2021; 고정휴, 「태평양의 발견-그 바닷길의 개통과 조선 사절단의 세계 일주 기록 검토」, 『한국사학보』 73, 2018, 133~176쪽 참고).

물다가 제물포를 출항해 11월 18일 부산으로 기항한 후, 그날 오후 대마도를 지나 나가사키항에 입항하였다. 11월 21일 박정양은 개인적으로 과거 보빙사의 책임자였던 민영익을 만나기 위해 잠시 홍콩으로 건너갔다. 그는 업무를 본 후 마카오를 경유해 영국 여객선 오션익Oceanic호를 타고 12월 8일 요코하마항으로 돌아왔다. 12월 10일 박정양 일행은 10시 정각 오션익호에 다시 승선해 드디어 출항하였다.[15] 이 배는 박정양이 귀국할 때도 또다시 승선하는 인연을 맺게 된다.

태평양을 횡단하는 1887년 12월 9일부터 12월 29일음력 1887년 10월 20일부터 11월 15일까지는 『해상일기초海上日記草』의 기록을 참고할 만하다. 여기에는 요코하마에 머무는 상황부터 배 안에 발생한 전염병 환자로 인해 샌프란시스코에 상륙하는 것을 허락받지 못하던 상황까지 대양에서의 경험을 담고 있다. 이 일기는 보빙사 공식 보고서를 확인할 수 없는 까닭에 태평양에 관한 조선인 최초의 항해일지이다. 전권대신 박정양과 참찬관 이완용이 함께 작성한 견문록으로 알려졌다. 박정양은 태평양에 대해 "하늘과 물이 서로 닿아서, 사방을 바라봐도 한 점의 산색山色이 없다"[16]라는 첫 감상을 남겼다. 그는 태평양에서 다른 여행객과 마찬가지로 어떤 날은 배가 조용하고, 다른 날은 배가 요동치며 항행하는 경험을 하였다. 바다 가운데서 바람과 파도를 만나 배가 전복할 듯한 경험, 즉 "파도가 세차게 일어나서 배 안에 의자와 그릇들이 이리저리 굴러다니는"[17] 당혹스러운 일들은 모든 여행기에 공통으로 나타난다. 그래도 철

---

15 한철호가 번역한 『미행일기』의 45쪽부터 53쪽까지 내용은 사실상 『해상일기초』를 번역한 기록이다.
16 박정양, 한철호 역, 앞의 책, 47쪽.
17 위의 책, 51쪽.

재로 만들어진 견고한 증기선 덕분에 그나마 심리적 위안을 얻었다. 당시 태평양을 건너는 선박들은 도중에 경유하는 섬에서 석탄과 같은 연료를 공급받거나, 날씨가 나쁘면 잠시 피항하였다. 『해상일기초』에는 12월 16일 산호도珊瑚島라는 섬에 들러 석탄을 보급받은 기록이 남아있다.[18] 여기서 산호도가 오늘날 어떤 섬인지는 불분명한데, 구한말 일자리를 찾아 미국을 여행했던 몰락한 양반 김한홍金漢弘의 여행기인 『서양미국노정기』[19]에서 이를 추측할 수 있는 실마리를 찾을 수 있다.

김한홍은 몽고리아Mongolia호라고 불리는 미국행 선박을 타고 쉬지 않고 10여 일을 항해하며 하와이로 향하던 도중 중국의 옛 전설에서 나오는 '넓이 45리에 길이 천여 리'나 되는 약수弱水[20]를 만나 놀라는 대목이 있다. 한 연구자는 이곳을 지금의 괌도로 추측하지만, 박정양이 들린 산호도와 같은 곳일 가능성도 없지 않다. 약수의 주변 항로에 유리등을 높이 달아 놓은 전화목電火木이란 것을 보았는데, 아마도 산호초 해역 주변의 전봇대에 설치한 항로 표시등으로 보인다. 그는 선원으로부터 야간에 항해하는 선박의 해상안전을 위해 약수와 해수를 구분하기 위해 만들어 놓은 등이라는 설명을 들었다.

---

18 위의 책, 48쪽.
19 태평양 항로에 관한 기록을 보완하기 위해 대한제국 말기 개인 자격으로 하와이로 건너갔던 김한홍(金漢弘)의 『서양미국노정기(西洋美國路程記)』를 참고할 수 있다(박노준, 「'해유가'와 '서유견문록' 견주어 보기」, 『한국언어문화』 23, 2003, 149~162쪽에 원문이 실려 있음). 김한홍은 1903년 12월부터 1908년 8월까지 일본을 경유해 하와이와 샌프란시스코를 다녀와서 여행기인 『서양미국노정기』와 가사 작품인 「해유가(海遊歌)」를 남겼다. 박노준이 일찍이 「해유가」를 소개하고 분석했으며, 곧이어 『서양미국노정기』를 소개 번역하였다. 그런데 김한홍이 정말 샌프란시스코를 방문했는지는 의문의 여지가 있다(박노준, 『『海遊歌』(일명 西遊歌)의 세계인식」, 『한국학보』 64, 1991, 194~239쪽).
20 원래 약수는 신선이 살았다는 중국 서쪽의 전설적인 강이다. 「해유가」에서 말하는 약수는 신선계를 방불케 하는 곳이라는 뜻으로 사용한 것인데, 박노준은 아마도 지금의 괌도를 말하는 것이 아닌가 추정한다(위의 글, 210쪽).

박정양 일행이 하와이로 항행하던 도중 경험한 흥미로운 일은 12월 16일 날짜변경선[21]을 통과한 사건이다. 이곳은 동반구와 서반구의 경계선으로 동반구에 해가 지자마자 서반구에서 해가 뜨므로 하룻밤을 지냈다고 해도 역시 같은 날이라는 논리인데, 동아시아인들이 이런 과학 원리를 이해하는 일은 쉽지 않았다. 따라서 태평양을 건넌 대부분 동아시아인의 여행기에서는 시차 문제를 기록으로 남겨놓았다. 날짜변경선에 따른 시차 문제는 과거 태평양을 건넌 벌링게임 사절단이나 이와쿠라 사절단의 여행기에도 자세히 기록되어 있다. 『해상일기초』에는 날짜 변경과 시차 문제를 다음과 같이 설명하였다.

> 12월 16일 맑음. 하루 종일 배가 갔다. 오늘은 마땅히 (음력) 3일로 써야 하지만, 서양인은 하룻밤을 묵었더라도 2일이라고 해야 미국 경계에 도착한 뒤 차이가 없게 된다고 말한다. 이 말을 듣고 매우 당황하였다……. 또 시간을 우리나라와 비교하면 4시간 앞서는 차이가 있다. 우리나라는 오후 2시인데, 이곳은 오전 10시이다. 그리하여 점점 차이가 쌓여 시각이 워싱턴에 이르면 12시간의 차이가 생겨서 우리나라와 밤 12시와 낮 12시로 상반된다. 우리나라가 2일 새벽이면, 미국은 1일 저녁이다. 그러므로 우리나라에서 3일은 역시 미국에서는 2일을 사용하는 것이다. 대개 하루가 서로 차이 나는 것이 아니라 불과

---

21 조이스 채플린에 따르면, "선을 기준으로 동쪽으로 향해 가면 하루가 늦춰지고, 서쪽으로 향해 가면 하루가 앞당겨지는 날짜변경선은 세계 일주 여행의 기본적이고 고유한 특징이다. 여행자는 지구에서 자신이 있는 자리만을 바꾸지만, 세계 일주 여행자는 달력에서 날짜를 바꿀 수 있는 유일한 존재이다. 그런 경험은 태양과의 관계를 통해 자신의 방위를 다시 정립하게 한다. 태양은 지구와 태양계 전체의 시간과 날짜를 정하는 기준점이다. 일주 여행자들은 놀라운 우주적 경험으로 시간이 보편적이 아니라 상대적이라는 사실을 알아낸 최초의 사람들이다"(조이스 채플린, 이경남 역, 『세계 일주의 역사』, RSG, 2013, 15쪽).

반일半日이 차이 난다. 그리하여 미국국경에 들어가면 어쩔 수 없이 서력西曆으로써 우리나라 역법을 참작하여 비교해서 사용해야 한다. 그러므로 2일을 두 번 사용하고 간지 역시 전일을 사용하니, 어찌 또한 물정에 어둡지 않은가?[22]

위와 같이 박정양은 태평양이 지구상의 동서구東西球가 서로 나누어지는 곳인데, 동구에서 해가 들어가면 서구에서는 해가 나온다고 했다. 그리고 날짜변경선을 지나면 하루가 지나도 똑같은 날이어서 같은 날을 두 번 사용한다고 썼다. 따라서 그의 일기에는 (양력) 12월 16일의 기사가 두 번 나온다. 이런 신기한 경험은 시간이 보편적인 것이 아니라, 상대적이라는 사실을 확인한 것이다. 외교사절인 박정양은 조선과 미국 사이에는 시차가 있고, 미국 현지에서는 양력을 사용한다는 사실을 정확히 인지하였다. 10년 뒤 특명전권대사로 러시아를 방문한 민영환도 태평양을 횡단하던 배에서 외국인과 만나 시차와 관련한 설명을 들었다. 박정양은 미국에서 양력과 음력을 동시에 써야만 했는데, 그래서인지 일기에는 음력을 기본으로 하되 수시로 양력을 기재하였다. 이런 양력과 음력 문제는 오래전 일본을 오고 가던 수신사들도 경험했던 문제였다.[23]

훗날 조선으로 귀국하는 배에서도 비슷한 얘기를 반복하였다. 1888

22 박정양, 한철호 역, 앞의 책(『해상일기초』), 48쪽.
23 김한홍의 여행기에도 "역서(曆書)는 지금 이른바 양력이라 부르는 것이 그것이다. 1년이 12개월이며 1달은 31일로 정해져 있다. 대월(大月)은 31일, 중월(中月)은 30일로 정해져 있다. 매해 2월은 28일이며, 1일은 24시로 정해졌다. 이 나라의 2시는 한국의 1시이다. 대월이 31일인 까닭에 윤달이 없다. 이에 동양과 서양은 밤낮이 서로 어긋나기 때문에 한국의 오시(午時)는 미국의 술시(戌時)다. 이곳은 일본과의 거리가 일만 육천여 리고, 한국과의 거리는 일만 팔천여 리이다"라고 썼다.(金漢弘, 「西洋美國路程記」(박노준, 앞의 글, 156쪽 인용).

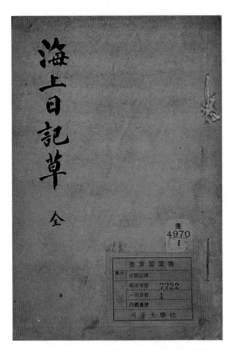

<그림 4> 박정양과 이완용이 함께 쓴 태평양 횡단기
『해상일기초(海上日記草)』

년 12월 10일 일기에는 "오늘은 당연히 (음력) 7일로 써야 하지만, 작년에 이때를 지나면서 이미 하루를 줄였으니 지금 다시 건너면서 하루를 추가한 후에야 음·양력에 어긋남이 없게 된다. 또 시침을 비교하면, 샌프란시스코로부터 여기까지 하루에 반 시간씩 늦어져 모두 6시간이 많아지게 된다"[24]라며, 12월 9일 일기를 비워 두었다. 그는 샌프란시스코의 오전 7시가 이곳 바다의 오후 1시라고 정확하게 인지하였다. 이처럼 『미행일기美行日記』에는 공간과 시간의 근대적 의식

전환을 감지할 수 있었지만 24시간 개념이나 시時와 초秒와 같은 용어를 완전하게 수용하지는 않았다.[25]

오션익호는 10일간의 항행 끝에 12월 20일 와화도瓦和島, 삼유사도三維斯島를 지나 하와이[한자명 布哇國] 호놀룰루항에 입항하였다. 오늘날 하와이로 부르는 포와국은 태평양 가운데 있는 여러 섬이 모여서 이루어진 작은 섬나라인데, 당시 독립국으로 섬 주민의 다수는 수도인 호놀룰루에 모여 살았다. 하와이는 1898년 미국에 흡수되어 미국령이 되었고, 1900

---

24 박정양, 한철호 역, 앞의 책, 169쪽.
25 신승엽, 「새로운 시간적 질서로의 여행 - 19세기 말 조선 외교 사절단 및 지식인들의 근대적 시간 경험에 관한 연구」, 『Journal of Korean Culture』 36, 2017, 172~176쪽.

년에 미국 영토로 통합되었다. 결국 1959년 8월에는 미국의 50번째 주로 편입되었다. 따라서 박정양 일행이 하와이를 방문할 때는 아직 미국의 공식 영토가 아니었다. 박정양은 그곳의 위치와 물산은 물론 역사에 대해 『해상일기초』에 간단히 기록해 두었다.

하와이국은 태평양 중에 15개 섬을 합해서 이루어진 소국小國이다. 그 나라의 수도와 항구 한 곳이 서로 접하고, 적도 북위 20도에 있다. 그러므로 날씨가 몹시 덥고 녹음이 땅을 가리며 연안에 방초가 무성한 것이 우리나라의 5월 날씨와 비슷하다. 토산물은 설탕이고 인물은 흑인종이며, 원래 부요富饒한 섬이라고 칭한다. 일찍이 40여 년 전에 영국이 와서 전쟁을 벌여 수많은 인민이 손상을 입었다. 그래서 오직 미국에게 보호를 의지하고 조약을 맺어 사이좋고 지낸다. 하지만 고래잡이로 익사하거나 전염병인 천연두가 유행하는 재난을 당해 인민 40여만 명이 사망해 인종이 매우 적다. 그러므로 유럽과 아시아 각국의 사람들이 와서 사는 것을 허락하였다.[26]

오션익호가 호놀룰루항에 닻을 내리니 세관 소속 영국인 의사 1명이 배 안으로 올라와서 중등실과 하등실 승객의 전염병 여부를 검진하였다. 비록 천연두 예방 접종을 한 승객이라도 배에서 내리는 것을 허락하지 않았다. 이처럼 하와이는 한때 천연두로 말미암아 엄청난 사람들이 사망한 경험이 있었기에 전염병에 무척 예민해 엄격한 보건 법규를 실시하였다. 굳이 하와이가 아니더라도 세계 대다수 해항도시에 도착할

26 박정양, 한철호 역, 앞의 책, 49쪽.

경우, 가장 먼저 이루어지는 일이 전염병 여부를 검진하는 절차였다.[27]

한편 『승정원일기承政院日記』1889(고종 26년).7.24에 실려 있는 박정양의 「복명문답기服命問答記」는 과거 홍영식의 「복명문답기」에 비해 좀 더 구체적인데, 고종은 태평양 항로에 관한 질문은 별로 하지 않고 하와이에 흥미를 보였다. 그 내용을 인용하면 다음과 같다.

상이 "오가는 길에 호놀룰루한자명 檀香山가 있다고 하던데, 어떤 곳인가?"라고 물으니, 박정양이 "이는 하와이에 딸린 섬입니다"라고 아뢰었다.

상이 "하와이는 작은 나라이다. 다녀오는 길에 과연 지났을 터인데, 그 땅은 얼마나 되던가?"라고 물으니, 박정양이 "하와이는 태평양 가운데 여러 섬이 모여 한 나라가 된 것입니다. 유구국流球國이나 우리나라의 제주濟州에 비교해 크지 않습니다. 신이 미국으로 갈 때 배가 그 나라의 국경에 정박했었는데 밤이 깊어서 내릴 수 없었고, 이튿날 새벽에 바로 출발했기 때문에 비록 자세히 보지는 못했습니다만, 그 항구와 수도가 서로 접해 있는데 매우 조잔凋殘했습니다. 40여 년 전에 천연두가 유행해 백성들이 많이 죽었기 때문에 근년에 유럽과 아시아의 각 주州에서 백성들을 모집해 겨우 모양새를 갖추었다고 들었습니다"라고 아뢰었다.[28]

---

27 김한홍의 여행기에는 하와이를 다음과 같이 소개한다. "2월 22일. 이른 아침에 포와부(布哇府) 호항(湖港)에 도착하였다. 중류(中流)에 배를 멈추고 선각(船角)을 부니 미국인 의학사(醫學士)가 작은 배를 타고 와서 배 가운데 병자의 유무를 살폈다. 곧 선창(船廠)으로 들어가 육지에 내렸다. 이곳 포와도(布哇島)는 네 개 섬 중에서 가장 요충이 되는 곳이다. 백여 년 전에는 독립된 자주국이었지만 백성들이 어리석어 미국의 속국이 되고 말았다. 이때 사람들은 '미국령 포와도'라고 일컬을 뿐이다. 땅의 형세는 네 개의 섬이 나란히 서 있는데 각 섬 사이의 길이는 오륙백리를 넘지 않으며 길이를 합쳐도 한국의 3분의 1에 불과하다. 인구는 삼만여 명이다"(金漢弘, 「西洋美國路程記」(박노준, 앞의 글, 153쪽 인용).

28 박정양, 한철호 역, 앞의 책, 229쪽.

위의 기사에서 등장하는 단향산檀香山은 호놀룰루의 별칭이다. 청국인들은 호놀룰루에서 많이 자생하는 물품인 단향의 이름을 빌어 단향산이라고 불렀다. 오션익호가 하와이 항로를 택한 까닭은 하와이에서 내리고 실을 화물이 있었기 때문이었다. 조선 사절단은 배에서 내리지 못하고 선상에서 일박한 후 12월 21일 다시 출항해 샌프란시스코로 향하였다.

하와이에서 출항한 후 며칠 동안 하늘과 바닷물만 바라보았다. 항해 도중 태평양에서 크리스마스를 맞이했는데, 12월 24일 저녁에는 배 안에서 축하 파티가 벌어져 술을 마시고 노래를 부르는 등 서양인의 선상 파티를 경험하였다. 훗날 민영환 사절단도 선상에서 크리스마스를 경험하였다. 다음 날인 크리스마스 당일은 조용했는데, 정오 무렵 갑자기 갑판 위에서 징을 치는 소리가 나서 나가보니 배 안의 선원들이 모두 나와서 어떤 이는 물통을 운반하고, 어떤 이는 소방 기구를 들고 분주히 움직였다. 박정양은 이와 같은 장면에 어리둥절해서 한 선원에게 물어보니, 돌발적인 선상 화재에 대비하기 위해 소방 훈련을 하는 것이라고 설명해 주었다.[29] 아마도 크리스마스 분위기에 취해 선원들의 근무태도가 이완될 것을 경계해 벌인 훈련이었을 것이다.

요코하마를 떠난 지 19일, 하와이를 떠난 지 1주일 만인 12월 28일 미국 캘리포니아주의 샌프란시스코항에 도착하였다. 이때 박정양은 샌프란시스코 항구 주변에 설치된 포루와 등대를 보며 항구 방어의 엄중함을 실감하였다. 항구 내 선박 안에 머무르던 1887년 12월 29일 자로 『해상일기초』의 기록은 끝이 난다.

---

29 위의 책(『해상일기초』 부분), 50~51쪽.

박정양 사절단의 선상생활에 대해서는 동행했던 알렌H. N. Allen의 일기가 남아있는데, 조선인의 불결한 일상생활을 비판하고 있어 흥미롭다. 그는 일본인은 일찍부터 목욕문화가 발달했으나, 조선인은 목욕문화 개념조차 없다며 야만적이라고 했다. 사절단 일행은 뱃멀미에 고생해서인지 만사를 귀찮아해서 어찌나 더러운지 그들이 풍기는 악취를 참을 수 없다고 썼다. 특히 박정양을 일행 가운데 가장 나약하고 바보같은 인물이라고 비난하였다. 게다가 목욕하지 않은 몸에서 나는 냄새에다가 담배 냄새 등 고약한 냄새가 섞여 선실 안이 악취로 가득하다고 기록했다. 알렌은 조선인의 선내 예절에 짜증이 났던 것으로 보이지만, 그럼에도 불구하고 그는 박정양의 대미 외교를 수행하는 데 많은 도움을 준 인물이다.[30]

항구에 입항하자마자 하와이와 마찬가지로 의사가 올라와서 승객을 검진했는데, 공교롭게도 청국인 한 사람이 천연두를 앓고 있어서 승객 모두 하선이 금지되어 선실 안에 갇히고 말았다. 항구 의사들이 모두 배에 올라 천연두 환자를 다시 진찰했으며, 천연두 환자는 물론 청국인 하등 선객 100여 명 모두 상륙을 허가하지 않았다. 이 사건으로 배 안에서 나흘간 갇히어 꼼짝하지 못하다가 1888년 1월 1일 해관 당국이 조선 사절단을 위해 특별히 상등실 승객만 상륙을 허락하자, 박정양 공사 일행은 겨우 하선할 수 있었다.[31]

덧붙이자면, 1년 후 박정양이 귀국할 때도 일기에는 태평양에 대한

30 김원모, 앞의 책, 146~148쪽(김원모, 「朝鮮 報聘使의 美國使行(1883) 硏究(下)」, 925~ 926쪽 참조).
31 박정양, 한철호 역, 앞의 책, 53쪽.

소감을 남기고 있지만, 그 내용은 처음 미국으로 건너갈 때보다 간략한 편이다. 바다와 하늘이 끊임없이 펼쳐진 풍경을 바라보며 태평양의 끝에 있는 고향에 대한 그리움을 드러내는 한편, 미국에서 한 해를 보내며 해양 풍경에 낯이 익어서인지 "사해가 형제요, 모든 마을이 고향이 아니겠는가?"[32]라며 좀 더 여유로운 모습을 보여주었다. 그리고 일기의 곳곳에는 자신이 왕래한 구체적인 거리를 자세히 기록해 보빙사 일행보다 시공간의 개념을 선명하게 인지한 모습을 보여주었다.[33] 박정양은 근대적인 지리관을 수용해 세계는 넓고 중국이 세계의 중심이 아니라는 생각을 가지게 되었다. 하지만 태평양 왕복을 통해 얼마나 해양 문명의 의미를 읽었는지는 의문의 여지가 있다.

2. 미국의 해항도시에 대한 인상

보빙사든 박정양 일행이든 서양의 해양 문명에 관한 흥미는 그렇게 높지 않았던 듯싶다. 하지만 그들이 처음 도착했던 서부의 샌프란시스코나 외교활동을 벌인 워싱턴 주변의 뉴욕과 보스턴은 모두 세계적인

---

32 위의 책, 167쪽.
33 예를 들어, "서울에서 인천을 경유해 나가사키로 갔다가 이어 홍콩으로 향하고, 요코하마를 거쳐 샌프란시스코에 도착하고 워싱턴까지 다다른 것이 육로로 10,580리이고, 수로로 28,685리이다. 수로와 육로를 합하면 39,215리이다."(정확히 계산하면 39,265리)(『미행일기(美行日記)』, 57쪽);"(음력) 11월 17일 오후 2시에 747리 떨어진 요코하마에 도착해 정박하였다. 샌프란시스코에서 요코하마항 앞바다까지 영리(英里)로 4,764리이고, 우리나라 거리로 환산하면 14,292리이다."(위의 책, 173쪽); 혹은 "워싱턴에서부터 샌프란시스코를 지나고 일본을 거쳐 동래에서 머물다가 육로로, 서울로 돌아온 것이 육지 여정으로 10,794리, 바다 여정으로 17,412리, 육지와 바다 합쳐서 28,204리(정확히 계산하면 28,206리)이며, 왕복 67,421리이다"(위의 책, 220쪽)라고 기록했다.

해항도시였다. 따라서 그들은 자연스레 근대 문명을 상징하는 해양 문명을 어느 정도 목격하였다. 해항도시에 대한 인상은 유길준의 책에서도 종종 나타난다. 기억해야 할 사실은 비록 19세기 말 미국은 태평양을 통해 동아시아로 접근했지만, 미국 정부가 오랫동안 채택하던 고립주의 정책의 영향이 남아있어 아직 해양 강국의 위상이 잘 드러나지 않았던 때였다. 기존 연구에서 미국에서의 외교활동에 관한 소개는 이미 폭넓게 이루어졌으므로, 여기서는 해항도시의 단편적인 인상들을 중심으로 간단히 정리하고자 한다.

보빙사 일행은 약 20여 일의 항행 끝에 1883년 9월 2일 샌프란시스코항에 입항하였다. 샌프란시스코항은 캘리포니아주 입구에 자리 잡은 미국 서부의 대표적인 항구도시이다. 원래 캘리포니아는 멕시코 통치를 받다가 1846년 현지인들이 반란을 일으키자, 미국 정부가 거금을 주고 구매한 땅이다. 1848년에 금광이 발견되면서 사람들이 많이 몰려들었는데, 1883년에는 인구가 20만 명에 이르렀다. 또한 샌프란시스코항은 동양 무역을 위한 항구로 발전하였다. 박정양은 이 항구에 정박하고 있을 때, 그곳의 중국식 지명이 구금산舊金山이라는 사실을 알고 있었다.[34]

보빙사가 미국에 도착한 뒤 가장 먼저 그들의 눈에 들어온 것은 엄청난 규모의 숙소인 9층짜리 펠리스 호텔Palace Hotel이었다. 조선 사절단은 대도시 샌프란시스코의 주택 모습, 전차와 거리풍경, 다양한 인종 등 여

---

34 구금산(舊金山)은 샌프란시스코를 가리킨다. 샌프란시스코가 금광으로 유명해진 것은 1840~1850년대 이른바 골드러시부터이다. 미국은 동서 간 대륙횡단철도를 건설하기 위해서 청국 노동자를 대량으로 받아들여 일을 시켰다. 이들 노동자가 샌프란시스코에 정착하면서 이 도시 부근에 금이 많이 생산된다고 해서 금산이라고 불렀다. 그 뒤 오스트리엘리아의 멜버른 주변에서도 금광이 발견되자 이곳을 신금산(新金山), 샌프란시스코를 구금산이라 구분해서 불렀다(김원모, 앞의 글, 369쪽).

〈그림 5〉 미국 도착 후 보빙사 단체 사진

러 가지 풍물에 감탄하였다. 일행은 팰리스 호텔과 샌프란시스코 상공
회의소를 중심으로 활동했는데, 그들의 독특한 복장은 미국인의 호기심
을 불러일으켰다. 당시 9월 6일 자 한 일간지에서는 "조선인들은 몽골
족이며 외모로는 일본인을 닮았고 의상으로는 중국인을 닮았는데, 언어
는 중일 두 나라와 다르다"[35]라고 소개했다. 시장을 비롯한 각계 인사들
의 방문을 받았으며, 시내 명승지 관광, 프레시디오 육군기지와 상공회
의소 방문, 공장 시찰 등의 일정을 소화하였다.

　근대 동아시아의 해양 문명을 소개할 때 빠지지 않는 것은 화교華僑의
존재이다. 주지하듯이, 차이나타운은 다른 나라 도시에 있는 중국인 집
중 거주 지구를 가리키며, 특히 동남아시아와 미국에 많다. 도심에 있는
경우가 일반적이며 음식점, 식품점, 잡화점, 양복점 등이 밀집해 있다.

35 　김선홍, 「머리부터 발끝까지… 미국인들이 조선인들을 보고 놀란 것」, 『오마이뉴스』, 2012.7.
　20.

샌프란시스코의 차이나타운은 아시아를 제외한 중국인 거리 중에서는 최대 규모인 것으로 알려져 있다. 유길준의『서유견문』에서 샌프란시스코를 소개하는 내용 중에도 화교 기사가 실려 있다. 그 내용을 인용하면 다음과 같다.

> 이곳샌프란시스코에는 이주해 온 중국 사람들이 아주 많다. 그들이 생활하는 방도는 공장이나 광산의 일꾼이며, 남의 집 고용인도 있다. 또 미국에 귀화해 영주하는 자들도 있다. 이들은 시가지 한 귀퉁이를 차지해 마을을 이루었는데, 집의 구조나 시가지의 배치 및 물건의 판매까지 중국풍 그대로다. 대개 이곳으로 이주해 온 자들은 모두 중국에서도 불학무식한 하류층이라서 아편을 좋아한다. 이들이 거주하는 양식이 미국 사람들처럼 깨끗한 풍속에 적응하지 못했으므로, 여러 나라 사람들이 모여드는 도시에서 섞여 살 권리를 잃고 중국 사람들끼리 거주지를 따로 정해 준 것이다. 다른 도시에서 예전부터 살던 큰 상인에게는 이러한 수치가 미치지 않겠지만, 미국에서 청나라 사람들이 이주해 오는 일만은 허락하지 않는다고 한다.[36]

유길준은 미국 내 중국 이민자에 대한 인종주의적 박해에 대해 관대한 태도를 취했는데, 아마도 청국에 대한 반감과 미국에 대한 호감이 교차한 결과로 보인다. 미국 사회의 인종차별을 몰랐던 것은 아니지만 청국, 일본, 러시아와 비교해 그나마 믿을 만하다고 판단한 것이다.[37] 동아시아

---

36 유길준, 허경진 역, 앞의 책, 531~532쪽.
37 한 연구자는 조선인의 미국에 대한 호감 원인은 미국의 놀라운 성장에 대한 감탄, 영토적 야심이 없는 공평한 나라, 선교사들의 병원과 학교 건립 등을 높이 산 결과로 정리한다(박노자·허동현, 『열강의 소용돌이에서 살아남기』, 푸른역사, 2005, 25~26쪽).

인들의 근대 여행기에는 인종 문제 역시 빠지지 않는 단골 소재였다.

벌링게임 사절단이나 이와쿠라 사절단보다 한참 늦게 미국에 도착한 보빙사는 대륙횡단철도인 센트럴 유니언 퍼시픽철도The Central and Pacific Railroads[38]를 타고 좀 더 안정적인 장거리 여행을 시작할 수 있었다. 미국인들은 이 철도를 '바다에서 바다로Ocean to ocean'라는 말로 표현하길 좋아했는데, 태평양과 대서양을 연결시킨다는 의미일 것이다. 보빙사 일행은 1883년 9월 7일 금요일 새크라멘토역에서 대륙횡단열차에 올라 솔트레이크시티, 오그덴, 오마하를 거쳐 9월 12일 오후 시카고에 도착하였다. 이곳에서 하루를 묵은 뒤 다시 기차에 올라 클리블랜드, 피츠버그를 지나 9월 15일 목적지 워싱턴에 도착하였다. 1주일간 철도여행을 통해 보빙사 일행은 태평양 횡단 여객선과 대륙횡단철도로 대표되는 서구 문명의 힘을 실감할 수 있었다. 민영익은 철도여행에 대한 소감을 밝히면서, 끝도 없이 넓은 들판에서 근대식 농업을 하는 미국 농촌의 풍경과 엄청난 규모의 농산물 수확량에 흥분을 감추지 못했다. 하지만 그들은 대륙횡단철도가 바다태평양와 바다대서양를 연결하는 가교란 사실을 제대로 알아차리지 못했다.[39]

훗날 박정양 공사 일행은 샌프란시스코에 도착해서 보빙사와 같은 팰리스 호텔에 묵었는데, 역시 호텔의 엄청난 규모에 놀랐다. 그들은 대륙

---

38 대륙횡단철도는 센트럴 퍼시픽철도(Central Pacific Railroad)와 유니언 퍼시픽철도(Union Pacific Railroad) 두 개 노선으로 이어져 있다. 센트럴 퍼시픽철도는 1861년 6월 착공해, 1869년 5월에 완공하였다. 시발역은 새크라멘토이며, 시에라 네바다산맥을 넘어 유타주 오그덴까지 전장 689마일이다. 이 철도는 주로 청국 노동자를 동원해 공사를 완공하였다. 그리고 유니언 퍼시픽 철도는 1863년에 착공해 1869년 5월에 완공하였다. 시발역인 오마하역에서 오그덴까지 전장 1,086마일이다. 따라서 오그덴역은 두 철도의 접속역이었다(김원모, 「朝鮮 報聘使의 美國 使行(1883) 硏究(上)」, 53쪽).

39 고정휴, 앞의 글, 163쪽.

횡단철도의 담당자인 막해莫海. 영문 불분명라고 불리는 미국인으로부터 많은 도움을 받았다. 그에 따르면 샌프란시스코에서 수도 워싱턴까지 철도가 운행되는데, 사람은 급행열차로 일주일 걸리고, 화물은 완행열차로 수십여 일 걸린다며 운임에 관해 간단히 소개하였다. 일행은 1887년 1월 4일 샌프란시스코에서 대륙횡단 열차를 타고 워싱턴을 향해 출발했는데, 도중에 기차를 세 번 갈아타면서 6일간 장거리 여행을 한 끝에 1월 9일 목적지에 도착하였다. 박정양은 "물에는 선박이 있고, 뭍에는 기차가 있어서 6주와 만국이 이웃"[40]이라는 사실을 실감하였다.

워싱턴으로 가는 기차여행 기록은 간단한데, 1년 후 귀국길에 샌프란시스코로 가는 기차여행은 매일 도착하는 역에 관한 정보를 상세하게 기재하였다. 일본에서 조선으로 돌아올 때도 갈 때와는 달리, 경유하는 항구도시에 대해 좀 더 자세히 기록하였다. 아마도 출발할 때와 달리 마음의 여유를 가져서일 것이다.

보빙사의 공식적인 미국 일정은 40여 일이었다. 태평양을 건너 미 대륙으로 들어갔기 때문에 샌프란시스코를 거치기는 했으나 주요 방문지는 미국 동부의 뉴욕, 보스턴, 워싱턴 등 세 개 대도시였다. 그중 뉴욕과 보스턴은 미국의 대표적인 해항도시이다. 먼저 9월 15일 워싱턴역에서 내린 후 백악관과 한 블록 떨어진 고급 숙소인 알링턴Arlington 호텔에서 짐을 풀고 며칠을 머물렀다. 유길준은 워싱턴에 대해 "이 도시는 미국의 서울이다. 이 나라를 처음 세운 대통령 워싱턴의 성을 따서 서울의 이름으로 삼아, 아무 것도 두려워하지 않던 그의 의로움을 기린 것이다. 이

---

40 박정양, 한철호 역, 앞의 책, 182쪽.

곳은 포토맥강과 애너코스티아 강의 두 물줄기가 합류하는 요충에 있다. 질펀하게 흐르는 강물은 거울을 펼쳐 놓은 듯하고, 맑고 빼어난 봉우리는 그림 폭을 펼친 듯하여, 경치가 뛰어나게 아름답다"[41]라고 썼다. 그리고 도시의 번화한 모습은 참으로 큰 나라의 수도답지만, 주민이 불과 15만 명에 지나지 않는다는 사실에 놀라워했다. 훗날

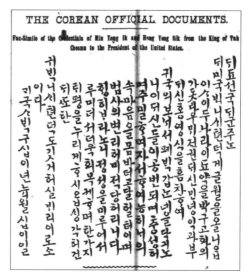

〈그림 6〉 보빙사의 한글 국서 신임장

박정양도 워싱턴은 개항장이 아니고 뉴욕과 샌프란시스코만 못하지만 나날이 발전해서 현재 인구가 20만 3천 명이고 주재하는 각국 공사관이 무려 31개라고 썼다.[42]

보빙사는 마침 워싱턴이 아닌 뉴욕에 머무르던 아서Chester Alan Arthur 대통령을 만나기 위해 그곳으로 이동해 유명한 피프스 애비뉴 호텔Fifth Avenue Hotel에서 대통령을 만나 국서를 전달하였다. 조선 사절단이 이때 한글본 국서를 가져온 일이나 미국 대통령에게 큰 절을 올린 사건은 오늘날까지 전해지는 유명한 일화이다. 곧이어 민영익 일행은 전신회사, 신문사, 우체국, 병원 등을 시찰하였다.

보빙사가 뉴욕에서 배를 타고 건너간 보스턴에서는 외국 박람회, 학

---

41 유길준, 허경진 역, 앞의 책, 512쪽.
42 박정양, 한철호 역, 앞의 책, 57쪽.

교, 윌코트 시범농장 등을 방문하였다. 유길준은 보스턴을 이렇게 소개한다. "보스턴은 뉴욕 동북방 대서양 연안에 돌출한 해각海角에 위치한 도시로 인구는 35만 명이다. 뉴욕 다음가는 항구도시로 상선의 출입이 많고 철도의 운수가 편리한 교통 중심지이다."[43] 일행은 보스턴의 산업시설을 시찰한 후 다시 뉴욕으로 돌아와서 본격적인 공공기관 시찰에 나섰다. 그 가운데 해군 분야와 관련해서는 브루클린 해군공장이 있었다. 여

〈그림 7〉 미국 대통령을 알현하는 조선식 인사

기서 어프셔John H. Upshur 해군 준장을 비롯한 고위 장교들의 영접을 받았다. 조선 사절단은 모두 관복을 입었고, 어프셔 제독과 해군 장교들도 모두 해군 복장을 하고 도열하였다. 콜로라도 함상에서 예포 15발이 울리는 가운데 일행은 공장 안으로 들어가 시찰하였다.[44] 민영익 일행은 뉴욕 시찰을 마치고 웨스트포인트 육군사관학교를 방문했는데, 아나폴리스에 있는 해군사관학교는 방문하지 않았다.[45] 귀국 후 고종이 홍영식

---

43 유길준, 허경진 역, 앞의 책, 525~526쪽.
44 김원모, 『상투쟁이 견미사절 한글 국서 제정 - 朝鮮開港과 韓美修交史』 上, 413쪽.
45 해군사관학교 박물관에는 미국 아시아함대가 강화도를 침략해 발생한 1871년의 신미양요 당시 전리품으로 빼앗은 수자기(帥字旗)를 비롯해 각종 대포와 전투복 등 전리품이 보관되어 있었다 (위의 책, 425쪽).

〈그림 8〉 보빙사와 미국인들

에게 미국 해군은 육군에 비해 어떤가?라는 질문을 하자, 홍영식은 해군과 육군은 일반적으로 정예한데, 군함의 경우 상민을 보호하고 외부로부터의 침략을 방어하면 충분하다고 대답했다.[46]

민영익이 귀국해 고종에게 복명할 때, 국왕이 어느 도시가 가장 인상에 남는가? 라고 질문하자 그는 "서양 사람들은 프랑스 수도인 파리가 가장 좋다고 하나 신이 보건데 미국의 뉴욕이 제일 좋아 보였습니다. 파리가 화려하지 않은 것은 아니지만, 그 웅장함이 뉴욕에 미치지 못한 것 같습니다"[47]라고 대답했다. 유럽의 전통도시보다는 현대적인 뉴욕이 더 인상적이었던 듯싶다. 이뿐만 아니라 사절단은 미국의 수도 워싱턴, 전통적인 해항도시 보스톤보다 뉴욕에 대한 호감도가 가장 높았다.

---

46 「홍영식의 복명문답기」(김원모, 『상투쟁이 견미사절 한글 국서 제정 – 朝鮮開港과 韓美修交史』 下, 889쪽 재인용).
47 「민영익의 복명문답기」(손정숙, 앞의 글, 266쪽 재인용).

뉴욕과 보스톤 일정은 미국 측이 제안한 계획대로 이루어졌다. 반면 10여 일간의 워싱턴 일정에서 보빙사 일행은 외교적 목적을 완수하기 위해 분주히 움직였다. 미국 정부의 공공기관을 시찰하면서 근대식 정치제도를 둘러보고 정보를 얻었으며, 조선 정부가 필요로 한 미국인 고문관 초빙을 위한 교섭을 시작하였다. 홍영식은 미국의 문물제도 전반을 최고 수준이라며 극찬했는데, 그것은 문명과 야만에 대한 기존 인식의 코페르니쿠스적 전환을 수반하는 것이었다. 그러나 구체적인 각론을 갖추지 못한 총론만 있는 설익은 문명 개화론이었다.[48] 박정양은 이보다 한 걸음 더 나아갔다.

몇 년 후인 1888년 1월 9일 박정양 일행은 워싱턴에 도착하였다. 그는 청국과 미국 파견의 전제조건이던 「영약삼단」을 어긴 채 1월 17일 백악관을 방문해 클리블랜드Grover Cleveland 대통령에게 국서를 봉정하였다. 1883년 민영익 전권대신이 아더 대통령에게 한글 국서를 제정했을 때 큰절을 한 것과는 달리, 박정양 공사는 클리블랜드 대통령과 악수로 인사를 나누었다. 일본은 이미 20여 년 전 일본 공사가 미국 대통령에게 신임장을 제출한 바 있으나, 조선은 청국의 내정간섭으로 보빙사 방문 4년 후에야 겨우 초대 주미공사로 파견할 수 있었다. 워싱턴에 조선 공사관을 개설하고 태극기를 게양한 후, 데이비스Robert H. Davis를 필라델피아 영사로 임명하는 등 독자 외교를 전개하였다. 공사 일행은 워싱턴에 도착하기 전까지 탑승했던 증기선뿐만 아니라 거쳐 갔던 부두, 정거장, 기차, 호텔에도 태극기를 게양함으로써 조선이 자주독립국임을

---

48 장규식, 앞의 글, 78쪽.

〈그림 9〉 미국에 파견한 박정양(앞줄 중앙)을 비롯한 초대 주미 공사관 일행

널리 과시하였다. 이런 독자적인 행동은 미국주재 청국 공사 장음환張蔭
桓의 반발을 가져왔고, 박정양의 워싱턴 체재 기간 동안 계속 갈등을 일
으켰다.

박정양의 『미속습유美俗拾遺』에 실려 있는 44개 항목을 보면 그의 관심
사를 한눈에 알 수 있다. 이 책은 미국의 지리와 역사 개요, 정부 기관의
체제와 사무분장, 경제 및 재정제도, 사회와 교육시설 및 문화 등을 호
의적인 관점에서 소개하였다. 『미속습유』에는 미국의 해양 문명에 대한
항목은 거의 없다. 이 점은 『미행일기』의 외교활동 부분도 마찬가지인
데, 보빙사와 마찬가지로 서양의 해양 문명에 대해서는 그리 큰 관심을
가지지 않았다는 반증이다. 기존 연구에서 워싱턴에서의 활동은 많이
다루었으므로 생략하고, 여기서는 단지 그의 인종론에 제한해 간단히
살펴보자.

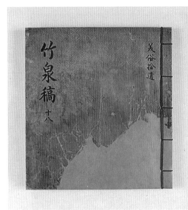
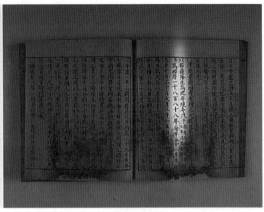

<그림 10> 박정양의 『죽천고(竹泉稿)』 중 『미속습유(美俗拾遺)』

『미속습유』의 인종 항목에는 1880년 인구 통계를 활용해 백인종, 흑인종, 원주민, 청국인 수를 기재하였다. 그리고 『미행일기』의 이곳저곳을 살펴보면 박정양의 인종 인식을 대강이나마 알 수 있다. 우선 청국과 관련해서는 외교 갈등 때문인지 청국인은 우리를 매우 업신여기고 거만하다며 그다지 호의적이지 않은데, 화교 문제에 대한 소개에서도 알 수 있다. 미국 현지에서 10만여 명이 넘는 청국 하등민들이 미국 사회에서 자주 문제를 일으키자, 해외로 나간 중국인이나 새로 미국으로 들어오려는 중국인을 모두 받아들이지 않는 법안이 의회 요청에 따라 대통령이 인준했다는 기사가 있다. 이런 태도는 앞서 미국의 인종주의를 합리화하던 유길준의 관점과 유사하다. 귀국길에 나가사키에서 부산으로 건너갈 때 배 안에 청국 하등민 천여 명이 블라디보스토크의 토목공사에 품팔이꾼으로 가는 모습을 기록하며 은근히 이들을 비하하였다.[49] 하지만 같은 황인종이라는 동질감도 가지고 있었다. 페르시아 공사와 외교

---

49 박정양, 한철호 역, 앞의 책, 94·209쪽.

관을 만났을 때는 "아시아주의 국가로 다른 주에서 만나니 더욱 은근함을 느낀다"[50]라며 같은 황인종으로서 동질감을 나타내었다. 그는 백인종과 마찬가지로 황인종은 문명인이라는 자부심을 드러내었다. 하지만 흑인과 인디언홍인종에 대해서는 편견이 가득하였다.

워싱턴 체재 중 흑인에 관해 말하길, 그들은 본래 아프리카주의 인도인종인데, 미국이 돈을 치르고 사와 노예로 삼고 일을 부려 먹었으며, 그 자손도 대대로 노예로 삼았다며 노예 해방 문제를 소개하였다. 시내를 구경하다 인디애나 원주민인디언들이 와서 길거리에 거처하는 모습을 보았다. 이들 홍인종의 역사를 간단히 소개하면서 유럽인종이 그들을 쫓아내고 한곳에 모여서 살도록 했다. 그곳이 인디애나인데 미국 정부가 재정을 보조해 보호하고 교육을 시키는 데, 인디언들은 게으르고 변화를 싫어해 구습을 고집한다고 적었다. 이에 반해 미국인들은 지모와 기예가 뛰어나 세계에서 가장 부강해졌다고 칭찬했다.[51] 그리고 대륙횡단 열차로 귀국하던 중 어느 역에서 원주민인디언 혹은 흑인들을 보았는데, 그들이 박정양 일행의 복장을 보고 비웃었다. 이에 박정양은 "대개 그 풍속이 서로 다르면 괴상하게 보이는 법이니 월나라 개가 눈을 보고 짖는 것과 같다"[52]라며 불편한 기색을 드러낸 바 있다. 이처럼 박정양은 유길준처럼 "황도 지방에 사는 사람들은 기풍이 완전히 개화되었지만, 적도와 흑도 지방 사람들은 기풍이 조금 개화되었거나 미개한 자도 많다"[53]라는 지리결정론에 따른 차별적 인종론을 가지고 있었다. 그가 황

---

50 위의 책, 153쪽.
51 위의 책, 74·151~152쪽.
52 위의 책, 165쪽.
53 유길준, 허경진 역, 앞의 책, 427쪽.

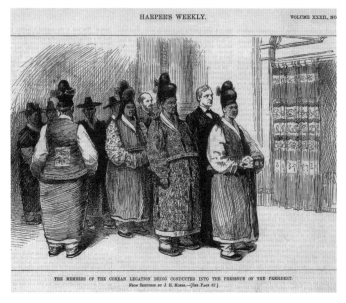

〈그림 11〉 미국 클리블랜드 대통령에게 국서를 전달하기 위해 대기 중인 박정양 사절단

인종과 백인종을 동일시하고 흑인종과 홍인종을 멸시하는 이런 발상은 적자생존의 사회진화론社會進化論을 암묵적으로 받아들이기 시작한 사실을 보여준다.

　박정양이 워싱턴에 주재한 기간은 10개월 정도에 불과하였다. 그가 「영약삼단」을 제대로 이행하지 않자 결국 원세개袁世凱의 압력에 굴복당한 고종으로부터 귀환 명령을 받았다. 1888년 11월 15일 클리블랜드 대통령을 방문해 이별 인사를 나누고, 11월 19일에 워싱턴을 떠나 이상재李商在, 이종하李鍾夏, 김노미金老美 등과 함께 대륙횡단 열차를 타고 부임할 때의 반대 경로로 11월 25일 샌프란시스코에 도착하였다. 11월 27일 미국 땅을 떠난 그는 태평양을 건너 12월 19일 요코하마에 도착한 후 20일 도쿄로 건너가 주일 조선 공사관에 머물렀다.[54] 박정양은 청국과의 외교적 갈등 때문에 상황을 관망하느라 3개월 넘게 일본에 체류하였다.

〈그림 12〉 미국 워싱턴 소재 대한제국 공사관

1889년 3월 29일 도쿄를 떠나 요코하마, 고베, 나가사키, 쓰시마 섬을 거쳐 4월 11일 부산에 도착하였다. 당시 그는 일본 항구들에 대한 감상을 남겼는데, 대체로 항구의 번성함을 기록하였다. 서울에 도착해서 국왕에게 복명한 것은 미국을 떠나고 9개월 만인 8월 20일이었다.[55]

54 한철호, 「初代 駐美全權公使 朴定陽의 美國觀」, 『한국학보』 66, 1992, 57~58쪽.
55 『승정원일기』에 실린 박정양의 「복명문답서」를 보면 고종은 보빙사와는 달리 미국에 관해 이것저것 상세하게 질문한 사실을 확인할 수 있다. 예를 들어, 상(上)이 "그 나라(미국)의 땅은 일본과 비교해 몇 배나 되는가?"라고 물으니, 박정양이 "그 나라의 땅은 우리나라의 리법(里法)으로 계산해 보면 동서가 8,500리이고 남북이 4,800리인데, 이는 지구전도를 보고 안 것입니다. 그 나라 사람들을 만날 때마다 들어보면 강역의 광대함이 아시아주의 중국이나 유럽의 러시아보다 작지 않다고 했습니다"라고 아뢰었다(박정양, 한철호 역, 앞의 책, 223쪽).

3. 민영익 일행의 대서양 횡단과 제국 항로를 통한 귀국

〈그림 13〉 보빙사의 대표 인물

보빙사는 3개월간 미국방문 일정을 마무리하고 1883년 10월 12일 백악관으로 아서 대통령을 찾아가 고별인사를 하였다. 이때 아서 대통령은 민영익에게 수행원 일부와 함께 미국 군함을 타고 대서양을 건너 유럽을 둘러보고 동남아시아를 경유해 귀국하는 것이 어떻겠느냐는 흥미로운 제안을 하였다. 민영익이 이 제안을 받아들이면서 보빙사 일행은 두 그룹으로 나누어 서로 다른 루트를 통해 조선으로 돌아오게 되었다. 귀국길이 둘로 나눠진 것은 민영익과 홍영식 간의 정치적 갈등 때문이라고 보기도 하는데, 일부는 빨리 귀국해 임무를 보고해야 하고, 일부는 미국 대통령의 제안을 받아들여 유럽으로 향한 것이 아닐까 싶다.[56]

곧바로 귀국하는 팀은 전권부대신 홍영식을 비롯해 참찬관 미국인 로웰, 중국인 오례당, 수행원 현흥택, 최경석, 고영철 그리고 일본인 미야

---

56 1880년대 조선에서도 세계 일주에 대한 소개가 이루어지기 시작했다. 갑신정변 이전 박영교(朴泳敎)의 『지구도경(地球圖經)』이나, 1883년 10월 31일 자에 실린 『한성순보(漢城旬報)』「지구도」 등이 그것이다. 한성순보의 기사 한 달 후 민영익 일행이 미국에서 유럽으로 세계 일주를 떠났다(고정휴, 앞의 글, 141~142쪽).

오카 등이었다. 그들은 10월 16일 위싱턴을 출발해 왔던 길을 되돌아 10월 24일 샌프란시스코에 도착하였다. 이곳 항구에서 리오호를 타고 태평양을 횡단해 일본을 거쳐 귀국하였다. 전권대신 민영익을 중심으로 종사관 서광범, 수행원 변수 등은 별도의 팀을 꾸려 유럽 일주 여행을 하게 되었다. 미국 정부는 그간 조선 사절단을 수행했던 해군 소위 포크George Clayton Foulk[57]에게 다시 한 번 새로운 임무를 주었다. 즉, 민영익 일행의 수행원으로 임

〈그림 14〉 조선에 파견된 미국공사관의 무관이자 대리공사 조지 포크(George Clayton Foulk)

명해 귀국길에 동행할 것과 조선 주재 미국공사관 해군 무관으로 현지에서 복무하도록 명령한 것이다.[58] 미국 해군부[59]가 보빙사의 영접위원으로 임명한 포크는 일본과 조선에 대한 이해가 있던 인재로 당시 해군

---

57 포크(George Clayton Foulk)는 1876년 아나폴리스 해군사관학교를 졸업 후 아시아 해역을 담당하는 아시아함대에 파견되면서 동아시아와 인연을 맺었다. 그는 아시아함대가 나가사키에 기항했을 때 재빨리 일본어를 배웠으며, 일본 여자와 결혼하였다. 포크는 귀국 시 조선과 시베리아를 거쳐 유럽을 탐방할 기회를 가졌는데, 이때 조선 여행을 통해 조선에 대한 이해가 깊어졌다. 특히 해군도서관에 근무하다 유창한 일본어 실력으로 보빙사의 영접 책임자로 발탁되었다(김원모, 「朝鮮 報聘使의 美國使行(1883) 硏究(上)」, 70~73쪽 참조).

58 손정숙, 「주한 미국 임시대리공사 포크연구(1884~1887)」, 『한국근현대사연구』31, 2004, 12쪽.

59 박정양의 『미속습유』에는 미국 해군 항목에 다음과 같이 적혀있다. "해군부 : 해군부는 해군 사무를 전적으로 관장한다. 관리의 업무 처리는 육군부와 동일한 예로 한다. 별도로 총독을 두어 이를 통솔한다. 병사 수의 많고 적음은 군함으로 이를 헤아린다. 전국의 조선국은 10곳이다. 현재 1등선 5척, 2등선 27척, 3등선 29척, 4등선 6척이며, 모두 증기선이다. 그 나머지는 목조 범선 22척, 철갑전선 24척, 수뢰 포선 2척, 작은 견인선 30여 척이다. 배마다 각각 이름이 있다"(박정양, 한철호 역, 앞의 책, 94쪽).

도서관에 근무하다가 발탁되었다.

민영익 공사는 출발 전 챈들러Chandle 해군 장관을 방문해, 트랜튼호 파견과 항해 비용을 해군부에서 부담해준 데 대해 감사하다는 인사말을 전했다. 이 자리에서 증기 여객선의 조선 취항 문제가 거론되었다. 당시 태평양 횡단 여객선은 샌프란시스코-요코하마-홍콩을 연결 취항하고 있었는데, 이를 한반도까지 연장 운항하자는 것이었다.[60] 민영익은 해군성을 마지막으로 방문한 후 서광범, 범수 그리고 해군 무관 포크를 대동하고 11월 6일 저녁 뉴욕으로 돌아와서 빅토리아호텔에 여장을 풀었다.

그런데 보빙사 일행의 40일간 미국 일정은 비록 여행기가 없더라도 현지 언론 등을 통해 알려진 반면, 민영익 일행의 6개월간 이루어진 귀국 항로에 대해서는 별로 알려진 바 없다. 왜 이런 의미 있는 여행에 기록물을 남기지 않았는지, 아니면 기록물이 있었다면 어떤 이유로 소실되었는지 현재로서는 알 수 없다. 그나마 세계 일주 여행을 알 수 있는 자료는 이들을 수행했던 해군 무관 포크가 여행 도중 가족들에게 보낸 12통의 편지가 남아있다.[61] 포크가 남긴 개인 편지를 바탕으로 그들의 세계 일주 여행을 대략적이나마 파악할 수 있다.

민영익 일행은 1883년 12월 1일 해군 대령 피터언Robert L. Phythian 함장이 이끄는 트랜튼Trenton호에 탑승해 뉴욕항을 출항해 대서양 횡단 항행에 올랐다. 이 군함 이름은 뉴저지의 트랜튼이란 지명에서 따왔으며

---

60 위의 책, 439쪽.
61 미국 국회도서관에 소장 중인 포크 문서의 초반부에 민영익 일행과 함께한 유럽 여행 기록이 들어 있다. 트랜튼(Trenton)호를 타고 조선인들과 대서양을 거쳐 유럽, 인도 등을 거쳐 서울로 돌아오는 여행 중에 일어난 에피소드나 포크의 아시아 문화에 대한 개인적인 인식, 그리고 민영익, 서광범 등에 대한 개인적인 인물평 등이 실려 있다(손정숙, 「구한말 주한 미국공사들의 활동과 개인문서 현황」, 『이화사학연구』 30, 2003, 292쪽).

〈그림 15〉 민영익 일행과 세계 일주한 미국 군함 트랜튼(Trenton)호

배수량 3,800톤급으로 470여 명의 승무원이 탑승한 목재 선체의 스크류 추진 증기선이었다. 보통 전기 조명을 설치해 운용한 최초의 미국 해군 선박으로 알려져 있다. 당시로서는 최신식 화륜선으로 민영익 일행에게는 서양 문물의 상징인 증기선과 전기 문명을 다시 한번 경험하는 계기가 되었다.[62]

조선인 일행의 대서양 횡단은 태평양 횡단과 마찬가지로 상징적인 의미를 가진다. 『서유견문』에 따르면, 대서양은 북극해의 남쪽 한계선으로부터 남극해의 북쪽 한계선까지 이른다. 서쪽으로는 남·북아메리카의 두 주로 경계를 삼고, 동쪽으로는 유럽주와 아프리카주를 경계로 삼고 있다. 그런데 4대주의 육지 가운데 남극해에 다다른 곳이 없기 때문에, 혼남아메리카과 희망봉아프리카의 두 곳을 경계로 정하였다. 이 바다의 남

---

62 조지 클레이튼 포크, 사무엘 호리 편, 조법종·조현미 역, 『화륜선 타고 온 포크, 대동여지도 들고 조선을 기록하다』, 알파미디어, 2012, 35쪽.

쪽에는 좋은 항구가 없지만, 북쪽에는 좋은 항만과 깊은 해협이 많다고 했다.[63] 당시 미국과 영국 사이에는 뉴욕과 리버풀을 중심으로 정기 항로가 운영되었고, 전선 줄을 바다에 가라앉혀 두 대륙을 연결하였다. 고종과 홍영식과의 문답에서도 왕이 미주와 유럽 간 거리가 얼마나 되느냐는 질문에 홍영식은 (비록 직접 건너진 않았지만) 대서양만 건너면 영국인데, 열흘 정도면 건널 수 있다고 했다. 대서양의 풍파는 태평양과 비교해서 어떠냐는 질문에는 태평양에 비교해서 대서양이 더 위험하다고 대답했다.[64] 대서양에 대한 항해 경험은 대양을 건널 때 날씨와 풍랑 여부에 따라 사람마다 극단적인 평가로 나뉜다.

민영익은 여행 중 함장이 사용하는 함장실에 기거했고, 대서양 횡단 항행을 하는 초기에는 조금도 피로 기색이 없이 즐거운 시간을 보냈다. 함상에서의 식사에도 큰 불편을 느끼지 않았고 뱃멀미도 없었다. 대서양을 횡단할 때 일반인들은 뉴욕항에서 리버풀항으로 가는 것이 보통인데, 민영익 일행은 대서양을 가로질러 남쪽 방향인 아소르스 제도의 포르투갈령 파이알섬의 오르타에 기항하였다. 이곳은 대서양의 중간 거점으로 다브니 영사의 환대를 받았고, 영사의 안내로 현지 관광을 즐겼다. 그 후 오르타에서 석탄 125톤을 적재하고 지브롤터까지 1,000마일에 이르는 5일간의 장기간 항행에 나섰다.[65] 민영익 일행은 미국 군함의 일정 때문에 뉴욕항에서 지브롤터해협 방향으로 남하한 사실은 이채롭다.

그런데 지브롤터로 가는 도중 해상에서 강한 역풍을 만나, 지브롤터

---

63 유길준, 허경진 역, 앞의 책, 66쪽.
64 「홍영식의 복명문답기」, 김원모, 『상투쟁이 견미사절 한글 국서 제정 – 朝鮮開港과 韓美修交史』 下, 892쪽.
65 김원모, 『상투쟁이 견미사절 한글 국서 제정 – 朝鮮開港과 韓美修交史』 上, 470쪽.

까지 불과 350마일을 앞두고 트렌턴호는 리스본으로 돌아가지 않을 수 없었다. 게다가 트랜튼호는 강풍을 동반한 기상 악조건으로 리스본까지 항행하는 데 3일이나 걸렸다. 때마침 크리스마스 시즌인 데다가 식량 보급도 떨어지고, 체력이 고갈되었다. 민영익은 몇 차례의 폭풍우에 기겁하였다. 그는 유럽 여행을 포기하고 빨리 조선으로 돌아가고 싶다고 요구하는 등 포크를 몇 차례 실망시켰다. 포크는 민영익을 "친구들부터 받았던 담배를 던져버리는 사람"으로 묘사하면서 미국의 친절을 져버리려 한다고 비난했다. 민영익은 폭풍우로 말미암아 겁에 질려 "자거나 먹거나 누우려 하지 않고 하루 종일 선실에 반쯤 걸터앉아 있었다".[66] 그는 트랜튼호가 마르세유 항구에 도착하면 군함을 떠나 다른 증기선으로 바꾸어 타고 조선으로 조속히 돌아갈 수 있도록 해 달라고 부탁하기조차 했다.[67]

민영익 일행은 리스본을 거쳐 드디어 영국 직할령인 지브롤터항에 기항하였다. 지브롤터는 스페인 남단에 있는 지중해 연안의 좁은 반도로, 이 해협은 대서양에서 지중해로 들어가는 전략적 요충지였다. 그들은 지브롤터 주재 미국 영사 스필라근 부자의 영접을 받았다. 스필라근은 조선인 손님들을 지브롤터의 명승 고적지로 안내하였다. 현지 관광을 끝내고 다시 프랑스 마르세유로 항행하였다. 마르세유까지의 여행은 순풍으로 순조로웠고, 해상생활은 유쾌하였다. 이때 민영익은 생각이 바뀌어 예정대로 트랜튼호의 일정에 따라 세계 여행을 계속하기로 했다.

---

66 Dec. 24, 1883, Foulk papers, Library of Congress(손정숙, 앞의 글, 14쪽 재인용).
67 손정숙, 「한국최초 미국외교사절 보빙사의 견문과 그 영향」, 『한국사상사학』 29, 2007, 265쪽; 앞의 글, 14쪽.

1884년 1월 6일 트랜튼호는 마르세유항에 도착해서 선박을 수리하고 연료를 주입하는 등의 이유로 무려 3주 이상 정박하게 되었다. 아마도 이때 함상에 전기 탐조등을 설치한 것으로 보인다.

민영익 일행은 배에서 내려 마르세유 시내 관광을 즐겼다. 마르세유는 프랑스 동남부의 최대 무역항구로, 조선 사절단이 뉴욕을 떠난 이래 유럽에서는 처음으로 목격한 번화한 항구였다. 이 도시는 지중해의 대표항구로 유길준의 『서유견문』에는 다음과 같이 소개하였다. 마르세유 항구는 유럽에서 제일가는 부두이니, 출입하는 사람들과 선박 숫자를 손가락으로 셀 수 없다. 부두 주변과 도심 거리에는 국내외 상인들이 몰려다니는데 의복, 용모, 언어, 풍속 등은 자기 나라의 풍습을 따르기에 서로 차이가 난다. 부두는 바닷가를 따라 동쪽에서 북쪽까지 이어져 있는데, 선창船廠을 몇 군데 설치해 배를 만들거나 수리한다. 시가지도 바닷가를 따라 형성되었는데, 바다에는 조그만 배들이 수없이 정박해 있다. 큰 선박들은 북쪽 바닷가로 와서 부교浮橋와 연결된다. 부교의 앞쪽에 창고를 만들어 물건들을 보관하다가 수송한다. 등대를 설치해 암초의 존재를 표시하고, 바닷가 언덕 위나 바다 주변 섬에는 포대를 구축해 엄중하게 경비한다고 비교적 상세하게 썼다.[68]

그들은 유럽의 중심도시인 런던과 파리를 둘러보기로 했다. 1월 10일 마르세유를 출발, 프랑스 동남부의 도시 리옹으로 이동하였다. 다시 리옹을 떠나 도버해협을 횡단한 끝에 1월 16일 대영제국의 심장인 런던에 도착하였다. 조선 사절단의 런던 체재는 약 1주일 예정이었는데,

---

[68] 유길준, 허경진 역, 앞의 책, 562쪽.

체류하는 동안 불편함 없이 매우 유쾌하게 보낸 것으로 보인다. 『서유견문』에는 런던을 '세계 제일의 경이로운 도시'라고 소개하였다. 사절단 일행은 런던 시내에 있는 명승고적을 두루 살펴보았다. 일행인 서광범은 대영박물관을 관람하면서 영국이 인도와 청국에서 약탈한 문화재를 보고, 미국은 이런 약탈행위는 하지 않으므로 훌륭한 국민이라고 보았다. 영국 주재 미국공사관을 방문했는데, 로우엘 공사는 조선 손님들의 런던 방문을 전혀 모르고 있었다. 미국공사관을 방문한 후 다음으로 일본공사관의 모리 아리노리森有禮 공사를 만났는데, 전통적인 조청 관계를 꺼내며 냉대하였다. 마지막으로 청국공사관을 방문했는데, 증기택曾紀澤 공사는 일본 공사와는 대조적으로 일행을 따뜻하게 환대했다.[69]

1주일간의 런던 방문을 끝내고 민영익 일행은 도버-칼레 정기여객선을 타고 다시 유럽대륙으로 돌아왔다. 일행은 뉴욕에서 대서양을 건널 때도 뱃멀미가 없었는데, 이번 도버해협에서는 심한 뱃멀미로 모두 쓰러졌다. 이처럼 어렵게 파리에 도착한 후, 시내의 명승고적을 두루 관광하였다. 『서유견문』에는 파리를 '유행의 본산지'라고 소개하였다. 프랑스 주재 미국 공사는 조선 손님들을 위해 환영 리셉션을 베풀었다. 일행이 런던과 파리에서 무엇을 했는지 상세한 기록은 없으나, 아마도 박물관과 유적지 등을 중심으로 관광을 했을 것이다. 파리 방문을 끝내고 일행은 자신들이 탈 배가 있는 마르세유항으로 돌아왔다. 이제 대서양 횡단과 유럽탐방을 마친 민영환 일행에게 남은 일정은 대영제국에 의해 개척된 이른바 제국 항로[70]를 통한 귀국길이었다.

---

69   김원모, 『상투쟁이 견미사절 한글 국서 제정 - 朝鮮開港과 韓美修交史』上, 473~475쪽.
70   제국 항로에 대한 좀 더 상세한 내용은 훗날 대한제국 시절 영국 사절단 민영환 일행과 이재각

일행은 마르세유에서 잠시 휴식을 취한 후, 수리를 마친 트랜튼호를 타고 이탈리아로 향하였다. 2월 4일 이탈리아의 나폴리에 기항한 후, 이곳에서 2월 20일까지 16일간 체류하면서 관광을 즐겼다. 그동안 로마에 가서 이틀간 고대 로마제국의 명승고적을 관람하기도 했다.[71] 그들은 다시 지중해를 따라 남하해 2월 29일에는 이집트의 수에즈운하 끝에 도달하였다. 수에즈에서 나흘간 체류한 후에 카이로로 들어갔다. 미국 해군부는 조선 사절단에게 800달러의 여행비용을 제공했는데, 유럽 각국을 순방하는데 400달러를 쓰고 아직 400달러가 남아있었다. 이집트 고대 유적지를 관광하는 데 남은 돈을 쓰기로 결정하고, 피라미드 등 이집트의 문명유적지를 관광하였다. 사절단은 이집트 고대 문화 유적에 큰 감명을 받았다.

해군 무관 포크는 거의 3개월에 걸친 유럽 여행을 모두 마치고 이집트 포트사이드에서 그동안 조선 사절단을 수행하면서 유럽 각국 도시를 순방한 내용을 정리해 상관인 슈펠트에게 장문의 보고서를 보냈다.[72] 이 보고서도 포크의 편지와 함께 부족한 사절단 정보를 우리에게 알려 준다. 민영익 일행이 유럽으로 떠날 때 일부 미국 정부 고위 관리는 조선인들이 유럽 국가의 영향을 받아서 미국에 대한 호감이 희석될 것을 우려했으나, 실제로 그 반응은 정반대로 더욱 친미적인 태도를 보였다.

1884년 2월 27일 밤 트랜튼호는 드디어 서구 세계를 뒤로 하고 수에즈운하를 통과해 3월 10일에는 홍해를 거쳐 계속 남하한 후 아라비아

일행 및 주프 공사 김만수의 여행기와 일기를 참고할 수 있다(제7장).

71 김원모, 『상투쟁이 견미사절 한글 국서 제정 - 朝鮮開港과 韓美修交史』上, 472~478쪽.

72 손정숙, 「한국최초 미국외교사절 보빙사의 견문과 그 영향」, 『한국사상사학』29, 2007, 267쪽; 김원모, 위의 책, 479~480쪽.

반도 남서부의 아덴에 도달하였다. 곧이어 태평양, 대서양과 더불어 또 다른 대양인 인도양으로 나아갔다. 인도양은 남극해의 북쪽 경계선에서 시작해 아시아까지 이르는 대양이다. 서쪽은 희망봉 곶의 경도와 아프리카주로 경계를 삼고, 남쪽은 태즈메이니아 남쪽사우스이스트 곶과 오세아니아주를 경계로 한다. 인도양에서 가장 편한 항구와 바닷가는 홍해와 아라비아해, 페르시아만, 뱅골만 등이 있다.[73]

　민영익 일행은 3월 13일에 아덴을 떠나 3월 21일에는 아라비아해를 건너 인도의 봄베이로 향하였다. 봄베이에서 13일간 체류한 후 4월 3일 출발해 사흘 반 동안의 항해 끝에 스리랑카의 콜롬보에 도착하였다. 포크의 편지에 따르면 민영익 일행이 서유럽, 인도, 동남아시아 등지를 구경하면서 가장 큰 흥미를 보였던 장소는 다름 아닌 불교의 중심지인 스리랑카였다고 한다. 민영익은 조선의 대승불교와 다른 스리랑카의 소승불교에 큰 관심을 보이면서 콜롬보의 스님들과 만나 긴 대화를 나누었다. 포크는 콜롬보를 떠나면서 "조선인들이 여행을 즐거워했다. 나 또한 항해 중에 가장 행복한 시간이었다"[74]라고 회고했다.

　스리랑카를 떠나면서 이제 트랜튼호의 세계 여행은 끝을 향해 가고 있었다. 민영익 일행은 인도양의 동쪽을 횡단하는 항해 끝에 말라카해협을 거쳐 싱가포르에 기항하였다. 그들은 다시 남중국해를 거쳐 홍콩을 경유해 일본으로 향하였다. 일행은 5월 21일 나가사키에 도착해서 거의 8개월 만에 처음으로 조선 음식을 먹을 기회를 얻었다. 마침내 1884년 5월 31일 제물포에 도착하면서 6개월간의 대양 항해를 성공적

73　유길준, 허경진 역, 앞의 책, 66쪽.
74　April 24, 1884, Foulk papers, Library of Congress(손정숙, 앞의 글, 267쪽 재인용)

으로 마칠 수 있었다.[75]

포크의 편지 말고는 별다른 자료가 없어 귀국 항로의 자세한 상황은 아쉽게도 알 수 없다. 홍영식의 짧은 「복명문답기」보다도 더욱 짧은 민영익의 「복명문답기」에는 다음과 같이 귀국 노정을 요약하였다.

상이 이르기를, "올 때 몇 나라를 두루 보았는가?"라고 물으니, 민영익이 아뢰기를, "작년 11월 3일양력 12월 1일 미국 뉴욕에서 배로 출발해, 19일에 포르투갈 소속 섬 아조레스Azoles Is.에 정박했고, 12월 1일 영국령 섬에 정박하고, 11일에 프랑스계 마르세유에 정박해 4일을 머물렀고, 12월 15일 프랑스 수도 파리에 도착해 당일 출발했으며, 영국 수도 런던에 도착하고 다시 파리로 돌아와 7일을 머물렀으며, 마르세유에 도착해 다시 배에 올랐습니다. 갑신년 1884년 1월 9일 이탈리아에 정박했고, 2월 3일에 이집트 수도 카이로로 들어가 4일을 머물렀고, 13일에는 영국소속 아덴에 정박해 3일을 머물렀습니다. 24일 인도에 정박해 13일을 머물렀으며, 3월 11일 실론에 정박해 5일을 머물렀으며, 23일 싱가포르에 정박해 5일을 머물렀습니다. 그리고 4월 6일양력 5월 1일 영국소속 홍콩에 정박해 9일을 머물렀고, 다시 일본 나가사키에 정박했다가 지금 막 귀국하는 길입니다."[76]

비록 민영익 일행과 동행하지는 않았지만, 앞서 인용했듯이 유길준의 글을 통해 세계 일주 여행을 보충할 수 있다. 유길준은 보빙사 일원으로 미국에 갔다가 현지에 남아 생물학자 에드워드 모스Edward S. Morse 교수

---

75 위의 글, 267~268쪽.
76 김원모, 『상투쟁이 견미사절 한글 국서 제정 - 朝鮮開港과 韓美修交史』上, 486쪽 재인용.

의 개인 지도를 받으며 미국 학교에 들어갈 준비를 하였다. 사립학교인 덤 머 아카데미에 입학해 공부하던 유길 준은 갑신정변이 일어났다는 소식을 들은 뒤 공부를 중도에 그만두고 4개 월여 동안 귀국길에 올랐다. 이때 그 는 세계 일주 항행을 하기로 결심하고 대서양을 건너 영국, 프랑스, 독일, 포 르투갈 등을 거쳤는데, 적어도 영국은 직접 방문한 것으로 보인다. 유럽 문

〈그림 16〉 청년 유길준

물을 탐방할 목적으로 대서양 항로를 선택한 것인데, 민영익 일행과 같 은 방향으로 지구를 반 바퀴 도는 경로였다. 그는 1885년 8월 이집트 포트사이드 앞 선상에서 은사인 모스에게 귀국 인사 겸 세계 일주에 관 한 편지를 썼다. 여행 일정을 알리며 세계 일주하는 자부심에 권태를 느 끼지 않고 박진감을 느낀다고 심정을 밝혔다.[77] 그는 민영익과 마찬가지 로 지중해, 수에즈운하, 홍해를 지나 인도양을 항행한 후 싱가포르, 홍 콩, 일본을 거쳐 1885년 12월 16일에 귀국하였다.

유길준의 『서유견문』이 해외 여행기가 아닌 서양 개설서가 된 것은 자료의 분실이 주요 원인인 듯싶다. "을유년1885 가을에 대서양의 물결

---

77 선상에서 쓴 편지에는 "이 기선은 알렉산드리아에 가지 않고 상하이, 홍콩 그리고 일본으로 갈 것입니다. 일본에 도착하기까지 약 7주가 걸릴 것입니다. 그러나 이 긴 여행에 권태를 느끼지 않고 있습니다. 그 까닭은 세계 일주를 한다는 것이 저에게 자부심을 가지도록 하기 때문입니다. 저는 많은 것을 보게 될 것이고, 또 그 모든 것이 박진감을 줍니다. 저는 이미 따뜻한 지역에서 열대지역으로, 그리고 짧은 기간 동안 겨울에서 여름을 거치는 지역을 여행하였습니다"라고 썼 다(이광린, 『유길준과 개화의 꿈』, 조선일보사, 1994, 35쪽 재인용).

杞溪 俞吉濬 辑述

西遊見聞 全

開國四百九十八年

〈그림 17〉『서유견문(西遊見聞)』표지

과 홍해의 무더위를 무릅쓰고 지구를 돌아서, 그해 겨울 제물포에 도착하였다. 묵은 원고를 펼쳐보았더니 대부분 없어져 버렸다. 몇 년 동안 공들인 것이 눈 위의 기러기 발자국이 녹아 없어진 듯 되어 버린 것이다. 그 남은 원고를 모아서 엮고 이미 없어진 부분은 더 보태고 기워, 20편의 책을 이루었다"[78] 라는 회고가 남아있다. 이처럼 자료가 없는 상태에서 일반적인 여행기의 저술은 불가능했을 것이다. 『서유견문』에는 대양 항해와 세계 일주를 보여주는 단편 기록들이 흩어져 남아 있다. 그럼에도 불구하고 그의 기록이 출판되어 한국 사회에 영향력을 발휘하는 데는 갑신정변의 여파로 오랜 시간이 필요하였다.

보빙사 일행의 미국방문을 조선이나 미국 정부 모두 성공적이라고 평가하였다. 귀국 후 민영익은 미국 공사 푸트를 방문해 이번 여행을 통해 안목을 넓히고 생각 면에서도 큰 변화를 경험했다고 말했다. 하지만 민영익의 세계 일주 항행을 수행한 포크는 그에 관해 전혀 다른 평가를 남겼다. 민영익은 항해 기간 내내 서구의 근대적인 과학 기술이나 지식에 관심을 가지기보다는 조선에서 가져온 유교 경전만을 탐독하는 모습을 보고, 그를 심약하고 변덕이 심한 인물로 평가하였다. 어쩌면 세계 일주

---

78 유길준, 허경진 역, 앞의 책, 24~25쪽.

를 통해 경험한 문화적 충격을 유교 경전을 읽으며 자신의 의식 세계를 방어한 것인지도 모른다. 한편 포크는 다른 일행이었던 서광범과 변수에 대해서는 열심히 서양을 배우려 한다며 매우 긍정적인 인물평을 남겼다.[79] 그는 일본의 근대화 방식을 따라 정치 개혁을 시도하려는 서광범과 같은 급진개화파에 동정적인 태도를 보였다.[80]

79 김원모, 『상투쟁이 견미사절 한글 국서 제정 - 朝鮮開港과 韓美修交史』上, 579~580쪽 참고.
80 포크가 세계 일주 항행 끝에 서울로 부임한 것은 1884년 6월 2일이었다. 그는 푸트(Lucius H. Foote) 공사를 대신해 1885년 1월부터 1886년 12월까지 2년간 공사대리로 일했으며, 1887년 1월 초 공사 대리직을 후임자에게 인계하고 일본으로 건너갔다(위의 책, 374 · 376쪽). 포크는 대동여지도를 들고 조선을 여행한 인물이자, 최초로 거북선을 서양에 소개한 미국 외교관으로 알려져 있다.

제6장

민영환 사절단의 세계 일주와 대양 항해

1. 러시아로 가는 대양 항로

1) 태평양을 건너 미국으로

민영환閔泳煥은 1896년 3월 10일 특명전권공사로 임명되어 러시아 황제 니콜라이 2세의 대관식에 참석차 조선을 떠났다. 알렉산드로 3세의 뒤를 이은 니콜라이 2세는 즉위한 지 1년쯤 지나서야 대관식을 치르게 되었다. 당시 조선은 러시아와 특별한 관계에 있었는데, 민비시해사건 후 고종이 궁궐을 떠나 러시아공사관에 머문 아관파천俄館播遷, 1894년 2월~1897년 2월 시기였기 때문이다. 민영환의 대관식 사행은 조선 정부와 러시아 정부 양자 간의 필요에 의한 것이었다.[1] 러시아 축하사절단이 떠

---

[1] 민영환 사절단 관련 역사학계 연구는 아관파천을 전후한 국제정세 속에서 조선과 러시아의 관계를 규명하기 위해 주로 일행의 정치적 외교적 활동이나 민영환 개인 행위의 연장선상에서 진행하였다. 따라서 러시아와의 외교적 교섭에 초점을 맞추거나, 민영환의 개인 활동과 귀국 후 정치 행위를 살피는 연구가 주류를 이룬다. 여행기 자체를 연구하는 경우도 있으나 대부분 시간 순서에 따라 사절단의 체험담을 서술하는 방식이었다(양승조, 「동아시아 근대화 모델로서의 제정 러시아-『미구회람실기』와 『해천추범』을 중심으로」, 『숭실사학』 33, 2014, 202쪽). 그런데 근래 출판한 김영수의 『100년 전의 세계 일주』에서는 민영환이 아닌 김득련의 관점에 서서 러시아 여행을 처음부터 끝까지 꼼꼼하게 정리하고 있어서 도움이 된다(김영수, 『100년 전의 세계 일주』, EBS BOOKS, 2020). 그리고 문학계에서는 근대 문명에 대한 견문을 기록한 최초의 서구문화 체험기로 높이 평가한다. 과거 보빙사의 경우 간단한 「복명문답기」 정도만이 남아있기 때문이다.

〈그림 1〉 크레마지호

난 1896년은 중국연호를 사용하지 않고 조선의 독립연호인 건양建陽 원년을 선포한 때이며, 양력을 공식적으로 사용한 해이기도 하다. 여행기 『해천추범海天秋帆』에서 양력을 우선하고 음력을 부기한 것도 국가시책과 관련이 있었을 것이다.[2] 여기서는 민영환 일행을 편의상 대한제국 사절단이 아닌 조선 사절단으로 통일해 표기할 것이다.[3]

4월 2일 민영환 일행은 인천항에서 러시아 군함 크레마지호[4]에 올라 오전 10시쯤 출항하였다. 이 군함은 러시아로 가는 여행에서 가장 먼저 경험한 근대적 교통수단이었다. 사절단이 러시아 군함을 타게 된 것은

---

2 류충희, 「민영환의 세계 여행과 의식의 점이」, 성균관대 석사논문, 2007, 21쪽.
3 민영환 일행의 출발경로는 서울-인천-상하이-나가사키-요코하마-(태평양)-벤쿠버-위니펙-슈피리어호-몬트리올-뉴욕-(대서양)-리버풀-런던-플나싱-베를린-바르샤바-모스크바-페테르부르그 순이며, 귀국경로는 페테르부르그-모스크바-니주니노브고르트-이르쿠츠크-하바롭스크-블라디보스토크-부산-인천-서울 순이다(고정휴, 「태평양의 발견 - 그 바닷길의 개통과 조선 사절단의 세계 일주 기록 검토」, 『한국사학보』 73, 2018, 148쪽 그림 참고).
4 크레마지호는 1892년에 건조된 무게 1,492톤, 길이 72.3미터의 포함으로 1896년 당시 인천에 정박하였다. 해군 중령 멜리니츠키가 1895년부터 1897년까지 크레마지호의 함장이었다(김영수, 앞의 책, 37쪽 사진 설명).

러시아 공사 웨베르Waeber의 주선 덕분으로, 전용 군함으로 호위받으며 갈 수 있다는 사실은 특별히 우대받은 것이었다.[5] 인천항을 출항한 크레마지호는 순조로운 항해 끝에 이틀 후인 4월 4일 오전 10시 청국 상하이에 도착하였다. 이 무렵부터 수행원 김득련金得錬의 한시가 만들어졌다.

중국으로 가는 길이 서쪽으로 향해
인천항에서 화륜선 출발시켜 곧바로 나아가네.
이틀이면 천오백 리를 갈 수 있어
오송강 어구에 배를 잠시 멈추었네.
양편 언덕에는 수양버들이 늘어지고
버드나무 그늘 짙은 곳에 사람들 집이 어른거리네.
강남의 봄빛 이른 것을 비로소 알겠으니
청명이라고 온 산이 가득 꽃 피었구나.[6]

상하이항에 대해서 "각국의 기선은 부두에 어지러이 있고 서양식으로 만들어진 가옥은 하늘에 솟아있으며 화물이 구름같이 쌓여있다. 참으로 동양 제일의 번화한 큰 항구다"[7]라고 묘사했다. 당시 러시아방문이라는 같은 목적으로 상하이로 내려온 이홍장은 조선 사절단이 이곳에 도착해 장차 일본으로 떠나려 한다는 소식을 들었다. 그의 여행기에는 "조선 정사 민영환, 부사 엄치호嚴致昊와 일행이 2월 29일 상하이에서 프랑스 우

---

5   민영환, 조재곤 편역, 『海天秋帆 - 1896년 민영환의 세계 일주』, 책과함께, 2007, 26쪽.
6   「인천항에서 기선을 타고 곧바로 상하이로 향하다(仁港乘汽船直向上海)」(김득련, 허경진 역, 『環璆唫艸』, 평민사, 2011, 22~23쪽).
7   민영환, 조재곤 편역, 앞의 책, 28쪽.

〈그림 2〉 러시아에서 만난 이홍장(李鴻章)과 야마가타 아리토모(山縣有朋)

편선을 타고 러시아로 경축하러 항해한다"[8]라고 기록을 남겼다. 그런데 여행기에는 윤치호尹致昊의 직책과 이름이 잘못 기재되었는데, 이들은 모스크바에서 다시 만나게 된다.

이홍장의 말처럼 민영환 사절단은 원래 상하이에서 프랑스 선박을 타고 홍콩을 경유해서 러시아로 갈 계획이었지만, 이 배를 타지 못하였다. 왜냐하면 상하이에 늦게 도착하는 바람에 선박회사가 이미 다른 승객들에게 자리를 내주었기 때문이다. 증기선은 기차처럼 사람들에게 새로운 시간과 공간 개념을 만들어 주었는데, 그중 하나는 선박을 이용하는 사람들에게 정해진 시간을 지키게 만드는 일이었다. 이 사실을 처음 자각시킨 것이 아마도 상하이에서 배를 놓친 사건일 것이다. 일행은 러시아

8　蔡爾康 外, 『李鴻章歷聘歐美記』(鍾叔河 主編, 『走向世界叢書』, 第一輯 第一冊), 岳麓書社, 1986, 42・45쪽.

〈그림 3〉 차이나 엠프레스(SS Empress of China)호

대관식의 축하 날짜까지 도착하지 못할까 봐 무척 긴장했는데, 동행한 시테인Stein이 여기저기 뛰어다녀 마침내 태평양을 건너 캐나다로 가는 캐나다 태평양 철도회사가 운영하는 증기선 차이나 엠프레스SS Empress of China, 皇后號9호의 배표를 구입할 수 있었다. 배를 타고 서쪽을 향하려는 계획이 동쪽을 향하는 노선으로 바뀐 것이다. 이 상선은 얼마 전 홍콩으로부터 상하이로 왔는데, 11일에 항해를 시작해 나가사키를 지나 요코하마로 들어가 여기서 태평양을 건널 예정이었다.

좀 더 부언하자면, 일반적인 태평양 항로인 미국 샌프란시스코가 아닌 좀 더 북방 항로인 캐나다 밴쿠버로 가서 캐나다대륙을 가로지르는

---

9   차이나 엠프레스(SS Empress of China)호는 승객 600명 이상을 태울 수 있는 길이 45.7미터, 무게 5,905톤의 최신식 선박이었다. 1890년 3월 영국에서 건조된 후 1912년 요코하마에서 폐선되었다(김영수, 앞의 책, 43쪽 사진 설명).

횡단 열차를 탄 후 최종적으로 미국 뉴욕으로 가는 코스였는데, 결국 유럽으로 가는 노선과 비교하면 사흘쯤 늦어지는 일정이었다. 태평양 항로를 우연히 선택하게 된 사절단 일행은 이로 말미암아 세계 일주를 경험하게 된다.

민영환 사절단은 4월 11일 오전 7시 마차로 부두에 도착해 작은 화륜선을 타고 차이나 엠프레스호에 올랐다. 이 배를 과거에도 타본 적이 있던 윤치호는 차이나 엠프레스호는 호화 여객선으로 일등 선실은 눈부시고 호화롭지만, 이등칸은 어둡고 지독한 냄새를 풍기는 지저분한 작업장이라고 기록했다.[10] 이 선박의 자매선으로 인디아 엠프레스호와 재팬 엠프레스호가 있었다. 차이나 엠프레스호는 오전 11시 상하이를 출발해 다음 날 오후 6시 나가사키에 도착하였다. 그동안 바람이 일어 배가 흔들렸지만, 선체가 대단히 커서 별로 어지럽지는 않았다. 상하이에서 나가사키까지는 1,500리인데, 나가사키는 일본으로 들어가는 첫 항구로 산천이 밝고 아름다우며 가옥이 즐비하고 상업이 흥성하니 볼 만한 곳이었다.[11] 여러 해 전 윤치호는 상하이에서 미국으로 가는 길에 나가사키항을 들린 적이 있었는데, 여기서 청결한 일본 사람들을 보고 조선 사람들의 더러움에 대해 부끄러움을 느꼈다고 기록한 바 있다.[12]

배는 곧이어 시모노세키와 고베[13]를 거쳐 요코하마로 향했는데, 민영

---

10 윤치호, 박정신·이민원 역, 『국역 윤치호 영문 일기』 3, 국사편찬위원회, 2015, 157~158쪽.
11 민영환, 조재곤 편역, 앞의 책, 35쪽.
12 임홍수, 이춘입, 「윤치호의 여행기, 부르주아의 도래」, 『문화과학』 94, 2018년 6월, 266쪽.
13 윤치호는 1888년 10월 청국에서 일본을 거쳐 미국으로 가는 도중에 고베를 지났는데, "고베는 청산(靑山)을 뒤로 하고 거울과 같은 물이 앞을 둘렀으며 도로, 가옥이 정결하다. 보는 이마다 칭찬하지 않는 자가 없으니, 일본은 동양의 도원(桃園) 가운데 하나라고 해도 잘못된 말이 아니다"라고 썼다(송병기 역, 『국역 윤치호 일기』 1, 연세대 출판부, 2001, 526쪽).

환은 "요코하마에 와서 잘 때 산과 개울의 빼어나고 화려함, 부두의 견고함, 누각과 집이 높고 큰 것, 잘 정돈된 가로, 전등과 가스등의 연결이 사람으로 하여금 눈의 경계를 갑자기 밝아지게 했다"[14]라고 감탄했다. 그런데 몇 년 전 윤치호는 캐나다 밴쿠버에서 인디아 엠프레스호 이등석에 몸을 실어 13일간 태평양을 가로지른 뒤 요코하마에 내린 적이 있었다. 그는 요코하마의 풍경이 전부 그림 같다며, "배들이 증기선 주위로 모여드는 것이 걸리버를 둘러싼 난쟁이들"처럼 느껴져 완전히 새로운 세계에 온 것 같이 느꼈다. 미국 남부에서 5년 동안 기독교 신학을 공부한 뒤 갓 도착한 일본은 세계에서 가장 좋은 나라 같다고 회고했다.[15]

한편 김득련은 일본의 나가사키, 시모노세키, 고베, 요코하마 항구에 대해 짧은 시를 계속해서 지었다. 나가사키는 "일본의 유신을 여기서 보니 집, 거리, 항구가 모두 서양식이네"라고 했고, 시모노세키는 "밤중에 시모노세키를 지나 둘러보지 못한 것이 한스럽다"라고 했으며, 고베는 "근년에야 알려졌지만 도시 곳곳이 개명한 데, 외국인의 손이 아닌 일본인으로 노력으로 이룬 도시"라고 읊었고, 요코하마는 "상하이를 어찌 요코하마와 견주겠냐며, 부두와 거리 및 상점들이 새롭고 기차까지 있어 번개같이 도쿄에 갈 수 있다"라고 노래했다.[16]

요코하마항에서 내려 기차를 타고 도쿄의 조선 공사관을 방문한 사절단은 잠시 휴식을 취하다가 4월 17일 드디어 태평양으로 나아갔다. 그런데 몇 년 후 민영환 일행과 유사한 태평양 항로를 통해 유럽으로 간

---

14 민영환, 조재곤 편역, 앞의 책, 39쪽.
15 임홍수, 이춘입, 앞의 글, 265쪽.
16 김득련, 허경진 역, 앞의 책, 26·27·28·29쪽.

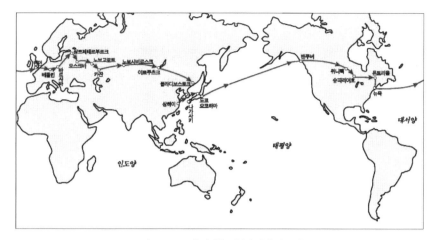

〈그림 4〉 1896년 민영환 일행의 세계 일주 경로

사절단이 있어 주목할 만하다. 1902년 대한제국 정부는 영국 에드워드 7세 대관식 축하 방문을 위해 이재각李載覺 사절단을 파견하였다. 그들은 태평양을 건너 캐나다로, 다시 대서양을 넘어 영국으로 가는 일정이어서 민영환 사절단과 비교할 만한데, 수행원인 이종응李鍾應이 『서사록西槎錄』을 남겨 그 대략을 알 수 있다.[17] 그들도 인천에서 출발해 나가사키, 고베를 거쳐 요코하마에서 한국 공사관의 도움을 받으며 태평양 항행을 준비하였다. 민영환 사절단과 같은 차이나 엠프레스호를 타고 요코하마에서 밴쿠버로 향하였다.[18]

대양을 항해하는 증기선에 승선한 여행자는 상당 기간 선박이라는 공간에서 체류할 수밖에 없다. 그런 까닭에 윤선에는 긴 여행을 위해 각종 설비가 구비되었고 선실은 마치 방처럼 만들어 놓았다. 그 공간에 배치

---

17 김원모, 「李鍾應의 『西槎錄』과 『서유견문록』 解題」(『東洋學』 32, 2002)의 133~167쪽에 『서사록』의 번역문이 실려 있으며, 185~201쪽에 원문이 실려 있다(앞으로는 『西槎錄』으로 약칭해 표기함).

18 이재각 사절단은 캐나다에서 다시 영국 상선 누비안(SS Nubian)호를 타고 대서양을 건너 리버풀로 향하였다(고정휴, 「태평양의 발견 – 그 바닷길의 개통과 조선사절단의 세계일주 기록 검토」, 『한국사학보』 73, 2018, 149쪽).

된 시설물도 근대문물이어서 서구 문물을 일상적으로 사용한 적이 없던 조선인에게는 윤선의 선실이 서구 근대문화를 실감나게 체험하도록 만들었다.[19] 선박은 집을 닮아갔으며, 선박의 청결 여부는 선원과 승객에게 필수적인 요소였다. 게다가 여기서는 서양 음식과 문화는 물론 다양한 외국인들과 교류하게 된다. 여행기에서는 선실 침상이 정결하고 선체 장식이 화려한 사실에 놀라거나 증기기관의 웅장한 규모와 정교한 구성에 감탄하였다. 훗날 이재각 사절단의 이종응도 매번 기계가 움직이는 소리를 들을 때마다 "부지런히 힘써 밤낮으로 쉬지 않고 움직이는 것이 마치 지성껏 쉬지 않고 움직이는 하늘의 도에 견줄 만하다"[20]라고 생각하면서 하늘이 하는 일을 사람이 대신한다고 기록했다.

조선 사절단은 4월 17일부터 28일까지 열흘 이상 태평양을 항해하였다. 민영환에게 태평양이라는 대양은 신비한 존재였다. 그는 태평양에서 경험한 일출을 "갑자기 동쪽 가에 붉은빛이 올라왔다가 꺼지는데 만 갈래가 눈을 쏘더니 조금 있다가 태양이 끓어오르는데 그 크기가 비교할 데가 없으니 참으로 장관이다"[21]라고 묘사했다. 그들의 항해 방향은 하와이를 거쳐 샌프란시스코로 가는 남방 항로가 아니라, 곧바로 태평양을 가로질러 캐나다령 밴쿠버로 향하는 북방 항로였다. 이재각 사절단도 민영환 일행과 같은 영국 선박을 타고 태평양을 건넜는데, 해류의 도움을 받아 바람이 없어도 빠른 속도로 항해하는 경험을 하였다. 아울러 항해 도중 화재가 발생한 상황을 가정해 선원들이 불을 끄는 소방 훈

---

19 류충희, 『민영환의 세계 여행과 의식의 점이』, 100·105쪽.
20 이종응, 김원모 역, 『西槎錄』, 133쪽.
21 민영환, 조재곤 편역, 앞의 책, 42쪽.

런도 경험하였다.[22]

지도상에 표시된 항로 거리는 실제와는 차이가 나는데, 왜냐하면 지구는 본래 원형이어서 평면상의 지도와 일치하지 않기 때문이다. 특히 시차 문제는 여행하는 모든 조선인들에게 놀라운 경험이었다.

4월 22일음력 10일 맑음 : 서양 사람의 말을 들으니, 지구는 360도인데, 동서가 각각 180도라고 한다. 낮에 동쪽이 오시午時, 오전 11시~오후 1시면 밤엔 서쪽이 오시이니, 이것은 아시아와 아메리카가 발꿈치와 발가락이 서로 접해 낮과 밤이 서로 반대되기 때문이다. 지구는 서쪽에서 동쪽으로 도는 것이니, 가령 두 사람이 각각 시계를 가지고 10일 정오에 동과 서로 나누어 가면 서로 180도에서 만난다. 즉 모두 같은 시간에 만나지만 당연히 11일 축시丑時, 오전 1시~오전 3시가 도로 10일 축시가 된다. 이는 지구가 동쪽은 기울고 서쪽은 높아서 낮과 밤이 서로 반대이고 이틀 같으면서도 실은 하루이다. 이는 땅이 그 시간에 해당하면 어제와 오늘이 합쳐서 하루가 되는 것날짜변경선을 말함 — 옮긴이이라 할 수 있다. 이는 이학가理學家의 격물치지格物致知 학설로, 졸지에 연구해서 알 수 있는 것이 아니다. 22일을 계속 써서 그 날짜를 기록한다.[23]

민영환 사절단은 태평양을 건너는 배에서 한 서양 사람으로부터 지구의 구형과 자전운동, 시간의 동서 분할에 대해 듣게 되었다. 지리적 위치에 따라 시간이 밤과 낮으로 달라지거나, 동양과 서양이 같은 시간 내에서 통합 연동한다거나, 날짜변경선이 아시아의 동쪽 끝과 아메리카의

---

22 이종응, 김원모 역, 앞의 책, 140쪽.
23 민영환, 조재곤 편역, 앞의 책, 40~41쪽.

서쪽 끝에서 시간이 거리에 비례해 바뀐다고 배웠다. 이처럼 민영환 일행은 대양을 건너는 여행에서 공간 이동과 맞물리는 시간 변동이 전 지구적 차원의 규칙임을 알게 되었다. 하지만 사람들의 말을 받아 적었을 뿐 충분히 체화된 지식은 아니었던 것으로 보인다.

태평양을 건너는 도중 심한 뱃멀미로 민영환을 비롯한 모든 수행원이 큰 고통을 겪었다. 민영환은 "바람과 물결이 크게 일어 배의 요동이 더욱 심하다. 방 안의 물건이 엎어지고 서로 부딪힌다"라며 며칠간 이어진 선체의 흔들림으로 어려워하였다. 한편으로는 이미 경험해 보았을 서양 사람인 시테인조차 뱃멀미로 힘들어하는 모습을 보고 의아해하였다. 뱃사람이 말하기를, 일전에 배가 요동친 것은 바람이 크게 일었기 때문이며 이 항로는 원래 며칠간 험한 파도가 있다고 말했다. 앞으로는 편안하고 근심이 없을 것이라 하니 크게 평온한 바다太平洋란 이름에 맞는 것 같다며, 매우 기쁘다고 소감을 남겼다.[24] 벌링게임 사절단과 이와쿠라 사절단도 태평양 항해에서 민영환 사절단과 유사한 경험을 한 바 있다. 뱃멀미 경험뿐만 아니라 지구관, 공전과 자전, 날짜변경선, 시차 문제 등과 관련한 비슷한 기사가 나타난다. 단지 민영환 사절단이 이용한 태평양 항로는 청국과 일본이 이용한 항로보다 더욱 북쪽인 캐나다로 향하는 새로운 노선이었다.

차이나 엠프레스호는 1896년 4월 29일 오전 캐나다령 밴쿠버항에 도착하였다. 10여 년 전 태평양을 횡단한 보빙사는 캐나다가 아닌 미국

---

24 위의 책, 41쪽. 윤치호의 일기에는 태평양 항해에 관한 기록이 거의 없다. 하지만 그 역시 1885년 초 청국에서 아라빅(Arabic)호를 타고 미국으로 유학길에 올랐을 때 태평양에서 잦은 뱃멀미로 고생한 바 있었다.

샌프란시스코항을 이용했고, 돌아오는 길에 하와이를 들리기도 했다. 이 무렵에 캐나다의 대륙횡단철도가 완성되어 밴쿠버와 요코하마를 연결하는 항로가 개설되었다. 그 후 서양으로 파견된 조선 사절단은 태평양을 횡단할 때 거리가 가장 짧은 밴쿠버 쪽으로 항행하였다.[25] 오랫동안 하늘과 바다만 쳐다보면서 아득하고 막막한 마음을 느꼈던 민영환 일행은 항구에 도착하자 안도감에 한숨을 돌렸다. 하지만 휴식할 틈도 없이 다음 날인 30일 오후 2시 다시 대륙횡단철도인 캐나다 퍼시픽 열차Canadian Pacific Train를 타고 몬트리올로 향하였다. 이날 일기에는 태어나서 처음으로 타본 기차에 대한 소감이 생생하게 적혀 있다. 민영환은 기차에 대해 "바람이 달리고 번개가 치는 듯하니 보던 것이 금방 지나가 거의 꿈속을 헤매는 것" 같고, 바깥 풍경이 "확실치 아니하여 능히 기억할 수 없다"라고 썼다.[26] 김득련도 "(와트가) 차 한 잎을 달이다가 신기한 기계증기기관를 만들었다"라며 "장방후한의 費長房의 축지법도 오히려 번거로울 지경"이라면서 바람과 번개같이 움직이는 기차를 노래하였다.[27] 이처럼 증기기관으로 작동하는 윤선과 기차와 같은 경이로운 교통수단은 근대의 상징이며, 이용자에게 새로운 감각을 형성시켰다. 조선에서 기차여행이 가능해진 것은 경인선이 부설된 1899년이다. 이보다 빠른 1896년에 민영환 일행은 기차여행을 체험했는데, 이를 통해 속도감을 거리와 시간을 관련시켜서 인지하기 시작했다.[28]

---

25 고정휴, 앞의 글, 156쪽.
26 민영환, 조재곤 편역, 앞의 책, 44쪽.
27 김득련, 허경진 역, 앞의 책, 35쪽.
28 앞서 소개했듯이, 청국의 벌링게임 사절단은 미국의 대륙횡단철도가 완성되기 전에 방문했기 때문에 샌프란시스코에서 남하해 파나마지역을 육지로 통과한 후 다시 해로를 이용해 뉴욕으로 향하였다. 불과 몇 년 후 일본의 이와쿠라 사절단은 금방 완성된 미국 대륙횡단철도를 탑승했고,

조선에서 최초로 기차를 체험한 사람은 아마도 조일수호조규가 체결된 뒤 일본에 수신사로 파견되었던 김기수일 것이다. 그가 일본에 다녀온 뒤 쓴 『일동기유』에 열차 탑승기가 실려 있다. 유길준은 『서유견문』에서 기차의 "신기하고도 경이로운 규모와 신속하고도 간편한 방도가 세상 사람들의 이목을 넉넉히 놀라게 하였으며 마음을 뛰게 했다"라고 경탄했다.[29] 그런데 『해천추범』에 보이는 기차 혹은 윤선에 대한 민영환의 태도는 김기수나 유길준의 감탄과 경이에서 조금 벗어나 있다. 그는 앞선 이용자들에 비해 상대적으로 덤덤한 편이다.

윤치호는 5월 5일 일기에서 "수많은 산과 평원을 가로지르며 아주 지루하고도 먼지를 덮어쓰고 여행한 끝에 10시 30분쯤 몬트리올에 도착했다"[30]라고 기록했다. 캐나다 퍼시픽 열차의 장거리 여행 중에 그는 열차 안에서 만난 영국인 부인과 딸들 일행에 대한 간단한 언급 이외 기차 여행에 대한 감상이 별로 없다. 대양 항해 중 증기선에 대한 감상도 별로 없듯이 기차에 대해서도 마찬가지인데, 아마도 이미 근대적 교통기관에 대해 익숙한 탓으로 보인다.

6년 후 캐나다의 밴쿠버항에 도착한 이재각 사절단의 경우에는 대륙횡단 기차를 타면서 크게 놀랐다. 그들은 산을 돌아 계곡을 넘고 강을 따라 철교를 놓거나 산을 뚫어 터널을 만든 사실에 놀라움을 넘어 충격을 받았다. 작자는 "인공人工과 물력物力의 조화가 아닌가. 하늘은 강산을 만

한참 후 미국을 방문한 보빙사 일행도 철도를 타고 미대륙 동서를 관통하였다. 이번 민영환 사절단은 태평양의 새로운 북방 항로를 이용해 캐나다에 도착했을 뿐만 아니라, 새롭게 만들어진 캐나다 대륙횡단철도를 타고 뉴욕으로 향했다는 점에서 이전과 다르다.

29 유길준, 허경진 역, 『西遊見聞 – 조선 지식인 유길준, 서양을 번역하다』, 서해문집, 2004, 495쪽.
30 윤치호, 박정신·이민원 역, 『국역 윤치호 영문 일기』 3, 국사편찬위원회, 2015, 163쪽.

들고, 사람은 철로를 만들었다고 말할 만하다. (…중략…) 물은 산꼭대기에서 동서로 나뉘어 흐르는데, 서쪽으로 흐르는 물은 태평양으로 흘러 들어가고, 동쪽으로 흐르는 물은 대서양으로 흘러 들어간다고 한다"[31]라고 썼다. 이재각 일행은 나이아가라폭포를 구경한 후 캐나다 퀘백항으로 가서 영국 증기선을 타고 대서양을 건넜다.[32] 이와 달리 민영환 사절단은 나이야가라폭포를 구경한 후 국경을 넘어 미국으로 건너갔다.

민영환 사절단은 뉴욕에 도착해서 어느 도시보다도 큰 충격을 받았다. 민영환은 "(5월 6일) 오후 9시 뉴욕에 도착하였다. 제반 시설들이 몬트리올보다 100배나 된다. 눈이 황홀해 말로 다 형용할 수 없으니, 참으로 지구 위에 이름난 곳"이라며 뉴욕을 꿈에나 있을 법한 이상향으로 보았다. 김득련의 시에서도 "뉴욕의 부유하고 번화함이 입으로 형언할 수 없고 붓으로도 기술할 수 없다"라면서 "금을 흙같이 쓰고 술을 물같이 마셔대는" 불야성 속의 극락천極樂天이라고 묘사하였다.[33]

2) 대서양을 건너 영국으로

뉴욕항에서 5월 9일 오후 1시 영국 상선 루케이니아RMS The Lucania 호[34]를 타고 대서양을 향해 나아갔다. 이 배는 차이나 엠프레스호에 비

---

31 이종응, 김원모 역, 앞의 책, 141쪽.
32 이재각 일행은 영국에 도착해서도 기차의 빠른 속도에 놀랐다. 리버풀항에서 런던까지의 거리는 600리 길이다. 그런데 리버풀을 출발해 불과 네 시간 만에 런던에 도착하였다. 이것은 기차가 시속 약 60킬로미터로 달렸다는 얘기이다. 당시 우리나라 경인선의 증기 기관차가 시속 20~22 킬로미터로 다닌 것을 보면, 거의 세 배에 달하는 속도였다(김상진, 앞의 글, 48쪽).
33 김득련, 허경진 역, 앞의 책, 38쪽.
34 루케이니아(Lucania)호는 1893년 출항했고, 1909년 리버풀에서 발생한 화재로 폐선되었다. 승객은 전체 2,000명을 수용할 수 있었는데, 길이는 189.6미터, 무게는 1만 2,950톤이었다(김영수, 앞의 책, 49쪽 사진 설명).

<Cunard RMS "CAMPANIA" & "LUCANIA">

〈그림 5〉 루케이니아(RMS The Lucania)호

해 크기가 두세 배나 되고 승객은 1,800여 명으로 선내가 복잡한 것이
뉴욕 거리에 와 있는 것 같았다. 이처럼 크레마지호, 엠프레스호, 루케
이니아호 등으로 이어지며 점점 커지는 윤선 체험도 서양 문명에 대한
체험 강도를 높여가는 과정이었다.

바다는 항해 내내 고요하고 평온했는데, 갑판에 올라가 주변을 보니
넓고 크고 아득하여 끝이 없었다. 일행은 대서양의 잔잔함에 기뻐했으
며, 길이가 한 길이 넘는 바닷물고기가 수백 수천 무리를 지어 물결 위
를 뛰어오르고 배를 따라오는데 볼만한 광경이었다. 민영환은 대서양이
원래 파도가 험한 곳으로 알려져 있는데, 지금 험하지 않고 편안한 것은
우리 대군주 폐하의 황령皇靈이 돕지 않으면 어찌 이렇겠는가? 라고 말했
다. 그는 파도가 충신을 알아본 것이 아니라 오로지 임금이 뱃길을 지켜
주었다며 은근히 충성심을 드러내었다. 김득련도 대서양을 항해하는 배
안에서 긴 여정에 지친 심정을 한시로 남겼는데, 어버이를 그리워하고
임금을 숭배하는 전형적인 출사대신의 감상을 담았다.

보통 대서양 항로는 태평양 항로보다 험난하다고 알려졌는데, 민영환 사절단은 다행히 손쉽게 건넌 듯싶다. 하지만 몇 년 후 대서양을 건넌 이재각 사절단은 전혀 다른 경험을 하였다. 그들은 항해 내내 풍랑을 만나서 "산더미 같은 성난 파도가 몰려와 배에 부딪히면 파도는 하늘 높이 솟아올랐다가 소나기처럼 배를 향해 쏟아져 내리는"[35] 끔찍한 광경을 목격하였다. 하지만 증기선은 범선과 달리 항구와 항구 사이를 직항할 수 있는 힘과 견고함이 있었다. 짙은 안개가 사방에 꽉 차 있는 경험도 했는데, 선박에서 자주 뱃고동 소리를 내며 암초를 피하거나 다른 선박과의 충돌을 피하는 모습도 목격하였다.[36] 이 무렵에는 정기선, 해저케이블, 등대 등의 제도가 완비되어 이전보다 훨씬 안정적인 대양 항해가 가능하였다.

영국으로 가는 선실에서 민영환은 옆방 사람들이 장사를 위해 대서양을 왕래한 것이 무려 52차례라는 말을 듣고 돈을 벌기 위해서는 위험도 무릅쓰는 모습에 강한 인상을 받았다. 일행은 열흘간 계속 항해하여 5월 15일 퀸즈타운항에 잠시 정박했다가 다음 날인 16일 오전 6시 리버풀 항구에 배를 대었다. 대서양 항로가 태평양 항로에 비해 짧고, 태평양 다음의 두 번째 대항 항로여서인지 조선 사절단의 일기에는 상대적으로 내용이 소략한 편이다. 여행기에는 리버풀에 대해 "영국의 내지인데 뉴욕에서 여기까지는 9,400리이다. 양쪽 언덕에 돌로 쌓은 부두가 24리나 된다. 빌딩과 배의 돛대가 수풀처럼 서 있는 것이 물고기를 꿴 것 같다. 붉고 푸른빛이 휘황찬란하게 비치고 사람과 연기가 **빼곡**하니 서쪽

---

35 이종응, 김원모 번역, 『西槎錄』, 144쪽.
36 위의 책, 144쪽.

으로 와서 처음 보는 큰 항구이다. 이 항구는 세상에서 제일이다"[37]라고 썼다. 사절단에게 리버풀은 유럽에 온 뒤로 처음 보는 해항도시였다.

과거 민영익 사절단이 대서양을 횡단할 때는 미국 군함을 이용했기에 미국과 영국의 정규 항로가 아닌 유럽과 아프리카 대륙 사이의 지브롤터해협으로 항행했었다. 민영익보다 늦고 민영환보다는 앞서 유럽을 방문한 유길준은 정규 항로를 이용했기에 『서유견문』에는 연해 공업도시 리버풀에 대한 소개가 비교적 자세하다. 이에 따르면, 리버풀은 선박 출입이 해마다 4만 척 이상 되기 때문에, 머지 강어귀에 정박하는 군함과 상선의 돛대와 연통이 베를 짠 듯 촘촘하고, 숲을 이룬 듯 빽빽하다. 배 닿는 곳이 너무 넓어서 끝이 보이지 않으므로, 이 항구의 정박지가 세계에서 가장 크다. 그 길이가 18리를 넘고, 둘레를 돌로 쌓았으므로 그 모습이 성 아래의 해자와도 같다. 배가 정박하는 바닷가에는 부두와 창고가 있는데, 넓고도 견고하다. 그 창고 규모를 기록해 보면 길이가 2백 수십 간이고, 높이는 3층 또는 4층이나 된다. 물자를 보관하는 장소는 종류별로 나누어져 있는데 목화창고, 비단창고, 사탕창고 및 그 밖의 여러 가지 창고들이다. 3~4층 높은 곳에는 기계 시설이 되어 있어서 화물을 편리하게 오르내리고, 아래층에서는 작은 수레로 운반한다. 습기를 방지하기 때문에 부패할 염려도 없다고 소개했다.[38]

상하이를 시작으로 차츰 커져만 가던 근대 항구의 화려함은 상하이-요코하마-밴쿠버-뉴욕으로 이어지다가 리버풀에서 완성되었다. 그런데 윤치호는 대서양을 건너는 과정이나 리버풀에 대해 별로 기록을 남

---

37 민영환, 조재곤 편역, 앞의 책, 53쪽.
38 유길준, 허경진 역, 앞의 책, 542쪽.

기지 않았다. 그저 순항한 끝에 영국 북서부의 리버풀 항구에 안전하게 닿았다거나, 자신은 리버풀을 자세히 구경하지 못했기 때문에 이 도시에 대해 별로 쓸 것이 없다고 했다. 단지 "선착장에 걸쳐놓은 다리와 여객터미널은 아주 크고 붐비는데 누가 봐도 대영제국에서 가장 중요한 항구로 여기겠지만 대합실은 아주 초라하다"[39]라는 감상을 남겼다.

민영환 사절단은 오전 8시 배에서 내려 기차를 탔고, 오후 2시에 영국의 수도 런던에 도착하였다. 민영환에게 런던은 세계 제일의 도시이자 가장 인상적인 곳으로 기억되었다. "이 도시에 사는 사람은 5백만이다. 거리와 시가의 상점, 집들, 차와 말 등이 뉴욕과 비슷하나 그 웅장함이 더하다. 땅은 좁고 사람이 많아 곳곳의 거리 위에는 땅을 파고 지하도를 몇 층으로 만들었다. 그 속에 사는 집이 있다. 상점이 있고 철로가 있고 차와 말이 오가니 그 번성함이 천하에서 최고이다."[40] 그들은 뉴욕과 런던을 통해 근대도시의 결정체를 보았다. 하지만 일행은 런던 시내를 충분히 구경할 여유가 별로 없었다. 왜냐하면 곧바로 퀸즈보로로 이동해 배를 타고 다시 떠나야 했기 때문이다. 따라서 사절단은 바쁜 일정 때문에 대영제국을 상징하는 대표적인 해항도시 리버풀과 세계에서 가장 번화한 도시 런던에 대한 기록을 많이 남길 수 없었다. 이와 달리 몇 년 후 영국 사절단으로 런던을 방문한 이재각 일행은 좀 더 자세한 기록을 남겼다.

1896년 5월 16일 오후 10시 영국을 떠난 일행은 다음 날 오전 6시 네덜란드의 플나싱항에 상륙해 이곳에서 기차를 타고 독일의 수도 베를린

---

39 윤치호, 박정신·이민원 역, 『국역 윤치호 영문 일기』 3, 166쪽.
40 민영환, 조재곤 편역, 앞의 책, 54쪽.

으로 향하였다. 여행 길목에 있던 네덜란드에 대해서는 "바닷가 낮은 지대가 지금은 비옥한 땅이니, 풍차를 돌리고 둑을 쌓아 네덜란드를 지켜주었네"[41]라는 간단한 소감을 남겼다. 오후 8시쯤 베를린의 프리드리히 슈트라세역에 도착해 저녁을 먹었다. 일행은 거미줄 같이 연결된 유럽의 철도망이 신기하였다. 러시아로 가기 전 마지막으로 거친 곳은 폴란드였다. 민영환과 윤치호 모두 폴란드가 주변국인 러시아, 오스트리아, 프랑스에 의해 땅이 분할되었다는 사실을 알리며 연민의 정을 품었다. 1896년 5월 19일 오전 8시 30분 사절단은 러시아의 특별열차를 타고 모스크바로 출발했으며, 5월 20일 오후 3시 드디어 모스크바에 도착하였다.

위와 같이 민영환 사절단은 러시아로 가는 과정에서 미국과 영국 등을 통과하며 근대적 교통 문명에 관한 짧지만 강렬한 경험을 하였다. 비록 1870년을 전후해 이 국가들을 장기간 방문한 벌링게임 사절단이나 이와쿠라 사절단보다 체류 기간이나 시찰 경험에서 비교하기가 곤란하지만 그래도 대양 윤선과 대륙철도와 같은 근대적 교통기관을 이용하면서 그들과 비슷한 시간과 공간 인식의 확대를 체험하였다.

2. 러시아에서 시찰한 근대 해군

민영환 사절단은 1896년 5월 20일 오후 3시 모스크바에 도착하였다. 당시 조선 지배층은 청국과 일본이 제기하는 러시아 위협론에 거리

---

41 김득련, 허경진 역, 앞의 책, 43쪽.

를 두면서 군사 대국인 러시아가 위기에 봉착한 자신들의 권력 유지에 도움을 주지 않을까 기대하였다. 기존 연구에서 모스크바에서의 대관식 참석과 외교활동은 가장 주목하는 부분으로 알려진 사실이 풍부하므로 여기서는 생략하고, 러시아 페테르부르크에서 경험한 해군 시찰을 중심으로 간단히 소개하고자 한다.

민영환 사절단은 모스크바에서 러시아의 보호와 후원을 받으려는 외교 임무가 끝나자, 최대도시 페테르부르크로 이동해 시찰 일정에 들어갔다. 모스크바는 내륙도시여서 해양 관련 기사는 거의 전무했지만 바다와 인접한 대도시 페테르부르크의 경우는 달랐다. 1896년 6월 8일 조선 사절단은 일반열차에 딸린 특별차량으로 모스크바를 떠나 페테르부르크로 가는 기차를 탔다. 민영환 일행은 오랜 기간 페테르부르크 일대를 관광하거나 각종 근대시설 등을 살피면서 시간을 보냈다. 일행이 경험한 근대 문명으로는 은행, 사진 촬영, 엘리베이터, 기차, 전차, 전화, 철도 교량, 구름다리, 터널, 지하철, 각종 분수대, 전기회사, 기선, 호텔, 망원경, 유화, 극장, 경마장, 무도회, 동물원, 성당, 관병식, 영사기, 맥주 제조 과정, 각종 근대식 학교와 대학교, 농업박물관, 징병제, 병역의무, 재판소, 수형 제도와 시설, 기계 학교, 풍차와 펌프, 종이공장, 면포공장, 탄환 제조, 염직물공장, 화폐 제조, 군함 제조, 포대의 시험발사, 상수도시설, 천문대와 오포午砲, 박물관, 자기 제조, 유리 제조, 양초공장, 도서관, 경찰 제도, 소방서, 환등기, 문서보관소, 회전 육교, 온실식물원, 초인종, 명함, 동물서커스, 박람회, 열기구, 사륜마차, 시베리아철도 등 무척 다양하였다.[42] 사절단의 근대 체험은 근대문물에 대한 정확한 이해에서 비롯된 것이 아니라 감각적으로 수용되는 즉각적인 반응에 가까웠다.

〈그림 6〉 러시아 제국의 마지막 차르
니콜라이 2세(Nicholas II)

당시 윤치호는 민영환에게 교도소와 병원을 포함해 페테르부르크에 있는 모든 공공기관을 방문하자고 제안했지만, 군사 전문가이자 왕실의 핵심 관료인 민영환은 러시아의 군제와 재정 운용에 관심이 많았다. 그래서 여행기에는 러시아의 징병제, 병역의무 및 양병 방식과 러시아 군함과 해군에 관한 소개가 많은 부분 차지한다.[43] 사실 민영환은 병조판서를 두 차례 역임했고, 러시아방문 후 다시 군부 대신에 임명되어 근대적 군대 양성에 주력한 인물이다. 그런 만큼 군사제도와 신식무기에 큰 관심을 가졌으며, 러시아 정부 역시 적극적으로 군사시설을 시찰할 수 있도록 협조하였다.[44] 이 무렵 러시아의 해군 군함은 189척, 해군 병력은 3만, 해군 장교는 1,245명 정도였다. 육군에 비하면 적은 숫자인데, 러시아 영토의 대부분이 육지여서 상대적으로 해양 방어의 비중이 높지 않기 때문이었다.[45]

민영환 일행은 근대적 군사시설을 참관하면서 러시아의 군사력을 실감하였다. 그들이 견학한 군수공장은 탄환, 포탄, 포차를 만드는 제조소製

42 조재곤, 「민영환, 『해천추범』」, 『한국사 시민강좌』 42, 2008, 138~139쪽 인용.
43 조재곤, 「『해천추범』을 통해 본 민영환의 러시아 기행」, 『나라사랑』 102, 2001, 127쪽.
44 홍학희, 「1896년 러시아 황제 대관식 축하사절단의 서구체험기, 『해천추범(海天秋帆)』과 『환구음초(環璆唫艸)』」, 『한국고전연구』 17, 2008, 76쪽.
45 민영환, 조재곤 편역, 앞의 책, 116쪽.

造所, 군함을 만드는 조선창造船廠, 군함에 쓰는 대포를 만드는 조포창造砲廠 등이었다. 7월 16일과 17일 이틀간 탄약 제조소를 방문했는데, 1천여 명의 노동자가 영국과 독일 양국에서 수입한 기계로 탄환을 제조하고 있었다. 하루 평균 40만 발의 탄약을 만드는데, 100만 발까지도 생산이 가능하다고 했다. 민영환은 "편리하고 공교한 것이 볼수록 기이하다"라고 경탄했다.[46] 러시아의 산업역

〈그림 7〉 러시아행 사절단장 민영환

량을 서유럽에 비해 낮게 평가한 윤치호도 그들의 군사 역량만큼은 높이 평가하였다.

7월 18일 오전 10시 사절단은 해군 제독 후보스토프와 같이 조선창을 방문하였다. 이날 건조 중인 철갑 군함을 볼 수 있었는데, 12,000톤이 넘는 거함이었다. 보통 1급 전함을 완성하는 데 4~6년 걸린다고 했다. 러시아에는 모두 일곱 곳의 조선소가 있는데, 20~25척의 배를 동시에 만들 수 있었다. 일행은 조선소에서 작은 화륜선을 타고 서쪽으로 30리를 가서 조포창에 도착하였다. 조포창에 있는 기계는 규모로는 지금까지 본 것 중 제일이었다. 그 웅장한 크기는 민영환의 의식 세계에 강렬한 인

---

46 위의 책, 132~133쪽.

상을 심어준 듯하다. 조포창에는 군함용 대포와 탄환들이 즐비했으며, 크고 작은 대포의 수는 헤아릴 수 없었다. 그 가운데 가장 큰 12인치 포를 만드는 데 1년이 걸린다고 썼다.

일행은 이날 오후에 중앙해군박물관을 방문하였다. 그곳에는 러시아 해군 관련 유물과 자료 및 표트르 대제가 타던 작은 배와 군함 모형이 전시되어 있었다. 그리고 박물관 앞에는 로스트랄 등대 두 개가 높이 서 있었는데, 이 등대는 해전승리를 상징하는 기념물이었다. 민영환은 육지에서 무기를 대량 생산하는 것을 보면서 "연일 물과 육지에서 명기名器를 만드는 것이 끊이지 않음을 보았다. 세계 각 나라도 당연히 이와 같을 것이니 장차 어디에 쓰려하는가? 하나님이 살아있는 영혼을 편안케 하려면 반드시 병기를 모두 녹여 부어서 농기구로 만들 날이 와야 할 것이다"[47]라고 기원했다.

7월 20일 오전 8시에 후보스토프가 다시 사절단에게 바다 입구의 포대를 구경하자고 초청했다. 네바강으로 나가 황실 소형요트의 하나인 오네가Onega호를 약 두 시간 정도 타고 가서 페테르부르크로 들어가는 입구에 위치한 북해의 크론슈타트Kronstadt 항구에 도착하였다. 이 군항은 해외 사절단이 러시아를 방문할 때 거의 빠지지 않고 방문하는 대표적인 해군기지였다. 크론슈타트 요새는 해양 세력에 대한 러시아의 대응을 보여주는 상징적 존재로 세계 최대의 해상 방어 집합체였다.[48] 항구에는 일반 가정집들이 즐비하고 배들이 숲처럼 모여있었다. 바닷물 속 곳곳에 돌을 쌓아 좌우에 포대를 만들었으며, 언덕에도 포대를 쌓고

---

47 위의 책, 133~134쪽.
48 앤드루 램버트, 박홍경 역, 『해양 세력 연대기』, 까치, 2021, 252쪽.

〈그림 8〉 러시아 크론슈타트 군항의 풍경(1854년 무렵)

대포를 설치해 병사를 배치해 지켰다. 시험 삼아 몇 발의 포를 쏘니 그
소리가 우레와 같았다.

밀려오는 물결 속에 높직이 돌을 쌓고
견고하게 포대를 만들어 외침을 방비하네.
바다 어구의 금성탕지金湯 요새가 되었는데
구십 년간 이런 포대 계속해서 짓고 있네.[49]

여기서 황실 대형요트인 폴리아라이오 즈베즈다Poliiarraia Zvezda호를
시찰하였다. 이 배는 궁내부에서 관할하는 것으로 화려하고 은근하고

---

49 「해구의 포대 海口砲臺」(김득련, 허경진 역, 앞의 책, 99쪽).

편안한 것이 다른 배와 달랐다. 선실, 책상, 의자를 모두 무늬가 있는 나무로 장식해 빛이 나고 밝았다. 여러 물건이 잘 갖추어져 있어 하나의 궁궐처럼 보였다. 윤치호는 멋진 요트라며 감탄했고, 김득련도 이 요트에 탄 소감을 "궁궐이 물 위에 떠 있는 듯 하다"[50]라며 소감을 한시로 남겼다.

사절단은 크론슈타트 총독을 방문하고 총독의 초청으로 식당에서 점심을 먹었다. 식사 후 군함 나바린Navarine호에 올라가 보았다. 군함은 1만 톤이나 되고, 해군 600명에 대포 80문을 실어 러시아 발틱함대 중 가장 큰 배였다. 황제가 바다를 순행할 때 탄다는 군함으로, 이 군함의 제조 비용은 300만 원이라고 했다.[51] 다시 배를 고치는 곳을 가보았는데 구덩이를 파놓고 물을 담아 배가 들어오게 한 뒤 물을 빼고 배를 묶어두었다. 옆에는 거중기를 두어 여러 곳을 고친 다음 다시 물을 넣어 배를 밖으로 내보내었다. 사절단은 돌아오는 길에 러시아의 길목을 지키는 콘스탄틴 요새, 파울 요새 그리고 표트르 1세 요새 등을 구경하였다. 러시아의 거대한 군함과 근대식 무기는 당시 조선은 상상할 수 없는 일이었기에 러시아는 조선에게 동경의 대상으로 인식되었다.

청국이나 일본 사절단의 러시아 여행기에서 빠지지 않는 내용이 해군 시찰이듯이 조선 사절단도 러시아 군함과 해군에 관한 내용을 비교적 자세하게 소개하였다. 하지만 벌링게임 일행이나 이와쿠라 일행은 해군 선진국인 영국과 프랑스 등을 시찰했기에 비교적 최신 동향을 소개하고

---

50 「황제가 타는 화륜선 御乘火輪船」(위의 책, 97쪽).
51 「조선창 造船廠」: 삼(杉)나무를 써서 큰 군함 새로 만드니, 오층 철갑선에 세 폭의 돛을 걸었구나. 포와 창 줄지어 배열하고 천군(千軍)이 늘어선 다음, 제독이 높이 올라 큰 깃발을 내거네(위의 책, 100쪽).

있는 반면, 민영환 사절단은 러시아 이외에 비교 대상이 없어서인지 개괄적인 서술에 머물렀다. 덧붙이자면, 이런 해군 관련 기록말고도 북극 항로의 개척, 에스키모인의 존재, 잠수부의 수중작업 등도 동아시아 사절단의 여행기에 공통으로 나타나는 기사인데, 민영환의 여행기 역시 예외는 아니었다.

민영환의 7월 22일 일기에 따르면, 수십 년 전 영국 장교 네어스G. S. Nares란 사람이 병사를 이끌고 북극 항로를 찾아 배를 타고 북위 79도에 이르렀다. 그는 계속 분발해 북위 83도까지 이르렀다. 다시 얼음을 깨고 1,200리를 가니 얼음산이 우뚝 서서 갈 수 있는 길이 없었다. "모두 140여 일 동안 햇빛을 보지 못하니 따라간 병사들이 대부분 병에 걸렸다"라고 했다.[52] 대서양, 인도양, 태평양 탐사를 마친 유럽인들에게 남아 있는 대양은 바로 북극해와 남극해였으며, 특히 북극 항로의 개척은 탐험가들에게 남겨진 오랜 숙제였다.

에스키모에 대해서는 다음과 같이 기록하였다. 얼음 위에도 사람이 사는데 얼음을 파서 집을 만들고 눈으로 문을 만들어 들어가서 닫는다. 얼음이나 눈을 먹어 갈증을 풀고 물고기와 짐승을 잡아 배고픔을 채운다. 사슴 가죽으로 옷을 만들고 그 가죽을 깔고 잔다. 물고기 잡는 방법은 얼음 10여 길을 뚫고 얼음구멍으로 고기를 잡는데, 숨을 쉬려고 물고기 떼가 구멍 안으로 모이면 쇠꼬챙이로 찔러 잡는다. 물고기 기름을 땔감으로 쓰고 밤이면 이것을 태워 등불로 삼는다. 얼음 굴을 뚫고 옮겨 다니며 생활하니, 마치 몽골의 유목민과 같다고 썼다.[53] 이런 에스키모

---

52 민영환, 조재곤 편역, 앞의 책, 137쪽.
53 위의 책, 137~138쪽.

인들에 대한 소개는 북극 항로 이야기처럼 청국과 일본 사절단의 여행기에도 나오는데, 영국에서는 박람회장에 공간을 만들어 에스키모인들을 대중에게 전시하기도 했다.

또한 8월 22일 일기에는, 해군에서 한 병사로 하여금 꿰매지 않은 가죽옷을 입고 구리로 머리와 얼굴을 가리고 유리를 끼워 넣어 밝은 빛을 받게 하고 허리에는 전깃줄을 묶고 10길 아래 물밑으로 잠수하여 물 바닥을 자세히 살펴보게 하고 물 밖의 사람들과 교신을 나누는 시범을 보였다. 한참 뒤 물에서 나와 옷을 벗는데 조금도 물에 젖지 않았으니 참으로 물속으로 들어가는 좋은 방법이라고 기록했다.[54]

비록 벌링게임 사절단과 이와쿠라 사절단 및 민영환 사절단이 러시아를 방문한 시기는 좀 차이가 나지만 제정 러시아가 개혁을 추진해 경제 발전이 빠르게 진행되던 시기라는 점에서는 비슷하다. 하지만 청국과 일본 사절단이 보기에 당시 러시아는 근대화가 진행 중이지만 수준이 그리 높지 않은 나라였으나, 민영환 사절단에게는 서양의 다른 열강들과 대등한 수준으로 인식되었다. 이런 사실은 서유럽에 대한 정보 부족에 따른 것으로 보인다.[55] 민영환과 달리 기독교적 가치에 토대를 둔 미국식 민주주의를 문명국의 기준으로 생각한 윤치호에게 러시아의 모습은 배우기에 부족한 '후진적 근대'에 불과하였다.[56] 그의 눈에는 러시아가 여전히 미국과 유럽 강국에 비해 부족한 나라였다.

---

54 위의 책, 163~164쪽.
55 양승조, 앞의 글, 228~229쪽.
56 허동현, 「개화기 윤치호의 해외체험과 문화수용」, 『한국문화연구』 11, 2006, 143쪽.

3. 귀국하는 두 가지 노선

1) 육로 : 시베리아 철로

민영환 사절단은 귀국 경로를 선택하기 위해 고민하였다. 원래 민영환은 홍해를 경유하는 남쪽 항로를 통해 귀국하고 싶어 했으나, 이 말을 전해 들은 시테인은 귀국 경로를 시베리아노선으로 바꾸도록 제안하였다. 그러나 민영환은 북방의 육상경로보다는 다시 여행할 기회가 없을지도 모를 남방 항로를 더욱 선호해 시베리아철도가 완성되면 나중에 시베리아 여행을 하겠다고 고집했다. 이에 대해 시테인은 북방 육로는 경비가 훨씬 적게 들 뿐만 아니라, 남방 해로는 견디기 어려운 더위와 태풍을 만날 수 있는 항로이므로 굳이 선택할 이유가 없다고 압박했다. 심지어 지금 이집트에 콜레라가 창궐한다면서 민영환에게 생각을 바꿀 것을 주장하였다.[57] 이런 시테인의 집요한 요구는 러시아 정부 입장을 반영한 것이다.

사절단의 귀국 일정과 경로가 최종 결정된 것은 1896년 8월 14일이었다. 19일에 출발해 기차와 마차를 이용해 시베리아를 횡단하고 블라디보스토크에 도착한 이후에는 배를 타고 인천까지 가는 여정으로, 결국 러시아 측의 의사가 관철된 것이다. 러시아 정부는 조선에서 자국의 영향력을 확대하고자 사절단에게 광산, 철도, 무역 및 청러 국경 상황

---

[57] "민공과 그 일행이 작렬하는 태양과 망망대해에서 지루하게 하늘만 바라보며 때로는 뱃멀미로 고생하게 될 남쪽 항로를 택하기보다는 시베리아노선으로 가면 이 계절에 생기는 극심한 기후 변화의 영향은 받지 않을 것이고 금광, 은광, 시베리아철도, 모피 무역, 러시아 제국의 영향을 받아 개명한 유럽과 아시아 여러 나라들의 생활 풍습, 러시아와 중국 간의 국경에서 생기는 문제들을 살펴볼 수 있을 터이므로 특히 조선의 관리들에게는 좋은 기회가 될 것이다"(윤치호, 박정신·이민원 역, 『국역 윤치호 영문 일기』 3, 206~207쪽).

등을 볼 수 있는 시베리아 철로로 유인하였다. 그러나 이때는 아직 시베리아철도가 완공되지 않은 상태였기 때문에, 철도와 마차 또는 내륙의 강줄기를 따라 선편을 이용하는 등 사행의 귀로는 순탄치만은 않았다. 비록 민영환 일행이 시베리아 철로라는 육로를 이용했지만 도중에 여러 강과 호수 및 블라디보스토크 항구 등을 이용한 점, 윤치호의 제국 항로와 비교한다는 의미에서 여기서 간단히 소개하고자 한다.

흥미로운 사실은, 민영환 일행이 4월 1일 인천을 떠나 러시아로 항해를 시작한 순간부터 양력을 먼저, 다음 음력을, 그 옆에 날씨를 기재하는 방식을 사용한 점이다. 이 방식은 러시아에 도착할 때까지 유지된다. 그런데 5월 20일 대관식이 거행되는 모스크바에 도착하면서부터는 양력을 가장 먼저 기재하고 음력을 병기한 후, 그 옆에 러시아력을 기입하기 시작했으며, 날씨는 마지막으로 기입하였다. 러시아력은 양력보다 12~13일 정도 늦다. 이렇게 본다면 태양력인 그레고리력과 조선의 태음태양력, 러시아의 율리우스력을 모두 사용한 셈이다. 특히 주목할 사실은 러시아를 떠나 조선으로 귀국하는 길에 쓴 일기에는 새로운 지역을 도착할 때마다 현지 시간과 페테르부르크의 시간을 비교해 기록했다는 점이다.[58] 이 무렵 민영환은 러시아에서 근대적 시간을 뚜렷하게 이해하였다.

들으니 파리의 시내에 큰 시계 종을 하나 걸어 놓았는데 조금도 틀리지 않아 이것으로 정오를 삼는다고 한다. 파리의 정오는 곧 우리나라 서울의 오후

---

58   김지연, 「『해천추범(海天秋帆)』의 여정과 견문 기록 방식의 특징과 의미」, 『한민족문화연구』60, 2017, 29~31쪽.

8시 15분이요, 영국 런던의 오전 12시 11분이며, 청나라 북경의 오후 6시 16분이요, 사이공의 오후 6시 55분이며, 마르세유의 오전 12시 11분이요, 로마의 오전 12시 41분이며, 러시아 페테르부르크의 오후 2시 58분이다. 대체로 페테르부르크는 지세가 매우 높아 달이 비교적 크고 밝고 뚜렷하게 보인다. 또 기망旣望, 음력 16일 때 달은 오후 9시에 나오니 이로 미루어 지구의 형태가 둥글다는 것을 확실히 알 수 있다.[59]

민영환은 파리 시간을 표준시간으로 삼아 페테르부르크 등과 같은 여러 공간의 시간을 계산하였다. 그는 영국 그리니치천문대의 기준이 1881년 이후 표준시로 인정받았는데도 불구하고, 누군가의 말을 듣고 파리 자오선을 표준시로 여겼다.[60] 그리고 조선의 시간과 떠나온 페테르부르크의 시간을 결합하는 방식으로 자신의 귀국 여정을 인지하였다. 아울러 일행이 머무르는 지역과 이전에 떠나온 지역 사이의 거리를 기록하였다.[61] 어쩌면 사행록의 전통적 사유 방식이 남아있는 증거일 수도 있다. 그럼에도 불구하고 마침내 조선의 세계관이 중국 중심의 상상적 지리관에서 페테르부르크, 즉 유럽의 실제 공간으로 확장된 사실을 보여주며, 동시에 세계관과 자아 인식의 중심이 바뀌고 있음을 암시한다.[62]

조선 사절단은 페테르부르크 외곽에 있는 풀코보 천문대의 관측 기계를 통해 우주를 관람하면서 근대적 천문학과 우주관을 조금이나마 이해하였다. 러시아라는 광대한 공간은 낮과 밤을 나누는 시간 개념이 지리

---

59 민영환, 조재곤 편역, 앞의 책, 159~160쪽.
60 류충희, 『민영환의 세계 여행과 의식의 점이』, 112쪽; 고정휴, 앞의 글, 159~160쪽 참고.
61 김지연, 앞의 글, 32쪽.
62 김진영, 앞의 글, 348쪽.

에 따라 가변적일 수 있음을 생각하게 만들었다. 사절단이 도착한 페테르부르크에서는 러시아 등 북유럽에서만 경험할 수 있는 낮이 밤보다 훨씬 긴 백야현상을 겪었다. 시간상으로는 밤이지만 대낮과 같이 밝아 눈이 보이는 자연현상은 그 자체가 경이로웠다. 일행 중 김득련은 페테르부르크의 백야현상을 시로 묘사하였다.[63]

사절단의 귀국 과정을 요약하면 다음과 같다. 8월 19일 민영환 일행은 페테르부르크에서 기차를 타고 출발해 20일 모스크바 정거장에 도착해 다시 기차를 바꾸어 탔다. 21일 오후 니주니 노브고로드에 도착한 일행은 이날부터 23일까지 사흘간에 걸쳐 현지에서 열린 박람회를 관람하였다. 니주니 노브고로드는 볼가강과 오카강이 합류하는 지점에 있는 러시아의 5대 도시 중 하나이다. 이곳에서 민영환과 김득련은 박람회 관람 도중 열기구를 직접 탑승하였다. 8월 26일 볼가강에서 기선 푸시킨호에 승선했는데, 볼가강은 모스크바를 중심으로 러시아의 북쪽 끝과 남쪽 끝을 연결해주는 인적 교류와 물류 수송의 심장이었다. 이틀 후 사마라에 도착해서 일행은 다시 기차에 탑승했는데, 실내가 5칸으로 된 기차는 러시아 정부에서 준비한 것이었다. 31일에는 몽골과 인접한 옴스크에 도착하였다.

일행은 다음번 기차를 갈아타기 위해 9월 4일부터 사륜마차를 타고 이동했는데, 11일 시베리아의 대도시인 이르크추크에 도착하였다. 그리고 13일 마차를 타고 떠나 다음 날 바이칼 호수에 도착해서는 기선을 타고 미소바야로 갔다. 다시 5일간 마차여행을 계속해 18일 치타에 도

---

63 류충희, 앞의 책, 113쪽.

착하였다. 당시 민영환은 오랜 여행의 피로와 추위가 겹쳐 심한 감기몸살을 앓았다. 또다시 23일에는 기선 베슨아카호를 타고 실카강을 순항해 24일 흑룡강 상류인 이그나시노, 25일 체르나예보, 26일 블라고베센스크, 30일 포야르코보를 차례로 경유한 후, 10월 3일 동부 시베리아의 중심지인 하바롭스크에 도착하였다. 이곳에서 항해를 재개해 9일 이만에 상륙한 후 다시 기차로 갈아탔다. 드디어 10일 민영환 일행은 조선과 접경인 블라디보스토크에 도착해 여장을 풀었다.[64]

조선 사절단은 착공한 지 5년밖에 안 되는 초기 시베리아횡단철도의 부설 현장을 직접 목격하고 체험하면서, 때로는 갓 시동을 건 기차를 타고 철로를 따라 이동하였다. 그래서 한국 역사상 최초의 세계 일주이자 시베리아횡단철도 이용자라고 평가하기도 한다. 하지만 많은 노정의 경우 육지는 마차를 타고, 강은 배로 건넜으며, 단 세 구간만 기차를 이용하였을 뿐이다. 따라서 그들의 여행은 한마디로 고행으로, "길은 험하고 질척거려 차가 매우 흔들리니 사람은 피곤하고 말은 기운이 빠졌다"라고 기록했다. 수십 일간 그 괴로움과 번민은 이루 헤아릴 수 없었다. 그럼에도 불구하고 모스크바를 떠나 블라디보스토크에 도착하기까지 장장 50일간의 긴 여행을 담은 기행문에는 총 83구간의 거리와 지명을 비교적 상세하게 기록하였다. 널리 알려졌듯이, 일제강점기 많은 동아시아인들은 해로뿐만 아니라 시베리아횡단철도라는 육로를 따라 유럽으로 향하게 된다.

시베리아를 관통하는 길은 멀고 험했지만, 민영환 일행은 바이칼호를

---

64 조재곤, 앞의 글, 133~137쪽,

비롯한 자연경관을 보는 등 색다른 경험을 하였다. 일행은 러시아인들이 시베리아철도를 건설해 동아시아로 진출하는 사실을 칭찬하는 한편, 그들의 지배를 받게 된 원주민들에 대해선 근대에 뒤처진 미개함 때문에 어쩔 수 없다는 식의 약육강식 논리를 당연하게 받아들였다. 민영환 사절단이 당시 동부 시베리아와 연해주 사정에 대해 어느 정도 파악하게 된 것은 중요한 성과였다. 특히 사절단이 하바롭스크와 블라디보스토크 등을 거치면서, 연해주 일대에 광범위하게 흩어져 살고 있는 한인 이주민을 만난 것도 의미 있는 일이었다. 한인은 이 지역에서 수십 호부터 수천 또는 1만여 호에 다다를 정도로 규모를 이루며 흩어져 살고 있었다. 민영환에게 한인 이주민 문제는 주요 관심사 중의 하나로 이주민에 대해 위로하면서 동정심을 느꼈지만, 기본적으로는 부정적인 시각을 가졌다. 왜냐하면 그들은 국법을 어기고 국경을 넘어간 범법자들로 인식했기 때문이다. 아마도 청국 관리가 해금 정책으로 말미암아 동남아 화교에 대해 부정적인 태도를 취한 경우와 유사한 사례가 아닐까 싶다.

김득련은 러시아 영토의 끝 블라디보스토크에 입성한 소감을 다음과 같은 한시로 남겼다.

러시아 영토의 동쪽 끝자락
블라디보스토크 항구가 배를 숨길 만하네.
삼국의 경계가 맞닿는 요충지라서
수륙에 병사를 주둔시키면 필승할 계책일세.
삼 년 예산으로 철도를 완성하니
열흘이면 페테르부르크까지 통한다네.

심원한 계책에다 온 힘을 쏟아 부으니

동양으로 직행하려면 반드시 이곳을 지나야 하리.[65]

러시아 동쪽 변방에 위치한 블라디보스토크는 부동항인데다 삼국의 접경지대로 군사적 요충지이다. 러시아는 일찍부터 이곳에 해군과 육군을 주둔시켜 군사력을 증강하였다. 이 도시는 러시아의 동쪽 끝으로 우리나라의 북쪽 경계와 서로 접하고 청나라와는 겨우 한줄기 물로 떨어져 있으며 동쪽으로는 동해와 접해 있다. 군함이 머무는 이곳 항구에 모든 힘을 쏟는데, 이는 장차 철로를 페테르부르크와 연결시키려 하기 때문이었다. 민영환은 철도가 완성되면 동아시아가 심각한 위협에 노출될 것을 근심하였다. 그럼에도 불구하고 그의 국제정세 인식 수준은 러시아를 천하무적으로 생각하는 피상적인 수준에 머물렀다.

블라디보스토크에서 조선 사절단이 귀국길에 오른 선박은 인천항에서 출발할 때 이용했던 러시아 군함 크레마지호였다. 1896년 10월 16일 오전 6시, 블라디보스토크에서 남행을 시작해 드디어 조선 해역으로 들어왔다. 다음 날 오전 6시에 원산항 외양을 지나, 오후에는 동쪽으로 마쓰시마松島라는 큰 산을 보았는데, 이 섬은 울릉도를 가리킨 것이 분명하다.[66] 이틀 동안 배는 1,900리를 가서 오전 10시 부산항에 도착하였다. 『해천추범』에 따르면, 항구의 앞은 남쪽을 향하고 평편하고 넓다.

---

65 「블라디보스토크에 도착하다(到海滲威)」(김득련, 허경진 역, 앞의 책, 157쪽).
66 김득련은 이날 동해에서 동쪽의 마쓰시마섬과 서북쪽의 산을 보았다고 기록했다. 김득련이 동해에서 부산까지 가는 여정에서 조선의 산을 관찰했다는 것은 그레마지호가 조선 연안 쪽으로 항해했다는 사실을 알려준다. 여기서 김득련이 기록한 '마쓰시마'는 울릉도임에 틀림없다(김영수, 앞의 책, 221쪽).

절영도가 앞에 있어 파도를 막아주고 오륙도는 동쪽에 있어 바다의 문이 되니 하늘이 만든 험한 곳이다. 초량 구관 서쪽에 감리서가 있고 언덕 하나를 지나 해관을 설치하였다. 언덕 옆은 모두 일본 사람의 집이다. 수영과 부산, 다대의 두 진鎭은 솥발처럼 열을 지어 있는데 지금은 모두 폐지되었다고 기록했다.[67]

항해를 계속해 구름과 안개 속에서 한라산을 바라보고 남해의 섬들을 지나 충청도 서천만을 거쳐 인천항으로 입항한 날은 10월 20일이다. 민영환 일행은 조선에 도착하면서 "페테르부르크의 정오가 우리 서울의 오후 7시 45분이다"[68]라는 의미심장한 말로 여행기를 마감하였다. 민영환은 다음 날 6시에 입성해 김득련, 김도일과 같이 고종에게 복명하고 친서를 바친 후 물러나면서 6개월 21일 동안의 공식적인 러시아 황제 대관식 사행의 길을 마무리하였다.[69]

2) 해로 : 제국 항로

민영환 일행의 공식적인 일정과 달리 개인적인 이유로 대영제국이 건설한 제국 항로를 통해 따로 귀국한 인물이 있어 흥미롭다. 윤치호가 바로 장본인이다. 민영환은 윤치호가 프랑스어를 공부하기 위해 프랑스에 남았다고 생각했지만, 실제로 윤치호 일기를 보면 민영환의 태도나 성

---

67 민영환, 조재곤 편역, 앞의 책, 206쪽. 부산에 관한 김득련의 시 「새벽에 부산에 정박하다 曉泊釜山」가 남아있다. "이틀 동안 증기선이 거친 숨을 몰아쉬며, 원산항 들리지 않고 부산에 닿았네. 예전의 초량관은 조계지가 되었고, 새마을 부민동에는 세관이 세워졌네. 등불 켠 어선이 그물을 걷어 가고, 달빛 속 상선은 북 치며 돌아오니, 항구의 봉우리들이 천연의 요새라 한 사람이 굳게 지키면 편안하리라"(김득련, 허경진 역, 앞의 책, 160쪽).
68 민영환, 조재곤 편역, 앞의 책, 208쪽.
69 귀국 후 얼마 지나지 않아 민영환은 다음 해인 1897년에 6개국 특명전권공사로 임명받아 빅토리아 여왕 즉위 60주년 축하식에도 참석하였다. 이에 관해서는 제7장에서 다룰 것이다.

격에 불만이 많았기 때문이었다. 민영환을 옹졸하고 소심하며 아랫사람에게 권위를 부리는 사람이라고 불평하거나, 그를 추종하던 김득련을 '뚱보' 혹은 '물고기씨'라고 부르며, 그가 아부를 잘하고 몹시 거만하다고 비난하였다. 특히 일행이 자신을 믿지 못해 종종 통역이나 회의에서 소외시켰는데, 이런 갈등과 반목이 윤치호로 하여금 시베리아 육로를 통한 귀국길에 동행하지 않도록 만든 주요 원인이었다.

1896년 8월 18일 페테르부르크에서 윤치호는 민영환 일행과 작별하였다. 프랑스 파리로 출발할 때 민영환은 그에게 100루블을 주었고, 일행들은 페테르부르크 기차역까지 나와서 작별하였다. 김득련은 윤치호와의 이별을 "남북으로 길이 나뉘게 되어 슬픔을 달래기 어렵다"[70]라며 긴 이별 시를 남겼다. 당시 김득련은 윤치호에게 자신들의 귀국길인 시베리아노선북방과 윤치호의 귀국길인 이집트노선남방을 서로 잘 정리해서 기행문을 합치면 한 권으로 출판할 수 있을 것이라는 바람을 전하였다.[71] 윤치호는 막상 일행과 작별하게 되자 그동안의 오랜 불만이 가라앉았다. 일기에는 "그렇다. 러시아 여행은 내 인생에서 쓰라린 한 장이었다. 그러나 내 러시아 체류를 그토록 불쾌하게 만든 것은 누구의 잘못인가? 공식적인 상관의 감정이나 편견에 내 자신을 적응시키지 못한 무능력이 주요한 원인이었음은 의심할 바 없다. 이제 모든 것이 끝났다. 바라건대 말이다!"[72]라고 적었다. 이처럼 윤치호는 일행에 대한 불만을 잠재우고, 외로움과 즐거움이 교차하는 가운데 프랑스로 향하는 기차에 올랐다.

70 김득련, 허경진 역, 앞의 책, 130~131쪽.
71 김영수, 앞의 책, 6쪽 저자의 말.
72 윤치호, 박정신·이민원 역, 『국역 윤치호 영문 일기』 3, 252~253쪽.

〈그림 9〉 한말 개화파였던 청년 윤치호

윤치호는 8월 20일 오후 베를린에 도착했고, 밤 기차로 출발해서 8월 21일 오전 파리에 도착하였다. 여기서 그는 3개월 정도 유학 생활을 했는데, 하숙집에서 소일하며 자신의 선택을 회의하는 글을 많이 적었다. 어쨌든 그가 니콜라이 2세의 대관식 참석차 이루어진 여행, 그리고 프랑스에서의 체류는 좀 더 근대 관념의 형성에 영향을 주었던 것 같다. 도쿄, 상하이, 뉴욕, 페테르부르크 및 파리 등을 차례로 경험하면서 서구적 가치에 더욱 기울어졌다.[73] 그런데 윤치호의 귀국노선은 본래 민영환이 이용하고 싶었던 제국 항로였다. 비록 귀국 항로에 대한 풍부한 기록을 남기지는 않았지만, 민영환의 귀국길과 비교해 보면 흥미로운 차이점을 발견할 수 있다. 그는 프랑스 체재를 마치고 11월 18일 밤 파리를 떠나서 19일 오후 마르세유에 도착하였다. 윤치호는 마르세유에서 전통 요리인 부야베스라는 생선 수프를 먹거나, 노트르담 성당 등을 구경하면서 비록 파리보다는 덜 화려하지만 매우 활기찬 이 항구 도시를 간단히 묘사하였다.[74]

윤치호는 11월 22일 시드니SS Sydney호를 타고 마르세유 항구를 떠나

73　최영태, 「일기 속에 나타난 윤치호의 서양 근대개념의 변천과 행위」, 『세계 역사와 문화 연구』 30, 2014, 86~87쪽.
74　윤치호, 윤경남 역, 앞의 책, 304쪽.

지중해로 나아갔다. 그가 이용한 프랑스 우편실 2등 선실은 앞서 이용했던 캐나다 태평양 연안 선박의 1등 칸과 맞먹는 좋은 시설이어서 만족스러웠다. 긴 항해 과정에서 뱃멀미에 시달린 경우가 별로 없을 만큼 건강했으며, 지중해 여행 중 험한 날씨를 잠시 겪었지만 충분히 잠을 자며 잘 버티었다. 11월 28일, 윤치호는 7일 만에 쓴 일기에서 지중해를 통해서 이집트의 포트사이드Port Said에 도착하는 과정을 기록하였다. 그런데 그의 일기에서 청국과 일본 사절단의 여행기에서는 빠짐없이 단골처럼 언급되는 수에즈운하 소개가 없다는 사실이 좀 특이하다. 동아시아인들에게 우공이산愚公移山으로까지 놀라움을 안겨준 대운하에 대한 묘사를 생략한 채 홍해와 아라비아해를 관통한 것이다.

12월 2일 오후에는 아프리카 동부 홍해 입구에 위치한 지부티Djibouti에 도착했는데, 지부티를 한 마디로 '이글거리는 태양'이라며 현지 폭염을 표현하였다. 이 항구도시는 프랑스인과 아라비아인 두 구역으로 나뉘며, 프랑스 구역에는 석탄을 나르는 저탄장이 있었다. 증기선이 항구에 들어서자, 짙은 구릿빛 피부의 소년들이 한 무리의 물고기 떼처럼 몰려왔다. 그들이 물속에서 노는 재주는 놀랍지는 않아도 재미있었는데, 오리처럼 물속으로 풍덩 뛰어 들어가 승객들이 던져준 동전을 찾으러 수중을 뒤졌다. 윤치호는 지부티의 원주민 마을에 대한 인상을 기록하면서 서구 근대주의자의 면모를 잘 보여주었다. "그곳을 나오면서 이 버려진 사람들은 수천 년 전보다 결코 더 잘 살지도 못하고, 만일 유럽의 영향 없이 버려둔다면, 수천 년 뒤에도 그들은 현재보다 결코 더 낫지 못하리라는 생각을 떨쳐버릴 수가 없다. 모든 것이 조선과 똑같다"[75]라며 현지 장터의 모습을 통해 조선의 장터를 연상하였다. 그는 일기 중에

〈그림 10〉 윤치호와 중국인 아내 마수진(馬秀珍) 및
자녀들(1902년)

반복적으로 조선인으로서의 열등감을 내비쳤다.

12월 9일 일기에는 "그늘에서도 섭씨 32도가 되는 혹독한 더위이다. 내륙의 호수처럼 잔잔한 거대한 바다. 거대한 강이 수많은 작은 시냇물이 모여서 이루어진 것처럼 위대한 정신은 수많은 작은 정신들이 모여 이룩된 것이다. 나폴레옹이나 루터와 같은 사람은 인도양이나 대서양처럼 그 스스로가 뛰어난 사람이다"[76]라고 적었다. 선상에서 거대한 바다를 바라보면서 나폴레옹, 루터 같이 개혁을 실행한 서양의 영웅들을 동경하였다.

12월 10일 오후 스리랑카의 콜롬보Colombo에 도착하였다. 지부티에서 동전을 건져 올리려고 물에 뛰어들던 아이들은, 이곳에서는 다 벗은 소년들만 보트 위로 기어올라 팔을 휘저으며 후릿그물로 동전을 건져 올리고 있었다. 붉은 색조의 거리, 노란 의상을 걸친 불교 승려들, 아름다운 녹색의 나무들, 형형색색의 옷을 입은 검은 피부의 원주민들, 흰옷을 입은 유럽인 등으로 그곳 풍경을 묘사하였다. 원주민들의 오두막은 벽돌로 지어진 단층 건물이었는데 습하고 비위생적으로 보였다. 윤치호는 "사원들은 보잘것없어 보였다" 혹은 "조각상은 모두 추해 보였다"라

75 윤치호, 박정신·이민원 역, 『국역 윤치호 영문 일기』 3, 309쪽.
76 위의 책, 311쪽.

고 폄하하면서, 미륵불상을 보면서 내세에 온다는 미륵불의 진위까지 의심하였다. 기독교도이자 근대주의자인 윤치호는 아시아 불교에 대한 노골적인 거부감을 드러내었다.[77]

12월 16일 아침 싱가포르에 도착하였다. 주요 간선도로에는 중국 상점, 중국인 쿨리, 중국 상가 관리사무실 등이 늘어서 있었다. 오후에 곧바로 항구를 떠났다. 12월 18일에 도착한 베트남의 사이공은 훌륭한 도로가 펼쳐진 아름다운 도시였다. 그는 "사이공은 거리가 깨끗한 아름다운 도시다. 어떤 거리는 파리 못지않게 훌륭하다. 푸른 나뭇잎이 줄지어져 그늘을 드리우고 있는 붉은 색조의 거리들은 매우 아름다웠다. 중국인은 도시에 넘쳤고 몇몇 주요 상점가를 장악했다"[78]라고 썼다. 이곳 마을들은 싱가포르처럼 중국식 일색이었으며, 주요 상업지구 중 어떤 곳은 중국인 손에 들어가 있었다.

1888년 10월경 윤치호가 청국에서 미국으로 유학 가던 중 하와이의 호놀룰루에 도착한 적이 있었다. 당시 중국인이 여권을 받으면서 모욕을 심하게 받는데도 자국 정부에서 전혀 신경을 쓰지 않아 청국의 체면이 손상되는 것을 안타까워하였다. 약육강식의 논리에 공감하던 윤치호에게 화교들의 비참한 상황은 당연하였다. 한편으로는 이 넓은 세상에서 청국인이 호강하는 곳은 우리나라밖에 없을 것이라고 푸념했다.[79] 그는 청국인이 미국에서 천한 일만 하며 지내기에 미국인들이 그들을 천대한다고 했다. 윤치호가 중국인을 동남아의 원주민들과 동일시하면서

---

77 김영수, 앞의 책, 263~264쪽.
78 윤치호, 박정신·이민원 역, 『국역 윤치호 영문 일기』 3, 313쪽.
79 송병기 역, 『국역 윤치호 일기』 1, 529쪽.

그들을 무시하고 있음을 확인할 수 있다.

사이공에서 홍콩으로 오는 바닷길은 지금까지의 항해 중 가장 심술궂은 바다였다. 뱃멀미에 익숙하다고 자신하던 윤치호도 심한 멀미로 고생했는데, 12월 23일 오후 홍콩에 닿았다. 항구로부터 바라보는 홍콩의 야경은 설명하기 어려울 정도로 아름다웠다. 도시 뒤로 우뚝 서 있는 산들은 가스등과 전등이 눈부시게 장엄하였다. 다음 날 오전 8시 해안가로 나갔는데, 바다에서 가까운 거리는 광동인들이 모두 차지하고 있었다. 언덕 위에 있는 도시 꼭대기까지 오르면, 주로 유럽인들의 주택들이 보였다. 공원의 정원들이 아름답고, 여행자로 하여금 어떻게 해서 유럽의 인문학이 불모지 섬을 쾌적한 주택단지로 변모시켰는지 생각해 보게 만든다고 회상했다.[80]

(12월 24일 홍콩) 진실로 말하자면 유럽인종은 자연을 정복하는 방법을 배워왔다. 그들에게 바위를 주면 그들은 그것을 하나의 지브롤터Gibraltar로 만든다. 희망 없는 언덕들이 그들 손에 들어가면 홍콩 같은 곳이 된다. 그들을 신대륙의 숲이나 초원에 풀어 놓아 보라. 그러면 곧 그들은 제국과 공화국을 세운다. 굽이치는 바다가 물결치는 늪지와 저지대로 그들을 몰아내 보라. 그러면 그들은 거기서 베니스, 네덜란드 또는 페테르부르크와 같은 도시를 만든다. 유럽인들이 자랑스러워하는 것은 당연하다.[81]

---

80 윤치호, 박정신·이민원 역, 『국역 윤치호 영문 일기』 3, 314~316쪽.
81 위의 책, 315~316쪽. 1889년 5월 25일 자 미국에서 쓴 일기에서도 "영국이 주인이 된 뒤 인도의 내란이 진정되고, 외환도 침식하여 인민의 생명과 재산이 잘 보호되고, 학교를 베풀어 인재를 배양하며, 학문을 권면하여 전날보다 태평을 누리니, 실상 인도를 위하여 말하면 영국이 그 은인이라 하여도 옳을 것이다. 아시아 여러 나라가 다 허약하여 그 권리를 보존하지 못해 서양 사람의 수중에 드는 나라가 많으니, 강함을 믿고 약자를 능멸하는 서양 정략이 옳지는 않으나, 아시아

윤치호는 홍콩에서 서구에 대한 열등감에 사로잡혔다. 그에 따르면 희망 없는 언덕들이 유럽인 손에 들어가면 홍콩 같이 발전하는데, 유럽인들은 과학과 예술로 변모한 홍콩의 모습을 자랑스러워한다고 했다. 당시 윤치호는 일본인과 마찬가지로 서양의 오리엔탈리즘을 받아들여 동양인을 비하하는 관점을 노골적으로 드러낸다. 하지만 일기의 어떤 부분에서는 좀 다른 생각을 드러내기도 했다.

여행의 막바지에 '여행 중에 일어난 몇 가지 사건들'12월 28일 기록이라는 부제로 유럽인과 일본인에 대한 색다른 평가를 남겨놓아 흥미롭다. 첫째, 마르세유에서 싱가포르로 가는 선상에 많은 네덜란드인이 있었는데, 그 가운데 17세 된 소녀가 예쁜 얼굴에도 불구하고 시끄럽게 떠들고 난리였다. 우아한 여성인 척 흉내 냈지만 쉬지 않고 비명을 질러 대었다. 승객 가운데 몇 남성들도 심심풀이로 그 구역질이 나는 소리를 흉내 내었는데, 그것도 사람들이 식사하는 자리에서 무례하였다. 윤치호는 "만일 조선인이나 중국인이 그렇게 했다면 그들은 얼마나 세찬 분노를 터트렸을까? 그러나 그들은 문명화된 유럽 사람이 아닌가?"[82]라며 비아냥거렸다.

둘째, 일본인 승객도 여럿 있었는데, 그들은 자신의 국가 명예와 관련한 것이라면 예민하게 반응했다. 일본이 완전히 개화했는가에 관한 질문을 할 수 있는 유럽인들 앞에서는 그 문제를 교묘하게 피해 갔다. 그러나 일본인들은 모든 아시아의 거류지에 일본인 창녀들이 널리 퍼져

여러 나라가 포악한 정치로 그 인민을 허약하게 만들어 외환을 스스로 청하는 허물을 어찌 면하겠는가"라고 썼다(송병기 역, 『국역 윤치호 일기』 1, 567쪽).

82 윤치호, 박정신·이민원 역, 『국역 윤치호 영문 일기』 3, 319쪽.

있는 것을 보며 기뻐했고, 일본인의 영향력이 확산하는 것은 그것이 어떻게 행해지든 기쁜 일이라고 했다.[83] 사이공에서 윤치호는 일본인 승객들이 현지 일본 여성들과 매춘하는 일을 경험했으며, 일본의 군사 사절단이 식민지 통치 방법을 조사하기 위해 머문다는 소식을 듣기도 했다.[84] 윤치호는 일본을 무척 부러워했으며 조선 사람이라는 사실에 자괴감을 느끼곤 했다. 여기서 미국식 교육을 철저히 내면화해 유교적 가치를 기독교로 대신했던 윤치호가 훗날 일본의 황인종 연대론에 동참해 백인과 인종적 대결을 벌이는 맹아를 찾을 수 있다.[85]

1896년이 끝나가던 12월 27일 홍콩에서 상하이로 가는 마지막 항해는 윤치호의 귀국 항로 중에 가장 순조로운 항해였다. 그는 "끝이 좋으면 모든 것이 다 좋다!"[86]라고 외쳤다. 오후 4시 우송에 도착했고 2시간 뒤 증기 예인선이 승객을 상하이항에 내려놓았다. 이로써 윤치호는 제국 항로를 이용한 세계 일주 여행을 마쳤다.[87] 그의 귀국 항로는 다음 장에서 소개할 대한제국 시기 민영환, 이재각, 김만수 일행이 유럽으로 향할 때 이용한 제국 항로와 비교할 만하다.

---

83 위의 책, 319~320쪽.
84 한 연구자는 『해천추범』이 설정한 '상상의 서양'과 『서유견문』이 그려낸 세계는 전혀 다른 것이라고 본다. 유길준은 『서유견문』에서 제국주의를 언급하지 않았으며, 따라서 서양 문명론의 배후에 자리잡은 오리엔탈리즘을 의식하지 못했다는 견해가 있는데, 이 점에서도 『해천추범』과 일정한 차이를 보인다. 『서유견문』과 달리 『해천추범』의 옥시덴탈리즘은 제국주의적 팽창 본능을 나름대로 인지하고 있기 때문이다(김진영, 앞의 글, 339쪽). 이 점에 있어서는 논쟁의 여지가 있다.
85 박노자·허동현, 『열강의 소용돌이에서 살아남기』, 푸른역사, 2005, 63쪽.
86 윤치호, 박정신·이민원 역, 『국역 윤치호 영문 일기』 3, 316쪽.
87 상하이에서 중국인 부인과 얼마 동안 지내던 윤치호는 다음 해인 1897년 1월 23일 상하이항을 출발해 즈푸를 경유한 후 27일 인천항에 도착하였다. 윤치호가 도착했을 때 민영환 일행 경우와는 달리 누구도 마중하러 나오지 않았다.

제7장

대한제국 시기 유럽 출사대신이 경험한 제국 항로

1. 1900년을 전후한 출사일기 3종

국가의 존망이 눈앞에 놓였던 대한제국 시기에도 해외로 파견한 출사
대신들이 있었다. 1900년을 전후해 남아있는 대표적인 출사일기 세 가
지를 간단히 소개하면 다음과 같다.

첫째, 민영환閔泳煥 일행의 빅토리아 여왕 즉위 60년 축하식 방문을 담
은 『사구속초使歐續草』1897이다. 개항 시기 서양 열강 중에서 처음으로 조
약을 체결하고 호의적인 감정을 가졌던 미국에 보빙사를 파견하였다.
그리고 대한제국이 건립된 후 아관파천으로 정치적으로 의지했던 러시
아에 관심이 높았기에 전권공사 민영환을 파견한 바 있다. 이와 달리 영
국과 프랑스는 수교가 이루어진 후에도 국내외 정세로 말미암아 사절단
이나 공사를 파견하는 데 오랜 시간이 걸렸다. 대한제국 정부는 유럽으
로 축하사절단을 세 차례 파견하였다. 첫 번째는 아관파천 직후인 1896

년 러시아 니콜라이 2세 대관식 축하 사절로 (제1차) 민영환 일행을 파견하였다. 두 번째는 1897년 영국 빅토리아 여왕 즉위 60년 기념식에 다시 (제2차) 민영환 사절단을 파견하였다. 세 번째는 1902년 영국 에드워드 7세 대관식 축하 사절로 왕족 이재각李載覺을 대표로 파견하였다. 첫 번째 러시아 사절단에 관해서는 앞장에서 소개했으므로 생략하고, 여기서는 두 번째와 세 번째 영국 사절단을 다룰 것이다.

민영환은 러시아 니콜라이 2세 대관식 축하사절단 임무를 마치고 귀국한 지 석 달도 못 되어 다시 한번 유럽을 여행할 기회를 얻었다. 이번에는 영국 빅토리아 여왕 즉위 60년 기념식에 특명전권대사로 임명되어 사절단을 이끌고 런던으로 향하였다.[1] 사절단은 민영환말고도 민상호閔商鎬, 이기李琦, 김조현金祚鉉, 김병옥金秉玉, 손병균孫炳均 등으로 구성되었다. 민영환 일행은 1897년 3월 24일 인천에서 러시아 기선 블라디미르 Vladimir호를 타고 출항해 청국으로 향하였다. 출발 여정을 요약하면, 인천 → 상하이청국 → 나가사키일본 → 홍콩 → 싱가포르 → 콜롬보스리랑카 → 인도양 → 수에즈운하 → 오데사우크라이나 → 페테르부르크러시아 → 런던영국 순이었다. 제국 항로에서 지중해로 들어서면 프랑스 마르세유항에 상륙해 육로를 이용하거나 지브롤터해협을 지나 영국 남부로 가는 해로가 일반적이다. 하지만 민영환 사절단은 러시아 선박을 탔기 때문인지 오

---

[1] 김원모는 1896년 니콜라이 2세 대관식과 1897년 빅토리아 여왕 즉위 60주년 기념식 및 1902년 에드워드 7세 즉위식을 다루면서, 축하사절단의 외교활동에 대한 통시적인 연구논문을 작성한 바 있다(김원모, 「한국의 영국 축하사절단 파견과 한·영 외교관계」, 『東洋學』 32, 2002). 김진영은 『해천추범』과 윤치호 일기를 연구 대상으로 삼아 두 텍스트를 비교 분석함으로써, 민영환의 러시아 사행의 문화적 의미를 살폈다. 그리고 1897년 민영환의 영국사행 기록물인 『사구속초』를 『해천추범』과 비교해 시간의 흐름에 따른 의식 차이를 보여주었다(류충희, 「민영환의 세계 여행과 의식의 점이」, 성균관대 석사논문, 2007, 16~17쪽 재인용).

늘날 우크라이나의 오데사항에서 내려 육로로 러시아 수도 페테르부르크를 먼저 방문하였다. 당시 대한제국의 친러정부는 「한러밀약」을 체결한 상태에서 러시아와의 외교 업무가 적지 않았다. 예를 들어, 웨베르Weber 공사의 유임 문제와 「한러밀약」의 실천 방안 협의 등이 그것이다.

이번 사절단의 영국 방문이 1년 전 러시아방문과 다른 특징이라면, 태평양 항로가 아닌 제국 항로를 이용한 사실이다. 한국을 떠나 청국, 동남아시아, 인도, 중동, 튀르키예, 그리스아테네, 우크라이나오데사까지 대양을 항행하고, 다시 육로로 러시아, 독일, 네덜란드, 영국 등으로 여정이 이어졌다. 그런데 일기는 1897년 7월 17일 영국 런던을 떠나는 것으로 갑자기 끝나고 귀국 여행 기록은 없다.[2] 이것은 민영환이 도중에 파직되어서 다른 나라를 가지 않고 곧바로 귀국했기 때문으로 보인다. 출사일기에는 민영환이 영국 여왕에게 국서와 친서를 봉정한 것으로 나타나지만, 혹자는 영국 정부가 한국 정부의 친러정책에 반발해 국서와 친서를 거부했다고도 한다. 게다가 민영환에게 별도로 부여된 프랑스-독일과의 비밀협상을 이행하지 못하고 혼선만 일으키는 등 외교 임무에 실패해 현지에서 면직되었다고 본다.[3] 그래서 민영환은 귀국 후 국왕에게 복명조차 하지 못했다.

둘째, 이재각 일행의 에드워드 7세 대관식 축하식 방문을 담은 『서사록西槎錄』1902이 있다. 대한제국 정부가 영국 런던에 정식공사관을 설치한

---

2 귀국 일정을 보면, 런던(영국) → 파리(프랑스) → 제노바(이탈리아) → 나폴리(이탈리아) → 수에즈운하 → 홍해 → 인도양 → 콜롬보(스리랑카) → 홍콩 → 상하이(청국) → 나가사키(일본) → 인천(한국) 순이었다. 제국 항로를 통해 처음 도착했던 오데사항이 아니라 제노바항을 통해 귀국한 점이 차이가 있다.
3 김원모, 앞의 글, 102~103쪽.

〈그림 1〉 왕족 의양군(義陽君) 이재각

것은 1901년의 일이다. 1901년 3월 16일 민영돈閔泳敦을 영국 공사로 파견한 일이 그것이다. 그런데 그해 1월 22일 '해가 지지 않는 대영제국'을 건설한 빅토리아 여왕이 83세의 나이로 서거하고, 다음 해인 1902년에 새로운 국왕인 에드워드 7세가 왕위에 올랐다. 이에 한국 정부는 에드워드 7세의 대관식에 축하사절단을 파견하기로 결정하였다. 특명전권대사로 이재각을 임명하고 수행원에 정3품 이종응李鍾應, 예식원 번역과장 고희경高羲敬, 참리관 김조현金祚鉉, 외교 고문에 인천 주재 영국 부영사 고페H. Goffe 등 모두 다섯 명을 선발하였다.

이재각 사절단은 1902년 4월 6일 러시아 윤선 로니호를 타고 인천항을 출발해 일본 나가사키항에 도착한 다음, 다시 영국 윤선 차이나 엠프레스호로 바꾸어 타고 태평양을 건너 캐나다 밴쿠버항과 퀘백항을 거쳤다. 그 후 대서양을 건너 영국 런던에 도착해 영국 공사 민영돈의 영접을 받았다.[4] 당시 캐나다는 아직 영국으로부터 독립한 상태가 아닌 영국령이었다. 그래서인지 미국이 아닌 캐나다를 통해 대서양을 건너는 항로가 개척되었다. 이런 태평양 항로는 니콜라이 2세 대관식에 참여했던

4   출발 여정은 한국(서울, 인천) → 일본(나가사키, 시모노세키, 고베, 요코하마) → 태평양 → 캐나다(밴쿠버, 퀘백) → 대서양 → 영국(리버풀, 런던) 순이었다.

민영환 일행의 러시아행과 유사하다. 1902년 6월 13일 이재각은 버킹엄궁전을 방문해 대한제국 황제의 국서를 전달하였다. 그런데 에드워드 7세는 어머니의 치세가 너무 길어 무려 60세가 된 1901년에야 즉위했는데, 고령에다가 병약해서 건강상의 이유로 갑작스레 대관식 축하 행사를 취소하였다. 조선 사절단은 어쩔 수 없이 대기하다가 다른 외국 사절들이 귀국하자 7월 7일 런던을 떠나 귀국길에 올랐다.[5]

돌아오는 길은 원래 제1차 민영환 사절단과 같이 시베리아철도를 이용해 귀국할 예정이었으나, 일정을 변경해 해로인 제국 항로를 이용하였다. 귀국 항로를 경유한 도시로 보면, 런던영국 → 파리프랑스 → 제노바이탈리아 → 나폴리이탈리아 → 지중해 → 수에즈운하 → 홍해 → 아덴 → 페르가나[6] → 인도양 → 콜롬보스리랑카 → 페낭말레이시아 → 싱가포르 → 홍콩 → 상하이청국 → 나가사키일본 → 부산 → 인천 순이었다. 이재각 일행이 경유한 국가로는 일본, 캐나다. 미국, 영국, 프랑스, 이탈리아, 이집트, 스리랑카, 싱가포르, 홍콩, 청국 등 10여 개국에 이른다. 그중 영국 체재 기간은 6월 5일부터 7월 7일까지 약 1개월 동안으로 가장 길어 당연히 서술의 초점은 런던이었다. 그리고 일본의 나가사키와 요코하마, 영국의 리버풀, 페르가나, 스리랑카의 콜롬보 등에서도 해항도시의 풍광을 소개하였다.[7] 사절단은 영국으로 갈 때는 태평양과 대서양을 횡단 항행했고,

---

5 귀국길에 오른 이재각 일행은 1902년 8월 9일 상하이에 도착했는데, 마침 연기되었던 에드워드 7세의 대관식이 뒤늦게 열려 현지에서 불꽃놀이와 같은 축하 행사를 경험하였다(李鍾應, 『西槎錄』, 166쪽).
6 페르가나(Ferghana)는 중앙아시아의 동부, 시르다리야강 상류와 카라테가 산지에 있는 페르가나 분지를 중심으로 한 도시인데, 한나라 때 대완(大宛)이라고 불렸다. 오늘날 예멘에 있는 아덴을 의미하는 것으로 보인다.
7 김기영, 「서양기행가사에 나타난 도시 풍광과 그 의미」, 『語文硏究』 74, 2012, 184쪽.

귀국할 때는 지중해와 인도양을 항행했기 때문에 세계 일주를 한 셈이다.[8] 보빙사, 제1차 민영환 사절단과 비슷하게 태평양 항로를 통해 동쪽 방향으로 세계 여행을 하였다.

셋째, 프랑스 공사 김만수金晩秀의 출사일기인 『일록日錄, 일기책日記冊』 1902이 있다. 청국의 방해로 조선 정부가 파견하려던 몇 번의 유럽 출사 계획은 번번이 실패하였다.[9] 1897년 10월 고종은 조선 국호를 대한제국으로 바꾸고 황제에 올랐다. 다음 해 10월 고종황제는 민영돈을 프랑스·러시아·오스트리아 3개국 공사로 임명했으나 이번에도 현지에 부임하지 못했다. 1899년 3월에야 마침내 이범진李範晉을 프랑스·러시아·오스트리아 3개국 공사로 임명해 임지로 파견할 수 있었다.[10] 다시 고종은 1901년 3월 16일 영국 공사 민영돈, 독일 공사 민철훈閔哲勳과 함께 프랑스 공사 김만수를 임명하는 명령을 내렸다. 김만수는 유럽 발령을 받은 신임 외교관들과 함께 4월 14일 고종을 알현한 후 임지를 향해 출발하였다.[11] 따라서 김만수의 출사는 이재각의 출사보다 1년쯤 빨랐

---

8 李鍾應, 『西槎錄』, 112~113쪽.
9 1887년 8월 심상학(沈相學)을 영·독·러·프·이 5개국 특명전권공사로 임명했으나 현지에 부임하지 못했다. 같은 해 9월에 조신희(趙臣熙)를 다시 임명했으나 그도 현지에 부임하지 못하고 홍콩에서 2년 정도 체류하다가 돌아왔다. 같은 해 12월에는 이용태(李容泰)를 그곳의 참사관으로 임명했으나 역시 부임하지 못했다. 1890년 1월에 박제순(朴齊純)을 유럽 5개국 전권공사로 임명했으나 마찬가지로 부임하지 못했다. 그리고 1897년 1월에는 민영환(閔泳煥)을 영국·독일·프랑스·러시아·이탈리아·오스트리아의 특명전권공사로 임명했으나 출발하지 못하다가 3월에 조선을 떠나 5월에야 러시아에 도착하였다(구사회, 「대한제국기 주불공사 김만수의 세계기행과 사행록」, 『東亞人文學』 29, 2014, 85쪽). 이처럼 한국 공사들의 유럽 출사는 순조롭지 못하였다.
10 이범진(李範晉)은 1896년 아관파천의 주역으로 그해 주미공사를 거쳐 1899년부터 주러 공사와 독일·오스트리아·프랑스 공사를 겸임하였다. 1901년에 독일 공사는 민철훈에게, 프랑스 공사는 김만수에게 넘겨주었다. 그는 김만수의 전임인 셈이다(위의 글, 88쪽). 이범진도 출사일기를 남겼으나 해양 관련 내용은 별로 없다.
11 김만수는 과거 보빙사의 책임자로 미국으로 출사했고, 당시 청국에 망명 중이던 민영익을 상하이에서 만났다. 그리고 러시아에선 아관파천의 주역으로 러시아 주재 한국 공사로 있던 이범진

〈그림 2〉 프랑스 공사 김만수의 일기

다. 김만수의 『일록, 일기책』은 이종응의 『서사록』보다 조금 일찍 작성
되었으나 여기서는 편의상 뒤에 소개할 것이다.

　출국 여정은 다음과 같다. 김만수 일행은 인천에서 배를 타고 4월 16
일 청국 연태에 도착한 후 다시 배를 바꾸어 타고 상하이로 향하였다.
그곳에서 민영익 등을 만나고 공무를 처리하였다. 다시 프랑스 윤선 야
라호를 타고 홍콩을 지나 사이공을 경유한 후 싱가포르에 이르렀다. 스
리랑카의 콜롬보, 예멘의 아덴, 수에즈운하를 통과해 이집트의 포트사
이드 항구에 도착하였다. 결국 이탈리아를 지나 6월 4일에는 프랑스 마
르세유 항구에 도착하였다. 그곳에서 육로로 파리에 이동한 후 짐을 풀
었다. 김만수는 파리에 도착하자마자 최초의 프랑스 공사이자 전임자인
이범진에게서 업무를 인계받은 후 공식적인 외교활동에 들어갔다. 그는
도착한 후, 한 달이 지난 7월 10일에야 프랑스 대통령을 만나 국서를

　　을 만났으며, 아관파천 당시 한국 주재 러시아 공사였던 웨베르(Weber)도 현지에서 접촉하였다
　　(金晩秀, 『日錄, 日記冊』, 해제, 17쪽).

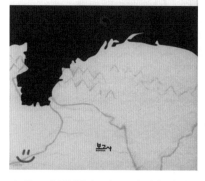

〈그림 3〉『대한제국기 프랑스 공사 김만수의 세계
여행기』표지

전달할 수 있었다. 1901년 10월 18일에
는 벨기에 공사를 겸임하라는 명령을 받
았다. 하지만 프랑스 현지에서 실제로 외
교 활동한 것은 겨우 6개월에 불과하였
다. 그는 병을 이유로 여러 차례 귀국을
요청한 끝에 1902년 2월 9일 한국으로
돌아왔다.[12]

귀국 과정은 다음과 같다. 파리프랑스 →
베를린독일 → 페테르부르크러시아 → 오데
사우크라이나 → 콘스탄티노플투르키에 → 포트
사이드이집트 → 수에즈운하 → 아덴예멘 →
콜롬보스리랑카 → 싱가포르 → 여순청국 →

인천 순이었다. 귀국길의 특징이라면 우선 러시아 페테르부르크로 가서
러시아 공사인 이범진을 만났으며, 무려 한 달가량 현지에 머문 뒤 12
월 23일에 그곳을 떠났다는 사실이다. 과거 해외 사절단과는 달리 우크
라이나 오데사 항구로 가서 청국 여순행 선박을 탔으며, 다음 해 2월 3
일 홍콩이나 나가사키가 아닌 러시아령 여순 항구에 도착하였다.

---

12 1901년 10월 7일 본국에 공사 사임서를 전송했으나 사의가 기각되었고 벨기에 공사까지 겸임하
라는 명령이 하달되었다. 20일에 다시 사임을 표명했으나 회신이 없다가 11월 11일에야 궁내부
로부터 사의가 확정되었다는 회신을 받았다. 16일에는 프랑스 대통령을 면담하고 하직 인사를
하였다. 김만수를 대신해서 파리 만국박람회의 한국 대표단장이던 민영찬(閔泳璨)이 후임으로
부임하였다.

2. 제국 항로를 왕복하다

1) 중국해, 인도양

유럽 출사대신의 세 종류 출사일기에 나타난 제국 항로혹은 유럽 항로는 중복되는 부분이나 빠져있는 부분들이 많다. 여기서는 제국 항로를 재구성하기 위해 중국해, 인도양, 홍해, 지중해로 나누어 한국 사절단의 왕복 노선을 편집해 정리하고자 한다. 이를 통해 과거 민영익, 유길준, 윤치호 등이 경험한 바 있던 제국 항로의 모습을 좀 더 자세히 재현하고자 한다.

민영환은 『사구속초』의 서문에서 자신이 몇 년 동안 사신의 자격으로 여러 나라를 돌아다녔는데, 이 책도 그 자취라면서 사신의 임무는 어려운 것이라고 밝혔다. 그리고 후세 사람들에게 도움이 되고자 여행 기록을 남긴다고 썼다.[13] 그는 러시아 사행을 마친 지 얼마 되지 않은 시점에서 다시 유럽행을 하게 되어 누구보다도 구미 사회에 대한 감각이 살아있었다. 민영환 일행은 대양을 건너는 도중에 선박구조, 항구 풍경, 풍랑과 뱃멀미, 선상 질병, 등대, 수에즈운하의 경이로움 등을 다양하게 경험하였다. 여기서는 민영환 일행의 대양 항해를 중심으로 삼고 다른 두 사절단의 기록을 함께 살펴보겠다.

민영환 사절단의 경우 다른 일행은 먼저 일본 나가사키로 건너가고, 민영환은 상하이에 개인적인 볼 일이 있어 잠시 청국으로 건너갔다가 일본으로 직접 가서 일행에 합류하는 독특한 출발 과정이 있었다. 민영

---

13 閔泳煥, 『使歐續草』, 207쪽.

환은 인천에서 출발해 1897년 3월 29일 산동 연대烟臺에 도착한 후, 배를 갈아타고 '작은 서양小西洋'이라 불리던 상하이로 향했다. 현지에서 묄렌도르프Paul George von Möllendorff와 민영익을 개별적으로 만났는데, 무슨 목적으로 만났는지는 분명하지 않다. 그런데 나가사키로 건너가는 미국 상선의 배표를 구하지 못해 상하이에서 5일간 머무르는 예상하지 못한 상황에 직면하였다. 마침 4월 10일에 영국 상선 차이나 엠프레스호가 상하이항으로 들어왔는데, 당일 항구를 떠나서 나가사키로 간다는 소식을 듣고 다급하게 선표를 구매한 후 배에 올랐다.[14] 민영환은 일본으로 가는 선상에서 청국 관리 일행을 만났는데 서로 의사소통이 자유롭지 않아 정확한 여행목적을 알 수 없었다. 나중에 알고 보니 그들도 영국에 축하사절단으로 가는 장음환張蔭桓 일행이었다.

영국 식민지였던 홍콩은 제국 항로에서 중요한 동방 항구였다. 훗날 프랑스 공사 김만수의 일기에는 상하이와 홍콩을 비교하는 글이 보인다. 수행원이던 명수가 말하기를 "상하이는 들판을 따라 펼쳐져 있어 경내에는 산이 없으나, 홍콩은 산을 따라 펼쳐져 있어 경내에 들판이 없습니다. 들을 따라 펼쳐지면 풍경이 분산되고, 산을 따라 펼쳐지면 풍경이 모이니, 이 때문에 상하이와 홍콩 두 곳 풍경은 바로 지세에 따라서 같지 않아 우리가 눈으로 보기에 고하가 있습니다. 사람들이 홍콩을 모두 상하이보다 성대하다고 말하는 것은 이 때문이겠습니까?"라고 물었다. 그러자 참서관 이하영은 "홍콩은 (인구가) 50만에 지나지 않는데, 상하이는 100만이다. 인사와 물정의 중요한 형세로 볼 때 어찌 홍콩과 같겠느냐?"라고

---

14 위의 책, 213~214쪽.

반론했다. 이에 김만수는 "사실을 보면 그렇지만 그곳에 가서 눈에 들어오는 풍경이나 정황은 홍콩이 상하이보다 성대하다"라고 평가했다.[15]

그런데 민영환 일행이 나가사키에서 일반 여객선이 아닌 러시아 군함 사라토프Saratov호를 탄 사실은 흥미롭다. 『사구속초』에는 오늘날 우크라이나의 오데사항을 목적지로 떠나는 사라토프호에 대한 설명이 상세하게 묘사되어 있다. 선박의 길이가 50길이고, 너비가 6길이며, 높이가 5길이고, 물에 들어간 것이 1길이라며, 전체 용량은 3천6백 톤이라고 썼다. 쇠로 만든 돛대가 둘이고, 연통煙筒이 둘이다. 배에 탄 사람은 사관 수십 명과 병졸 1천 1백 50명 말고도 부녀자가 1백 40명이고 아이가 1백 60명인데, 모두 러시아 사람이라고 했다. 일행은 배의 선표 가격이 저렴해서 놀랐다. 왜냐하면 비록 상선이라고는 말하지만, 실은 공공 목적으로 운영되는 관선이어서 일반 우선郵船 회사 소속 상선과 뱃값이 같지 않기 때문이다. 사절단이 머물던 객실의 설비에 대해 일기에서는 다음과 같이 묘사하였다.

군함 안에는 고루 베개와 이불이 설비되었고 몹시 청결하다. 손님은 모두 깔고 덮는 것을 휴대하지 않았고 이는 배 위에서 준비한 것이다. 벽에는 큰 거울 하나와 유리 전등 하나가 걸려 있고 낯 씻고 양치질하는 그릇과 먼지 채 등 모든 자질구레한 물건이 하나도 정밀하게 갖추어지지 않은 것이 없으니 기쁜 일이다. 다락의 앞뒤에는 놀이터 두 곳이 있는데 한 곳에는 책 보고 글씨 쓰는 곳이 갖추어졌고, 한 곳에는 담배 피우고 노는 곳을 갖추어 놓았다. 깔고

15 金晩秀, 『日錄, 日記冊』, 31쪽.

벌여놓은 것이 화려하고 아름다우며 앉고 눕는 것이 모두 마땅하니 이는 오로지 배에 탄 손님을 위해서 마련한 것이다. 누각 아래에는 밥 먹는 곳이 있는데 긴 탁자를 사방으로 벌려놓아 10여 명이 앉게 했고, 병에 꽃을 꽂아 탁자 위에 놓아두었는데 이상한 향기가 풍기어 사랑스럽다. 하루에 세 번 밥을 먹는데 20분 전에 방울을 한 번 흔들고 시간이 되면 다시 방울을 흔들어 일제히 반청飯廳으로 모이게 한다. 식단食單은 탁자마다 놓아두었는데 손님이 스스로 정하기를 기다리고 오직 술 마시는 것은 배 서쪽으로 가서 따로 사 온다.[16]

위와 같이 선실과 식당을 소개하면서 식사 전 기도하는 풍경을 서술하였다. 식당의 한쪽 벽에는 예수耶穌의 초상을 걸어 놓고 신부 한 사람이 머리를 풀어 이마를 덮고 검은 색깔의 큰 옷을 입은 채 식사 때마다 초상을 향해 손을 마주 잡고 무릎 꿇어 절하면서 입으로 중얼거려 마치 중들이 염불하는 소리를 한다. 그러면 승객들이 손을 잡고 공손히 듣다가 외우기를 마쳐야 비로소 먹기 시작한다고 썼다. 여행 중 주기적으로 예수의 초상을 걸고 예배를 보면서 십자가를 긋는 모습이 신기했던 듯 싶다. 한국인 일행에게는 서구의 종교문화를 진지하게 실감하는 순간이었다.[17]

얼마 후 이재각의 수행원인 이종응의 경험도 크게 다르지 않았다. 인천에서 러시아 윤선 로니호를 탔을 때 선실의 침상이 정결하고 식당의 식탁과 식기가 정갈하게 놓여있다고 썼다. 특히 선박의 장식과 기계의

16 閔泳煥, 『使歐續草』, 214~215쪽.
17 서양 윤선에는 선박 소유 국가의 국기는 물론 탑승한 승객의 국적을 배려해 국기를 게양하는 것이 관례였다. 따라서 대한제국의 국기도 게양되었는데, 김만수는 선장으로부터 태극기의 의미에 대해 질문받기도 하였다.

정밀함은 자신의 필력으로는 표현할 수 없다고 했다. 증기기관이 움직이는 소리를 "부지런히 힘써 밤낮으로 쉬지 않고 움직이는 것이, 마치 지성껏 쉬지 않고 움직이는 하늘의 도에 견줄 만하다"라며, 그는 "하늘이 하는 일天功을 사람이 대신 하는구나"라고 감탄했다.[18] 이종응은 대양을 바라보면서 과연 '관어해자觀於海者'라고 할만하다고 말했다. 태산에 오르면 천하가 작아 보이듯, 바다를 보면 (평범한) 물水이라고 말하기 어렵다는 의미이다.[19] 그리고 "대양大洋의 수력水力이 너무 세서 바람이 없어도 물결이 일어났다"[20]라고 썼다.

민영환은 불과 얼마 전 니콜라이 2세 대관식에 참석하기 위해 러시아를 방문하면서 세계 일주를 한 경험이 있어서인지 근대적 공간과 시간 감각을 가지고 있었다. 그래서 그는 선상생활에서 하루 동안 항행한 거리나 시간의 변화 및 매일 날씨의 변화를 인지하였다.[21] 비바람이 불어 배가 몹시 흔들리는 바람에 뱃멀미를 한 경험은 모든 여행객의 기록에 나온다. 대양 항해를 경험한 바 있던 민영환은 일기에 "배 안에 있는 상과 탁자와 짐꾸러미 따위가 서로 굴러 움직여 부딪치는 소리가 물결 소리와 함께 서로 어울린다. 선객들은 모두 서 있는 다리가 그대로 있지 않아 마치 술에 취한 사람이 어지럽게 걷는 것과 같으니 또한 볼 만하다"[22]라고 여유롭게 표현했다. 그리고 동중국해의 하문과 대만 사이를 항행할 때 심한 안개로 말미암아 지척을 분간할 수 없자 선박이 기적소

---

18 李鍾應, 『西槎錄』, 135쪽.
19 위의 책, 140쪽.
20 위의 책, 139쪽.
21 閔泳煥, 『使歐續草』, 215~216쪽.
22 위의 책, 222쪽.

리를 자주 내어 왕래하는 배들과의 충돌 위험을 피하는 경험도 기술하였다.[23] 이종응이나 김만수의 일기에서도 풍랑과 뱃멀미는 흔한 단골 기사였다.

민영환 일행이 남중국해를 지나 동남아 해상을 향하던 도중 선상에서 어린이가 병사하는 사건이 발생하였다. 그런데 부모가 시신을 바다에 버렸다는 얘기에 깜짝 놀라 선원에게 물어보니 서양의 선박 규정에는 사람이 배 안에서 죽으면 잠시도 지체하지 않고 물속에 빠트려 사람들에게 병균이 전파되지 않도록 조치한다는 설명을 들었다.[24] 이런 충격적인 경험은 청국인이나 일본인 여행기에서도 종종 나타나는데, 대양 항해의 어려움을 잘 보여주는 장면이다. 선내 전염병을 두려워해 정박하는 항구마다 검역관들이 배에 올라와 엄격하게 조사하고 나서야 하선시키는 제도 역시 같은 맥락이다.

이와 관련해 흥미로운 대목은 민영환이 근대 중국인 가운데 가장 먼저 세계 일주하고 여러 차례 해외로 출사한 장덕이張德彛의 여행기를 언급한 부분이다. 그는 "내가 장재초張在初＝장덕이의 『사술기四述記』[25]를 보니 한 선교사가 병으로 죽자 선주가 물속에 장사 지내려 하니 선교사의 아내가 말하기를 '하루면 아덴亞丁에 도착할 것이니 청컨대 잠시만 머물렀다가 땅에 묻게 해주십시오'라고 재삼 애걸했으나 선주는 승낙하지 않고, 산 사람이 죽으면 영혼은 하늘로 올라가니 물에 들어가나 흙에 들어가나 모두 옳지 않은 것이 없다"[26]라는 기사를 인용했다. 민영환이 해외

---

23 위의 책, 216쪽.
24 위의 책, 218쪽.
25 청국 최초의 주영공사 곽숭도(郭嵩燾)를 수행해 유럽을 방문했을 때 쓴 네 번째 여행기『수사영아기(隨使英俄記)』를 가리킨다.

정보 수집 차원에서 청국인의 해외 여행기나 일기를 읽은 사실은 김만수의 일기에서도 비슷하게 확인할 수 있다.[27]

홍콩을 떠난 배가 들리기도 하고 생략하기도 하는 항구로는 베트남의 사이공이 있다. 세 사절단 가운데 프랑스 공사 김만수 일행은 이곳을 들렀는데, 아마도 그들이 탄 배가 프랑스 선박이고 베트남이 프랑스의 식민지였기 때문일 것이다. 당시 영국의 반도-동방 증기선 항해회사P&O라고 약칭가 장악한 제국 항로에 프랑스가 도전하였다. 프랑스의 제국우편회사가 마르세유-알렉산드리아-수에즈-사이공을 연결하는 정기 항로를 개설하고, 곧이어 1863년 홍콩-상하이, 1865년 상하이-요코하마, 1865년 마르세유-요코하마 정기 항로를 개설하였다.[28] 조선은 일본, 청국 등을 통해 이런 국제노선과 연결하였다.

일기에 따르면 "새벽에 서쪽을 바라봤더니 10리쯤에 산이 하나 있었다. 그 산세가 웅장하고 고와서 마치 우리 대한제국의 산천과 같아 나도 모르게 기분이 좋았다. 그 자리에서 명수를 불러 말하기를 '이곳은 바로 안남安南, 베트남의 경계이다. 이 나라는 본래 우리 대한제국의 제도문물과 거의 같았다. 지금은 프랑스에 속해 있으니 한심스러운 일이다. 그대는 이 상황을 잘 기억해 둬라'라고 말하니 명수가 '네' 하고 물러났다"[29]라고 썼다. 이처럼 김만수는 약소국의 비애를 겪는 베트남에 대해 본능적으로 동병상련의 감정을 느낀 듯하다.

---

26 閔泳煥, 『使歐續草』, 218~219쪽.
27 김만수 일기에도 싱가포르에서 인도양을 항해할 무렵 청국인 장덕이의 해외 여행기『사술기(四述記)』를 읽은 기록이 나온다(金晩秀, 『일록, 일기책』, 36쪽).
28 주경철, 『바다 인류』, 휴머니스트, 2011, 643쪽.
29 金晩秀, 『日錄, 日記冊』, 32~33쪽.

덧붙이자면, 당시 프랑스의 식민지였던 베트남 사신들도 제국 항로를 이용해 프랑스를 방문하였다. 그들은 베트남에서 말레이시아, 싱가포르, 인도, 아라비아, 수에즈운하를 거쳐 마르세유항에 도착하였다. 즉 인도양을 건너 홍해와 지중해를 가로지르는 제국 항로를 이용한 것이다. 그들의 기록에는 방문하는 항구에 있던 항만시설과 등대가 큰 관심거리였다.[30] 이런 경험은 청국, 일본은 물론 한국 사절단에게도 비슷하게 나타난다.

훗날 귀국길의 이재각 사절단의 기록에는 영국의 식민지이자 오늘날 말레이시아의 페낭橫柳에서 하선해 잠시 유람한 기록이 있다. 수행원인 이종응은 스리랑카의 콜롬보처럼 페낭은 청국인이 대부분이며 흑인과 섞여 살고 있다고 썼다.[31] 다시 출항 후 네덜란드의 식민지였던 오늘날 인도네시아의 수마트라섬도 지났다. 베트남, 말레이시아, 인도네시아 등은 한국 사절단이 반드시 거치는 항구는 아니었지만, 영국의 동아시아 진출에서 중요한 요충지인 싱가포르의 경우는 거의 예외 없이 방문하였다.

민영환은 싱가포르가 수목이 푸르고 울창한 섬이라는 첫인상을 남겼다. 그리고 싱가포르는 청나라 가경嘉慶 연간에 영국인들이 빼앗아 점령한 곳이라고 소개했다. 항구에 도착했을 때, 조그마한 아이들이 검은 칠을 하고 몰려들어 돛대를 두드리며 슬피 우는 듯 시늉했다. 승객들이 은전銀錢을 바닷속에 던지니 아이들이 물속으로 뛰어 들어가 얼마 후 동전을 쥐고 나왔다. 대개 서양 선박이 오면 반드시 이 놀이를 하는데, 아이

---

30 허경진, 앞의 글, 66쪽.
31 李鍾應, 『西槎錄』, 164~165쪽.

들이 모두 손을 치고 웃으면서 즐거워하는 모습이 마치 한韓나라 미인이 탄환을 줍는 것과 같다고 했다.[32]

이런 풍경은 귀국길의 이재각 사절단이 이탈리아 나폴리항에서도 유사한 경험을 하였다. 이종응에 따르면, 나폴리는 대단히 부유하고 인구는 50만이나 되지만 도적과 거지 떼가 우글거린다. 여객선이 항구에 들어오면 이들은 기다렸다는 듯이 작은 배나 나무판자를 타고 여객선 바로 아래까지 와서 노래를 부르고 춤을 추면서 혹은 헤엄치면서 배 위의 승객을 바라보고 동냥질을 벌인다. 배 위의 승객이 바다 가운데로 동전을 던져주면 거지들은 몸을 거꾸로 해서 물속으로 자맥질해 들어가서 동전을 주워서 나온다. 항구의 경찰은 이렇게 자맥질해서 동전 찾는 일을 엄금하고 있다. 그것은 아마도 거지들이 물속 깊숙이 들어갔다가 고기밥이 될까 염려되어 금하고 있는 것이라고 적었다.[33] 이처럼 동서양을 불문하고 항구 주변에서 동냥질하는 아이와 거지들의 모습이 여행기에 다소 낭만적으로 담겨 있다.

동남아 지역의 다른 항구도 마찬가지였겠지만 특히 싱가포르를 들린 한국 사절단은 차이나타운에 대한 인상을 남겼다. 민영환은 부두에 내려 마차를 빌려 타고 먼저 청국 사람의 거리에 이르렀다. 크고 작은 점포에 누르고 푸른 빛이 요란히 비치고 관청과 회관, 놀이하는 집, 술집, 창루娼樓가 양편에 늘어섰으며 거리는 크고 넓으며 나무와 숲이 많다고 했다. 이처럼 청국인이 많은 까닭은 영국인들이 인두세를 받지 않기 때문이라며, 중국 사람이 몰려오는 것이 따오기처럼 많았다. 드디어 큰 부

---

32 閔泳煥, 『使歐續草』, 219쪽.
33 李鍾應, 『西槎錄』, 160쪽.

두를 이루어 민월閩越과 영광寧廣 사람이 약 20여만 명이나 되었다. 그밖에 영국 사람이 2천여 명이고, 아라비아계와 인도계의 원주민도 수만 명이라고 썼다.[34]

귀국길의 이재각 일행도 싱가포르에서 내려 마차를 타고 시내를 유람하였다. 여행기에 따르면, 이곳 싱가포르는 영국 식민지로서 주민은 청국인이 주종이고 서양인, 일본인, 흑인들이 섞여 살고 있다. 사람과 물산이 풍성한 것으로는 서양 국가에 미치지 못하지만, 동양 제일의 대도회지로서 동서양을 잇는 요충지이다. 동양 각국의 물자는 반드시 이 항구로 집결했다가 서양으로 수출한다. 항구의 인구가 많은데 땅은 좁아서 땅값이 금싸라기처럼 비싸다고 했다.[35] 한편 프랑스 공사 김만수 일행의 경우 싱가포르에 잠시 내려 구경하고 돌아오다가 일행이 서로 길을 어긋나는 바람에 두 명이 배에 오르지 못하는 돌발적인 사건이 발생하였다. 결국 김만수 등은 먼저 출발하고 낙오한 사람은 다음 배를 타고 따라오는 우여곡절이 있었다.[36] 어쩌면 서양인의 엄격한 시간관념에 대한 몰이해로 말미암은 사건일 수도 있다.

한국 사절단이 말라카馬六甲해협을 빠져나오면 또 다른 대양을 만나는데, 이곳이 인도양이다. 귀국길의 이종응은 인도양 항해 중에 풍랑을 겪으며 이 대양을 한글 사행가사 「서유견문록」에서 실감 나게 그렸다.

기계器械운동 속速히 하야 인도양印度洋에 나왔고나 / 인도양 내력來歷 듣소 약

---

34 閔泳煥, 『使歐續草』, 219~220쪽.

35 李鍾應, 『西槎錄』, 33쪽.

36 金晩秀, 『日錄, 日記冊』, 35쪽.

수弱水가 삼천리三千里라 / 옛 노래 하얏시되 새야 새야 파랑새야 / 삼천리 약수

물을 어찌 건너 왔노 / 노래로만 들었더니 오늘날 건너 보네 / 물은 깊고 힘은

없어 / 짚검블이 다 가라앉네 / 태산太山같은 화륜선火輪船이 뜨는 것이 조화造化

로다.37

위 시 구절처럼 작자는 여행 중에 지나는 곳의 자연현상을 전설과 연

관시켜 기록하였다. 인도양 항행에서 가장 중요한 섬으로 모든 선박이

식료품과 연료 및 휴식을 위해 거치는 곳이 실론錫蘭인데, 지금의 스리랑

카이다. 민영환은 스리랑카에 대해 인도의 속지인 실론 섬으로 이곳을

돌아서 다시 북쪽으로 가면 곧 콜롬보科郞埠가 있다면서, 청국의 근대지

리지 『영환지략瀛環志略』에 실린 기사를 인용해 "버마緬甸 서남쪽에 넓은

땅이 있어, 남쪽 바다로 튀어 들어가서 모양이 키의 혀와 같으니 이른바

인도"38라고 했다. 그는 인도를 다섯 지역五印度으로 나누어 영국의 인도

식민지화 과정을 간단히 소개하였다.

민영환은 스리랑카에 오래 머물지 못해 유람하지 못한 사실을 아쉬워

했다. 그런데 원주민이 "모두가 검고 미련하고 어리석어 양과 돼지와 같

다"39라고 폄하하면서 그들의 복장을 묘사하였다. 얼마 후 아덴에서 만

난 사람들도 싱가포르 사람과 같다고 썼는데, 먼저 지나왔던 싱가포르

에서 만난 원주민에 대해서 "모두 추하고 더럽고 빛이 검다"40라고 묘사

한 것과 유사하다. 동남아시아, 인도, 중동 원주민을 대체로 야만인으로

---

37 李鍾應, 「서유견문록」, 48쪽.
38 閔泳煥, 『使歐續草』, 223쪽.
39 위의 책, 224쪽.
40 위의 책, 220쪽.

폄하했지만, 반드시 노골적으로 비난한 것만은 아니었다.

귀국길의 이종응은 인도양의 악천후를 뚫고 대해를 건너는 경험을 하면서 다시금 증기선과 같은 서양 문명의 이기에 감탄하고, 이런 선박을 만든 유럽인의 정확함과 합리성에 찬탄하였다. 반면에 항해 후 스리랑카에서 만난 원주민의 낯선 모습을 보고는 우습고 이상하다며 일축해 버렸다. 그곳에 사는 흑인들의 차림새가 우스꽝스럽다면서 은연중에 흑인을 야만시하는 시선을 드러내었다.[41] 스리랑카에 오기 전에 잠시 들렀던 페르가나옛 대완국, 오늘날 남예멘의 아덴에서 만난 흑인에 대해서도 얼굴과 몸이 새카만 것이 거슬렸지만, 더한 것은 그들이 옷을 제대로 입지 않았다고 했다. 그뿐만 아니라 모습이 사납거나 모질고 마음도 고약하다고 소개했다.[42] 하지만 이런 평가가 서양의 사회진화론에 기초한 오리엔탈리즘의 시각이라고 단언하기에는 문제가 있다. 오히려 전통적 화이론華夷論에 가까운 인식이 아닐까 싶다. 왜냐하면 이종응은 콜롬보에서 석가세존과 서역으로 떠났던 당나라의 삼장법사를 떠올리며 불교 종주국佛國에 대한 예우를 갖추기도 하기 때문이다. 그는 항구로부터 불과 얼마 떨어지지 않은 곳에 석가불釋伽佛의 불상과 무덤이 있다고 했다. 일행은 절을 찾아가 석탑과 불당을 관람하면서 그곳에 누워있는 불상을 보았는데 장관이라고 썼다.[43]

---

41 박애경, 앞의 글, 43~44쪽.

42 한 연구자는 여행 가사에서 백인과 흑인에 대해 전혀 상반된 평가를 하는 것을 두고 '조선시대 사대부들의 전통적인 화이관'에 근거한다고 보았다(정흥모, 「20세기 초 서양 기행가사의 작품세계」, 『한민족문화연구』 31, 2009, 41~42쪽). 이에 반해 다른 연구자는 인도에서 불교 종주국에 대한 예를 갖춘다거나, 미국에 밭을 가는 말을 보고 이상하다고 한 예시를 들며 흑인에 대한 작자 태도는 인상의 상이함, 경험의 다소에서 비롯된 것이라고 보았다(박애경, 「'서양'이라는 낯선 타자와의 대면」, 『한국고전시가의 근대적 변천과정 연구』, 소명출판, 2008, 189~193쪽 참고).

〈그림 4〉 존 콜롬이 그린 〈대영제국〉(1886년)

한편 프랑스 공사 김만수도 스리랑카의 콜롬보에 정박했을 때, 같은 절을 방문해 와불을 보고는 이곳에서 불교가 중국으로 유입되지 않았을까 추측했다.[44] 여기서 그는 동남아시아, 인도, 중동 사람들에 대한 별다른 차별의식을 보이지 않아 앞서 이종응의 태도와 다르다.

2) 홍해, 지중해

민영환의 여행기에는 인도양에서 큰바람을 만난 기록이 있다. 뱅골만과 아라비아해에서 발생하는 열대성 저기압을 사이클론Cyclone이라고 부르는데, 민영환은 이것을 '회오리바람'이라고 표기하였다. "대체로 회오리바람이란 바다 위의 악풍惡風으로서 한번 불면 8, 9백 리나 혹은 천 리 사이를 순식간에 불어와 번개보다도 빨라서 배가 바람에 들어가면

43　李鍾應, 『西槎錄』, 163쪽.
44　金晩秀, 『日錄, 日記冊』, 37쪽.

뱅뱅 돌아서 나올 수가 없어 반드시 기울어 엎어진다"[45]라고 설명했다. 그런 까닭에 서양 각국은 모두 기상청이 있어 보통 7일 이내의 바람 징후를 예측할 수 있다. 만일 어떤 날에 큰바람이 있다고 예측하면 각 항구에 미리 전보로 알려서 배가 떠나는 것을 금지한다. 만약 바다 위에서 큰바람을 만나더라도 선원의 항해술이 뛰어나기 때문에 배가 전복되는 경우는 백에 하나, 둘에 지나지 않는다고 했다.[46]

대양 항해에서 선원들이 가장 두려워하는 것은 아마도 폭풍우가 아니라 암초일 것이다. 민영환 일행은 홍해 항해 도중 선원으로부터 독일 군함이 주변 섬에서 침몰한 이야기를 들었다.[47] 이 이야기는 귀국길의 이종응 일기에서는 좀 더 자세하다. "선상에서 서남쪽을 바라보니 언덕 아래에 큰 바위 같은 것이 있었다. 뱃사람 말에 의하면 이곳은 17년 전에 독일 배 한 척이 부서졌다고 한다. 이곳 바다 밑에는 암초가 많아서 배가 부서지는 사고가 자주 발생하므로 이를 경계하기 위해 기념으로 남겨 두었다"[48]라고 했다.

등대는 해외 여행기에서 단골로 등장하는 소재이다. 민영환은 정박하는 항구와 항해상 요지에 만들어 놓은 등대를 구경하였다. 모래땅에 세워놓은 영국의 등탑에 대해 평가하기를 "지나는 배를 경계하기도 하고, 또 길 잃은 배를 위한 보배로운 촛불"[49]이라고 했다. 이종응도 홍해 주변의 해로는 험난해서 여러 군데 등대를 설치해 놓고, 밤이면 등대를 밝

---

45 閔泳煥, 『使歐續草』, 224쪽.
46 위의 책, 224~225쪽.
47 위의 책, 225쪽.
48 李鍾應, 『西槎錄』, 161쪽.
49 閔泳煥, 『使歐續草』, 225쪽.

혀 선박의 운항을 편리하게 한다면서 홍해 항로는 등대가 서로 보일 정도로 잇달아 설치해 놓았다고 소개했다.[50]

민영환 일행은 1897년 5월 4일 오전 오늘날 예멘에 소속된 아덴항에 도착하였다. 여기에는 마땅히 정박할 만한 부두가 없어서 배는 바다 위에 닻을 내렸다. 일행은 작은 배를 타고 육지로 올라가 마차를 빌려 시내를 구경하였다. 이곳은 무척 더운 지역으로 60년 전에 영국인들이 점령해 석탄을 공급하는 중계지로 삼고 동시에 전략적으로 홍해를 통제하는 요새로 삼았다. 프랑스나 러시아와 같은 경쟁국들을 견제하고 영국과 인도를 연결하는 길목으로 삼은 것이다. 『사구속초』의 표현을 빌리면 "비록 돌밭의 이익을 거두는 것 같지만 해마다 큰 비용을 쓰는 것을 꺼리지 않으며 경영하고 개척해 이로써 그늘지고 비 내리는 데 대비했다"[51]라고 썼다. 아덴은 도시에 철문을 설치하고 앞에 큰 대포를 놓아두었다. 산 위에는 세 개의 포대를 쌓았는데 모두 영국인들이 건설하였다. 섬의 주위는 대략 백 리쯤 되는데 그 안에는 영국인 총독이 군사 2천 명을 거느리고 주둔하였다. 아덴은 일 년 중 거의 비가 내리지 않아 영국 사람들은 바닷물을 증류해 담수로 만들거나, 산에 연못을 파서 비가 내리면 저장하거나, 주민들을 동원해 주변 산의 폭포수를 양가죽 포대에 담아 운반시키는 등 부족한 식수원을 공급하는 데 전력을 다하였다.

몇 년 후 이재각 일행도 여객선을 타고 아덴을 지났다. 『서사록』에는 이곳이 바로 아라비아로 옛 대완大宛이라고 썼다. 적도에 가까워서 날씨는 항상 덥고 토지는 검게 타서 흑인이 살고 있다고 했다. 인도로 가는

---

50 李鍾應, 『西槎錄』, 162쪽.
51 閔泳煥, 『使歐續草』, 227쪽.

목구멍이 되는 관문이기 때문에, 영국이 많은 군대를 파견해서 경비한다고도 했다. 그의 일기에는 아덴 주변 바다 위를 나르는 물고기에 관한 기사가 보인다. "배가 가는 곳마다 새 떼가 날고 있는데 조그마해서 메추라기만 하다. 떼를 지어 해상을 날다가 바다 위로 도로 내려앉는다. 우리는 처음에는 끝없는 바다에 어찌 새 떼가 있을까 의심스러워서 선원에게 물어보았더니 그것은 새 떼가 아니라 '나르는 고기飛魚'라고 하였다."[52] 김만수 일행도 이곳 바다에서 비어를 목격하였다. 『일록, 일기책』에 따르면, 선창 주변을 따르는 몇 무리의 나르는 물고기를 보았다. 작자는 나르는 물고기 관련 이야기는 오래전에 들었는데, 지금 눈앞에서 직접 보게 되었다며 놀라워했다. 긴 몸과 볼록한 머리로 모기와 같은 종족이지만 한 번 뛰면 수십 칸을 비행하니 정말 기이한 광경이라고 썼다.[53] 몇 년 전 민영환 일행도 비어를 보았는데, 그곳은 아라비아가 아닌 동남아 해역에서였다.[54] 아마도 동아시아인의 여행기에 비어는 고래와 더불어 가장 많이 등장하는 물고기가 아닐까 싶다.

이종응과 김만수 여행기에는 상어 이야기도 보인다. 이재각 일행은 홍해에서 상어라는 큰 물고기가 여객선 가까이에서 노니는 것을 목격하였다. 선원들이 이 해양 어류를 가리키면서 말하기를 사람들이 이 물고기를 잡아먹지 않기 때문에 많은 상어 떼가 사람 가까이에 모여든다고 썼다.[55] 김만수의 일기에는 좀 더 구체적인 상어 이야기가 실려 있다.

---

52 李鍾應, 『西槎錄』, 162쪽.
53 金晩秀, 『日錄, 日記冊』, 123쪽.
54 당시 민영환은 "뱃머리에 때로 무수한 물고기 떼가 보이는데 메추라기보다 크고 두 날개가 있으며, 흰 것이 물 위에 나왔다 들어갔다 하는데 혹은 나는 물고기(飛魚) 라고도 한다"라고 기록했다 (閔泳煥, 『使歐續草』, 217쪽).
55 李鍾應, 『西槎錄』, 162쪽.

"배의 기계가 고장이 나서 잠시 배를 정박하고 수리했다. (…중략…) 배가 멈춘 사이에 선원들이 상어 한 마리를 낚았는데 길이가 수척이었다. 상어를 낚시할 때 돼지고기 한 점을 미끼로 썼다. 상어들이 미끼 옆을 왔다 갔다 하면서 삼키려고 무수히 시도하다가 한 마리가 삼켰다. 다시 토해내고 떠나기를 몇 차례 반복하더니 결국 찾아와 삼켰다. 그때 낚아서 총을 두 발이나 쏘았는데도 죽지 않으니 상어가 얼마나 크고 강한지 알 만하다"[56]라고 묘사했다.

아덴을 지나면 홍해로 들어선다. 홍해에 대한 모든 사절단의 공통적인 인상은 엄청난 폭염이었다. 민영환은 홍해를 지나면서 오른쪽은 아라비아이고 왼쪽은 아프리카라면서 아프리카 연해의 땅은 모두 사막으로 사람이 없는데, 몹시 가물고 비가 적어서 초목이 나지 않는다고 소개했다.[57] 이종응은 날씨가 너무나 더워서 항구 좌우의 산은 불타는 듯 붉게 보였고, 기온은 찌는 듯 더웠다고 했으며,[58] 김만수는 열기가 마치 삼복더위에 땀이 흘러서 옷을 적시는 듯하다고 썼다.[59]

홍해紅海라는 이름에서도 나타나듯이 바다 색깔이 붉은 사실은 여행객들에게는 무척 궁금한 현상이었던 듯싶다. 민영환은 해저에 산호가 많아서 물이 붉어져 홍해라고 부른다고 했다. 그런데 지금 보니 바다 색깔이 갑자기 검었다가 남색이 되니 혹시 가까운 바다 밑에 산호가 없기 때문일까?[60]라며 자문하기도 했다. 이종응은 좀 더 다양한 설을 소개하였

---

56 金晩秀, 『日錄, 日記冊』, 37~38쪽.
57 閔泳煥, 『使歐續草』, 227쪽.
58 李鍾應, 『西槎錄』, 161쪽.
59 金晩秀, 『日錄, 日記冊』, 123쪽.
60 閔泳煥, 『使歐續草』, 228쪽.

다. 바닷물 빛은 먹물 풀어놓은 것처럼 시커멓다. 이따금 이끼와 같은 찌꺼기가 떠도는데 색깔이 아주 누렇다. 어떤 사람은 바다 밑에 산호가 많아서 바닷물 빛이 이 모양이라고도 하고, 어떤 사람은 황토물이 산 위에서 흘러 내려왔기 때문이라고도 하며, 어떤 사람은 뜨거운 열기 때문이라고 하는데, 어느 것도 충분히 믿을 수가 없다고 썼다.[61]

민영환 일행은 홍해를 벗어나 지중해로 들어가는 과정에서 수에즈운하에 도착하였다. 일기에는 운하의 폭이 몹시 좁아서 겨우 배가 통과할 수 있을 정도라면서, 물의 형세가 돌고 굽고 꺾이어 마치 중국의 대고구大沽口에 배가 가는 것과 같다고 기록했다.

> 이 운하는 새로 만든 운하에 속하는데, 배로 이곳을 지나려면 화물 1톤에 대해 세금 2원을 내고 사람도 1인당 2원을 내야 한다. 언덕 위에 세관이 있는데 영국 사람이 운영한다. 10년 전 프랑스인 레셉스Lesseps, 李習新가 이 운하를 열었는데 주식을 판매해 비로소 대공사를 준공하였다. 이로부터 프랑스 사람들이 큰 이익을 거두었다. 땅이 이집트에 속했기 때문에 서로 의논해 이익의 3분의 1을 이집트 왕에게 돌려주었다. 그 후 이집트는 거액을 받고 영국 사람에게 지분을 팔았다. 또 들으니 프랑스 사람들이 베트남 전쟁 중에 식량을 공급하는 비용 때문에 주식을 영국 사람에게 팔아서 대부분 권리가 영국인에게 넘어갔다고 한다.[62]

몇 년 후 귀국길에 수에즈운하를 통과한 이종응의 기록에는 운하의

61　李鍾應, 앞의 책, 162쪽.
62　閔泳煥, 앞의 책, 229~230쪽.

폭이 큰 배 한 척이 운항할 정도이고, 몇만 톤의 화물을 견딜 수 있다고
했다. 초기에는 프랑스인이 관리하다가 지금은 영국인이 관리한다고 했
는데, 통과세가 화물인 경우 1톤에 2원, 사람인 경우 1인에 2원을 징수
한다고 썼다.[63] 프랑스 공사 김만수는 수에즈운하에서 전기등을 목격했
는데, 이것을 만든 이유는 밤에 왕래하는 선박을 비춰주기 위해서라고
했다. 그는 이집트 국경 주변에서 바다를 뚫어 길을 내고 석축을 쌓는
풍경을 목격하였다. 이런 항로 개척 공사에 쓰이는 굴착기를 설명하면
서 윤선 모양의 기계로 바닷속 흙을 파낼 수 있다고 소개했지만, 그것이
어떤 원리로 작동하는지는 알지 못했다.[64]

민영환 사절단은 수에즈운하를 통과한 후 드디어 지중해에 들어섰다.
그런데 일기에는 청국 관료 왕지춘王之春이 러시아를 사행하고 남긴 여행
기『사아초使俄草』를 언급해서 주목할 만하다. 왜냐하면 사절단은 일반적
인 제국 항로를 따라 이탈리아 해안을 지나 프랑스로 향한 것이 아니라
항로를 틀어 튀르키예 쪽으로 향했기 때문이다.[65] 이런 항로는 한국인으
로는 처음이 아니었다. 왜냐하면 건양 원년1896 7월에 러시아로 파견했
던 민경식閔景植과 주석면朱錫冕도 이집트와 튀르키예를 거쳐 러시아 제국현
재는 우크라이나 소속의 오데사항으로 와서 기차를 타고 페테르부르크로 이동
한 사례가 있었기 때문이다. 일행은 튀르키예 영해에 속하는 다다넬즈
해협을 따라 항행했는데, 전략적 요충지여서 사방에 포대를 설치하고
대포들을 배치해 놓아 마치 전쟁하는 듯 삼엄하였다. 당시 튀르키예 국

63 李鍾應, 앞의 책, 161쪽.
64 金晩秀, 『日錄, 日記冊』, 42~43쪽.
65 閔泳煥, 앞의 책, 229쪽.

경 출입구인 이곳은 그리스와 갈등이 고조된 상태여서 군사 움직임이 끊이지 않았다. 실제로 러시아 배 한 척이 지나가는데 20발의 대포를 쏘아 경계심을 고조시켰다.[66]

얼마 후 민영환 일행은 튀르키예의 고대수도 콘스탄티노플을 지나며 빼어난 산천과 밭과 들을 관망하였다. 고대 왕국을 지나면서 층층이 만들어진 누각과 거대한 건축물을 보았으며 벽돌로 쌓은 화려한 담장과 언덕 위 포대를 감상하였다. 배는 점차 흑해로 진입했으며, 곧이어 우크라이나의 오데사 항구에 다다랐다. 일행이 서울을 떠난 지 벌써 3개월이 지난 시점이었다. 언제나 그렇듯 여행의 막바지에는 "다행히 대군주 폐하의 큰 복에 힘입어 일행이 모두 무사히 건너왔으니 기쁨을 이기지 못하겠다"[67] 등과 같은 관행적인 인사말을 남겼다. 오데사 항구는 넓은 시가지에 주택들이 즐비한 도시로 당시 러시아 제국 남쪽 연안에서 가장 중요한 요지였다.

한국 사절단은 이곳에서 기차를 타고 북상하이 러시아 수도로 향하였다. 민영환은 페테르부르크로 가기 위해 장거리 기차를 탔는데, 기차는 기선과 비교해 세 배는 빠르다면서 자세히 묘사하였다.[68] 기차 속도에 관한 놀라움은 이종응의 기록에도 그 속도를 화살로 비유하는 것이 나타난다. 비록 대한제국 시기인 1899년에 경인선을 개통해서 철도를 이

---

66 위의 책, 231~232쪽.
67 위의 책, 232쪽.
68 "기차의 제도는 기계가 한 차에 여섯 차량이 달렸고 석탄 차 하나에 네 차량이 달렸는데 두 차가 앞에서 끌면 그 뒤로 각 차가 연결되어 수십 량의 많은 것을 실을 수 있다. 객차는 상·중·하의 세 등급으로 나뉘어 있다. 기관차가 앞서 떠나면 모든 차가 따르는데 그 빠르기가 마치 화살이 시위를 떠난 것과 같고 새가 날개를 편 것과 같아 귓속에는 다만 바람 소리가 들릴 뿐이다"(위의 책, 234쪽).

용한 경험이 있었지만, 그 속도가 더욱 **빠른** 것에 놀랐다.

귀국길의 김만수도 프랑스 파리를 떠나 러시아 페테르부르크에서 한 달가량 체류하다가 12월 23일에 그곳을 출발해 오데사로 향하였다. 그는 민영환과는 역방향으로 오데사에서 튀르키예의 수도 콘스탄티노플을 거쳐 이집트의 포트사이드로 가서 부임하던 길을 따라 되돌아서 귀국길에 올랐다. 아마도 이 노선이 당시 러시아에서 지중해를 이용해 동방으로 가는 일반적인 코스였던 듯하다.[69] 김만수가 오데사항을 이용한 것과 달리 귀국길의 이종응은 이탈리아 제노바 항구를 이용해 지중해로 나온 점이 차이가 있다. 그는 기차를 타고 제노바에 온 후 독일 호화 여객선에 올라 지중해의 스트롬볼리섬에 도착했고, 다음 날 오전에 시칠리아항을 통과하였다. 이 지역은 화산이 많아 밤이면 산 정상에서 분화하는 불빛을 보았고, 낮이면 연기를 볼 수 있었다.[70] 쥘 베른의 소설 『80일간의 세계 일주』에서도 주인공 일행은 마르세유 항구가 아닌 이탈리아 항구를 통해 지중해로 나와 세계 일주 여행을 떠나는 이야기가 전개된다.

지중해의 입구에서 러시아로 가기 위해 오데사항으로 북진하거나, 혹은 지중해에서 좀 더 서진해 이탈리아 항구에 내려 유럽 철로를 이용하는 방법 말고도 제국 항로를 이용하는 더욱 일반적인 노선은 따로 있었다. 지중해에서 계속 서진해 프랑스 마르세유항에 도착한 후 육로로 이용해 프랑스 파리를 거쳐 영국 런던으로 가는 코스가 그것이다. 혹은 지

---

69 구사회, 앞의 책, 88~89쪽.
70 李鍾應, 『西槎錄』, 160쪽. 김만수도 귀국길에 시실리아의 화산을 구경했는데, 저녁 무렵에 지나서 제대로 보지 못한 것을 무척 아쉬워했다(金晩秀, 『日錄, 日記冊』, 45쪽).

중해를 관통해 지브롤터해협을 지나 북상한 후 영국 남부로 곧바로 가는 해로도 있었다. 김만수 일행이 제국 항로를 따라 프랑스 공사로 부임할 때 도착한 항구는 마르세유항이었다. 『일록, 일기책』에는 "이 항구는 미국의 뉴욕과 청국의 상하이와 거의 비등하지만, 천하에서 가장 풍요로운 곳이다. 또 세상 항구 가운데 가장 먼저 개설된 곳이다"[71]라는 소감을 남겼다. 이때 김만수는 처음 프랑스 땅을 밟은 탓인지 도시풍경에 대해 비교적 자세히 묘사하였다.

보빙사의 책임자로 미국을 방문하고 귀국한 민영익 일행, 미국에서 유학하다 도중에 귀국한 유길준, 러시아를 방문하고 파리에서 개인적으로 귀국하던 윤치호 모두 마르세유항에서 출발했으며, 이 항구에 대한 소감들을 남겼다. 이 지중해의 아름다운 항구는 청국과 일본 사절단은 물론 베트남 사절단 역시 자주 이용하던 해항도시였다.[72] 동아시아 사절단의 여행기와 일기에는 마르세유의 번화한 모습을 묘사하면서 잘 정비된 항만시설, 산 중턱의 포대, 촘촘하게 세워진 선박들, 배들의 안전을 지키는 등대와 부교 등을 인상 깊게 기록하였다.

---

71 金晩秀, 『日錄, 日記冊』, 45~46쪽.
72 베트남 사절단의 여행기인 『여서일기(如西日記)』에는 마르세유항을 "항구의 너비는 약 200길, 길이는 1리쯤 되었는데, 상선들이 몰려들어 돛대가 숲같이 서 있었다. 지금 정박해 있는 화륜선이 1백 척이나 되며, 범선도 몹시 많다. 해안을 끼고 부교를 설치해, 상선들이 짐을 싣고 내리기가 편리하게 되어있다"라고 묘사했다(허경진, 앞의 글, 67쪽 재인용).

3. 유럽에서 본 해양 문명

1) 영국

대한제국 사절단은 다른 해외 사절단과 마찬가지로 유럽 현지에서 근대 문명을 경험하였다. 여기서는 출사대신 일기에 나타난 영국, 프랑스, 러시아 등 유럽의 근대 문명 가운데 해양 문화의 조각들을 맞추어 간략하게 언급하고자 한다. 그들에게 해양 문명이란 군함과 조선소의 놀라운 규모, 대포와 포대의 정교함, 동물원과 수족관의 신기한 어류, 서양인의 해양 문화 등을 의미하였다.[73]

민영환은 영국을 소개하면서 본래 세 개의 섬으로 이루어져 있으며, 외롭게 대서양의 바다 한가운데 있다. 동쪽으로 이어진 두 섬은 길이가 약 2천여 리, 너비는 4~5백 리가 된다. 남쪽은 잉글랜드이고 북쪽은 스코틀랜드이며, 서쪽에 있는 섬은 아일랜드라고 하는데 길이는 7~8백 리이고 너비는 그 절반이라고 했다. 일기에 따르면, 지금 여왕은 왕위에 있은 지 60년이다. 영토를 개척해 더욱 넓혔으니, 아프리카의 각 항구와 오스트레일리아 대륙과 인도 대륙 및 남양의 각 항구 등이 있다. 땅이 서로 이어지진 않았지만 넓고 큰 규모가 러시아와 서로 비슷하다고 했다.[74] 이재각 일행도 산업혁명 이래 급속도로 발달한 영국의 과학 문명의 발전을 보고 경탄하였다. 이종응의 여행기에는 조그만 섬나라 영

---

73 이재각 일행은 태평양을 건너기 위해 장기간 체류했던 일본 요코하마에서 해국(海國) 일본의 해양 문화를 경험한 기록이 있다. 해상에서 이루어지는 보트 경주를 관람한 기록이나, 바다를 매립하고 부두를 축조하는 과정에서 부교를 만들고 수문을 활용하는 모습 등을 남겼다(李鍾應, 『西槎錄』, 137~138 · 139쪽).
74 閔泳煥, 『使歐續草』, 253쪽.

국이 전 세계에 11개의 식민지, 세계 육지의 4분의 1을 보유하고, 세계 경제를 지배하는 부강한 나라로 성공한 현실을 보고 "귀신이 아니면 어떻게 이런 부富를 누릴 수 있겠는가!"[75]라고 격찬했다.

민영환에 따르면, 런던은 테임즈강 상류에 있는데 본래 추위가 심하다. 바닷속 더운물이 증기로 올라가고 또 수백만 호의 연기와 석탄 기운이 끊이지 않고 흩어지지 않아 맑은 날은 적고 안개가 많아서 비록 대낮이라도 등불을 켠다고 했다.[76] 그리고 이종응에 따르면, 런던은 고층 건물이 즐비하고 길은 잘 포장되었으며, 보도 위에는 얇은 돌을 깔았고, 그 사이에 가로수를 일정한 간격으로 심었다며 거리풍경을 묘사하였다.

민영환 일행이 런던에 도착해 가장 먼저 놀란 것은 호텔이었다. 런던의 고층 호텔에 묵으며 숙소의 화려함은 물론 층간을 오가는 엘리베이터에 경악하였다. 게다가 호텔 방마다 전화기가 있어 전선을 통해서 각 방을 연결해 서로 연락하게 만든 시설에 감탄하였다. 런던 시내에 전화 회사가 있어 그 전선이 성안의 수백만 집을 연락하기 때문에 시내의 백리 안이 편리하기가 지척에서 서로 말하는 것과 같다고 소개했다. 이 사실은 눈으로 보지도 못하고 귀로 듣지도 못했던 것이라고 경탄하였다.[77] 이재각 일행도 영국에 내려 처음 경험한 것이 호텔의 화려함과 웅대함이었다. 이들이 머문 런던의 십여 층으로 이루어진 고층 건물의 위엄은 곧 제국의 위엄으로 비추어졌다.[78] 도착 후 점차 런던의 다양한 문물들

---

75 李鍾應, 『西槎錄』, 129쪽.
76 閔泳煥, 『使歐續草』, 250쪽.
77 위의 책, 251쪽.
78 영국의 『데일리 익스프레스(*Daily Express*)』에 실린 「극동의 친왕(이재각) 세계 일주 여행」이라는 기사에는 "의양군 일행은 태평양을 횡단 항행, 샌프란시스코에 이르러, 그곳에서 캐나다를 거쳐 퀘벡에서 여객선 편으로 대서양을 횡단 항행, 리버풀에 도착했다. 태평양과 대서양은 파도

을 구경하였다.

민영환의 『사구속초』에는 그리 많지 않은 분량이지만 도시와 건물, 철도와 교통시설, 전기와 엘리베이터, 교회당이나 종교의식, 동물원과 박물관, 연극 등과 같은 각종 풍물과 풍습을 담았다. 그는 얼마 전 러시아 사행 후 만든 『해천추범』에서도 근대 문명의 대강을 소개했으며, 이번 『사구속초』에서는 일부 내용이 중복되거나 일부 내용을 생략하기도 했다. 그런데 군부대신이었던 민영환은 군사 분야에 관심이 많았는데, 한두 사례를 소개하면 다음과 같다.

먼저 민영환 일행은 외무부의 요청으로 해군훈련을 참관할 기회를 얻었다. 기차를 타고 20분쯤 간 바다포츠머스 군항?에서 군함들을 보았는데, "군함이 베를 짠 것과 같이 백여 리 정도 이어졌는데, 철갑으로 된 큰 군함으로 모두 1백 80여 척"이라며 놀라워했다. 영국 황태자와 관리들, 외교관들이 기선을 타고 바다 위를 지나니 군함에서 일제히 예포를 쏘아 바다 물결이 흔들리는 모습이 참으로 장관이라고 감탄했다. 일기에 따르면, 당시 영국 해군은 9만 3천 7백 50여 명이고 육군은 71만 5천 6백 80여 명이며 철갑선은 7백여 척이라 한다. 그리고 영국 육군의 수는 비록 많으나 만약 일이 생기면 모두 해군에 소속된다. 또한 식민지 해군도 40~50만을 밑돌지 않는다면서 '해군이 많은 것은 천하의 으뜸'이라고 했다.[79]

가 잔잔해서 의양군은 일찍이 국외여행을 한 적이 없었지만 그다지 험난한 항행은 아니었다. 런던 유스턴역에 도착하자 영국 의전 장관이 의양군 일행을 영접했는데, 일행은 왕실 마차를 타고 웨스트민스터 궁전호텔에 여장을 풀었다"라고 보도했다(김원모, 앞의 글, 25쪽 재인용). 태평양을 건너 샌프란시스코에 갔다는 내용 등은 의문의 여지가 있다.

79 閔泳煥, 『使歐續草』, 260~261쪽. "영국 땅 세 섬은 호구가 3천만이며 해군과 육군이 80만 5천이요 군함이 7백 척인데, 그중에 범선(帆船)은 10분의 1에 지나지 않는다"(위의 책, 263쪽).

다음으로 어뢰공장 주인이 민영환을 찾아와 자신의 공장에 방문할 것을 요청해 기차를 타고 공장을 방문한 기사가 있다. 서양 풍속에는 외국 손님이 오면 상점 주인이나 공장 주인이 찾아와 자신들의 상품을 보러 오라고 초청하는 관례가 있었다. 민영환은 마지못해 방문했다고 하지만 무기 관련 기사는 자세한 편이다.

신식 어뢰포魚雷砲를 보았다. 길이가 한 길 두 자요, 무게는 1천 6백 파운드이며 가운데는 공기의 압력을 썼고 꼬리에는 기기機器를 써서 한 시간에 30해리를 간다. 제조한 값은 영국 돈 4백 파운드요, 파는 가격은 약 5백 파운드라고 한다. 또 신식 쾌포快砲를 보았는데 구경이 6치로서 탄환 1백 파운드를 쓰는데, 전혀 연황면선烟黄綿綫의 화약 없이 만든 것이라고 한다. 면화약棉火藥과 초강수硝强水를 써서 만든 것으로서 모양이 활시위의 실과 같아 거칠고 가늘게 만든다. 그 법은 영국 사람 아무개가 1875년에 시작하여 1888년에 완성했는데 매 파운드에 약 2실링20실링이 1파운드으로 값은 흑색화약보다 3배나 되지만 역량力量은 몹시 커서 그 1분이 흑색화약 4분의 몫을 하며 또 물에 젖거나 변색의 근심이 없고 열에 더워지거나 불에 탈 염려도 없다. 시험 삼아 화약 3톤을 넣어 둔 집에 촛불을 켰더니 담과 벽이 약간 검어지고 기와 두어 장이 깨졌을 뿐 들창도 상하지 않았으니 가히 위험을 피할 수 있다.[80]

위의 기사에서 알 수 있듯 어뢰뿐만 아니라 대포에 쓰이는 탄환에 흑색화약보다 비싸지만 안전하고 성능이 뛰어난 면화화약을 쓴 설명이 실

---

80 위의 책, 270~271쪽.

려 있다. 어뢰나 면화 화약은 서양 군수산업의 발전 과정에서 등장한 신식무기였다. 그뿐만 아니라 공장에서 포탄을 제조하는 방법이나 기관총에 탄환이 자동으로 장전되어 발사되는 원리 등을 소개하였다.

그리고 이종응의 『서사록』을 보면 영국은 유교적 왕도가 구현된 곳으로 보아 황제는 덕이 넘치는 인물로 형상화되고 있다. 런던의 초기 인상으로 근위병의 복장과 행차, 사신 행렬을 보기 위해 모여든 인파, 버킹엄 궁전의 화려함이 자세하다. 예를 들어, 버킹엄 궁전에서 만난 영국 관료의 부인을 묘사하면서 보석으로 장식한 비단 예복에 꽃장식이 달린 모자를 쓴 영국 부인의 모습을 일컬어 하늘나라의 선녀가 아니면 오지연의 서왕모라고 하여 그 아름다움을 긍정적으로 묘사하였다. 그의 여행기는 영국 런던 관련 부분이 전체 분량의 40% 이상을 차지하는데 런던 거리, 백화점, 화원, 동물원, 서커스장, 버킹엄궁, 국립은행, 박물관, 화원, 국회의사당, 수정궁, 감옥, 소방본부, 놀이공원, 연병장, 원저궁 등을 사실적으로 기록하였다. 이와 달리 한글 가사 「셔유견문록」에서는 작자의 눈을 휘둥그레 만든 수정궁水晶宮[81]의 불꽃놀이를 문학적인 필체로 묘사해 대비를 이룬다.[82] 그는 귀신의 글재주도도 화려한 불꽃놀이는 표현할 수 없을 것이라고 놀라워했다.

근대 문명 가운데 하나인 동물원을 관람한 기억을 다음과 같이 남겨 놓았다. "뿔이 한 개 달린 짐승이 있었는데 뿔 끝에는 살이 달려 있고 꼬리는 소꼬리 같고 발굽은 말발굽이요 몸 크기는 소만큼 커서 이 짐승을

---

81 수정궁은 세계박람회가 처음 열린 런던 박람회를 기념하기 위해 심혈을 기울여 유리를 위주로 만든 건물로 현재는 화재로 사라져 없다. 민영환은 "나라 안의 각종 제품과 기계 및 화륜선 모형과 심지어는 모든 상용기구까지 갖추지 않은 것이 없다"라고 기록했다(위의 책, 266쪽).

82 李鍾應, 『셔유견문록』, 177~178쪽.

기린麒麟이라 한다. 이 기린은 인도산이라는데 그렇다면 서방에도 성인聖
人이 있다는 말인가!"[83]라며 전설 속의 기린과 동물원의 기린을 혼동하
였다. 민영환이 영국으로 가기 위해 들린 독일 베를린의 대형 동물원에
서도 유사한 경험을 했는데, 기린을 보고는 성인을 위해 태어난다는 기
린이 많은 사실에 깜짝 놀라는 기사가 있다.[84] 동물원에는 처음 보는 생
물들이 많았는데 "암석을 뚫어 별도로 만든 연못에는 덩치가 큰 물고기
네 마리가 있었다. 이 물고기가 몹시 흉포하고 표독스럽기 때문에 따로
가두어 기른다는 것이다. 자세히 살펴보니 네 개의 발이 있고 눈빛은 푸
르고 붉은데 우리 감시인에게 물어보니 악어鰐魚라고 한다"[85]라며 생전
처음 본 악어를 물고기로 소개하였다.

대체로 이재각 일행은 영국 여행에서 런던의 겉면을 관찰하는 데 치
중했다. 일행은 제한된 시간 안에 영접관의 안내에 따라 제한된 장소만
을 시찰하였다. 그래서 영국 가정을 방문하거나 일반 시민들과 대화를
나누지도 못하고, 정해진 일정에 따라 바쁘게 움직일 수밖에 없었다. 따
라서 영국인의 내면세계를 파악할 여유는 없었다.[86] 그뿐만 아니라 국제
정세에 대한 인식이나 위기의식은 물론 해양 제국인 영국의 해양 문명
을 별로 파악하지 못했다. 그들의 여행은 관광에 가까웠다.

한편 민영환을 비롯한 사절단 전원은 단발령으로 깎은 머리를 다시
길러서 솔잎상투를 달고 영국사행을 단행하였다. 그런데 민영환이 런던

---

83 위의 책, 146쪽.
84 "외뿔 짐승이 있는데 형상은 나귀와 같고 키는 약 두어 길이 된다. 털이 누르고 검은 점이 있는데
    혹자는 이것을 기린이라고 한다. 옛사람이 말하기를 기린은 성인을 위해서 난다고 하는데 이것
    이 과연 기린인가? 어찌 서양에만 성인이 많은 것인가?"(閔泳煥, 『使歐續草』, 246쪽).
85 李鍾應, 『서유견문록』, 146쪽.
86 박노준, 「'해유가'와 '셔유견문록' 견주어 보기」, 『한국언어문화』 23, 2003, 138쪽.

에 도착해 각국 축하 사절들이 모두 머리를 깎고 양복을 입은 것을 보고, 자기만 남들과 달리 상투 틀고 사모관대 차림을 해서 열등감을 느낀 나머지 그만 머리 깎고 양복을 사 입고 말았다. 하루는 영국 여왕이 상투 모양의 민영환을 보고 싶어 불렀다가 복장이 서구식이라 실망해 돌아가라고 했다고 전한다.[87] 앞서 언급했듯이, 민영환은 현지에서 파직당하는 바람에 경황이 없었던 탓인지 일기가 도중에 끊기고 귀국길 기록을 남기지 않았다. 이와 달리 이재각은 귀국길 이야기가 남아있다. 영국의 도버항에서 프랑스의 칼레항을 건너는 영프해협 기사가 영국 관련 마지막 내용이었으며, 곧이어 프랑스 문물의 번성이 영국을 능가한다며 파리로 향하였다.[88] 이재각이 파리를 방문했을 때는 이미 김만수는 귀국한 후였고, 그 대신 민영찬閔泳瓚이 프랑스 공사를 맡고 있었다.

2) 프랑스 · 러시아

프랑스에 관해서는 당연히 프랑스 공사를 역임한 김만수의 일기 내용이 자세한 편인데, 그가 공원, 동물원, 식물원, 박물관, 영화관, 공원, 오페라극장, 에펠탑, 궁궐, 고적 등을 관람한 기록들이 남아있다. 하지만 불과 반년 정도 체류하고 별로 의욕적으로 활동하지 않은 탓인지 생각보다 프랑스에 관한 이해가 표면적이다.[89] 게다가 파리가 내륙 쪽에 위치해서인지 해양 문화에 관한 기록은 거의 없다. 그나마 해양 관련 기사

---

87 민영환은 서구화가 시대의 대세라고 판단했는지 귀국 후에도 단발과 서양식 복장을 바꾸지 않았다(김원모, 「한국의 영국 축하사절단 파견과 한·영 외교관계」, 15쪽).
88 李鍾應, 『西槎錄』, 159쪽.
89 김만수는 청국의 동문관(同文館)에서 번역한 독일의 외교 서적 『성초지장(星軺指掌)』을 읽으며 국제 외교를 파악한 것으로 보인다.

단편들을 몇 가지 소개하면 아래와 같다.

첫째, 놀이공원 관람 중 독특한 해양 문화를 경험하였다. 입장료를 내고 들어간 어느 거대한 화륜선 모형의 공연장에서 김만수는 자신의 뒤에 기계 위에 서서 사방을 관찰하는 실감이 나는 함장과 선원들의 인형에 깜짝 놀랐다. 망망한 푸른 바다에 배의 돛대가 서 있었고 천하 각국의 깃발이 펄럭거리며 눈에 아른거렸다. 태양 아래 오색구름이 황홀한 기분이었고, 부둣가에는 양옥들이 고기비늘처럼 이어져 있어 큰 항구를 이루고 있었다. 그는 이런 그림으로 그려진 멋진 세계에 눈을 빼앗겨 버렸는데, "요괴의 술법이 어떠한 것인지 알지 못하지만, 또한 형용해서 말할 수가 없었다"[90]라고 썼다. 다른 날에는 오페라극장에 가서 본 공연을 상세히 묘사하면서도 결국 "사람들의 귀와 눈을 현혹시켜 요괴 등의 이야기를 꾸미는 데 불과한 것"[91]이라는 악평을 남겼다.

둘째, 『일록, 일기책』에는 영해 관념이 나타나 흥미롭다. 김만수가 프랑스인에게 "서양 어업 장정에서 각기 정해놓은 경계가 있습니까?"라고 묻자, 대답하기를 "어느 나라를 막론하고 해당국 소속 바다 15리 안은 자국 이수里數인데, 반드시 해당국 사람들이 (어업을) 금합니다. 그 밖은 다른 나라 각국 사람들에게 맡겨 서로 채굴하고 수렵합니다"라고 했다. 이것은 그가 유럽 여러 나라에서 실행하는 해양법을 간단히 소개한 구절이다.[92] 김만수는 프랑스 부강의 원천은 상업 무역의 결과라고 생각하였다.

---

90 金晩秀, 『日錄, 日記冊』, 50~51쪽.
91 위의 책, 55쪽.
92 위의 책, 71쪽.

셋째, 일기에는 영국과 미국 양국이 순양함으로 누가 신속하게 항해할 수 있는가 내기를 했는데, 영국 함대가 뒤처졌다고 한다. 그래서 영국은 빠르게 항행할 수 있는 기술을 더욱 연구하고 이것을 고도화할 방법을 생각한다고 들었다.[93] 이런 서양인의 과학 기술에 관한 탐구 노력은 김만수의 관심을 끌었다. 다른 날 일기에는 프랑스인들이 경기구輕氣球를 개발하고 이를 가지고 지중해를 횡단하는 탐험을 하였다. 정부에서도 군함을 파견해 바다에 추락할 것을 대비하였다. 비록 기구를 타고 바다를 건너는 시도는 실패했지만, 프랑스인이 기계를 정밀하게 만드는 노력을 포기하지 않으니 반드시 성공할 것이라 했다.[94]

넷째, 김만수는 다른 한국 사절단처럼 현지에서 박물관을 방문하였다. 여기서 수를 셀 수 없을 정도의 다양한 물고기 뼈를 구경하였다. 물속에 사는 어류들이 열 개의 칸으로 나누어져 있었는데 곤어, 날치, 고래, 악어 등이 있었다. 그밖에 중간 크기와 작은 크기의 물고기는 기록하기 어려울 정도로 많았다.[95] 일기에는 프랑스 해양 문화의 단편 기사만 엿보이지만, 실제로 프랑스는 조선 분야 등에서 세계 최고 수준인 해양 강국이었다. 어쩌면 프랑스의 수해양 산업이 남부지역에서 발전했기 때문에 직접 목격할 기회가 적었을지도 모른다.

프랑스 말고도 러시아는 새롭게 등장하던 군사 대국이자 해양 강국이었다. 게다가 대한제국 시기 러시아는 아관파천이라는 사건에서도 알 수 있듯이 정치적으로 한국에게 특별한 존재였다. 그래서인지 한국 출

93 위의 책, 86~87쪽.
94 위의 책, 92쪽.
95 위의 책, 101쪽.

사대신의 일기에는 부족하나마 러시아와 관련한 몇 건의 관련 기사들이 나타난다.

민영환 일행이 영국 런던으로 건너가기 전에 러시아의 수도 페테르부르크에서 머문 기간은 모두 16일이었다. 러시아 당국에 웨베르 공사 유임을 설득하고, 「한러밀약」을 실천하는 방안을 협의하기 위해서였다. 민영환은 페테르부르크에 도착한 후 도시 한가운데 세워진 표트르 대제의 동상을 보며 이 도시를 건설한 위대한 황제를 소개하였다. 표트르는 1672년에 25세의 나이로 즉위했는데, 어린 시절 영국으로 유학해 조선술을 비롯한 다양한 학문을 배운 후 귀국해 지금의 수도로 옮겼다. 통상으로 재정을 확충하고 각국과의 전쟁을 승리로 이끌어 부강한 나라를 만들었다. 56세의 나이에 죽었는데, 백성들이 그를 사모해 수도 이름으로 명명했으며 중흥의 군주라고 불렀다.[96] 표트르는 러시아 해군을 건설한 인물이기도 했다.

민영환은 군사 분야에 관심이 많아 이전 러시아 방문 때와 마찬가지로 군수공장을 관람하는 것을 잊지 않았다. 그는 러시아 관리와 함께 한 조선소를 방문해 그곳 주인과 여러 종류의 선박을 관람하였다. 보통 선박은 먼저 작은 모형을 만든 후 이를 실제 제작에 반영한다고 했다. 다른 기계들이나 소총과 탄약 등도 진흙으로 모형을 만들어 이를 진열해 놓았다. 무기에 관심 있는 사람들이 연구할 수 있도록 한 것이다. 표트르가 직접 만든 각종 배 모형도 전시했는데, 러시아 강병의 원인을 알 수 있다고 기록했다.[97]

---

96 閔泳煥, 『使歐續草』, 236쪽.
97 위의 책, 240~241쪽.

민영환은 러시아 한 요새를 방문해 포대에 설치된 대포들의 운영방식을 간략히 소개하기도 했다. 평소에는 대포를 숨겨 놓았다가 유사시 끌고 나와 포대에 설치하는데, 병사들과 화약 창고는 아래층에 배치하였다.[98] 한편 영국에서도 대포를 만든 뒤에는 아무리 견고한 성도 파괴할 수 있으므로 요즘에는 바닷가나 언덕에 포대를 설치한다면서 성을 쌓는 것보다 유리하기 때문이라고 했다.[99]

민영환 일행은 영국으로 가기 위해 네덜란드를 경유했는데, 이때 과거 해양 강국이었던 네덜란드의 해양성을 언급하였다. 시내를 산책하던 중 "오랫동안 거닐다가 다시 박물관으로 가서 도로 해안에 이르니 해군 제독 미힐 드 로이테르Michiel de Ruyter, 雷德爾의 기공비紀功碑가 있는데 이 비는 매우 커서 높이가 백여 길이 넘는다. 대개 서력 1652년 이곳에서 영국을 격파했기 때문이다"라며 마치 조선의 이순신 장군과 같은 네덜란드 해상 영웅 로이테르 제독을 소개하였다. 그리고 "네덜란드는 땅이 비좁아서 세로가 약 6백 50리요 가로는 3백 50리에 지나지 않고 땅의 형세는 평탄해서 물은 있고, 산이 없다. 때로 바다 조수가 있어 치고 할퀴어서 백성들이 둑을 쌓아 막기를 잘하고 또 배를 저어 멀리 가기를 잘하여 그 무역은 유럽에서 으뜸이다"라고 했다.[100] 네덜란드의 열악한 지리적 환경이 해양 강국을 만드는 원동력이란 사실을 소개한 것이다.

덧붙이자면, 민영환은 과거 러시아 여행에서 경험한 시차 문제를 다시 한번 일기에서 자세히 소개하였다. 그리고 러시아 도시들이 밤과 낮

---

98 위의 책, 244쪽.
99 위의 책, 253쪽.
100 위의 책, 248~249쪽.

의 길이가 일정하지 않은 사실을 설명하면서, 러시아는 북쪽 끝에 있어서 "해가 남쪽 육지로 다녀서 대낮이나 밤중이 아니면 해와 달을 볼 수가 없다"[101]라고 썼다. 민영환은 이미 시차와 밤낮의 길이, 양력과 음력과 같은 근대적 시간과 공간 인식을 분명하게 인지하였다. 이종응과 김만수의 경우도 마찬가지인데, 그들은 일기에 양력과 음력을 기재한 후에 날씨도 정확하게 기록하였다.

특히 귀국길의 김만수 일기를 보면 양력과 음력의 배치가 출국과 귀국 사이에 바뀌어 나타나 흥미롭다. 오데사항을 떠나면서 이를 기점으로 양력과 음력의 기록 순서가 바뀌는 것이다. 오데사항은 러시아에서 유럽을 벗어나는 항구로, 김만수는 이곳에서의 출발이 곧 서구 사회를 벗어난다는 상징적 의미를 반영한다고 보았다. 그래서인지 귀국하는 날까지 계속해서 음력을 먼저 기록하고 뒤에 양력을 기록하였다.[102]

김만수는 제국 항로를 따라 인도양과 남중국해로 나아갔다. 돌아오는 길이어서 그런지 귀국 과정은 많이 생략되었다. 그런데 흥미로운 사실은 다른 사절단과는 달리 러시아의 통치 아래 있던 남만주 지역의 여순항을 경유해 귀국한 점이다. 당시 군사 항구였던 여순에 대해 다음과 같은 소감을 남겼다.

---

101 "페테르부르크(彼得堡)는 북위 59도 55분에 있어서 우리 서울과 시간 차이가 8시간 43분이나 되어 우리 서울의 오정(午正)은 러시아 서울의 인정(寅正, 오전 4시경) 1각이다. 달력에 실려 있기로는 페테르부르크의 오정은 모스크바의 사정(巳正, 오전 10시경)이요 우리 서울의 인정(寅正, 오전 4시경) 1각에 해당하고 청나라 북경의 유초(酉初, 오후 5시경) 3각이요 런던(倫敦)의 사초(巳初, 오전 9시경) 3각 17분이요 파리(巴梨)의 사정 9분이요 베를린(伯林)의 사초 3각 10분이요 로마(羅馬)의 사정 3각 5분이요 비엔나(維世納)의 오초(午初, 오후 11시경) 4분이요 투르키에의 사정 3각 4분이요 미국 뉴욕의 유초 3각이요 일본 도쿄의 술초(戌初, 오후 7시경) 1각 5분이다"(위의 책, 237쪽).
102 이승용, 「근대계몽기 석하 김만수의 일기책과 문화 담론」, 『문화와 융합』 39, 2017, 577~578쪽.

(여순에 도착한 후) 이석두, 김병남과 더불어 육지에 내려 항구를 두루 관람했다. 그 새롭게 건설된 모양은 처음 창조된 것이라서 알게 모르게 보잘 것 없었다. 그러나 삼면이 산으로 둘러있고 남쪽은 만灣으로 통해 포대를 설치해 험하고 중요한 근거지로 삼으니 진실로 금성탕지金城湯池와 같은 요충지이다. 러시아 사람이 이 항구를 힘써 지키는 것은 그 뜻이 평범치 않으니, 대체로 이 항구는 북쪽으로 만주에 신설한 철로로 이어지고, 서쪽으로는 오데사 항로를 관통하니 바다와 육지의 길이 모두 이 항구를 경유한다. 그래서 수군과 육군을 연이어 교대로 파견한다.[103]

러시아는 모스크바에서 블라디보스토크에 이르는 시베리아 대륙횡단철도가 거의 완공될 무렵 만주 지역의 상당부분을 점령하고 있었고, 여순과 대련에 해군기지를 건설 중인 상태였다. 이에 김만수는 여순항의 전략적인 중요성에 주목하였다. 왜냐하면 북방의 만주 철도, 서쪽의 오데사 항구와 연결하는 지리적인 요충지였기 때문이다. 그래서 러시아 황제는 안륵섭安勒燮, 러시아명 불분명을 파견해 전권을 주고 중대한 책임을 맡겼다고 한다.[104] 김만수는 인천으로 가는 배편이 없자 우선 일본으로 가는 배를 타고 나가사키에 갔다가 다시 대마도, 부산 등을 경유해 최종 목적지인 인천에 도착하였다. 곧이어 임금에게 복명하면서 프랑스 공사 임무를 마무리하였다.

---

103 金晩秀, 『日錄, 日記冊』, 129쪽.
104 귀국길의 김만수는 오데사항에서 탄 선박의 선장이 동양을 왕래한 지 20여 년이 넘은 베테랑이라는 사실을 알았다. 그는 너그러운 성격의 소유자로 해로의 지형에 대해 해박한 것은 물론 몇 년 전 우리나라 제주도 등지에서 구한 선객이 40여 명이라는 이야기도 들었다(위의 책, 121쪽).

동양의 동쪽이 서양의 서쪽이다

수신사와 조사시찰단 관련 자료를 살펴보면, 조선의 부산포혹은 제물포에서 일본의 요코하마까지 가는 항로에서 윤선에 대한 인상과 선상 규칙, 바다에 대한 놀라움풍랑과 뱃멀미과 항로, 항구시모노세키, 고베, 요코하마 등와 줄등대에 대한 기억들이 고루 나타난다. 짧은 항해 거리였지만 전근대 시기의 통신사 항로와 뚜렷한 차이를 보이며 시간관념과 공간인식의 변화를 동반하였다. 각종 보고서에 여행이 주로 거리가 아닌 시간으로 기억되거나 고베에서 요코하마까지 기존 육로가 아닌 새로운 해로를 이용하면서 태평양이란 용어가 처음 등장한 것 등이 그런 사례이다. 하지만 여행기의 내용과 맥락을 살펴보면 놀라운 항해 경험이 세계관의 변혁으로까지 이어지지는 않은 듯싶다. 그리고 새로운 개항장으로 등장한 시모노세키, 고베, 요코하마 등에 대한 인상과 항구 곳곳에 설치된 등대, 등선, 부표, 초표 등은 메이지 일본의 변화를 잘 보여주지만 조선 정부에 해양 이미지가 정확하게 전달되지는 않았다. 비슷한 시기 일본을 방문한 청국 출사대신들은 개항장 내 화교 사회와 밀접한 관계를 맺으며 해국일본을 관찰하였다.

조선 사절단은 일본 현지에서 해군 군함과 무기, 조선소의 건조 과정을 참관하거나 항만건설, 잠수기기, 해저전선 등을 구경하면서 해국일본의 변신을 읽을 기회를 얻었다. 사절단에게 해군 시찰은 무척 인상적인 경험이었지만, 김기수의 요코스카 해군조선소 방문 거절 사례에서 드러나듯 소극적인 태도에서 벗어나지 못하였다. 그들의 중체서용식 사고방식의 한계는 동북아 해방과 만국공법에 대한 안목에서도 잘 드러난다. 그래도 표류민 사건의 처리 과정이나 국기의 최초 사용과 같은 사례는 책봉조공 체제에서 만국공법 체제로의 전환을 부분적으로 보여주기에 흥미롭다.

대체로 조선 사절단의 근대 문명 수용에 대한 수동적인 태도는 메이지 일본과 무척 다르다. 주지하듯이 조선은 두 가지 어려움에 직면해 있었다. 하나는 열강의 '견선리포'의 위협 속에서 생존하기 위해 서양의 선진무기를 받아들여야 했다. 다른 하나는 서양 문물을 대대적으로 수용할 경우, 전통 윤리의 권위를 위협해 자신들의 지위와 신분을 상실할 것이라는 두려움이 있었다. 사절단 일행은 이런 곤란을 심리적으로 정당화하기 위해 성리학으로 근대일본을 설명하려 노력했다. 일행 가운데 김홍집이나 박영효와 같은 개화파 인사도 있었지만, 김기수와 박대양과 같은 경직된 주자학자들은 윤선, 기차, 전신 등 근대문물에 감탄하면서도, 그러한 기술들이 사람의 이목을 현혹시켜 바른길에서 이탈하도록 만들 것이라는 결론을 내렸다. 수신사와 조사시찰단의 주요 보고서에 나타난 해양 국가 일본에 대한 인식 수준은 단편적이고 부분적이었다.

어쩌면 청국이나 일본과 달리 조선 문헌에 '해국'이란 개념이 거의 보이지 않은 사실도 그런 증거 중 하나일 것이다.

민영환 사절단이 세계 일주한 최초의 조선인 일행으로 알려졌으나, 실은 1883년 보빙사의 민영익 일행이 처음이었다. 보빙사는 조선 사절단으로는 처음으로 역사적인 태평양 항행를 경험하면서 미국으로 건너갔다. 비록 「복명문답서」와 같은 매우 짧은 대화록 말고는 기록이 남아있지 않아 그들의 대양 항해는 잘 알 수 없지만, 태평양 항로의 경우는 몇 년 후인 1887년 주미 초대 공사 박정양의 기록으로 보완할 수 있다. 박정양 일행은 오션익호를 타고 요코하마 항구를 출발해 하와이 호놀룰루 항구를 거쳐 미국 샌프란시스코 항구에 도착하였다. 일행은 항해 도중 동·서반구의 시간 표준이 갈리는 날짜변경선과 크리스마스 축하연회를 경험했고, 소방 훈련이나 위생 방역을 구경하였다. 특히 박정양과 이완용이 함께 쓴 『해상일기초』는 태평양 횡단 과정이 잘 그려져 있다. 하지만 두 사절단의 태평양 항로에 관한 감상은 구체적이지 않아 좀 아쉬움이 남는다.

조선 사절단이 태평양과 미 대륙을 횡단하는 과정에서 이용한 증기선과 기차는 장거리 여행에서 새로운 문명 세계를 열어주었다. 혁명적인 교통수단을 통해 서구로 가는 길이 열리면서 규율화된 시간을 체험했을 뿐만 아니라 음력과 양력의 차이를 명확하게 구분하였다. 게다가 중국 중심의 지리관에서 벗어나서 세계 지리에 주목하면서 시간 감각을 넘어 공간 인식을 확장시킬 수 있었다. 특히 박정양은 근대적인 지리관을 받아들이며 세계는 넓고 중국이 천하의 중심이 아니라는 생각을 가지게 되었다. 하지만 대양을 여전히 지리적 장애물로 여겼을 가능성은 없지 않다. 그리고 보빙사나 박정양 일행이 방문한 샌프란시스코, 뉴욕, 보스턴 등은 모두 세계적인 해항도시로 해운이나 해군 관련 기관을 방문한 흔적이 나타나지만 자세하지는 않다. 당시 미국을 해양 강국이라고 규정하기에는 무리가 있으며, 여전히 고립주의 정책에서 완전하게 탈피하지 못한 대륙 국가에 머물러 있었다.

보빙사의 부사인 홍영식은 미국 공식 일정을 마치고 즉시 귀국해 복명하였다. 이와 달리 정사인 민영익은 서광범, 변수와 함께 미국 정부측의 제안에 따라 트렌턴호로 뉴욕항을 출발해 세계 일주를 하는 놀라운 경험을 하였다. 대서양을 횡단한 후 스페인 근해의 지브롤터해협을 통과해 프랑스 마르세유항에 도착하였다. 그리고 런던, 파리, 로마 등 유럽의 대표 도시들을 둘러보았다. 귀국길에 이집트의 카이로를 방문하고 수에즈운하를 통과해 예멘을 거쳐, 인도양을 횡단하였다. 인도의 봄베이, 스리랑카의 실론 등을 들린 후 싱가포르, 홍콩, 나가사키를 경유해 드디어 1884년 5월 31일 인천 제물포에 도착하였다. 민영익 일행은 약 6개월이 소요되는 장기 항행으로 세계 일주를 실행하였다. 그 가운데 지중해와 인도양을 관통하는 이른바 제국 항로는 포크나 유길준의 기록으로 일부나마 복원할 수 있다.

한때 조선 최초로 세계 일주를 한 사절단으로 널리 알려졌던 민영환 일행은 1896년 4월 2일 인천을 출발해 상하이-요코하마-밴쿠버-뉴욕-리버풀-런던-플나싱-베를린-바르샤바를 거쳐 56일 만인 5월 20일 모스크바에 도착하였다. 그 후 민영환 일행은 8월 19일 페테르부르크를 출발해 시베리아횡단철도 노선을 따라 이르크추크-바이칼호-울란우데-치타-블라고베시첸스크-하바롭스크-블라디보스토크를 거쳐 러시아 군함을 다시 타고 한반도를 돌아 10월 20일 인천항에 도착하였다. 일행 중 한 사람인 윤치호는 페테르부르크에서 사절단과 헤어져 프랑스 파리에서 석 달 동안 머무르다 11월 22일 마르세유항에서 시드니호를 타고 제국 항로를 따라 포트사이드-콜롬보-싱가포르-사이공-홍콩을 거쳐 12월 27일 상하이에 도착해 육로가 아닌 해로로 장거리 여행을 마쳤다.

민영환과 김득련 공저인『해천추범』과 윤치호의『윤치호일기』는 태평양을 넘어 북아메리카, 대서양을 건너 영국, 도버해협을 지나 유럽대륙을 횡단해, 러시아를 시찰하는 등 모두 11개국을 경유한 세계 일주 기록이다.『해천추범』이 전통적인 사행록의 성격을 띠었다면,『윤치호일기』는 개인적인 감상이 풍부하게 담겨 있다. 민영환은 유가적 지식을 바탕으로 관직에 출사한 전형적인 조선 관료로 서구 세계에 대한 방문 경험이 없었지만, 윤치호는 일본, 청국, 미국에서 유학한 신식지식인이자 충실한 기독교도로 서구중심주의적 세계관을 가지고 있었다.

조선 사절단이 여행 도중 방문한 해항도시 상하이, 나가사키, 요코하마, 밴쿠버, 뉴욕, 리버풀은 물론 도쿄, 런던, 모스크바, 페테르부르크와 같은 대도시를 통해 근대도시와 해양 문명을 경험하였다. 과거 민영익 일행이 태평양에서 미국으로 건너가거나 대서양에서 지브롤타 해협으로 향한 것과 달리, 민영환 일행은 캐나다로 건너가고 리버풀 항구로 향한 것은 약간의 항로 차이를 보여준다. 특히 민영환은 페테르부르크에서 장기체류하면서 러시아를 서양의 대표 국가로 착각하였다. 이와 달리 해외 여행 경험이 풍부한 윤치호는 러시아가 미국이나 영국보다 덜 발전한 나라라는 사실을 잘 알고 있었다. 민영환의 러시아 해군에 관한 관심과 윤치호의 상대적 무관심은 구별되는데, 이런 인식 차이는 군사 분야에 대한 흥미 여부이기도 하지만 두 사람의 근대 문명의 이해 수준을 반영하는 것이기도 했다. 특히 민영환 일행이 시베리아횡단이라는 육로를 이용해 귀국한 것과 달리 윤치호가 영국이 개척한 제국 항로를 통해 귀국한 것도 흥미로운 비교 대상이다.

『해천추범』은 서술 체제나 형식에 있어 전통적인 사행록에 가까워 개인의 사사로운 느낌과 감정을 극도로 절제하였다. 그리고 서양 문명을 높이 평가하거나 놀라운 감정을 토로하는 대신, 새롭게 본 것에 대한 기록을 우선시하는 태도는 『해천추범』을 관통하는 특징이다. 아울러 국왕에 대한 충성이나 고향에 대한 그리움을 반복적으로 기술하는 사행록의 전통이 남아있다.[1] 근대 문명에 압도되어 칭찬하면서도 한편으로 전통 문화에서 탈피하지 못하는 모습이 민영환 일행에게서 자주 드러난다.

이와 달리 『윤치호일기』의 경우 선명하게 서구중심주의 시각을 보여주어 흥미롭다. 윤치호는 영어라는 새로운 방식으로 자신의 생각을 기록했으며, 타인이 자신의 글을 읽지 못할 것이라는 생각 때문인지 개인적인 감정을 적나라하게 드러내었다. 유학 생활을 한 경험이 있었던 윤치호는 서구 사회를 바라보는 시각이 날카롭고 남달랐다. 그는 영국과 미국이 가장 발전한 나라이며, 러시아는 유럽 국가들 가운데 후진적이라는 사실도 분명하게 알고 있었다. 그래서인지 민영환 일행이 귀국길에 만난 연해주 일대 조선 유민과 윤치호가 제국 항로에서 만난 원주민에 대한 인식에서도 일정한 차이를 드러낸다. 민영환과 김득련이 조선

---

1 김지연, 「『해천추범(海天秋帆)』의 여정과 견문 기록 방식의 특징과 의미」, 『한민족문화연구』 60, 2017, 37쪽.

지식인의 정체성을 유지하며 서구 근대 문명의 성취를 이것저것 묘사했다면, 윤치호에게 서구 문물은 더 이상 놀라움의 대상이 아니었다. 게다가 국제정세의 긴박함을 인지하지 못하고 외세에 의존해 왕실을 유지하려는 무능한 외교에 대한 실망과 불만이 여기저기서 나타난다.

대한제국 시기 해외 사절단의 경우 여행기가 대체로 소략한 편이다. 해양 문명 관련 기사만 보더라도 단편적이며 구체적이지 못하다. 게다가 사절단의 규모나 기간에서도 큰 차이가 난다. 영국을 방문한 민영환이나 이재각 사절단 모두 불과 몇 명에 불과했으며, 프랑스로 파견한 김만수 일행 역시 마찬가지였다. 게다가 이들 모두 엄격한 의미에서 자신들이 세계를 일주한다는 생각을 가지지 않았다. 그들은 지구를 한 바퀴 돌았으나 항구도시와 대도시를 점과 선으로 이어가며 신기한 풍경을 구경하는 유람에 가까운 일정을 보내었다.[2] 하지만 증기선이나 기차와 같은 서구 근대 문명을 경험하면서 받은 충격이나 세계 지리와 시공간에 대한 새로운 인식 등은 공통적이었다. 이것은 점차 중국 중심의 전통적 세계관에 균열을 가져왔다.

영국을 방문한 민영환은 러시아를 방문했던 1년 전과는 다른 세계관을 가지고 있었다. 『사구속초』는 『해천추범』과 동일한 방식의 일지 형식을 따르고 있지만, 후자보다는 훨씬 사적이며 서정적이다. 『사구속초』는 이국의 자연과 문화적 특색에 주목하는 전형적인 외국 여행자로서의 시각을 보여준다. 실제로 동남아시아와 인도 등의 비서구 지역을 다룬 앞부분은 자연, 인종적 특징, 지방색 등에 대한 묘사에 중점을 두

---

2   고정휴, 「태평양의 발견 - 그 바닷길의 개통과 조선 사절단의 세계 일주 기록 검토」, 『한국사학보』 73, 2018, 151 · 167쪽.

고 있다.[3] 여행은 빅토리아 여왕의 즉위 기념식 이후에도 계속 이어졌지만, 기록은 런던을 떠나는 시점에서 끝을 맺어 아쉬움이 남는다.

이종응의 『서사록』이나 「셔유견문록」에는 작자의 인종과 문화에 대한 편견이 드러난다. 화이관에 근거한 것으로 보일 뿐, 사회진화론에 따른 인종론으로 판단하기에는 불분명하다. 상대적으로 서양 근대 문명에 대한 열망이 선명한 편이다. 혹자는 그가 영국의 눈부신 발전상을 기술하면서도 우리나라의 낙후성을 짚어보지 않는다든지, 일본에 대해 무심한 자세를 유지하는 태도에 관한 아쉬움을 지적한다.[4] 실제로 외국에서 견문한 풍물에 대한 보여주기식 서술만이 있을 뿐 당대의 국제정세나 대한제국의 현실과 미래에 대한 진지한 모색과 고민은 별로 보이지 않는다. 민영환은 군부대신으로서 군사 무기에 관심이 많았다면, 이종용은 도로나 철로와 같은 교통시설에 관심이 두드러진다는 약간의 차이점이 있다.

김만수는 주프공사로 임명될 때부터 마지못해 프랑스로 떠나는 듯한 모습을 보였고, 선상에서도 한 달 가까이 승객과 거의 교류가 없었다. 프랑스 현지에서조차 외교관으로서 능동적인 모습을 보이지 않았다. 비록 시간이 흐르면서 프랑스 사회에 대한 이해의 폭이 넓어지기는 했지만 결국 병을 핑계로 서둘러 귀국함으로써 외교관으로서 아쉬운 모습을 보였다. 그는 서양 의학을 유교의 인仁의 관점에서 폄하하거나, 프랑스의 발전을 음양의 관점에서 해석하는 등 유가적인 시각에서 서구의 근

---

3 김진영, 「조선 왕조 사절단의 1896년 러시아 여행과 옥시덴탈리즘 - 서울-페테르부르그 여행기 연구 I」, 『동방학지』 131, 2005, 349쪽.
4 박노준, 「'해유가'와 '셔유견문록' 견주어 보기」, 『한국언어문화』 23, 2003, 134쪽.

대 문명을 관찰하였다. 프랑스인의 기질을 이용후생의 관점에서 읽는 것도 마찬가지인데, 서양의 교통 도구는 모두 바퀴를 위주로 한다면서 마차, 전철, 자동차, 유모차 등을 설명하였다.[5] 연극이나 오페라는 사람의 이목을 현혹시키는 꾸며낸 이야기일 뿐이라며 피상적이며 감각적인 이해 수준을 보여주었다.

대한제국 시기 유럽 출사대신이 남긴 세 가지 여행기에는 새로운 문물에 대한 호기심이 가득 찰 뿐 한국의 현실에 대한 냉철한 비판과 미래에 대한 진지한 모색은 별로 발견할 수 없다. 민영환은 어설픈 외교 행보로 본래의 사명에 실패해 현지에서 파직당했으며, 이재각도 종친이란 이유로 거액의 여행비만을 낭비한 채 별다른 외교적 성과가 없었다. 김만수조차 외교 임무를 소극적으로 수행해 별다른 성취가 없는 것은 마찬가지였다. 이들의 보고서는 한국 사회에 거의 영향력을 미치지 못했는데, 이런 사실은 대한제국의 체제 경직성을 반영한다.

---

5   金晩秀, 『日錄, 日記冊』, 89쪽.

동아시아의 지식인들이 시찰한 1870년대를 전후한 서양의 근대는 여전히 만들어지고 있던 현재 진행형 국민국가의 공간이었다. '오래된 영토국가'를 유지해 온 영국, 프랑스, 러시아 등은 국민국가 체제로 재편했으며, 이제 막 정치적 통일을 이룬 미국, 독일, 이탈리아 등은 국민국가 형성을 추진하고 있었다. 청국과 일본 사절단은 세계 일주 항해를 통해 시·공간 관념의 전환을 가져왔으며, 그들이 본 증기선, 기차, 전신과 같은 교통수단뿐만 아니라 항구, 등대, 대운하와 같은 토목건축 등 근대적 해양 세계는 모든 면에서 압도적이었다. 이것은 바다에서뿐만 아니라 미국, 영국 및 유럽대륙의 현지에서 경험한 해군체제와 해양 문화 경험을 통해 다시 확인할 수 있었다. 근대 문명이 바다로부터 왔다는 전제에 동의한다면 해양 문명에 대한 인식 수준은 곧 근대화의 수준을 반영하는 것이다.

제1부 제1장부터 제3장까지는 청국의 벌링게임 사절단과 일본의 이와쿠라 사절단의 세계 일주를 비교하였다. 여기서는 우선 벌링게임 사절단과 이와쿠라 사절단의 대항 항해 과정을 다룬 후 그들이 시찰한 미국과 영국의 해양 문명 연구의 연장선상에서 유럽대륙의 해양 문명을 검토하였다. 그리고 그들의 귀국 항로에서 방문한 아시아의 해항도시에 대한 이미지를 정리해 유럽의 해양 문명과 비교하였다. 본문에서 알 수 있듯이, 유교적 세계관을 가지고 서양과학과 이론을 수용하는 일은 무척 험난하고 시간이 걸리는 과정이다. 왜냐하면 청국과 일본 관료·지식인들의 인식구조와 지식체계가 구미의 근대적 과학이론과 서로 통하지

않았기 때문이다. 게다가 그들이 경험한 서양의 '근대'조차 엄격한 의미에서 아직 완성된 단계가 아니라 진행 중이었다. 그래서인지 양국의 출사대신들은 여전히 서양 문명에 대한 회의적인 시각을 거두지 않았다. 벌링게임 일행의 지강과 장덕이는 개명한 지식인이었지만 전통적인 세계관을 버리지 못하였다. 유교적 사고 틀 속에서 서양 과학을 견강부회해 해석했으며, 의식적으로 정화와 같은 인물을 내세우며 전통시대 중국인들도 세계 여행을 했다는 사실을 강조하였다. 이와쿠라 일행 중에도 일부 구 막부 출신 수행원들은 서양 문명에 노골적인 반감을 드러내었다. 한편 벌링게임 사절단에 포함된 청국인의 여행목적은 이와쿠라 사절단의 목표 의식과는 큰 차이가 있었다. 화이 질서에 젖어 있던 중국과 새로운 근대국가를 추구하던 일본의 태도가 달랐기 때문이다.

대체로 일본인들은 서양 문명의 수용에 적극적이었고 물질 문명 배후에 있는 원리까지 찾으려 노력했다. 좀 더 검토가 필요하겠지만 벌링게임 사절단의 해양 인식 수준은 막부 말 견미 사절단이나 견구 사절단의 수준에서 크게 벗어나지 않는 것으로 보인다. 이와 달리 이와쿠라 사절단의 해양 인식은 청국인을 한참 넘어서고 있었다. 양국 사절단 파견의 역사 배경은 비슷해 보이지만 그 절박함의 정도에서 차이를 보인 것이다. 결과적으로 벌링게임 사절단은 정권 실세가 없는 상황이라 귀국 후 중국 사회에 끼친 영향은 제한적이었는데, 지강과 손가곡이 청국에서 고위직에 중용되지 못한 사실에서도 알 수 있다. 이와 달리 이와쿠라 사절단은 정권 실세가 다수 포함되어서인지 귀국 후 그들의 시찰 경험은 메이지 정부의 해군이나 해운 분야를 포함한 개혁 정책에 지대한 영향을 미쳤다. 이와쿠라 사절단은 자신들이 서양 열강에 못지않은 근대화를 할 수 있다는 모습을 보여주고자 했다.

이와쿠라 사절단이 추구한 국가형태가 대국주의가 아닌 소국주의라는 해석과 관련해서 혹자는 일본 사절단이 군사 무기에 상대적으로 무관심했다고 보는데, 실제로는 이와쿠라 일행도 해군을 비롯한 군사 분야에 관심이 많았다. 단지 일본의 경우 막부 말 시기 이미 여러 해외 사절단이 군사 무기 수입에 깊은 관심을 보여 많은 정보를 수집한 탓에 메이지 초기 이와쿠라 일행의 경우 군사 분야 말고도 폭넓게 구미 시찰을 했다고 보는 것이 적절할 것이다. 따라서 군사 강국인 미국, 영국, 프랑스, 독일 등과 같은 대국 말고도 벨기에, 네덜란드, 덴마크, 스웨덴 등과 같은 소국도 자국 근대화 모델로 참고하려 했다. 그렇다고 국가 발전 방향을 대국주의가 아닌 소국주의로 전환했다고 단언하기에는 무리가 있다.

구미 사회를 방문한 벌링게임 사절단과 이와쿠라 사절단을 비교해 보면, 청국 사절단은 일본 사절단에 비해 위기의식이 별로 나타나지 않는다. 어쩌면 근대 세계에서 바다가 안보와 경제의 핵심 요소라는 사실을 충분히 이해하지 못해서일 것이다. 해양 문명으로 제한해 판단하건대, 벌링게임 일행의 이해 수준은 이와쿠라 일행보다는 막부 말 구미 사회에 파견한 일본 사절단들과 비교하는 것이 더욱 적절할 것이다. 아울러 이와쿠라 사절단과 비교하기 적당한 청국 사절단은 벌링게임 일행보다는 뒤늦게 영국에 장기체류한 곽숭도를 비롯한 청국 공사들일 듯싶다. 심지어 군주입헌제와 같은 정치체제 개혁논의와 관련한 비교 대상으로는 30여 년 후에 이루어진 세계 일주 사절단인 출양오대신일지도 모른다. 청국과 일본 사절단이 세계 일주를 하면서 태평양, 대서양, 인도양과 같은 대양이라는 새로운 지리적 공간을 경험한 사실은 시·공간 관념의 전환을 가져온 문명사적 발견이었다. 하지만 양국 사절단 간에도 증기선이나 기차와 같은 교통수단은 물론 등대, 해저케이블, 수에즈운하 등과 같은 해양 문명의 이해 수준에서 일정한 차이를 보였다. 두 사절단이 세계를 일주하던 1870년대 초반부터 세계 일주는 더 이상 모험이 아니라 관광의 영역으로 들어오고 있었다.

제2부 제4장부터 제7장까지는 조선 후기 수신사와 조사시찰단, 민영익 사절단과 주미공사 박정양, 민영환 사절단과 윤치호, 대한제국 시기 여러 사절단민영환 사절단, 이재각 사절단, 주프공사 김만수 등을 차례로 다루어 그들의 세계 일주 여행을 재구성하였다.

개항 이후 조선 정부는 외교적인 목적과 근대문물을 학습하기 위해 수신사, 영선사, 보빙사 등과 같은 다양한 해외 사절단을 파견하였다. 특히 19세기 후반은 한일 교류사의 전환점으로 조선 관리와 지식인들이 수신사와 조사시찰단이라는 이름으로 일본에 건너가서 처음 서구적 근대를 경험하였다. 이 과정에서 근대국가를 지향하던 일본과 전통적 천하 질서에 머무르던 조선의 차이점이 드러났다. 1876년 제1차 수신사가 일본으로 건너갔고, 그로부터 1884년까지 모두 5회의 수신사가 파견되었다. 제2차 수신사의 복명 후 파견된 1881년의 조사시찰단까지 합하면 총 6회의 조선 사절단이 메이지시대 일본 사회를 체험하고 온 것이다. 수신사 일행의 여행기와 조사시찰단의 보고서는 비록 조선 사회에 정치적으로 큰 영향력은 없었으나, 그 내용을 살펴보면 더 이상 일본을 섬나라 오랑캐가 아닌 해양 국가 일본으로 인식한 사실을 확인할 수 있다.

수신사와 조사시찰단은 일본의 부국강병 성과를 인정하면서도 급격한 근대화에 따른 전통학문의 쇠퇴와 풍속의 변화에 대해서는 개탄하는 경우가 많았다. 마치 양무운동 시기 청국의 출사대신들처럼 전통적인 가치와 체제를 보존하는 범위 내에서 군사 무기 분야만 배우려는 것과 비슷하며, 심지어 좀 더 보수적이었다고 볼 수 있다. 메이지 정부는 사절단 일행에게 각종 근대문물을 보여주며, 자신들의 정치적 목적을 이루려 노력했지만 별로 성공적이진 못하였다. 조선의 관리와 지식인들이 해양 문명에 대한 모호한 관점을 버리고 전면적으로 해국일본을 파악하는 데는 오랜 시간이 소요되었다.

개항 이후 급박하게 전개되는 국제정세는 조선 정부로 하여금 여러 차례 대양을 건너 구미 사회에 출사대신을 파견하도록 만들었다. 개화 시기의 서구 기행은 연행사나 통신사와 마찬가지로 처음에는 외교사절단에 의해 이루어지다가 점차 상주 공사를 파견하는 방식으로 바뀌었다. 조선 사대부의 출양은 모두 정부에서 파견하였다. 개인 여행기는 거의 남아있지 않으며 혹시 남아있더라도 해양 문명에 대한 체계적인 정보를 제공하지는 못한다. 지금까지 알려진 바에 따르면 조선과 대한제국 시기에는 서구 기행이 몇 차례 있었고, 그 가운데 기록을 남긴 사례를 정리하면 다음과 같다.

① 1883년 처음으로 태평양을 건너 미국을 방문한 보빙사 일행은 비록 공식적인 기록물이 남아있지 않으나, 수행원의 한 사람인 유길준이 훗날『서유견문』1895을 출판하였다. ② 1887년부터 초대 주미공사로 재임했던 박정양이 남긴『미행일기』1887와『미속습유』1888 등이 있다. 여행 자료 중 하나인『해상일기초』에는 태평양 횡단 과정이 잘 나와 있다. ③ 1896년 민영환 일행이 러시아 황제 니콜라이 2세의 대관식에 다녀와

서 민영환은『해천추범』, 김득련은『환구일기』와『환구음초』등 세계 일
주 여행기를 남겼다. 일행 중 윤치호의『윤치호일기』는 영문으로 쓴 개
인 일기이지만 귀국할 때 영국이 개척한 제국 항로혹은 유럽 항로를 통해 들
어와서 나름대로 의미가 있다. ④ 1897년 민영환이 다시 영국 빅토리아
여왕의 즉위 60년 축하식에 다녀와서『사구속초』를 기록으로 남겼다.
⑤ 1901년 김만수가 프랑스 공사로 임명되어 출발부터 귀국까지의 여행
과정과 활동 내용을 몇 종류의 일기로 남겼다. ⑥ 1902년 이재각 사절단
이 영국 에드워드 7세의 대관식에 다녀왔는데, 수행원인 이종응이 남긴
견문록인『서사록』과 한글 기행가사인『서유견문록』이 전해진다.

　근대 시기 조선인들의 세계 일주는 대체로 두 가지 노선으로 이루어
졌다. 첫 번째 코스는 인천에서 출발해 청국 상하이, 일본 요코하마, 태
평양, 미대륙, 대서양, 영국, 유럽, 지중해, 홍해, 인도양, 남중국해, 상
하이를 거쳐 인천으로 들어오는 경로이다. 태평양을 건너 미대륙을 횡
단한 후 다시 대서양을 건너는 동쪽 방향이다. 1883년 민영익 사절단의
수행원으로 유길준이 태평양을 건너 미국으로 갔다가 얼마 후 대서양을
건너 유럽을 거쳐 조선으로 돌아왔다. 1896년 민영환 일행이 러시아 니
콜라이 2세의 대관식에 갈 때 갑작스레 일정에 차질이 생겨 부득이하게
선택했던 항로이기도 하다. 그리고 1902년에는 영국 에드워드 7세의
대관식에 참가한 이재각 사절단도 이 길을 선택하였다.

　두 번째 코스는 인천 제물포를 출발해 청국, 동중국해, 싱가포르, 인
도양, 수에즈운하, 지중해, 유럽과 영국을 거쳐 다시 거꾸로 지중해, 수
에즈운하, 인도양, 싱가포르, 동중국해, 청국을 통해 인천으로 돌아오는
경로이다. 광무 원년1897년 민영환이 영국 빅토리아 여왕 즉위 60년 축

하식을 갈 때와 20세기 첫해인 1901년 김만수가 프랑스 공사로 부임하기 위해 갔던 항로였다. 물론 왕복하는 코스는 사절단마다 조금씩 달랐다. 이른바 제국 항로는 영국이 인도와 중국으로 진출하는 과정에서 개척한 항로인데, 동아시아인의 입장에서 바라보면, 유럽 항로라고 부를 수 있는 서쪽 방향이다. 제국 항로는 당시 유럽으로 가는 일반적인 코스였지만 조선의 경우 가장 먼저 미국과 수교한 탓인지 보빙사나 민영환 사절단 등은 태평양 항로를 이용하였다. 덧붙이자면, 일제강점기에는 시베리아철도를 이용해 유럽으로 건너가는 새로운 육상코스가 개발되어 많이 이용하였다.

개항을 통해 조선인은 대양이 세계로 나가는 통로라고 인지했으며, 그 과정에는 일본을 경유해 태평양을 횡단한 보빙사와 박정양 일행의 시도가 있었다. 물론 조선 사절단이 태평양 항행의 경험을 조선 사회의 출로로 얼마나 연결시켜 사유했는지는 의문의 여지가 있다. 벌링게임 사절단이나 이와쿠라 사절단이 해군을 비롯한 해양 문화에 깊은 관심을 가졌던 것에 비하면, 보빙사는 미국의 해양 문명에 관한 지식이 상대적으로 결여되었던 것으로 보인다. 박정양의 보고서도 해군, 항만, 조선소 등과 같은 해양 문명에 대한 기록이 있지만 매우 간략하였다. 보빙사와 박정양의 대양 항행 가운데 부족한 부분은 훗날 러시아를 방문한 민영환 사절단이나 대한제국 시기 유럽 사절단들의 기록을 참고하면 좀 더 구체화할 수 있다.

민영환 사절단은 벌링게임 사절단이나 이와쿠라 사절단과 어느 정도 비교할 만하다. 비록 체류 기간과 시찰 경험의 폭에서 적지 않은 차이가 나지만 증기선과 기차를 이용해 세계를 일주하는 과정에서 경험한 시간,

거리, 속도, 공간인식의 전환이나, 해양 문명 등을 시찰하면서 느낀 서구적 근대에 대한 놀라움, 혹은 귀국길의 여행기에서 나타나는 오리엔탈리즘의 문제 등은 유사하다. 대양 항해에서 드러난 해양 문명에 대한 동아시아 삼국의 인식 수준을 보더라도 일본, 청국, 조선의 근대화 정도가 잘 나타난다. 이것은 앞으로 세 나라의 운명을 암시한다. 윤치호가 경험한 제국 항로는 얼마 후 대한제국 시기에 유럽을 방문한 영국 사절단 민영환과 이재각 일행 및 프랑스 공사 김만수 등의 여행기를 통해 다시 한 번 구체적으로 이해할 수 있다. 하지만 대한제국 시기의 해외 사절단은 해외정보의 축적이나 공유가 없어서인지 아쉽게도 이전 출사일기에 비해 서구 사회의 이해가 깊어졌다는 인상을 받기는 어렵다.

조선 시찰단의 해양 문명관을 청국의 벌링게임 사절단이나 일본의 이와쿠라 사절단의 해양 문명관과 비교 분석하는 것은 의미가 있다. 왜냐하면 근대 동아시아인들의 해양 문명 경험을 탐색하는 일은 근세 동아시아 국가의 대외관계 연구나 근대 한·중·일의 근대화 비교연구는 물론, 오늘날 도서 분쟁과 같은 동북아시아 해양 갈등 연구 등과 관련해 주목받을 수 있는 주제이기 때문이다. 그런데 흥미로운 사실은 일본은 해국이란 용어를 빈번하게 사용하고 있고, 청국도 이 용어를 이따금 사용하는 데 반해, 조선은 거의 해국이란 용어를 사용하지 않는다는 점이다. 어쩌면 이런 평범한 사실이 근대 동아시아 삼국의 해양 문명에 대한 인식 수준을 적나라하게 보여주는 사례가 아닐까 싶다.

참고문헌

1. 사료

강문형 외, 장진엽 역, 『문견사건(聞見事件), 일본국문견조건(日本國聞見條件)』, 보고사, 2020.

강진형, 구지현 역, 『일동록(日東錄)』, 보고사, 2021.

구메 구니타케, 정애영 역, 『특명전권대사 미구회람실기』 제1권 미국, 소명출판, 2011.

_____, 방광석 역, 『특명전권대사 미구회람실기』 제2권 영국, 소명출판, 2011.

_____, 박삼헌 역, 『특명전권대사 미구회람실기』 제3권 유럽대륙(상), 소명출판, 2011.

_____, 서민교 역, 『특명전권대사 미구회람실기』 제4권 유럽대륙(중), 소명출판, 2011.

_____, 정선태 역, 『특명전권대사 미구회람실기』 제5권 유럽대륙(하) 및 귀향일정, 소명출판, 2011.

김기수, 구지현 역, 『일동기유(日東記游)』, 보고사, 2018.

김득련, 허경진 역, 『環璆唫艸』, 평민사, 2011.

김만수, 구사회 외역, 『대한제국기 프랑스 공사 김만수의 세계 여행기』, 보고사, 2018.

김원모, 「李鍾應의『西槎錄』과『셔유견문록』解題・資\料」, 『동양학』 32, 단국대 동양학연구소, 2000.

김홍집・강위・소가 소하치로, 최이호・조영심 역, 『조선국수신사김도원관계집(朝鮮國修信使金道園關係集)・동유초(東游草)・동유속초(東游續草)・조선응접기사(朝鮮應接紀事)』, 보고사, 2018.

민건호, 유종수 역, 『동행일록(東行日錄)』, 보고사, 2020.

민영환, 『海天秋帆』(『使歐續草』포함), 乙酉文化社, 1959.

_____, 조재곤 편역, 『海天秋帆−1896년 민영환의 세계일주』, 책과 함께, 2007.

박대양, 장진엽 역, 『동사만록(東槎漫錄)』, 보고사, 2018.

박상식, 장진엽 역, 『동도일사(東渡日史)』, 보고사, 2018.

박영효, 이효정 역, 『사화기략(使和記略)』, 보고사, 2018.

박정양, 한철호 역, 『미속습유(美俗拾遺)』, 푸른역사, 2018.

_____, _____, 『미행일기(美行日記)』, 푸른역사, 2015.

_____, 『박정양전집(朴定陽全集)』, 아세아문화사, 1985.

시카다 모로토, 이효정 역, 『항한필휴(航韓必携)』, 보고사, 2018.

송병기 역, 『국역 윤치호 일기』 1, 연세대 출판부, 2001.

스에마쓰 지로, 『스에마쓰 지로 필담록』, 보고사, 2018.

안광묵, 구지현 역, 『창사기행(滄槎紀行)』, 보고사, 2018.

유길준, 허경진 역, 『西遊見聞−조선 지식인 유길준, 서양을 번역하다』, 서해문집, 2004.

윤치호, 박정신・이민원 역, 『국역 윤치호 영문 일기』 3, 국사편찬위원회, 2015.

_____, 윤경남 역, 『민영환과 윤치호, 러시아에 가다』, 신앙과지성사, 2014.

이민수 역, 민홍기 편, 『閔忠正公 遺稿』 4(『使歐續草』포함), 일조각, 2000.

한국학술정보 편집부, 『국역 사행록 해행총재』 전16권, 한국학술정보, 2008.

허동현 편, 『조사시찰단관계자료집』 전14권, 국학자료원, 2000.
후쿠자와 유키치, 허호 역, 『후쿠자와 유키치 자서전』, 이산, 2006.
郭嵩燾, 『倫敦與巴黎日記』, (『走向世界叢書』 第1輯 第4冊), 岳麓書社, 1985.
斌椿, 『乘槎筆記・詩二種』(『走向世界叢書』 第1輯 第1冊), 岳麓書社, 1985.
林鍼, 『西海紀游草』(『走向世界叢書』 第1輯 第1冊), 岳麓書社, 1985.
張德彝, 『航海述奇・歐美環游記』(『走向世界叢書』第1輯 第1冊), 岳麓書社, 1985.
_____, 『隨使法國記』(『走向世界叢書』 第1輯 第2冊), 岳麓書社, 1985.
_____, 『航海述奇・歐美環游記』(『走向世界叢書』 第1輯 第1冊), 岳麓書社, 1985.
鍾叔河 主篇, 『走向世界叢書』 第1輯(第1~10冊), 岳麓書社, 1985.
朱維錚 主編, 『郭嵩燾等使西記六鍾』, 三聯書店, 1998.
志剛, 『初使泰西記』(『走向世界叢書』第1輯 第1冊), 岳麓書社, 1985.
____, 『初使泰西記』(『走向世界叢書』第1輯 第1冊), 岳麓書社, 1985.
蔡爾康 外, 『李鴻章歷聘歐美記』(『走向世界叢書』第1輯 第9冊), 岳麓書社, 1986.
久米邦武 編, 水澤周 譯注, 『現代語譯 特命全權大使 美歐回覽實記』 全5卷, 慶應義塾大學出版会, 2005~2008.
_____ 編修, 田中彰 校訂・解說, 『特命全權大使美歐回覽實記』1~5, 岩波文庫, 1977~1982.
福澤諭吉, 『西洋事情』, 慶應義塾大學出版社, 2009.
市川清流, 楠家重敏 編譯, 『幕末歐州見聞錄』, 新人物往來社, 1992.

2. 연구저서

고정휴, 『태평양의 발견, 대한민국의 탄생』, 국학자료원, 2021.
규장각한국학연구원 편, 『조선 사람의 세계 여행』, 글항아리, 2011.
김강식 외편저, 『동아시아해역의 해항도시와 문화교섭 I-해역질서・역내교역』, 도서출판선인, 2018.
김성준, 『배와 항해의 역사』, 혜안, 2010.
김영수, 『100년 전의 세계 일주』, EBS BOOKS, 2020.
김원모, 『상투쟁이 견미사절 한글 국서 제정-朝鮮開港과 韓美修交史』 上・下, 단국대 출판부, 2019.
_____, 『한미수교사-조선보빙사의 미국사행편(1883)』, 철학과현실사, 1999.
다나카 아키라, 강진아 역, 『소일본주의』, 小花, 2002.
_____, 현명철 역, 『메이지 유신과 서양 문명-이와쿠라 사절단은 무엇을 보았는가』, 小花, 2006.
대니얼 R. 헤드릭, 김우민 역, 『과학기술과 제국주의, 증기선・키니네・기관총』, 모티브북, 2013.
량얼핑, 하진이 역, 『세계사의 운명을 바꾼 해도』, 명진출판, 2011.
류한수 외, 『발트해』, 바다위의 정원, 2017.
마루야마 마사오, 김석근 역, 『『문명론의 개략』을 읽는다』, 문학동네, 2007.
메리 루이스 프랫, 김남혁 역, 『제국의 시선』, 현실문화, 2015.
문옥표 외, 『동아시아 관광의 상호시선』, 한국학중앙연구원 출판부, 2016.

미야자키 마사카츠, 박연정 역, 『패권 쟁탈의 세계사』, 위즈덤하우스, 2020.

＿＿＿＿＿＿, 박현아 역, 『물건으로 읽는 세계사』, 현대지성, 2018.

박노자·허동현, 『열강의 소용돌이에서 살아남기』, 푸른역사, 2005.

박영준, 『해군의 탄생과 근대일본』, 그물, 2014.

박찬승, 『여행의 발견, 타자의 표상』, 민속원, 2010.

샤오메이천, 정진배·김정아 역, 『옥시덴탈리즘』, 강, 2001.

서양원 편, 『세계를 뒤흔든 바다의 역사』, 알에이치코리아, 2014.

스티븐 컨, 박성관 역, 『시간과 공간의 문화사 1880~1918』, 휴머니스트, 2004.

신승하, 『근대중국의 서양인식』, 고려원, 1985.

앤드루 램버트, 박홍경 역, 『해양 세력 연대기』, 까치, 2021.

야마모토 요시타카, 서의동 역, 『일본 과학기술 총력전』, AK, 2019.

양궈전, 김창경 외역, 『해양 문명론과 해양중국』, 소명출판, 2019.

우미영, 『근대조선의 여행자들』, 역사비평사, 2018.

이에인 딕키 외, 한창호 역, 『해전(海戰)의 모든 것』, 휴먼앤북스, 2010.

잰슨, 마리우스 B, 장화경 역, 『일본과 세계의 만남』, 소화, 1999.

정수일 편저, 『해상 실크로드 사전』, 창비, 2014.

조세현, 『근대 중국인의 해국 탐색』, 소명출판, 2022.

＿＿＿, 『천하의 바다에서 국가의 바다로』, 일조각, 2016.

조이스 채플린, 이경남 역, 『세계일주의 역사』, 레디셋고, 2013.

주강현, 『등대의 세계사』, 서해문집, 2018.

＿＿＿, 『제국의 바다, 식민의 바다』, 웅진씽크빅, 2005.

주경철, 『바다 인류』, 휴머니스트, 2011.

＿＿＿, 『문명과 바다』, 산처럼, 2002.

쥘 베른, 세바스티엥 무랭 그림, 윤진 역, 『80일 간의 세계일주』, 비룡소, 2013.

최덕규 편, 『제국주의 열강의 해군과 동아시아』, 동북아역사재단, 2018.

프랑수아 지푸루, 노영순 역, 『아시아의 지중해－16~21세기 아시아 해항도시와 네트워크』, 도서출
　　판선인, 2014.

한국문화역사지리학회, 『여행기의 인문학』, 푸른길, 2018.

＿＿＿＿＿＿＿＿, 『여행기의 인문학』 2, 푸른길, 2020.

한철호, 『한국 근대의 바다－침략과 개화의 이중주』, 경인문화사, 2016.

허동현, 『근대한일관계사연구－조사시찰단의 일본관과 국가구상』, 국학자료원, 2000.

홍순애, 『여행과 식민주의』, 서강대 출판부, 2014.

郭麗, 『近代日本的對外認識－以幕末遣歐美使節爲中心』, 北京大學出版社, 2011.

閔銳武, 『蒲安臣使團硏究』, 中國文史出版社, 2002.

辛元歐, 『中外船史圖說』, 上海書店, 2009.

梁碧瑩, 『艱難的外交－晚淸駐美公使硏究』, 天津古籍出版社, 2004.

楊波, 『晚淸旅西記述硏究(1840~1911)』, 河南大學博士學位論文, 2010.

吳寶曉, 『初出國門－中國早期外交官在英國和美國的經歷』, 武漢大學出版社, 2000.

吳以義, 『海客逃奇－中國人眼中的維多利亞科學』, 臺北, 三民書局, 2002(上海科學普及出版社, 2004).

王熙, 『一個走向世界的八旗子弟－張德彝「稿本航海逃奇滙編」研究』, 中山大學歷史系博士論文, 2004.

于桂芬, 『西風東漸－中日攝取西方文化的比較研究』, 商務印書館, 2001.

尹德翔, 『東海西海之間－晚清使西日記中的文化觀察, 認證與選擇』, 北京大學出版社, 2009.

張海林 編著, 『近代中外文化交流史』, 南京大學出版社, 2003.

鍾叔河, 『從東方到西方－走向世界叢書敍論集』, 岳麓書社, 2002.

_____, 『走向世界－近代中國知識分子考察西方的歷史』, 中華書局, 2000.

陳室如, 『近代域外游記研究1840~1945』, 臺北, 文津出版社, 2008.

喬偉, 李喜所・劉曉琴 譯, 『德國克虜伯與中國的近代化』, 天津古籍出版社, 2001.

馬士, 『中華帝國對外關係史』(第2冊), 商務印書館, 1958.

鮑威爾, 『中國軍事力量的興起』, 中國社會科學出版社, 1979.

林肯・潘恩(Lincoln Paine), 陳建軍 羅燚英 譯, 『海洋與文明－世界航海史』, 讀書共和國, 2018.

布賴恩・萊弗里(Brian Lavery), 施誠 張珉瑤 譯, 『海洋帝國－英國海軍如何改變現代世界』, 中信出版社, 2016.

橋本順光・鈴木禎宏 編著, 『歐洲航路の文化誌－寄港地を讀み解く』, 青弓社, 2000.

宮永孝, 『アメリカの岩倉使節団』, 筑摩書房, 1992.

_____, 『幕末遺歐使節團』, 講談社學術文庫, 2006.

吉川長夫・松宮秀治 編, 『『米欧回覧実記』を読む』, 法律文化社, 1995.

大久保利謙 編, 『岩倉使節團の研究』, 宗高書房, 1976.

鈴木智夫, 『近代中國と西洋國際社會』, 汲古書院, 2007.

木畑洋一, 『帝國航路を往く－イギリス植民地と近代日本』, 岩波書店, 2018.

米歐回覽の會 編, 『岩倉使節團の再發見』, 異文閣出版, 2003.

芳賀徹 編, 『岩倉使節團の比較文化史的研究』, 思文閣出版, 2003.

富田仁, 『岩倉使節団のパリ－山田顕義と木戸孝允その点と線の軌跡』, 翰林書房, 1997.

山崎渾子, 『岩倉使節団における宗教問題』, 京都：思文閣出版, 2007.

西川長夫・松宮秀治 編, 『『米欧回覧実記』を読む－1870年代の世界と日本』, 法律文化社, 1995.

松村昌家, 『幕末維新使節團のイギリス往還記』, 柏書房, 2008.

手代木有児, 『清末中國の西洋體驗と文明觀』, 汲古書院, 2013.

岩倉翔子, 『岩倉使節団とイタリア』, 京都：京都大学学術出版会, 1997.

王大宝, 『蒲安臣使節團の研究－清朝最初の遣外使節團』, 広島大 博士論文, 2017.

熊田忠雄, 『世界は球の如し』, 新潮社, 2013.

依田憙家, 『日中両国近代化の比較研究序説』, 龍渓書舍, 1986.

田中彰, 『明治維新と西洋文明－岩倉使節団は何を見たか』, 岩波書店, 2003.

_____, 『岩倉使節團『米歐回覽實記』』, 岩波書店, 2002.

_____, 『岩倉使節団の歴史的研究』, 岩波書店, 2002.

_____・高田誠二 編著, 『『米欧回覧実記』の学際的研究』, 北海道大学図書館刊行会, 1992.

宗像善樹, 『咸臨丸の絆』, 海文堂, 2014.

泉三郎, 『「米欧回覧」百二十年の旅-岩倉使節団の足跡を追って』, 図書出版社, 1993.

_____, 『岩倉使節団という冒険』, 文藝春秋, 2004.

_____, 『岩倉使節團』, 祥傳社黄金文庫, 2012.

阪本英樹, 『月を曳く船方-淸末中國人の美歐回覽』, 成文堂, 2002.

馮青, 『中國海軍と近代日中關係』, 錦正社, 2011.

和田博文, 『海の上の世界地圖-歐州航路紀行史』, 岩波書店, 2016.

F. W. Williams, *Anson Burlingame and The first Chiness Mission to Foreign Powers*, New York : Charles Scribrer's sons, 1912.

Ian Nish, *The Iwakura Mission to America and Europe: A New Assessment*, New York : Routledge, 1998.

Richard N. J. Wright, *The Chinese Steam Navy 1862~1945*, Chatham Publishing, 2000.

3. 연구논문

강지혜, 「근대전환기 조선인의 세계 기행과 철도 담론」, 『문화와 융합』 39, 2017.

고정휴, 「태평양의 발견-그 바다 이름의 생성·전파와 조선에의 정착」, 『한국근현대사연구』 83, 2017.

_____, 「태평양의 발견-그 바닷길의 개통과 조선사절단의 세계일주 기록 검토」, 『한국사학보』 73, 2018.

구사회, 「근대전환기 조선인의 세계 기행과 문명 담론」, 『국어국문학』 61, 2016.

_____, 「대한제국기 주불공사 김만수의 세계기행과 사행록」, 『동아인문학』 29, 2014.

김기엽, 「1881년 어윤중이 쓴 담초(談草)의 특징과 대담에 나타난 한·중·일의 정세」, 『정신문화연구』 제41권 제2호, 한국학중앙연구원, 2018.

김기영, 「『셔유견문록』에 나타난 西洋, 그 열망의 공간」, 『한국언어문화』 43, 2010.

김남이, 「개화기 조선 문사의 일본 문물 체험과 일본 인식」, 『동양고전연구』 23, 동양고전학회, 2005.

김미정, 「러시아 사행시 『環璆唫艸』의 작품 실상과 근대성 고찰」, 『인문학연구』 99, 2015.

김상진, 「李鍾應의 〈셔유견문록〉에 나타난 서구 체험과 문화적 충격」, 『우리문학연구』 23, 2008.

_____, 「서양기행가사에 나타난 도시 풍광과 그 의미」, 『語文研究』 74, 2012.

김선영, 「제1차 修信使 使行의 성격-일본 외무성 자료를 중심으로」, 『韓國史論』 63, 2017.

김원모, 「朝鮮 報聘使의 美國使行(1883) 硏究(上)」, 『東方學志』 49, 1985.

_____, 「朝鮮 報聘使의 美國使行(1883) 硏究(下)」, 『東方學志』 50, 1986.

_____, 「한국의 영국 축하사절단 파견과 한·영 외교관계」, 『東洋學』 32, 2002.

김윤희, 「미국 기행가사 「해유가」의 문학적 형상화 양상과 시대적 의미」, 『古典文學硏究』 39, 2011.

김정현, 「兪吉濬과 梁啓超의 미국체험과 근대국가 인식」, 『문명연지』 18, 2006.

김지연, 「『해천추범(海天秋帆)』의 여정과 견문 기록 방식의 특징과 의미」, 『한민족문화연구』 60, 2017.

김진영, 「조선 왕조 사절단의 1896년 러시아 여행과 옥시덴탈리즘-서울-페테르부르그 여행기 연구」 I, 『동방학지』 131, 2005.

김철웅, 「박정양과 이범진의 주미공사 활동」, 『사학지』 49, 2004.

大津留厚, 「이와쿠라 사절단이 본 비엔나의 도시개조」, 『法學論叢』 第35卷 第1號, 2011.

로버트 캠벨, 「미국 서부의 이와쿠라 사절(岩倉使節)」, 고려대 일본학연구센터 편, 『日本硏究』 10, 2008.

류충희, 「민영환의 세계 여행과 의식의 점이」, 성균관대 석사논문, 2007.

문순희, 「1881년 조사시찰단의 일본을 바라보는 시선 차이」, 『洌上古典硏究』 53, 洌上古典硏究會, 2016.

미야지마 히로시, 「'화혼양재'와 '중체서용' 재고 - 일본·중국과 구미와의 만남」, 백영서 외, 『동아시아 근대이행의 세 갈래』, 창비, 2009.

민유기, 「이와쿠라 사절단의 프랑스 근대도시 체험과 인식」, 『史叢』 80, 고려대 역사연구소, 2013.

박경석, 「근대 중국인의 해외 여행과 내셔널리즘, 그리고 타자인식」, 『동양사학연구』 107, 2009.

박노준, 「'해유가'와 '셔유견문록' 견주어 보기」, 『한국언어문화』 23, 2003.

_____, 「〈海遊歌〉(일명 西遊歌)의 세계인식」, 『韓國學報』 17, 1991.

박삼헌, 「이와쿠라 사절단의 역사적 의미 재고찰」, 『일본학보』 98, 2014.

박성희, 「明治期 日本의 西洋地名 表記 硏究 - 『特命全權大使 美歐回覽實記』를 중심으로」, 고려대 박사논문, 2012.

박애경, 「'서양'이라는 낯선 타자와의 대면」, 『한국고전시가의 근대적 변천 과정 연구』, 소명출판, 2008.

_____, 「대한제국기 가사에 나타난 이국 형상의 의미」, 『古典文學硏究』 31, 2007.

박진빈, 「자연, 도시, 국가 - 이와쿠라 사절단과 미국 체험」, 『史叢』 80, 2013.

방광석, 「막말유신기(幕末維新期) 일본 사절단의 근대도시 인식」, 『日本学』 36, 2013.

_____, 「메이지관료의 '문명' 인식 - 이와쿠라 사절단의 재조명」, 임성모 외, 『동아시아 역사 속의 여행』 2, 산처럼, 2008.

성희엽, 「이와쿠라(岩倉)사절단의 國家構想 연구 - 『米歐回覽實記』에 나타난 國家構想을 중심으로」, 『국제지역학논총』 제4권 제1호, 2011.

손정숙, 「구한말 주한 미국공사들의 활동과 개인문서 현황」, 『이화사학연구』 30, 2003.

_____, 「주한 미국 임시대리공사 포크연구(1884~1887)」, 『한국근현대사연구』 31, 2004.

_____, 「한국최초 미국외교사절 보빙사의 견문과 그 영향」, 『한국사상사학』 29, 2007.

송민, 「일본수신사의 신문명어휘 접촉」, 『어문학논총』 7, 국민대어문학연구소, 1988.

신승엽, 「새로운 시간적 질서로의 여행 - 19세기 말 조선 외교 사절단 및 지식인들의 근대적 시간 경험에 관한 연구」, 『Journal of Korean Culture』 36, 2017.2.

안외순, 「유길준의 해외체험과 민주주의의 유교적 수용」, 『한국문화연구』 11, 2006.

岩方久彦, 「1876년 修信使연구 - 高宗의 舊好回復論을 중심으로」, 『한일관계사연구』 27, 한일관계사학회, 2007.

양승조, 「1873년 일본사절단이 바라 본 근대도시 상트페테르부르크의 '아우라'와 전근대적 과거의 유산」, 『역사·사회·문화도시연구』 12, 2014.

_____, 「동아시아 근대화 모델로서의 제정 러시아 - 『미구회람실기』와 『해천추범』을 중심으로」, 『숭실사학』 33, 2014.

양지욱·구사회, 「대한제국기 주불공사 石下 金晩秀의 〈일기〉자료에 대하여」, 『溫知論叢』 18, 2008.

우미옥, 「민영환의 러시아 사행과 현실인식의 변화」, 중앙대 석사논문, 2016.

윤대식, 「유길준, 세계로의 여정과 각성 그리고 좌절」, 『동서인문』 5, 2016.

이민원, 「조선특사의 러시아외교와 金得鍊」, 『역사와 실학』 33, 2007.

이승용, 「근대계몽기 석하 김만수의 일기책과 문화 담론」, 『문화와 융합』 39, 2017.

이영석, 「이와쿠라 사절단이 바라본 영국의 공업도시」, 『史叢』 80, 2013.

이창훈, 「대한제국기 유럽 지역에서 외교관의 구국운동」, 『한국독립운동사연구』 27, 2006.

이형대, 「『서유견문』의 서구 여행 체험과 문명 표상」, 『비평문학』 34, 2009.

이효정, 「1881년 조사시찰단의 필담 기록에 보이는 한일 교류의 한 양상」, 『한국문학논총』 56, 한국문학회, 2010.

_____, 「19세기 말 메이지 일본 신문에 드러난 조선 사절단의 모습」, 『동북아문화연구』 57, 동북아시아문화학회, 2018.

_____, 「근대전환기 조선인의 메이지(明治) 일본 견문」, 『국어국문학』 184, 국어국문학회, 2018.

_____, 「수신사 및 조사시찰단 기록의 범주와 유형」, 『동북아문화연구』 45, 동북아시아문화학회, 2015.

_____, 「제2차 수신사의 일본 견문 태도와 교류의 실제」, 『洌上古典研究』 51, 洌上古典研究會, 2016.

_____, 「조선 수신사가 본 메이지 일본 여성-『일동기유』와 『동사만록』을 중심으로」, 『한국문학논총』 69, 한국문학회, 2015.

_____, 「『항한필휴(航韓必携)』에 보이는 제1차 수신사의 모습」, 『동북아문화연구』 51, 동북아시아문화학회, 2017.

임홍수, 이춘입, 「윤치호의 여행기, 부르주아의 도래」, 『문화과학』 94, 2018.

장규식, 「개항 후 미국 사행과 서구 수용의 추이」, 『중앙사론』 24, 2006.

_____, 「개항기 개화지식인의 서구체험과 근대인식」, 『한국근현대사연구』 28, 2004 봄.

장진엽, 「『동도일사(東渡日史)』를 통해 본 19세기 말 향촌 지식인의 동아시아 인식」, 『洌上古典研究』 59, 洌上古典研究會, 2017.

전진성, 「비스마르크의 환대-『미구회람실기』에 나타나는 근대 일본의 자기모색과 프로이센」, 『史叢』 80, 2013.

정응수, 「근대 문명과의 첫 만남-『일동기유』와 『항해일기』를 중심으로」, 『한국학보』 17-2, 일지사, 1991.

_____, 「조선사절이 본 메이지(明治) 일본」, 『일본문화학보』 45, 한국일본문화학회, 2010.

정훈식, 「사행록의 역사적 전개와 『일동기유』」, 『洌上古典研究』 26, 洌上古典研究會, 2007.

정흥모, 「20세기 초 서양 기행 가사의 작품세계」, 『한민족문화연구』 31, 2009.

조세현, 「개항 시기 미국 파견 조선 사절단이 경험한 태평양 항로와 세계 일주」, 『탐라문화』 70, 2022.

_____, 「벌링게임사절단과 이와쿠라사절단의 세계일주 항로」, 『동양사학연구』 153, 동양사학회, 2020.

_____, 「벌링게임사절단과 이와쿠라사절단이 경험한 미국과 영국의 해양 문명」, 『중국근현대사연

구』 88, 중국근현대사학회, 2020.

조세현, 「벌링게임사절단과 이와쿠라사절단이 경험한 유럽과 아시아의 해양 문명」, 『동북아문화연구』 68, 동북아시아문화학회, 2021.

_____, 「청 말 개인과 사절단의 해외 여행기에 나타난 해양 문명」, 『동북아문화연구』 48, 2016.

_____, 「청 말 주영공사의 '견선리포(堅船利炮)' 관찰과 군함구매」, 『동북아문화연구』 53, 2017.

_____, 「청 말 출사대신의 일기에 나타난 해양 문명」, 『중국근현대사연구』 72, 2016.

조재곤, 「『해천추범』을 통해 본 민영환의 러시아 기행」, 『나라사랑』 102, 2001.

_____, 「민영환, 『해천추범』」, 『한국사 시민강좌』 42, 2008.

천화숙, 「閔泳煥의 러시아 皇帝 니콜라이 2세(Nicholas II)戴冠式 使行과 近代文物의 수용」, 『아시아문화연구』 3, 1999.

최식, 「1896년 俄羅斯 使行, 『環璆日記』와 『環璆唫艸』」, 『漢文學報』 20, 2009.

최연식·이필영, 「이와쿠라 사절단(岩倉使節團)이 본 서양-모방과 습합(習合)」, 『동서연구』 25-2, 2013.

최영태, 「일기 속에 나타난 윤치호의 서양 근대개념의 변천과 행위」, 『세계 역사와 문화 연구』 30, 2014.

최용찬, 「1873년 이와쿠라 사절단이 본 비엔나 만국박람회의 근대적 풍경」, 『역사와 문화』 26호, 2013.

최현재, 「미국 기행가사 「海遊歌」에 나타난 자아인식과 타자인식 고찰」, 『韓國言語文學』 58, 2006.

秋月望, 「스에마츠 지로의 필담록에 나타난 '근대'」, 『한일공동연구총서』, 고려대아세아문제연구소, 2000.

하경숙·구사회, 「환구음초(環璆唫艸)에 나타난 지식인의 근대 문명 인식과 특질」, 『溫知論叢』 54, 2018.

하우봉, 「개화기 수신사의 일본 인식」, 『한일공동연구총서』, 고려대아세아문제연구소, 2000.

_____, 「개화기 수신사행에 관한 일연구」, 『한일관계사연구』 10, 한일관계사학회, 1999.

한철호, 「개화기 박영효의 『使和記略』에 나타난 일본 인식」, 『한국학논집』 44, 2008.

_____, 「제1차 수신사(1876) 김기수의 견문활동과 그 의의」, 『韓國思想史學』 27, 韓國思想史學會, 2006.

_____, 「초대 주미전권공사 朴定陽의 활동과 그 의의」, 『韓國史學報』 77, 2019.

_____, 「初代 駐美全權公使 朴定陽의 美國관-美俗拾遺(1888)를 중심으로」, 『韓國學報』 66, 1992.

한태문, 「신사유람단 사행록에 반영된 한일문화교류」, 『일어일문학』 52, 2011.

허경진, 「수신사(修信使)에 대한 조선과 일본의 태도 차이」, 『洌上古典研究』 53, 洌上古典研究會, 2016.

_____, 「유길준과 베트남 사신의 견문기에 나타난 프랑스 인식」, 『東亞人文學』 24, 2013.

허동현, 「19세기 한·일양국의 근대 서구 문물 수용 양태 비교 연구-朝士視察團과 이와쿠라(岩倉)사절단을 중심으로」, 『동양고전연구』 24, 2006.

_____, 「개화기 윤치호의 해외체험과 문화수용」, 『한국문화연구』 11, 2006.

_____, 「유길준의 해외체험(1881~1885)과 중립론(1885)에 보이는 열강인식」, 『韓國史學報』 68,

2017.

허동현,「조사시찰단(1881)의 일본 경험에 보이는 근대의 특성」,『한국사상사학』19, 한국사상사학 회, 2002.

홍학희,「1896년 러시아 황제 대관식 축하사절단의 서구체험기,『해천추범(海天秋帆)』과『환구음초 (環璆唫艸)』」,『한국고전연구』17 2008.

孫烈,「晚淸駐外官員與克虜伯對華軍事交流」,『自然辨證法通訊』, 2012.

嚴鉉玉,「岩倉使團與蒲安臣使團出使歐美之比較」,『廣西大學學報』(哲學社會科學版), 1994.

呂曉勇,「日本近代海防思想與海軍近代化」,『軍事歷史研究』, 2004.

王曉秋,「三次集體出洋之比較－晚淸官員走向世界的軌迹」,『學術月刊』, 2007.

劉桂芳,「晚淸蒲安臣使團與日本岩倉使團之比較硏究」, 延邊大學 碩士學位論文, 2013.

劉國軍,「中日蒲安臣使團與岩倉使團歐美之行的比較硏究」,『黑龍江社會科學』, 1999.

劉合力,「張德彝筆下的英國形象」,『福建論壇』(人文社會科學版), 2011.

尹德翔,『初使泰西記』中的西方科技與中國思想」,『北方論叢』, 2008.

李華珍,「晚淸駐歐使節與海軍近代化」, 福建師範大學 歷史系 碩士論文, 2003.

田毅鵬,「近代中日兩國出使西洋的比較硏究」,『歷史敎學』, 1993.

祖金玉,「早期駐外使節對西方近代文明的傳播及其特點」,『社會科學輯刊』, 2004.

_____·閆夏,「早期駐外使節與晚淸海防近代化」,『社會科學輯刊』, 2010.

周佳榮, 「第一個環游地球的中國外交人員－張德彝對近代海防和西方船炮的認識」,『我武維揚－近 代.中國海軍史新論』, 香港海防博物館, 2004.

陳德勤,「1866年張德彝在瑞典見到藍鯨標本」,『中華科技學會學刊』, 2013.

僑偉·李喜所·劉曉琴,「德國克虜伯與晚淸軍事的近代化」,『南開學報』, 1999.

高島涼子,「岩倉使節団の見たアメリカ合衆国」, Bulletin of Hokuriku Gakuin Junior College, 15, 1983.

菅原彬州,「岩倉使節団のメンバー構成」,『The Chuo Law Review』, 91, 1·2, 1984.

宮永孝,「アメリカにおける岩倉使節団－岩倉大使の条約改正交渉」,『社會勞働研究』, 38:2, 1999.

_____, 「オランダにおける岩倉使節団」,『社会勞働研究』, 32:2, 1998.

_____, 「ベルギーにおける岩倉使節団」,『社会志林』, 47:1, 2000.

毛利敏彦,「岩倉使節団の文明論－「特命全権大米欧回覧実記」を読む」,『Journal of Japanese Histor y』, 274, 1985.

毛利敏彦, 「岩倉使節団の編成事情－参議木戸孝允の副使就任問題を中心に(変動期における東アジ アと日本－その史的考察)」,『季刊国際政治』, 66, 1980.

芳賀徹,「明治初期一知識人の西洋体験」, 島田謹二教授還暦記念論文集『比較文学比較文化』, 弘文 堂, 1961.

福井純子,「『米欧回覧実記』の成立」,『『米欧回覧実記』を讀む』, 法律文化社, 1995.

石附実,「岩倉使節団の西洋教育観察 (明治の政治と教育思想〈特集〉)」,『季刊日本思想史』, 7, 1978.

田星姫,「第一次修信使の日本認識」,『佛教大學(綜合研究所紀要別冊』, 2000.

趙怡,「もう一つの米欧回覧の旅－近代中国初の外交使節団‥蒲安臣使節団－」, 旅の文化研究所 研究 報告 No.9, 2000.

坂内知子, 「サンクト・ペテルブルグにおける岩倉使節団ー『米欧回覧実記』における「育嬰院」の記述
をめぐって」,『異文化コミュニケーション研究』, 13, 2001.
_____, 「ロシアにおける岩倉使節団と『米欧回覧実記』ー書かれなかった皇帝午餐会」,『語学研究』,
22, 2007.
_____, 「岩倉使節団とロシア宮廷の儀礼」,『Intercultural Communication Studies』15, 2003.

찾아보기

1. 용어

3. 서명